VICTOR MIRSHAWKA

CIDADES PAULISTAS INSPIRADORAS
O DESENVOLVIMENTO ESTIMULADO PELA ECONOMIA CRIATIVA

VOLUME II

São Paulo, 2018
www.dvseditora.com.br

CIDADES PAULISTAS INSPIRADORAS
O DESENVOLVIMENTO ESTIMULADO PELA ECONOMIA CRIATIVA

Volume 2

DVS Editora 2018 - Todos os direitos para a território brasileiro reservados pela editora.

Nenhuma parte deste livro poderá ser reproduzida, armazenada em sistema de recuperação, ou transmitida por qualquer meio, seja na forma eletrônica, mecânica, fotocopiada, gravada ou qualquer outra, sem a autorização por escrito do autor.

Capa e Diagramação: Spazio Publicidade e Propaganda

Dados Internacionais de Catalogação na Publicação (CIP)
(Câmara Brasileira do Livro, SP, Brasil)

Mirshawka, Victor
    Cidades paulistas Inspiradoras : o desenvolvimento estimulado pela economia criativa, volume II / Victor Mirshawka. -- São Paulo : DVS Editora, 2018.

    Bibliografia.
    ISBN 978-85-8289-176-6

    1. Cidades - Condições econômicas 2. Cidades - Administração 3. Cidades criativas 4. Cidades - São Paulo 5. Cultura - Aspectos econômicos 6. Desenvolvimento econômico 7. Economia - Brasil I. Título.

18-15903	CDD-338.47981611

Índices para catálogo sistemático:

1. Cidades paulistas : São Paulo : Estado : Economia
     338.47981611

Cibele Maria Dias - Bibliotecária - CRB-8/9427

Índice

Prefácio v

Apresentação ix

Introdução xiii

Marília 1

Mogi das Cruzes 25

Mogi Guaçu e Mogi Mirim 47

Olímpia 61

Osasco 67

Pedreira 87

Piracicaba 93

Presidente Prudente 125

Ribeirão Preto 139

Rio Claro 165

Santana de Parnaíba 175

Santo André 185

Santos 205

São Bernardo do Campo 239

São Caetano do Sul 263

São Carlos 285

São José do Rio Preto 313

São José dos Campos 333

São Luiz do Paraitinga 367

São Roque 377

Serra Negra 387

Cidades Paulistas Inspiradoras

Sorocaba 393

Taubaté 407

25 ideias interessantes para aumentar a visitabilidade
de uma cidade, e que já deram certo em outros lugares...433

Algumas das siglas utilizadas nesse livro 445

Bibliografia 451

Prefácio

Na história da humanidade nota-se claramente que as cidades foram preferencialmente se constituindo próximas ao mar, ou então ao lado de um rio, pois isso facilitava o acesso a elas.

Com o passar do tempo, foram também surgindo cidades às quais as pessoas chegavam valendo-se de cavalos, que sem dúvida foram vitais para o transporte de carga e de seres humanos, que utilizaram por muito tempo as carruagens e as charretes. Com isso foram aparecendo ruas, estradas e avenidas pavimentadas.

O ser humano, extremamente criativo, conseguiu, porém, inventar o trem, e aí a expansão das cidades no interior dos países, afastadas inclusive de rios, começou a ocorrer junto às estradas de ferro. É verdade que isso aconteceu alguns séculos atrás.

Ao chegar o século XX, a nova invenção do homem - o **automóvel** - iria mudar o mundo, pois trouxe para os seres humanos a liberdade de ir e vir com conforto de um lugar para o outro e caso alguém não quisesse dirigir poderia valer-se dos ônibus. E os caminhões solucionaram o problema do transporte de cargas.

Finalmente, após o término da 1ª Guerra Mundial em 1918, começou a evolução do transporte aéreo, tanto de pessoas como de cargas. Agora, 100 anos depois, quando vivemos a era da velocidade e da comunicação instantânea, nenhuma grande cidade pode prescindir de um aeroporto para que até ela cheguem visitantes, usando aviões a jato que alcançam velocidades próximas de 900 km/h.

Aliás, muitas cidades se desenvolveram recentemente, localizadas em pontos estratégicos do planeta, como Dubai, Abu Dhabi e Doha, especialmente por terem excelentes aeroportos, servidos por dezenas de companhias aéreas. São inclusive denominadas de **aerotrópoles**, pois vivem principalmente em função das atividades desenvolvidas nos seus aeroportos.

Cidades Paulistas Inspiradoras

Atualmente o Estado de São Paulo tem as melhores rodovias do Brasil e milhares de estradas vicinais. Isso permite a uma pessoa chegar não só às cidades como também deslocar-se razoavelmente bem entre os municípios.

As cidades atraem as pessoas pois nelas há muitos empregos, os quais entretanto não têm sido suficientes pelo afluxo cada vez mais intenso de pessoas que se dirigem a elas.

No Brasil estima-se que em 2018 cerca de 85% da sua população esteja vivendo nas cidades.

E aqui, quando uma cidade se torna **atraente**, especialmente pela sua capacidade de grande **empregabilidade**, ela imediatamente é "invadida" por migrantes de outras cidades próximas e principalmente de outros Estados mais pobres. Isso rapidamente gera um problema com a **habitabilidade** e em seguida surge o problema do desemprego, pois há muito mais gente do que postos de trabalho nesse lugar.

Dessa maneira certamente a maior preocupação do prefeito de uma cidade é a de criar continuamente uma alta taxa de empregabilidade.

E isso acontece quando uma cidade é atraente, como são as **51 cidades paulistas inspiradoras** descritas nesse livro do professor Victor Mirshawka, que destaca que isso acontece quando elas impulsionam uma grande **visitabilidade**.

A visitabilidade das pessoas a uma cidade ocorre por vários motivos, como: **compras** (existência de um comércio pujante, com grandes *shopping centers*), **tratamento de saúde** (presença de bons profissionais da área médica e hospitais com várias especialidades), **educação** (uma ampla gama de instituições de ensino superior – IESs –, para as profissões mais promissoras), **entretenimento** (com opções variadas para se divertir e ter momentos de lazer) e **qualidade de vida** (lugar seguro, clima agradável, boa mobilidade, etc.).

Essa visitabilidade, ou seja, a vinda de muitas pessoas por períodos curtos ou mais longos, movimenta a economia em diversos setores (hotéis, restaurantes, lojas, escolas, hospitais, centros de convenção, estádios, etc.) com o que muita gente acaba tendo emprego especialmente no **setor de serviços**.

Aliás, nota-se que em praticamente todas as cidades paulistas inspiradoras cerca de 70% do seu produto interno bruto (PIB) é proveniente do setor terciário (comércio e vários outros serviços).

PREFÁCIO

No livro **Cidades Paulistas Inspiradoras** o professor Victor Mirshawka exemplifica como a economia de cidades pequenas como Ibirá, ou de cidades médias como São Carlos ou ainda de grandes cidades como Campinas, está intrinsicamente ligada com a visitabilidade, que incrementa nelas a empregabilidade e com isso surgem as condições para que haja uma melhor mobilidade, habitabilidade e sustentabilidade.

O governo estadual inclusive está apoiando o projeto Município de Interesse Turístico (MIT) qualificando municípios nessa categoria, com o que eles recebem uma ajuda econômica para desenvolver programas turísticos, além de já existirem 70 estâncias turísticas, que também recebem anualmente uma ajuda para incrementar a sua visitabilidade.

Sem dúvida, esse livro serve de inspiração para que os governos municipais desenvolvam políticas públicas que incrementem a visitabilidade às suas cidades e com isso, além do crescimento da sua economia, muitas pessoas nelas terão empregos, mesmo que alguns deles sejam temporários.

Geraldo Alckmin
Governador do Estado de São Paulo

Apresentação

Sem dúvida a UniFAJ (Centro Universitário de Jaguariúna) se sente muito orgulhosa por ter podido durante tantos anos formar tantos **jovens talentosos** que com a sua capacidade profissional vão ser as novas forças propulsoras da economia tanto das cidades onde estão instaladas as nossas instituições de ensino superior (IESs) como Jaguariúna, Holambra e Indaiatuba, bem como em todas as outras cidades de onde é proveniente um grande percentual deles.

E eles vieram não só dos arredores, mas muitos desses universitários são procedentes de cidades bem distantes.

Aí é que entra muito bem o conceito de **visitabilidade** desenvolvido pelo prof. Victor Mirshawka nesse livro, mostrando como isso é importante para a criação de novos empregos tanto diretos como indiretos.

A UniFAJ já contribui bastante na criação de empregos, tendo cerca de 400 professores e ao menos uns 350 funcionários administrativos, bem como do *staff* de técnicos que auxiliam os docentes, especialmente nas aulas práticas.

Além disso, não se pode esquecer das pessoas que fazem os diversos serviços terceirizados.

Diversos cursos da UniFAJ (gastronomia, arquitetura e urbanismo, ciência da computação etc.) formam profissionais ligados diretamente aos setores da **economia criativa (EC)** que o prof. Victor Mirshawka indica corretamente como sendo a grande fonte de novos empregos especialmente a partir da 2ª década do século XXI, na qual já se vive cada vez mais intensamente a Revolução 4.0, apoiada tremendamente sobre a inteligência artificial (IA), na Internet das Coisas (*IoT* na sigla em inglês), no uso de algoritmos espetaculares que permitem às pessoas (e às máquinas...) tomarem decisões a partir de grandes conjuntos de dados (*big data*).

Cidades Paulistas Inspiradoras

Vive-se em tempos em que há um intenso desaparecimento de empregos para os seres humanos, substituídos em muitas empresas por robôs, mas ao mesmo tempo surgem várias outras oportunidades de **empregabilidade** de milhões de pessoas, especialmente nas atividades ligadas ao turismo, ao entretenimento e aos eventos culturais envolvendo artes cênicas, visuais e musicais.

Sem dúvida o pior problema que pode enfrentar uma cidade é se nela há um grande contingente de **desempregados** pois isso inclusive leva a sérias desordens, como por exemplo a ocorrência de pequenos e frequentes assaltos, com o intuito básico de conseguir algo para poder comer!?!?

Isso implica que as nossas cidades tenham gestões cada vez mais eficientes, e isso se nota principalmente quando a cidade se torna **atraente** pois nela é alta a taxa de empregabilidade.

Ter **elevada empregabilidade** numa cidade é algo com o que a prefeitura deve estar visceralmente envolvida, quer estimulando a vinda de novas empresas para a cidade bem como facilitando (desburocratizando) o processo de abertura (instalação) de muitas micro e pequenas empresas.

Justamente aí está um dos motivos porque resolvemos apoiar a publicação desse livro, uma vez que ele apresenta as diferentes maneiras que as cidades paulistas encontraram para incrementar a **visitação a elas**, o que obviamente cria, ao menos de forma temporária, muitos empregos para se atender esses visitantes.

Finalmente a nova lei trabalhista, recentemente aprovada, facilita para os produtores de eventos ter o trabalho intermitente das pessoas.

A UniFAJ vai providenciar a entrega desse livro aos líderes ou gestores municipais das cidades próximas como as que fazem parte da Região Metropolitana de Campinas (RMC) bem como aos seus docentes para que aceitem e divulguem essa ideia (já de conhecimento de muitas pessoas...) de que nas próximas décadas a maioria dos **novos empregos** será criada no **setor terciário**, nos setores de EC e também nos serviços prestados pela prefeitura, que vão crescer ano a ano, com as pessoas indo viver cada vez mais nas cidades.

Com esse crescimento haverá necessidade de serviços municipais cada vez mais eficientes especialmente nos campos da educação e saúde pública.

A colaboração da UniFAJ nesse sentido será a abertura em 2018 de um curso denominado *Master of Public Administration (MPA)*, ou seja, a

APRESENTAÇÃO

formação de bons gestores para a administração pública, especialmente a municipal.

Esse livro inclusive faz parte da bibliografia básica sugerida aos participantes do *MPA*, que entre os seus conhecimentos essenciais devem assimilar o quanto colabora com a economia de uma cidade a recepção de muitos visitantes.

Estamos cientes que onde estão instaladas as nossas IESs – em Jaguariúna, Holambra e Indaiatuba – muitos deles só vem para assistir as aulas e de ônibus ou com veículos próprios retornam depois que elas terminam para as suas moradias.

É significativo salientar, o comportamento daqueles estudantes que ao longo dos seus cursos estabelecem amizades não só com os seu colegas mas com pessoas que vivem nessas cidades e aí resolvem, após a conclusão dos seus cursos viverem nelas, abrindo seus próprios negócios e assim gerando novos empregos.

É evidente entretanto que é vital aumentar a visitabilidade a uma cidade através do entretenimento, do turismo de negócios, do divertimento etc.

Isso já acontece em Jaguariúna durante a realização anual de um rodeio, quando durante esse evento a cidade recebe mais de 120 mil visitantes.

Holambra também se destaca com a sua Expoflora que ao longo de quase um mês recebe mais de 300 mil visitantes todos os anos e também na sua Hortitec que em apenas três dias recepciona algo próximo de 35 mil visitantes, algumas centenas deles vindos do exterior, pois esse é o mais importante evento do setor de horticultura da América Latina.

Indaiatuba por sua vez, por possuir no município mais de uma dezena de excelentes campos de polo, concentra praticamente todas as importantes competições desse esporte, quando os seus moradores têm a oportunidade de observar a chegada de algumas dezenas de helicópteros trazendo para esses eventos personalidades e atletas famosos.

Não só eu, como dirigente da UniFAJ, mas toda a nossa comunidade acadêmica, acredito que para se ter um País melhor, nas suas cidades e nas suas zonas rurais devemos ter pessoas que consigam o seu sustento a partir do seu trabalho.

Naturalmente, alguns milhões de brasileiros sobrevivem (e até bem...) atuando no setor primário, mais especificamente voltados para a agricultura e os agronegócios – aliás aí está a grande vocação do Brasil, ou seja, de ser a **fábrica de alimentos do mundo** – porém a automação está diminuindo cada vez mais o número de empregos nesse setor.

Basta notar que a tecnologia criou máquinas que sozinhas fazem mais que 100 trabalhadores ao mesmo tempo e muitas delas são autônomas!!!

Outros milhões de brasileiros – talvez algumas dezenas – continuam obtendo o seu sustento, empregados no **setor secundário**, ou seja, na **indústria**.

Porém esta também está passando por um forte enxugamento no recrutamento de seres humanos, conforme se nota no tremendo declínio do número de pessoas que trabalham nas montadoras de veículos, bastando para isso comparar com a quantidade delas que trabalhavam nessas empresas algumas décadas atrás.

Os seres humanos para poderem sobreviver, especialmente os jovens, nas futuras décadas devem pensar em trabalhar no **setor terciário**, isto é, envolvidos com os vários novos serviços promissores.

E aí chega-se àqueles que devem ser executados para atender os visitantes ou turistas.

Também são muito importantes os setores da EC, que de forma direta ou indireta estão ligados à atração dos visitantes (música, *videogames*, esportes, artesanato, brinquedos, gastronomia etc.), nos quais se terá cada vez mais a oportunidade de ter um bom emprego.

Parabéns assim ao prof. Victor Mirshawka por ter explicado nesse livro como se pode incrementar a empregabilidade numa cidade e destacado as diversas profissões (ou capacitações) que as pessoas devem ter para conseguir um bom trabalho.

E ele fez isso de forma bem clara, apresentando nesse sentido os vários exemplos de sucesso alcançados nas nossas cidades paulistas inspiradoras!!!

Ricardo Tannus, reitor de UniFAJ

Introdução

Inicialmente devo recordar que em 2016 lancei o livro *Economia Criativa*: *Fonte de Novos Empregos* (em dois volumes) no qual procurei conceituar o que vem a ser uma economia girando em torno de setores criativos (18 são os setores destacados no livro) e como a ela está ligada a denominação **cidade criativa**.

Em 2017 publiquei o livro *Cidades Criativas* (2 volumes) no qual estão descritas as grandes cidades criativas do mundo – cerca de 45 – e como elas criaram condições para **atrair** para si, todos os anos, milhões de **turistas**.

Eles vão até elas pois as admiram por seus **tesouros** (arquitetônicos ou formados pela natureza), sua **tecnologia** (como o seu avanço no mundo digital), sua **tolerância** (aceitação de credos, raças e culturas) e seus **talentos** (presença de artistas, *designers*, esportistas renomados, arquitetos etc.).

Agora nesse novo livro *Cidades Paulistas Inspiradoras* – no qual estão analisadas 51 cidades paulistas, desde aquelas bem pequenas como Ibirá ou Holambra, com populações que não ultrapassam 20 mil habitantes, bem como as que têm de 100 a 200 mil habitantes como Itu ou Caraguatatuba, e inclusive as que se tornaram bem grandes, casos específicos de Guarulhos e Campinas.

Algumas dessas cidades realmente têm como seu grande atrativo a existência de boas escolas, colégios técnicos e especialmente excelentes instituições de ensino superior (IESs).

Esse é o caso típico de Campinas que só entre duas de suas universidades tem cerca de 35 mil universitários vindos de outras cidades, inclusive de outros Estados brasileiros e do exterior.

Eles são "**visitantes**" muito especiais visto que permanecem aí enquanto estudam e muitos inclusive acabam arranjando emprego nelas, passando a viver aí.

Outros retornam para os seus locais de origem, quando concluem os seus cursos, mas logo são substituídos por novos estudantes que ingressam nas IESs.

Aliás a economia de toda cidade que possui um significativo contingente de universitários sente um importante abalo quando muitos deles saem temporariamente dela, na época de férias.

Cidades Paulistas Inspiradoras

A queda na sua economia chega a ser superior a 5% ao mês.

Algumas cidades paulistas têm **excelentes hospitais**, funcionando frequentemente graças aos competentes profissionais que se formam nas faculdades de Medicina instaladas nelas.

Um exemplo típico é o de Barretos, que tem seguramente um dos melhores hospitais do Brasil na sua especialidade, ou seja, o Hospital do Câncer, que atende pacientes de todo o País.

É evidente que esses pacientes geralmente vêm com os seus acompanhantes que permanecem alguns dias (outras vezes semanas e até meses...) na cidade, devendo ser considerados como "**turistas da saúde**".

Note-se que esse hospital barretense atende alguns milhares de pessoas, todos os dias!!!

Todos gostam de **fazer compras** principalmente se os artigos oferecidos são de qualidade e os preços são vantajosos [basta observar a enorme quantidade de brasileiros que vai ao exterior com essa finalidade específica, particularmente para os Estados Unidos da América (EUA)].

As cidades que têm grandes *shoppings centers* como é o caso de Ribeirão Preto, eles além de empregarem muita gente, recebem diariamente dezenas de milhares de consumidores.

Isso também se nota claramente nos centros de compras que têm sido criados junto às rodovias de grande movimento como é o caso do *Outlet Premium* que recebe diariamente, em média, aproximadamente 30 mil visitantes.

Mas seguramente o que cria uma grande visitação às cidades são os **eventos de entretenimento** que constam do seu calendário, ou seja, festivais de música, apresentações esportivas (rodeios, automobilismo, futebol, basquete etc.), semanas gastronômicas, exposições em museus, cerimônias religiosas etc.

Nesse sentido para que os visitantes se sintam confortáveis e pretendam voltar para essas cidades elas devem ter uma boa estrutura para recebê-los. Isto inclui possuir bons hotéis, diversos restaurantes, bons meios de transporte, pessoal treinado para recepcionar bem esses turistas etc.

Aliás é vital as cidades paulistas se preocuparem mais em ter uma secretaria municipal focada no Turismo, Lazer, Entretenimento e Cultura cada vez **mais ativa** e com **gente qualificada** não apenas para montar, com o apoio da iniciativa privada, um calendário anual de eventos bem atraente, mas também dispor de funcionários que possam orientar os visitantes desde a

INTRODUÇÃO

sua chegada, ao que podem fazer nelas e responder adequadamente a todas as suas dúvidas e atender seus interesses!!!

Foi bem difícil restringir-se a 51 cidades, ou seja, selecionar as que deveriam estar nesse livro quando o Estado tem 645 municípios, sendo que 70 deles já são **estâncias turísticas** e cerca de 132 estão pleiteando serem consideradas turísticas também, pois assim receberiam uma verba do Estado, o que lhes ajudaria bastante para manter nas suas cidades um setor (ou até uma secretaria) voltado totalmente para o estímulo do turismo.

Certamente cometi alguns "pecados" ao deixar de lado algumas cidades que **atraem** muitos visitantes, preterindo-as ao selecionar algumas com pior desempenho nesse quesito.

Espero, dependendo do sucesso do livro, ampliá-lo em breve, incluindo mais **cidades paulistas inspiradoras**, ou seja, aquelas que têm um algo a mais, o que faz as pessoas apreciá-las, querendo visitá-las, desejando passar nelas as suas férias, achando que nesses locais terão excelentes momentos de lazer, aprenderão algo novo, farão negócios incríveis ou simplesmente, **o que é vital,** eliminarão o seu estresse ou o que é mais importante de tudo, recuperarão a sua energia e se curarão das suas dores...

Já falando sobre as cidades incluídas não foi nada fácil escrever sobre elas, inclusive manter uma certa homogeneidade no texto.

Isso se deve ao fato de que algumas delas são pequenas com populações próximas ou inferiores a 15 mil habitantes e nelas não existem IESs, grandes centros comerciais ou hospitais e nem pensar em ter museus, como é o caso daquelas que têm 350 mil habitantes ou mais.

Algumas ainda continuam bem **agrícolas**, outras ainda têm um setor industrial bem significativo para a economia da cidade, porém na sua grande maioria é o setor terciário, ou seja, o de serviços o que mais emprega as pessoas que vivem nelas.

Nas menores, a prefeitura torna-se a maior empregadora dos munícipes e isso não só nelas mas também em outras de porte um pouco maior. Dessa forma essas cidades perceberam que o **turismo** pode ser uma saída para incrementar a **visitabilidade** a elas, o que obviamente criaria mais empregos, já que não podem esperar que isso ocorra por conta da sua oferta em educação, na saúde e nas compras!!!

Uma grande falha que sente alguém quando quer caracterizar uma cidade é a falta de dados recentes, a carência de livros que tenham registrado com detalhes o progresso ocorrido nelas, a ausência de relatos sobre pessoas

xvi   Cidades Paulistas Inspiradoras

e empresas que foram vitais para a sua evolução tanto no setor público como no setor privado.

Lamentavelmente no Brasil é bem difícil se obter dados confiáveis sobre diversos tópicos a começar dos históricos até os econômicos, desde os demográficos aos turísticos, dos sociais aos ambientais.

Mesmo assim consegui adquirir algumas dezenas de livros antigos de intelectuais que viveram nessas cidades, escrevendo sobre elas!?!?

Recorri a jornais e revistas (especialmente aquelas ligadas ao turismo), aproveitei algum material publicado na *Wikipédia* (geralmente bem desatualizada !?!?), apoiei-me no que se publicou por entidades como as associações comerciais e industriais, os livros comemorativos de diversas IESs, dos textos elaborados pelo Sebrae (Serviço Brasileiro de Apoio às Micro e Pequenas Empresas), em particular o que premiava o **prefeito empreendedor**, utilizei os folhetos promocionais organizados pelas secretarias municipais ligadas ao Esporte, Lazer, Cultura e Desenvolvimento.

Tudo isso entretanto não permitiu **saber com precisão** o número de empresas que existem na cidade, quantos veículos estão circulando nela, quais hotéis, restaurantes, clubes, escolas, locais de entretenimento etc. que estão ativos, como estão estruturados atualmente os sistemas de educação e saúde municipal, qual é o seu produto interno bruto (PIB), quantos visitantes ela recebe nos grandes eventos etc.

Foi esse o motivo que recorri com frequência ao uso do termo "**estima-se**" com o qual procurei justificar-me pela eventual imprecisão representada por vários números indicados, buscando porém fugir do exagero ou do obsoletismo.

Acredito que os melhores relatos em termos de exatidão são os que apresentei ao incluir as informações e as ações feitas por diversos empresários, esportistas e gestores municipais com os quais tive o prazer de conviver ao longo da minha vida.

Esse é o caso, por exemplo, do notável empresário Luiz Carlos Pereira de Almeida, com o seu relato sobre o bairro Riviera de São Lourenço, em Bertioga; do excepcional jogador e depois técnico de basquete Helio Rubens Garcia, explicando por que Franca é a **capital nacional desse esporte**, ou então do atual prefeito de Taubaté, José Bernardo Ortiz Monteiro Júnior descrevendo o motivo que lhe permite pensar em Taubaté como sendo "quase" uma **cidade criativa**.

De qualquer forma espero corrigir todas as impropriedades que aparecerem nesse livro, nas futuras edições do mesmo.

Sei muito bem que assim que se publica algo e se apresentam números, eles rapidamente acabam se tornando obsoletos, ou até inúteis para que se possa basear nos mesmos para construir algum raciocínio mais acurado.

Entretanto isso jamais deixa de ser algo que ocorreu naquelas cidades e serve de referência para os planejadores municipais, para os arquitetos urbanistas, para os prefeitos – os grandes responsáveis para que elas continuem atraentes – realizarem projetos que incrementem a visitabilidade a elas.

No final de cada livro (são dois volumes) estão explicadas algumas das muitas siglas usadas no texto repetidamente.

É verdade que outras não foram incluídas, especialmente as que só aparecem no decorrer do detalhamento de uma certa cidade, representando algo específico só dela.

Solicito aos leitores que me enviem suas sugestões para alterações, e especificamente as suas ideias que sirvam para as cidades aumentarem a visitabilidade a elas.

Em cada um dos dois volumes, no final indiquei as minhas 25 ideias que implementadas, seguramente aumentariam a visitabilidade para uma certa cidade e que de certa forma já deram certo em outras cidades do País e do mundo...

Quero registrar o meu agradecimento ao presidente da Associação Paulista dos Municípios (APM), Carlos Cruz, que me incentivou bastante para escrever esse livro que serviria inclusive de alento para que os prefeitos paulistas invistam mais em **turismo** nas suas cidades. Além disso ele apoiou prontamente a ideia de que esse texto se tornasse leitura obrigatória para os alunos do curso *Master of Public Administration (MPA)*, ou seja, mestre em administração pública, com foco na gestão municipal que a APM está procurando difundir no Estado, em parceria com várias IESs.

Observação Importante – Gostaria muito que todo(a) leitor(a) desse livro que quisesse introduzir alguma modificação na forma com que um tema foi abordado ou para corrigir o esquecimento de algo importante que ocorre numa cidade que entrasse em contato comigo, através do *email* victor@dvseditora.com.br.

xviii Cidades Paulistas Inspiradoras

Isso vai ser muito útil para os próximos livros que espero escrever, para completar um projeto que envolve também as **encantadoras cidades brasileiras**, as **exóticas cidades mundiais**, a **Rede de Cidades Criativas** (RCC) até se chegar finalmente ao livro (provavelmente final sobre esse tema) sobre a **cidade atraente**!!!

Victor Mirshawka
Professor, engenheiro e gestor educacional

A vista aérea de Marília, conhecida como "capital nacional do alimento".

Marília

PREÂMBULO

Em 24 de junho de 2016, Marília comemorou a conquista do prêmio Prefeito Amigo da Criança, que na ocasião foi recebido pelo então prefeito Vinícius Camarinha. Reconhecido nacionalmente pela Fundação Abrinq (Associação Brasileira dos Fabricantes de Brinquedos), esse título foi outorgado por causa do compromisso demonstrado pela gestão municipal com o desenvolvimento de políticas públicas que assegurassem os direitos das crianças marilienses.

Também em 2016, a Firjan classificou a cidade como a **23ª melhor do País para se viver**. Além disso, o atual prefeito Daniel Afonso, cujo mandato teve início em 1º de janeiro de 2017, também se alegrou ao saber que o Ipea (Instituto de Pesquisa Econômica Aplicada), um órgão federal, classificou Marília entre as 15 cidades mais pacíficas do Brasil, num relatório que levou em conta os municípios com população superior a 100 mil habitantes.

Uma das curiosidades a respeito de Marília é o fato de que a cidade abriga em seu território várias importantes indústrias de alimentos – daí o seu apelido de "**capital nacional do alimento**". Assim, é comum que em alguns de seus bairros, dentre eles a região central, sejam invadidos pelo aroma de doces, biscoitos e chocolates, tanto durante o dia quanto no período noturno. A razão é simples: as empresas responsáveis por esse aroma – como a Marilan, por exemplo – funcionam **ininterruptamente**. Também é comum sentir o agradável aroma de amendoim sendo torrado, afinal, ele é a principal matéria-prima de grande parte da produção local.

A HISTÓRIA DE MARÍLIA

Marília é um município paulista localizado a 483 km da capital paulista, sendo circundado pelos municípios de Getulina, Guaimbê, Júlio Mesquita, Álvaro de Carvalho, Vera Cruz, Ocauçu, Campos Novos Paulistas, Pompeia, Oriente e Echaporã.

O município ocupa uma área de 1.170 km², dos quais aproximadamente 25 km² são ocupados pela zona urbana. Estima-se que vivessem em Marília no início de 2018 aproximadamente 245 mil pessoas.

Acredita-se que há cerca de 70 milhões de anos a região onde hoje se situa Marília – assim como todo o oeste paulista – tenha sido habitada por dinossauros e outros animais pré-históricos. Esses espécimes tiveram seus restos ósseos petrificados e transformados em sedimentos arenosos dos rios e lagos primitivos da região. Então, com as transformações geológicas ocorridas ao longo do tempo, esses ambientes foram sofrendo alterações e se transformando em rochas, conhecidas principalmente como arenitos, enquanto os ossos se tornaram **fósseis**.

Essas rochas são as mesmas que hoje constituem as serras e as escarpas que rodeiam a cidade, como os paredões de arenito do vale do Barbosa, na via expressa, na serra de Avencas, no vale do Pombo, na serra de Dirceu – próxima do aeroporto – e em vários outros locais.

Aliás, um crocodilo primitivo da era dos dinossauros, que foi encontrado na região da cidade, foi batizado com o seu nome em 1997, e é conhecido como *Mariliasuchus amarali*. Seus restos fossilizados têm permitido uma melhor compreensão sobre os ecossistemas do passado. Por isso, a cidade ganhou bastante projeção recentemente com a escavação de um esqueleto semiarticulado de um grande dinossauro herbívoro que viveu na região entre 65 e 70 milhões de anos atrás, e que ficou conhecido como o "Dino Titã de Marília".

Todos esses fósseis são hoje objeto de estudo em parceria com instituições científicas, e parte deles se encontra exposta no Museu de Paleontologia da cidade, que hoje é também uma referência nacional nessa área.

Segundo o paleontólogo William Nava, do museu da cidade: "Há 70 milhões de anos, o '**parque dos dinossauros**' cobria toda a região oeste e parte da região norte do Estado. Ali viveram principalmente os titanossauros, ou seja, dinossauros herbívoros de cauda e pescoço longos, que podiam chegar a 25 m de comprimento. Nesses últimos meses, tenho me dedicado a montar um quebra-cabeça e reconstruir o osso da perna dianteira de um titanossauro, fraturado em vários pedaços.

O fóssil desse dinossauro foi retirado de um barranco à margem de uma rodovia na região de Presidente Prudente. Uma grande parte dele não ficou incólume, pois provavelmente foi destruída pelas máquinas no decorrer da terraplenagem.

O osso fossilizado que aflorou ficou encravado no barranco durante anos, exposto à erosão causada pela chuva e ventos, até ser encontrado por mim. Tenho plena convicção de que acabarei tendo sucesso na reconstrução, e, assim, serei capaz de exibi-lo junto ao outro esqueleto de seu parente que encontrei em 2009, aflorado às margens da rodovia SP-333, a 26 km de Marília."

A região do Estado onde está localizada Marília, foi uma das últimas a ser explorada, sendo que a maioria dos seus núcleos habitacionais se estabeleceram já no século XX. Até então Marília fora habitada pelos **coroados**, nomenclatura dada pelos portugueses e os luso-brasileiros aos índios caigangues, devido ao característico cocar de penas utilizado pelos integrantes dessa etnia. Um outro termo usado para designar essa tribo foi guaianás.

Seja como for, quando aconteceu o avanço dos plantios de café e a chegada do homem branco, os caingangues já estavam estabelecidos na referida região, há pelo menos um século, entretanto essa ocupação ocorreu sem conflitos!!!

O governo brasileiro apoiava a ocupação do território pelo "homem branco", ignorando a presença da população indígena aí existente, oferecendo subsídios para esses avanços, construindo estradas, confinando os índios em aldeias, tendo como objetivo que esse vasto território fosse entregue à colonização.

Estima-se que havia cerca de 1.200 índios caigangues nessa região em 1910, que com o passar do tempo foram diminuindo em número e atualmente há menos de 200 deles vivendo numa terra regularizada entre os municípios de Tupã e Arco Iris.

A partir da espoliação das terras dos caigangues, a ocupação da região ocorreu com o surgimento de diversas fazendas de café, várias delas pertencentes a políticos de renome, como o senador paulistano Luís Rodolfo Miranda e os deputados Bento de Abreu Sampaio Vidal (originário de São Carlos e Araraquara) e Cincinato Braga (originário de Piracicaba). Em 1923, o português Antônio Pereira da Silva, que administrava a fazenda Cincinatina – de propriedade de Cincinato Braga – e seu filho José Pereira da Silva, apossaram-se das terras próximas aos rios Feio e Peixe, loteando parte delas. Com isso formou-se o que seria denominado "**primeiro patrimônio**" – de um total de três que, juntos, dariam origem a Marília –, na época denominado Alto Cafezal.

Em 1926 o deputado Bento de Abreu Sampaio Vidal criou um **segundo patrimônio** em parte de suas terras e em 1927, o coronel José Brás (originário de Itapetininga), chegou à região, loteou parte das terras da fazenda Bonfim e com isso surgiu o **terceiro patrimônio**, que viria a compor Marília.

A CPEF vinha desde 1924 avançando seus trilhos de Piratininga até chegar a Lúcio, sendo assim, a próxima estação deveria ficar bem próxima dos patrimônios já existentes, o que certamente iria provocar disputas entre os seus fundadores, em especial entre Antônio Pereira da Silva (fundador do primeiro) e o deputado Sampaio Vidal.

Claro que o poder político venceu e a estação foi construída nas terras do deputado Vidal, que precisaria escolher um nome para ela que começasse com a letra M, visto que, de acordo com o esquema da CPEF, as estações novas que fossem sendo criadas no ramal, tinham que ser nomeados por ordem alfabética. Foram propostos vários nomes, como "Marathona", "Mogúncia" e "Macau", porém, Bento de Abreu Sampaio Vidal não ficou satisfeito com nenhuma sugestão.

Então, em uma de suas viagens de navio até a Europa, ele leu o livro de Tomás Antônio Gonzaga, *Marilia de Dirceu*, de onde teve a ideia de sugerir o nome de "Marília".

Antes mesmo da inauguração da estação ferroviária, a força política de Sampaio Vidal fez surgir na região o distrito de Marília a partir da lei estadual Nº 2.161 de 22 de dezembro de 1926, tendo incorporando os patrimônios existentes e sendo subordinado inicialmente ao município de Cafelândia.

Porém, logo depois, pela lei estadual Nº 2.320, de 24 de dezembro de 1928, o distrito foi elevado à categoria de município e em 30 de dezembro

6   Cidades Paulistas Inspiradoras

do mesmo ano, a estação de Marília foi inaugurada!!! A instalação oficial do município deu-se em **4 de abril de 1929**, data que passou a ser como o da fundação da cidade!!!

No início do século XX, a economia de Marilia foi baseada no cultivo de café, que com o tempo foi sendo substituído pelo algodão. Graças a esse produto, em 1934 e 1935, foram instaladas as duas primeiras indústrias no município – **duas fábricas de óleo**. Com a expansão da industrialização no interior paulista, houve um aumento da malha ferroviária e rodoviária, com o que Marília ligou-se a diversas regiões do Estado e com o norte do Estado do Paraná.

Na década de 1940, o município firmou-se como polo de desenvolvimento do oeste paulista, apresentando um grande crescimento urbano e populacional. Foi neste período que as Indústrias Reunidas Matarazzo instalaram sua planta fabril no município.

O primeiro arranha-céu construído na cidade, em 1951, foi o edifício *Ouro Verde*, que foi totalmente comercializado em apenas um dia.

Na década de 1970, houve um novo ciclo industrial no município, com a instalação de muitas fábricas, principalmente nos setores alimentício e metalúrgico. Aliás, atualmente Marília conta com mais de seis dezenas de indústrias na área alimentícia, o que justifica a manutenção do já mencionado apelido **"capital nacional do alimento"**.

No tocante a migrações internacionais, deve-se destacar o importante papel dos imigrantes italianos (e japoneses), bem como de seus descendentes na industrialização mariliense. Isso pode ser facilmente percebido a partir dos nomes de diversos logradouros e bairros da cidade, que homenageiam pessoas oriundas da Itália, como: Banzato, Cavalieri, Lorenzetti, Somenzari, Fontanelli, Bassan etc.

De fato, Santo Bassan – nascido em Cavazoni, em 1877 – foi um dos primeiros italianos a chegar a Marília, em 1928. Bem antes disso, ainda em 1923, ele adquiriu do major Elizário de Camargo Barbosa uma grande área, quando ainda estava sendo aberto o patrimônio de Alto Cafezal. Mais tarde ele doaria para Antônio Pereira da Silva a imagem de santo Antônio para a capela erguida por este, bem como depois a imagem do Espírito Santo para a capela da vila São Miguel, quando esta foi criada.

A comunidade italiana em Marília todo ano organiza a sua festa típica, chamada de Festa de Santo Antônio, realizada na avenida de mesmo nome e também a Festa Italiana, na qual são apresentadas danças típicas e oferecidas as tradicionais comidas italianas.

Um dos maiores empreendedores do Brasil foi o ítalo-brasileiro Francisco Matarazzo, dono da já mencionada planta instalada na cidade, no bairro Somenzari, que, inicialmente estava focada no beneficiamento do arroz e do algodão, chegando a empregar 400 operários. Em 1975 todo o complexo foi desativado e em 1992, o Condephaat declarou partes do mesmo como patrimônio histórico-material de interesse do governo estadual.

Diversas indústrias de alimentos foram abertas por ítalo-brasileiros, como a Dori, Marilan, Bel Chocolates etc. Em 1956, por exemplo, foi fundada a Marilan, pelo casal de origem italiana Maximiliano e Iracema Garla, que só começou a funcionar em prédio próprio em 1957, onde produziam-se biscoitos "Maria", água e sal, coco e "maizena", ainda em fornos de lenha.

Aliás, o nome da empresa foi escolhido pela própria comunidade mariliense, através de um concurso realizado por uma rádio local. A sua produção inicial, essencialmente artesanal, cresceu em qualidade e quantidade, de modo que no fim dos anos 1960, já eram produzidos cerca de 600 kg de biscoitos por hora.

Nos anos 1970 a família Garla adquiriu um novo terreno em Marília e construiu nele seu parque industrial, com 67 mil m², onde trabalhavam 250 funcionários. Nos anos 1990 a Marilan já produzia 84 mil toneladas de biscoitos por ano e contava com 1.300 empregados diretos. Em 1995, Maximiliano Garla recebeu o prêmio de empresário do ano e em 1997 foi homenageado com o título de "**cidadão mariliense**", concedido pela Câmara dos Vereadores da cidade.

Atualmente a Marilan é a 4ª maior fabricante de biscoitos do Brasil, gerando mais de 3.200 empregos diretos e indiretos e o seu complexo industrial funciona 24 h por dia, 7 dias por semana. A empresa possui um catálogo de mais de 100 itens e uma capacidade produtiva de até 200 mil toneladas por ano, sendo os seus produtos exportados para cerca de 60 países em todos os continentes.

Outra empresa muito grande é a Dori, que iniciou suas atividades na cidade em maio de 1967, e deve seu nome ao apelido de sua fundadora, Doraci dos Santos Spila. Em 1970, seu esposo, Augusto Spila, deixou o seu emprego como técnico de rádio e juntou-se a ela para trabalhar na empresa. Esta foi crescendo e alguns anos depois já tinha sede própria. Em 1986, a

Cidades Paulistas Inspiradoras

Dori criou uma filial dedicada à seleção e ao preparo de sua matéria-prima – o amendoim –, que era usada na matriz.

Na filial trabalhou um engenheiro agrônomo que, inclusive, prestava assessoria aos produtores de amendoim da região, orientando-os sobre a plantação, o manejo e a qualidade do produto, e resgatando a tradição da produção local de amendoim, que foi uma das maiores do País na década de 1940.

Esse serviço de apoio estabeleceu uma relação de parceria com os produtores, algo que foi muito benéfico para a Dori. Neste sentido, a empresa criou inclusive um laboratório de análise, que, até hoje, garante a excelência e a qualidade do produto. A Dori é a única indústria de confeitos do País a oferecer esse serviço!?!?

A família Barion, também de origem italiana, juntou-se aos Spila em 1995 para comandar a Dori, e, em 2003 foi criado um centro de distribuição em Marília. Atualmente a Dori Alimentos está presente no mercado de balas, caramelos, gomas de mascar, pastilhas, confeitos, pirulitos e amendoins, figurando entre as gigantes do setor de doces e salgadinhos, liderando o mercado brasileiro, e ficando atrás apenas das grandes multinacionais.

Atualmente a Dori tem cerca de 2.400 funcionários diretos e gera empregos indiretos para outras 1.200 pessoas. Sua capacidade produtiva é de 9 mil toneladas de produtos por mês. Ela conta com três unidades fabris – duas em Marília e uma em Rolândia, no Estado do Paraná – com as quais abastece todo o País por meio de seus centros de distribuição – três dele no Estado de Pernambuco e sete localizados respectivamente na Bahia, em Alagoas, Rio Grande do Norte, Paraíba, Ceará, Piauí e Maranhão.

A Dori exporta agora para mais de 70 países e obtém uma significativa receita das exportações (algo próximo de R$ 75 milhões por ano).

A Bel foi fundada em 4 de julho de 1976, pelo também descendente de italianos Paulo Sérgio Zaparolli Dedemo. O nome da empresa foi uma homenagem a sua esposa Isabel. Os primeiros produtos: amendoim salgado, pé-de-moleque e pipoca, foram elaborados artesanalmente e com receitas caseiras. Em 1984, a Bel se transferiu para as instalações atuais, no Jardim Santa Antonieta, ocupando uma área de 11.000 m². Atualmente, com várias linhas de produção e equipamentos de tecnologia avançada, atende o mercado nacional e exporta para diversos países.

Outro importante grupo de imigrantes na cidade foi o de **japoneses**, cuja presença em Marília é bastante significativa. Com cerca de 1.600 famílias *nikkeis*, a cidade se compara a Londrina, no Paraná, que abriga uma das maiores concentrações de descendentes japoneses do interior do Brasil. Como curiosidade, vale ressaltar que cada geração de *nikkeis* recebe uma denominação específica: *issei* (que se refere ao próprio imigrante japonês); *nissei* (filho de japoneses), *sansei* (neto), *yonsei* (bisneto) e *gossei* (trineto).

A vinda dos japoneses para o Estado, e especialmente para Marília, fez com que eles revolucionassem a forma de trabalhar a terra, acompanhar o cultivo e cuidar das plantações nos sítios e nas fazendas em que se estabeleceram. Já os que permaneceram na zona urbana da cidade abriram tinturarias, farmácias, armazéns, bares etc.

Em Marília, a comunidade nipônica criou a Associação Cultural e Esportiva Okinawa e o Nikkey Club, nos quais procurou-se conservar as tradições japonesas. Ligados a esses clubes encontram-se o grupo de Taikô Hibiki Wadaiko, que apresenta constantemente sua arte nos eventos da cidade, e também os times de beisebol e *softball* (uma variação do beisebol, porém praticada num campo de tamanho inferior e com uma bola menor e mais macia).

Dentre os vários legados da comunidade japonesa para Marília, deve-se destacar a **religião**. O município possui várias comunidades religiosas, que seguem diversas crenças e linhagens, dentre elas a Seicho-No-Ie, templos budistas mahayanas Shinshu Honganji e Honpa Honganji, igreja messiânica (Johrei), igreja Tenrikyo, Soka Gakkai etc.

Anualmente, sempre no mês de abril, a comunidade japonesa realiza o *Japan Fest*, um festival com diversas atrações destinadas ao público em geral, dentre elas a apresentação de grupos tradicionais japoneses, a exposição de artesanato, concurso de beleza *Miss Nikkey* etc. Além disso ficam a disposição do público diversos estandes onde se pode degustar a culinária nipônica e há até uma agência de emprego para quem quer trabalhar no Japão (que já foi muito utilizada nas décadas de 1980 e 1990).

O *Japan Fest* tornou-se um dos eventos mais concorridos da região, com Marília recebendo milhares de visitantes durante o mesmo. Não se pode esquecer que foi o nadador mariliense Tetsuo Okamoto, de origem japonesa, o primeiro atleta brasileiro a conquistar uma medalha olímpica. Ele granhou a medalha de bronze na prova de 1.500 m, estilo livre, nos Jogos Olímpicos realizados em1952 em Helsinque, na Finlândia.

Hideraru Okagawa, foi um dos primeiros políticos de ascendência japonesa em Marília, tendo exercido o cargo de vereador durante 23 anos. A maior expressão política da colônia, entretanto, em especial nas décadas de 1970 e 1980 foi Diogo Nomura, que inicialmente foi vereador, mas depois se tornou deputado estadual por dois mandatos e deputado federal por outros dois mandatos. Já no legislativo mariliense, houve outras expressões, como Luiz Okuda, Massatoshi Hoshida, Shiguetoshi Nakagawa e Teruaki Kushikawa.

Uma grande empresa que foi criada por japoneses foi a Sasazaki. A história da família Sasazaki no Brasil começou a ser construída a partir de 1933, quando ela desembarcou em Santos juntamente com centenas de outros imigrantes e instalou-se numa fazenda em Guaiambê, bem próximo de Marília. Após ter trabalhado dez anos na agricultura e para sustentar a família após a morte do pai, Yosaku Sasazaki, em 1943, os irmãos Kosaku e Yusaburo migraram para Marília, onde se dedicaram à fabricação artesanal de lamparinas com folhas de flandres recicladas, sendo este o embrião da fábrica Sasazaki.

Com os primeiros ganhos, passaram a produzir equipamentos agrícolas manuais, como plantadoras de algodão. Em 1958, Yusaburo e Kosaku, juntamente com os irmãos Yutaka, Hachiro e Tochimiti e o amigo Kyomassa Shibuya, formaram a Indústria e Comércio Sasazaki, uma empresa que nasceu com 50 funcionários.

Em 1964 a Sasazaki deixou para trás sua fase produtiva de equipamentos e lançou o seu **descascador motorizado de tríplice aplicação**, que permitia beneficiar café, mamona e amendoim. Por imposição dos fenômenos climáticos, e também pela sazonalidade da agricultura no ano de 1975, o que provocava vendas bem baixas, a Sasazaki foi obrigada a mudar o seu ramo de atuação. Com isso ela deixou de lado o desenvolvimento de soluções para o campo para se dedicar à fabricação de **esquadrias metálicas**. O primeiro produto criado foi uma janela veneziana, mas depois vieram janelas de correr, portas e complementos.

Em 1996 a fábrica transferiu-se para o distrito industrial, com uma área construída de 60.000 m² e em 1967 ela criou uma divisão especial de esquadrias de alumínio. Além disso, adquiriu também uma área anexa à principal, com o que aumentou seu parque industrial em mais 10.000 m² de área construída.

Em 2009, a Sasazaki se tornou a **primeira empresa brasileira do segmento** a utilizar a **nanotecnologia** em seu processo de fabricação. Em 2011, uma primeira filial da empesa foi inaugurada em Jaboatão das Guararapes, no Estado de Pernambuco, o que permitiu reafirmar a eficiência logística da Sasazaki e a expansão de seus negócios para a região nordeste do País.

O complexo industrial localizado em Marília teve outra ampliação, com o aumento da área construída para a fábrica de alumínio, para 78.000 m². Com isso surgiu uma nova linha de produção de esquadrias de alumínio, com capacidade de produção de mil peças por dia. Em outubro de 2015, assumiu a presidência da Sasazaki o mariliense Francisco Carlos Verga, que numa entrevista em 2016 afirmou: "Tenho plena consciência de minha responsabilidade, ou seja, de dar continuidade à incrível história de sucesso dessa organização. As empresas têm ciclos, com períodos nos quais devem se reinventar. **A Sasazaki vive esse momento!!!** O Conselho da empresa tomou a decisão de buscar uma pessoa de fora para a presidência e aprovou a estratégia que pretendo implementar para que a companhia seja cada vez mais pujante. Enxergo uma empresa firmemente apoiada sobre uma base de **quatro pilares**.

O primeiro é a sua **marca**, e a Sasazaki é um grande ativo, um trunfo inquestionável do qual dispomos. No Brasil inteiro, ela é sinônimo de tradição, qualidade e segurança, após mais de sete décadas de existência. Entretanto, precisamos exibir mais que isso e para fortalecê-la iremos investir bastante em **inovação**. Daqui para frente, vão acontecer vários lançamentos de impacto, visto que atuamos num segmento carente de produtos de qualidade oferecidos por um preço acessível.

O segundo pilar é a **excelência operacional**. Precisamos, principalmente nesse cenário desafiador em que vive nosso País, rever processos e estruturas. Infelizmente, devemos fazer ajustes, os quais sertão realizados com muito critério e respeito. É vital buscar otimizar nossos processos internos para fazer mais com uma equipe menor, investindo na modernização de nossos equipamentos, no nível de serviço, transporte, logística e agilidade. Nosso parque fabril com quase 80.000 m², tem uma capacidade de produção impressionante, e ajustes são obrigatórios para se ter custos menores e melhoria de nossos processos.

O terceiro pilar é o nosso **acesso ao mercado**. Existem vários segmentos do mercado nos quais não estamos atuando bem, assim como várias regiões do Brasil em que nossa penetração é pequena. Independentemente da crise econômica que ainda abala o País, vamos nos preparar para crescer, pois, seguramente nos próximos dois anos esse cenário irá mudar!!! Por fim, o quarto pilar que norteia tudo é formado pelas **pessoas**. Vamos identificar melhor **nossos talentos**, investir neles e ampliar sua formação e capacitação. Assim construiremos um grande contingente de funcionários que possam

Cidades Paulistas Inspiradoras

desempenhar com excelência suas funções. Pois bem, marca, excelência operacional, acesso ao mercado e pessoas, aí estão os tópicos que constituem minha estratégia."

Fantástico saber que nas empresas marilienses existem gestores com essas visões, não é mesmo? Atualmente, a empresa possui cerca de 850 funcionários diretos e continua sendo uma das principais no Brasil em seu segmento.

No que se refere aos **portugueses**, desde a fundação da cidade eles marcaram a sua presença na cidade, criando, por exemplo, a Casa de Portugal, com o intuito de estreitar os laços históricos, culturais, econômicos e comerciais entre Brasil e Portugal. Tradicionalmente, no dia 6 de junho realiza-se na Casa de Portugal de Marília o jantar em comemoração ao Dia de Portugal, de Camões e das comunidades portuguesas.

Em 2009, o então prefeito Abelardo Camarinha, de origem portuguesa, inaugurou a praça Casa de Portugal, no centro da cidade, onde foi erigido um monumento com a Cruz da Ordem de Cristo, em cuja pilastra tem-se uma placa com o poema *Mar Português*, de Fernando Pessoa, além de uma homenagem à comunidade portuguesa.

A presença **espanhola** também foi pioneira na região, e o primeiro espanhol a adquirir terras de senador Rodolfo Miranda em Marília foi Antonio Hernandez, no ano de 1921. Porém, por volta dos anos 1930, começou de fato a se formar uma comunidade espanhola em Marília. Em 25 de julho de 1932 foi fundada na cidade a Sociedad Española, que funcionou como um centro de ajuda mútua e fraternidade entre seus membros.

Os **sírios-libaneses** que começaram a chegar ao Brasil no final do século XIX e início do século XX, estabeleceram-se inicialmente nos grandes centros do País, contudo, a prática do **mascateio**, muito difundida entre os que chegaram inicialmente, levou-os a desbravar o interior do Brasil, em busca de novas clientelas. Dessa maneira, começaram a se estabelecer nas cidades interioranas em desenvolvimento para as quais depois passaram a rumar diretamente seus posteriores, "os chamados primos".

Os mascates já percorriam as fazendas na região de Marília antes mesmo de sua fundação, sendo que passaram a estabelecer-se na cidade de forma significativa, após a chegada da estrada de ferro, quando de fato revolucionaram as práticas comerciais!!! Em Marília os libaneses mantêm o Clube Monte Líbano, que funciona nas imediações do bosque Municipal desde 1985. Entre os descendentes de sírio-libaneses nascidos em Marília, e que obtiveram destaque no cenário nacional, deve-se destacar o político e escritor Antônio Rezk (1933-2005) e o cinegrafista e diretor de fotografia Dib Lutfi (1936-2016).

A **comunidade judaica**, que se formou em Marília veio principalmente dos países do leste europeu, sendo, portanto, composta essencialmente de judeus asquenazes. Os germes do antissemitismo sempre estiveram presentes na Europa e devido a esse contexto de perseguições é que surgiram as levas migratórias judaicas para o Brasil, desde o início do século XX.

Assim como os sírios-libaneses, os judeus dedicaram-se sobretudo ao comércio e ao mascateio, dividindo o nicho econômico na nascente cidade de Marília. Por exemplo os Knobel, que chegaram à cidade nos anos 1930, devido ao forte antissemitismo que tomava conta da Polônia, um país que seria ocupado de forma definitiva pelas tropas nazistas alemãs em 1940.

Atualmente existe em Marília entre as avenidas 9 de Julho e Sampaio Vidal, um edifício chamado *Benjamin Knobel*. Recorde-se que Benjamin foi um dos jovens judeus poloneses que chegaram à cidade com seu irmão Abraan em 1936. Logo a comunidade judaica criou uma sinagoga, que atrai para as suas cerimônias religiosas judeus de toda a região, em particular as famílias Fridman, Kopelman, Oksman, Speiter, Bezno, Tigel, Klepackz, Zaterca etc.

A primeira geração de judeus que veio à Marília, encontrou um estímulo na cidade no seu lema: **"Símbolo de amor e liberdade"**, para trabalhar arduamente, esmerando-se na educação das gerações posteriores. Um excelente exemplo disso foi o doutor Elias Knobel, filho de Abraan Knobel, que se formou em medicina e se tornou professor e posteriormente foi vice-presidente do importante hospital israelita Albert Einstein de São Paulo.

Os imigrantes **chineses** que chegaram inicialmente ao Brasil foram fomentados por Portugal, uma vez que assim como o nosso País, a região chinesa de Macau também foi uma colônia portuguesa. Assim, a primeira leva de imigrantes chineses que chegou ao Brasil data dos anos 1860, quando se organizou essa vinda com o propósito estratégico de fazê-los trabalhar na construção de ferrovias no Rio de Janeiro, a introdução e o desenvolvimento da cultura do chá em São Paulo e para o trabalho na mineração em Minas Gerais.

Esse tipo de migração fomentada trouxe ao Brasil cerca de 5 mil imigrantes chineses. A partir dos anos 1950, surgiu um novo e mais vigoroso fluxo migratório, dessa vez de forma bem mais espontânea, motivada principalmente por guerras e escassez de alimentos. A implantação do comunismo na China continental levou a uma expressiva emigração para Taiwan (que se tornou conhecida como China Nacionalista). De Taiwan, muitos chineses partiram muitos outros países, dentre os quais o Brasil.

Após um período de estagnação, a imigração chinesa para o Brasil tomou impulso no fim dos anos 1990, quando uma nova leva de imigrantes começou a chegar ao País, para dedicar-se a atividades comerciais.

Tal fluxo migratório, dentre outros fatores, tem tudo a ver com a abertura da economia brasileira nos anos 1990, e a intensificação das relações comerciais entre China e Brasil, como nosso País tendo a China como a principal destino e suas exportações. Atualmente é possível notar a presença chinesa por todo o Brasil. Se a leva migratória anterior concentrou-se sobretudo nas capitais e nas grandes cidades, este novo fluxo ganhou maior capilaridade, o que tem tudo a ver com a interiorização da urbanização no Brasil.

Desse modo, tanto nas grandes cidades quanto nas de médio porte, como é o caso de Marília, a imigração chinesa não passou mais despercebida. Estes novos imigrantes chegam ao Brasil para a realização do sonho de possuir o seu próprio negócio. Tradicionalmente os chineses dedicam-se ao ramo alimentício, em geral com pastelarias. Isso se deve ao baixo investimento inicial e ao rápido retorno financeiro, contudo, atualmente eles diversificaram o seu rol de atuação, dedicando-se maciçamente à venda de artigos importados de seu país natal, sejam eles utilidades domésticas, utensílios de beleza, relógios ou eletrônicos.

Em Marília, os imigrantes da nova leva imigratória localizaram-se fundamentalmente na região central da cidade, onde vivem e trabalham em atividades comerciais que vão de lojas de importados a restaurantes e pastelarias (que atualmente não vendem apenas pasteis, mas também refeições e salgados em geral, inclusive a coxinha, tradicionalmente brasileira). No início de 2018, a estimativa era que Marília abrigasse uma comunidade chinesa com mais de 1.000 membros.

Atualmente o *campus* da Unesp em Marília é um dos polos do Instituto Confúcio, fruto de um convênio entre a universidade paulista e o governo da República Popular da China e a Universidade de Hubei. O Instituto Confúcio visa primordialmente o ensino da língua chinesa, a divulgação da história e da cultura da China e o fortalecimento cultural e acadêmico entre o Brasil e a China. Todos os profissionais que trabalham no Instituto Confúcio são chineses, selecionados e aprovados pela matriz do instituto no país de origem, mas que demonstraram enorme empenho para aprender rapidamente o português, assim que chegaram a Marília.

Não se pode esquecer, porém, das migrações internas, ou seja, daqueles que nasceram no Brasil e vieram para Marília de outras partes do País. Com o declínio da lavoura cafeeira, Marília recebeu grandes levas de migrantes nordestinos, sobretudo baianos e pernambucanos, que vinham para a colheita do algodão. Junto com os migrantes nordestinos também chegaram os mineiros. Juntos eles trabalharam também nos canaviais das fazendas Paredão e Flor Roxa. Na zona urbana, esses migrantes trabalharam como saqueiros (fabricantes ou vendedores) para as máquinas de benefício de arroz, café e algodão. Posteriormente eles passaram a trabalhar e a empreender no ramo de bares, mercearias e restaurantes.

Por outro lado, a presença afro-brasileira em Marília aconteceu desde de sua fundação, nos anos 1920. Os afro-brasileiros vieram de regiões de ocupação mais antiga, tanto no Estado de São Paulo como de outros Estados do País. A ocupação tardia da região da Alta Paulista representou no imaginário social a possibilidade de formação de uma nova sociedade, livre dos antigos ranços e vícios das zonas de ocupação mais antiga, como o sistema escravocrata, por exemplo, que apesar da abolição continuou a afetar a vida dos afro-brasileiros.

Atualmente a cidade conta com várias eventos e coletivos afro-brasileiros, destacando-se entre eles: *Negras Ginga*, *Afro Fest Marília*, *Trançadeira Marília*, *Rainhas Negras*, *Capoeira Brasil*, *Afro Mania* etc. Assim, desde 2014, realiza-se anualmente o *Marília Afro Fest*, que de acordo com os organizadores visa "**valorizar a diversidade étnica** e **sociocultural**, ressaltar a importância do negro na construção do Brasil e incentivar os afrodescendentes a conhecer mais sua cultura através de expressões culturais, criando-lhes mais oportunidades sociais." Esse evento conta com atrações musicais, oficinas culturais e gastronomia típica, realizando-se também o concurso de escolha da *Miss* e do *Mister Beleza Negra* das escolas estaduais, bem como a eleição da *Miss Beleza Negra Plus Size*, cujo objetivo é garantir a representatividade e a quebra de padrões esterotipados.

Além do *Afro Fest* e das outras atividades já mencionadas, nos últimos anos vem sendo realizados na cidade vários eventos ligados à valorização do legado cultural africano, com temáticas diversas que via de regra expressam a necessidade do governo brasileiro de focar mais na série de injustiças que acometeram e acometem ainda um significativa parcela dessa população.

16 Cidades Paulistas Inspiradoras

São exemplos de tais ações a celebração do Dia da Mulher Negra Latino Americana e Caribenha (no dia 25 de julho) e da Semana da Africanidade (realizada em abril).

Na **religiosidade**, nota-se também forte legado cultural afro-brasileiro em Marília, onde existem hoje mais de 100 terreiros de umbanda e candomblé registrados, destacando-se entre eles o Abassá Nkassuté Lembu Nzambi Keamazi, localizado no distrito Padre Nóbrega (um terreiro pioneiro no resgate da cultura bantu). Há também o templo de umbanda das Águas de Iemanjá, localizado no perímetro urbano da cidade.

No que se refere a composição étnica, estima-se que no início de 2018 a população mariliense fosse composta por brancos (64%), pardos (28,2%), pretos (4,9%) e amarelos (2,9%). Devido à grande variedade cultural e étnica existente na cidade, são diversas as manifestações religiosas presentes em Marília, o que indica a existência de **tolerância**. Apesar de ter se desenvolvido sobre uma matriz social eminentemente católica romana, com o que a maioria dos marilienses segue essa religião (58%), é significativa a presença de protestantes (28%), espíritas (3,5%), budistas (0,5%), de ateus (6%) e de indivíduos que seguem outras crenças.

Quando o assunto é a **economia mariliense**, vale sem dúvida destacar a contribuição da indústria, pois a cidade possui instaladas nela mais de 1.200 empresas, que atuam nos setores metalúrgico, têxtil, plástico, gráfico, alimentício (como já foi destacado...) e também de materiais de construção, entre outros. Estão também em Marília plantas fabris de empresas multinacionais, como Nestlé, Coca-Cola etc.

Porém, quem mais contribui para o PIB da cidade – estimado em 2017 em R$ 5,1 bilhões – é sem dúvida o **setor terciário**, ou seja do **comércio** e **prestação de serviços**, que inclui **entretenimento** e **lazer**. Inicialmente, deve-se recordar que o Bradesco foi fundado em Marília, em 1943, com o nome de Banco Brasileiro de Descontos. Aliás, a título de curiosidade, o primeiro caixa eletrônico do Brasil foi instalado em Marília pelo Bradesco. No 3º trimestre de 2017, esse banco teve um lucro líquido ajustado de R$ 4,81 bilhões, sendo que seus ativos totais alcançaram a cifra de R$ 1,31 trilhão e seu patrimônio líquido era de R$ 110,3 bilhões. Trata-se do segundo banco privado mais importante do Brasil, e um dos grandes bancos do mundo. **Como cresceu essa instituição financeira nascida em Marília, não é mesmo?**

Do mesmo modo a TAM Linhas Aéreas S.A., a maior empresa aérea do País, foi também fundada em Marília. Ela surgiu como Táxi Aéreo de Marília

(TAM) em 1961, a partir da união de dez jovens pilotos de monomotores. Na época eles faziam o transporte de cargas e passageiros entre as cidades do Paraná, Mato Grosso e São Paulo. Hoje a empresa se associou com a Lan Chile, e, dessa fusão surgiu a LATAM Airlines Group S/A.

Pelo tamanho de sua frota e o volume de passageiros atendidos, bem como de cargas transportadas, a LATAM Airlines se tornou a maior empresa aérea da América Latina e de todo o hemisfério sul. A criação do grupo foi anunciada em 13 de agosto de 2010 por ambas as companhias, sendo que sua formação foi concluída em 22 de junho de 2012. Todavia, somente a partir de 5 de maio de 2016 as empresas adotaram a identidade LATAM Airlines, numa referência a "*Latin American*".

Estima-se que em 2017 a LATAM, com sua frota de 310 aeronaves, tenha transportado 61 milhões de passageiros para 150 destinos, obtendo uma receita de RS$ 13,5 bilhões. A transição das marcas vai ainda continuar pelo menos por uns 2 anos, se bem que a primeira aeronave com a nova identidade, um *Boeing 767*, já foi entregue em 29 de abril de 2016!!! Como se vé, a pequena TAM de Marília conseguiu "**voar muito alto**"!!!

No **setor comercial**, Marília dispõe de um *mix* de lojas bastante variado e em diversos segmentos. Assim, o Marília *Shopping* – Jardim Aquarius, inaugurado em dezembro de 2000, transformou-se no maior centro de compras da cidade e de toda a região sob sua influência, que abrange um raio de 120 km e uma população de 1,4 milhão de habitantes.

Com fácil acesso graças à rodovia do Contorno, que corta a cidade e a conecta com os municípios da região, esse centro comercial tem uma infraestrutura moderna. Ele ocupa uma área de 60.000 m², conta com um estacionamento rotativo com 5.600 vagas por dia, praça de alimentação bem diversificada, uma ampla área de entretenimento, com boliche e diversões eletrônicas para crianças, cinco salas de cinema, livraria, brinquedoteca, fraldário, praça de eventos e mais de 170 lojas das mais conceituadas grifes. O empreendimento conta ainda com uma brigada de incêndio e segurança 24 h por dia, o que garante que seus visitantes possam desfrutar de momentos de muita descontração dentro dele, e com total tranquilidade.

Também localizado em Marília, mais precisamente no corredor comercial mais valorizado e concorrido da cidade, está o Esmeralda *Shopping*. Ele se consolidou como o mais moderno, seguro e confortável centro de compras da cidade. Ele possui três pisos, diversas escadas rolantes para que os visitantes possam se deslocar com facilidade dentro dele, praça de alimentação

18 Cidades Paulistas Inspiradoras

e o ambiente climatizado para que os clientes tenham total conforto em seu interior. Além disso, há nele uma diversificada combinação de lojas e serviços, opções de entretenimento e amplo estacionamento (monitorado).

Em 27 de novembro de 1991 foi inaugurada na cidade a Galeria Atenas, após a remodelação do antigo prédio da loja Mesbla. O espaço se constituiu no primeiro conglomerado de lojas em Marília, e provocou uma mudança no conceito comercial varejista na região. De fato, desde a sua inauguração a Galeria Atenas se tornou ponto de referência do comércio, até porque sua localização é privilegiada e de fácil acesso. Ela conta atualmente com um *mix* de mais de 50 lojas, estacionamento com 120 vagas e um esquema de segurança que proporciona total tranquilidade aos frequentadores.

O Mercado Municipal de Marília é outra opção para compras bem interessante na cidade. Ele data de 1928 e foi o embrião dos demais centros comerciais da cidade, já tendo passado por várias reformas. Em uma época em que **não havia supermercados** e os armazéns e as vendas não abriam aos domingos, o Mercado era a salvação das donas de casa.

Inicialmente preponderavam nele comerciantes de origem japonesa, que vendiam ali seus produtos hortifrutigranjeiros e flores. O espaço foi reformado e readequado às necessidades atuais, recebendo o nome de 9 de Julho. Hoje ele abriga uma churrascaria, um confortável bar, uma floricultura, cestarias, oficina de costura, loja de produtos orientais, sorveteria, confeitaria, galeria de artes, *pet shops*, lojas com artigos de escritório etc. O visitante encontrará ali tudo o que precisa e, além disso, poderá deliciar-se com a inesquecível coxinha de massa de batata e/ou o tradicional pastel de ovo, especialidades do local.

O Tauste Supermercados foi inaugurado em outubro de 1991 e iniciou suas atividades em uma pequena loja de bairro. O nome escolhido se deve à cidade de origem da família dos fundadores, ou seja, Tauste, na província de Zaragoza. Em 2000 ele mudou-se para um novo espaço, que se transformou na matriz da empresa. Em março de 2004, uma nova loja foi aberta na cidade e houve uma expansão nos negócios para outras cidades, como Bauru e Sorocaba. Atualmente já é uma rede e possui cinco lojas. O empreendimento tem progredido bastante, e hoje emprega cerca de 2.000 pessoas.

Outro grande empregador da cidade é o Ceagesp, localizado à rua Reverendo Crisanto César, às margens da rodovia do Contorno. Em operação desde os anos 1980, esse é um espaço muito útil para os marilienses. Ele conta com uma área construída de 2.635 m^2, um terreno de 76.500 m^2, onde se pode comprar por preço bem acessível produtos hortifrutigranjeiros e boas frutas.

Vale destacar que dezenas de empresas marilienses se reuniram em junho de 2011 e criaram o Marilia e Região Convention Visitors & Bureau (MRC & VB), que atualmente já tem mais de 100 empresas, ligadas direta ou indiretamente à **atividade turística**, que buscam um aumento no fluxo de visitantes, ou seja, uma maior **visitabilidade**, a fim de gerar benefícios para toda a cadeia produtiva e os munícipes em geral.

Quem chega hoje à Marília encontra uma boa rede hoteleira, destacando--se o Quality Hotel, que oferece bastante conforto ao hóspede, possuindo um bom centro de convenções. Passei muitas noites nele, nas vezes que fui à cidade para dar palestras ou cursos curtos. Pode-se também descansar bem nos seguintes hotéis: Alves, Ibis, Dmax, JR, Estoril, Marília Max Plaza, Tenda, Marília, Amarilis, Hebron entre outros.

Se a cidade de São Paulo se gaba de ser a "**capital da *pizza* no mundo**", Marília pode ser considerada a principal cidade na oferta dessa iguaria no interior paulista. Essa promoção tem sido feita pela MRC & VB. Isso porque oferece uma grande variedade de *pizzarias* e restaurantes, que atendem aos gostos mais variados, com sabores e aromas que são um convite irrecusável para aproveitar os prazeres de uma boa mesa.

No quesito petiscos e pratos típicos, Marília é o local certo para se cometer o pecado da gula. Seguindo a boa tradição do interior paulista, é possível se fazer um excelente *tour* gastronômico pela cidade, e saborear pratos incríveis inspirados na história da cidade, criados especialmente por talentosos *chefs* locais, que os preparam com ingredientes da região. Não se pode esquecer também do ótimo churrasco e das várias outras opções de pratos oferecidos nas diversas churrascarias da cidade.

Mas além da **gastronomia**, Marília tem dado atenção a outros setores da EC, como é o caso das **artes cênicas** e da **música**. Desse modo, em junho de 2016 foi reinaugurado o Teatro Municipal Waldir Silveira Mello, com uma extensa programação de dança e música, inclusive com a apresentação da Banda Marcial Cidade de Marília, que foi criada em 1995 e é composta por 90 integrantes, entre o seu corpo musical, corpo cenográfico, balizas e porta bandeiras.

Há também o grupo de cordas da Orquestra Sinfônica de Marília, Marília Sinfonietta, que se apresenta sob a regência do maestro Emiliano Patarra, com as solistas João Paulo Mosman (flauta) e Renan Vitoriano (violino).

Cidades Paulistas Inspiradoras

No programa da sinfônica o público é brindado com obras consagradas do repertório erudito de grandes compositores, como J.S. Bach, G.P. Handel, F. Doppler e A. Vivaldi.

Marília dispõe agora do trabalho do pesquisador e consultor em **turismo receptivo** Ivan Evangelista Junior, que, depois de coletar informações sobre o trabalho literário do saudoso Paulo Corrêa de Lara, autor do incrível livro *Marília, Sua Terra, Sua Gente*, elaborou o *Guia de Roteiros Turísticos* da cidade. O objetivo do trabalho desse pesquisador foi oferecer informações que facilitem aos interessados escolher o melhor roteiro. Aliás, nessas opções, nota-se claramente que Marília já está bem próxima de ser declarada uma **cidade criativa**, pois há vários locais de atração, e não apenas para aqueles que vivem na cidade, mas também no seu entorno e os que moram mais longe, que depois de conhecê-la melhor pensam inclusive em mudar-se para ela e até em abrir um negócio dentro de algum setor da EC.

Uma das recomendações de Ivan Evangelista Junior para o turista que busca conhecimento é visitar o Museu de Paleontologia e conversar com o paleontólogo e pesquisador William Nava, cujas descobertas inspiraram a novela *Morde e Assopra*, da TV Globo.

Marília também tem procurado a irmanação com outras cidades (embora isso esteja sendo feito de forma bem tímida...) para obter cooperação em diversas áreas, como cultura, educação, saúde, transporte, meio ambiente e desenvolvimento econômico. É óbvio que se dois municípios têm algumas características semelhantes, como número de habitantes, um setor econômico preponderante, sem dúvida elas podem trocar conhecimentos sobre a solução de problemas comuns.

Neste sentido, diversos protocolos podem ser firmados visando investimentos em projetos, intercâmbio de estudantes, especialistas e empresários dentro de certas especialidades. Assim, em novembro de 1980, Marília e Higashihiroshima, localizada no Japão, se tornaram **cidades-irmãs**. Em homenagem a essa parceria, Marília tem uma praça com o nome dessa cidade japonesa.

Outros monumentos que homenageiam a relação da cidade com o Japão estão no jardim do Paço Municipal, sendo que um deles foi inaugurado pelo príncipe Mikasa em 1958, na comemoração do cinquentenário da imigração japonesa para o Brasil.

Em abril de 2003, por meio do decreto municipal Nº 8610, firmou-se o acordo de cidade-irmã com Buffalo, nos EUA. Essa solicitação foi feita pela

MARÍLIA

própria cidade norte-americana, no âmbito do Sister Cities International, e atendida na gestão do prefeito Abelardo Camarinha.

Um importante setor de serviços é aquele voltado para a **educação**, e o município conta com uma privilegiada estrutura de ensino, com sistemas de educação que vão desde o ensino básico até o superior. A rede municipal conta com mais de cinco dezenas de estabelecimentos, entre berçários e escolas municipais de educação infantil e fundamental, atendendo a cerca de 21 mil alunos. O município também dispõe de um Centro de Apoio Psicopedagógico para atender a estudantes com dificuldades de aprendizagem. O sistema escolar conta ainda com mais de seis dezenas de escolas estaduais e privadas, voltadas especificamente para o ensino médio.

Em termos de aprendizado de idiomas, vários deles – japonês, mandarim, francês, alemão, italiano, espanhol e inglês, entre outras – são oferecidos de maneira gratuita na cidade pelo Centro de Ensino de Línguas (CEL), da secretaria estadual de Educação, que está instalada na Escola Estadual Monsenhor Bicudo. O centro atende mais de 600 estudantes nos turnos matutino, vespertino e noturno. Nele os alunos além de aprender outro idioma, têm a oportunidade durante as aulas conhecer também os costumes de outros países.

Marília é um centro regional de ensino superior, pois conta com um *campus* da Unesp, a Universidade de Marília (Unimar), o Centro Universitário Eurípedes de Marília (Univem), a Fatec e a Faculdade de Medicina de Marília (Famema). Há também na cidade as seguintes faculdades: João Paulo II; Agronomia e Engenharia Florestal; Ensino Superior do Interior Paulista; Católica Paulista. Também está localizado na cidade a União das Instituições Educacionais de São Paulo (grupo educacional Uniesp). Além disso, existem cerca de dez polos diferentes de IESs que oferecem EAD, entre eles destacando-se o da UniFAJ.

Uma IES que tem ajudado muito o progresso da cidade é a Univem, cujo reitor Luiz Carlos Macedo Soares acredita que Marília pode evolui mais ainda se tiver servidores municipais mais talentosos, criativos e dedicados. Neste sentido, ele declarou: "A Univem está focada na formação de profissionais competentes, especificamente naqueles que atuarão na gestão municipal, pois, nessa era de intensa urbanização, somente será possível enfrentar adequadamente os muitos desafios que surgem na gestão de uma cidade com gestores especialistas em administração pública."

Estima-se que em 2018 houvesse cerca de 16 mil universitários em Marília, com um grande percentual deles oriundo de outras cidades. Esses alunos universitários, bem como os docentes (mestres, doutores e pesquisadores) acabam sendo objeto de desejo das empresas que buscam se instalar na cidade, pois constituem um contingente com grande capital intelectual.

No tocante à **saúde**, a cidade possui seis hospitais, uma maternidade, sendo servida por muitas clínicas, empresas de diagnósticos e estabelecimentos de produtos hospitalares. A rede municipal de saúde conta com três dezenas de Unidades de Saúde da Família (USFs), mais de uma dezena de UBSs, pronto-atendimentos, policlínica, centro de atenção psicossocial, centro de atendimento à obesidade infantil, clínica de fisioterapia (que funciona na antiga estação ferroviária), clínica de fonoaudiologia, centro de especialidades odontológicas e um programa municipal de ações antitabagistas, focado em recuperar pessoas viciadas em tabaco.

O Hospital das Clínicas de Marília atende a pacientes de toda a região, pois dispõe de novas clíinicas especializadas nas mais diversas áreas, dentre as quais: oncologia, nutrição, ortopedia, oftalmologia, cardiologia, doenças gástricas e saúde preventiva. Uma boa parcela dos muitos bons profissionais que se formam nas duas faculdades de medicina locais acaba sendo absorvida pelo sistema de saúde da própria cidade. E, devido a já possuir vários excelentes profissionais, incluindo dentistas, Marilia tem sido palco de um grande número de congressos e eventos nessa área.

No **transporte público**, Marília conta com os serviços da Viação Sorriso e das Empresas Grande Marília, que operam as linhas regulares do transporte municipal, levando os usuários a vários bairros da cidade. O terminal rodoviário interestadual Comendador José Brambilla está localizado às margens da rodovia Comandante João Ribeiro de Barros (SP-294), na avenida Carlos Artêncio, tendo sido inaugurado em 2003, com um projeto diferenciado e moderno, que engloba áreas temáticas, mirante, espaço para guardar bagagens, lojas, um posto de informação turística, serviço de taxi (24 h), caixas eletrônicos etc. Ele conta com empresas com linhas regulares para muitas regiões do País e que disponibilizam linhas interurbanas, em espacial para os municípios vizinhos.

As principais empresas de transporte rodoviário que servem Marília são: Guerino Seisanto, Expresso de Prata, Princesa do Norte, Real Expresso, Viação Motta, Viação Kaissara, Viação Nacional Expresso e Viação Rotas do Triângulo.

Na realidade, a primeira estação rodoviária de Marília foi inaugurada em 1938, quando a cidade tinha apenas 9 anos de emancipação, sendo, porém, a **primeira rodoviária do Brasil**. Na época a cidade concentrou grande parte do transporte rodoviário do Estado. Hoje a cidade é um importante polo econômico e assim recebe muitas pessoas vindas de todo o País, e que em sua maioria chegam a ela pela rodoviária.

Chega-se até Marília pela rodovia Transbrasiliana (BR-153), pela rodovia Dona Leonor Mendes de Barros (SP-333), que tem um outro trecho que é chamado de rodovia Rachid Rayes, e pela já citada SP-294.

A frota de automóveis do município em 2017 era de aproximadamente 88 mil veículos, com uma média aproximada de um carro para cada 3 moradores, mas existem já várias dezenas de milhares de motocicletas e motonetas (responsáveis pela maioria dos acidentes), bem como alguns milhares de ônibus, micro-ônibus, caminhões e caminhonetes, que complicam bastante o trânsito na cidade.

Marília tem um aeroporto estadual chamado Frank Miloye Milenkovich, inaugurado em 1938, que fez grande história na aviação brasileira, principalmente por ter sido o berço da companhia aérea TAM. Atualmente ele possui uma pista asfaltada, com 1.700 m de comprimento e 35 m de largura, comportante apenas pequenas aeronaves. A única emrpesa que atua regularmente é a Azul Linhas Aéreas Brasileiras, com voos para São Paulo (uma das linhas mais rentáveis da empresa) e Presidente Prudente. Isso é muito pouco e é preciso fazer de tudo para incrementar o transporte aéreo na cidade.

No **esporte** é preciso inicialmente destacar que o futebol profissional de Marília está intimamente ligado à história de duas equipes, que durante boa parte das décadas de 1950 e 1960 disputaram a atenção dos torcedores marilienses, além do privilégio de representar a cidade nos campeonatos da FPF.

A primeira equipe, e mais antiga, foi a do São Bento, que esteve presente no primeiro Campeonato Paulista da Segunda Divisão (o equivalente atual à Série A2), em 1947, ano da criação da lei do acesso. A outra é o atual Marília, que nasceu como Esporte Clube Comercial em 1942. Com esse nome, entretanto – considerado não muito simpático – a equipe disputou apenas competições amadoras, atraindo pouco torcedores. Então, em julho de 1947, durante uma assembleia da diretoria o nome foi alterado para Marília Atlético Clube (MAC), que é hoje o time que representa a cidade em torneios no âmbito estadual e federal.

24   Cidades Paulistas Inspiradoras

Uma curiosidade se refere ao fato de que em 22 de março de 2005 o prefeito Mario Bulgarelli sancionou a lei Nº 6230, que instituiu que a bandeira municipal teria de ser terciada na vertical, com partes idênticas: duas laterais em azul (não mais em vermelho), com a tira central na cor branca, onde estaria aplicado o brasão de armas do município, exatamente no centro. A antiga bandeira era de 1978, e contava com listras verticais vermelhas (cor original), simbolizando o café, sempre presente na história do município.

Já a cor azul tinha uma origem incerta e alguns especuladores dizem que a cor vermelha foi mudada para o azul para parecer com a bandeira do MAC. Outros justificavam que o azul tinha sido a cor do logotipo da administração do ex-prefeito Abelardo Camarinha!?!?

O fato é que em 2010, por imposição da justiça, a bandeira da cidade retornou à sua aparência original, ou seja, saiu o azul das faixas laterais e voltou o vermelho.

Em Marília tem-se um grande ginásio com capacidade para cerca de cinco mil espectadores. Ele foi usado pela equipe de Bauru nos jogos finais contra o Flamengo do Rio de Janeiro em 2016, na disputa da NBB, mas não há nenhuma equipe competitiva da cidade em nível nacional de qualquer modalidade esportiva capaz de atrair periodicamente muitos espectadores.

Porém, Marília conseguiu entrar no *Guinness Book*, o livro dos recordes, pois em 1992, Encarnação Olivas Garcia Pacheco, a "Vó Nena", tornou-se a **pessoa mais idosa a saltar de paraquedas no mundo**, aos 81 anos!!!

Uma vista panorâmica de Mogi das Cruzes,
que muitos conhecem como a "terra do caqui".

Mogi das Cruzes

PREÂMBULO

Graças às boas gestões municipais nas últimas décadas, Mogi das Cruzes é uma cidade que cresceu muito, tornando-se conhecida por várias de suas conquistas nos setores da economia, educação e saúde.

Mas foi por causa do setor agrícola que a cidade ganhou um de seus principais apelidos, ou seja, "**terra do caqui**", graças à ótima qualidade que essa fruta alcançou naquela região. Isso, por sua vez, aconteceu por conta das melhorias introduzidas em seu cultivo pelos plantadores, em especial os de origem japonesa.

O clima no município é subtropical, com verões pouco quentes e chuvoso, e invernos amenos e subsecos. A média da temperatura anual gira em torno de 17%C.

No meu livro *A Luta pela Qualidade na Administração Pública*, com ênfase na gestão municipal, em que descrevi o desempenho de diversos prefeitos paulistas, ouvi do prefeito mogiano Marco Aurélio Bertaiolli (de 2009 a 2016) o seguinte: "Pratiquei aqui a **gestão democrática**, tanto assim que a participação popular foi estimulada através do que chamei de '**prefeitura aberta**', ou seja, a possibilidade de o munícipe falar com o prefeito, pois os moradores enxergam aquilo que nós não vemos. Reservei um dia da semana para esse atendimento. Das sugestões dos munícipes surgiram muitos projetos e programas que foram implementados. Trabalhei muito para cumprir todas as minhas promessas para os mogicruzenses para melhorar sua vida. Afinal, só vale ser prefeito se for possível mudar para melhor a vida das pessoas que vivem na cidade."

A HISTÓRIA DE MOGI DAS CRUZES

Localizada a 63 km da capital paulista, a cidade de Mogi das Cruzes ocupa uma área de 713 km² e faz parte da RMSP. Sua altitude é média de 780 m e seu ponto mais elevado é o pico do Urubu, com 1.160 m de altura. O município é cortado por duas serras, a do Mar e a do Itapeti, e também pelo rio Tietê. No território há duas importantes represas que fazem parte do sistema produtor do Alto Tietê, os reservatórios de Taiaçupeba e do rio Jundiaí.

O **marco zero** da cidade é o obelisco instalado na praça Coronel Benedito de Almeida, em frente à catedral Sant'Ana. Os municípios limítrofes são: Santa Isabel, Guararema, Arujá, Itaquaquecetuba, Biritiba-Mirim, Santo André, Suzano, Bertioga e Santos.

Segundo dados de 2018, a população mogiana está próxima dos 440 mil habitantes, sendo formada em sua maioria por mulheres (51,5%). A taxa de fecundidade das mulheres no município está próxima de 2,1 filhos.

Em termos históricos, Mogi das Cruzes é uma das mais antigas cidades paulistas, daí o seu lema: *Bandeirantes Gens Mea*, cujo significado é "Procedo dos bandeirantes". O nome da cidade é de origem tupi. O termo *"mogi"*, por exemplo, significa "rio das cobras" e é formado pela junção de *moía, mboîa* ("cobra") e *y* ("rio"), numa referência ao Tietê, que cruza o município. Ao longo dos anos a grafia *M'Boijy* foi alterada para *Boigy*, depois para *Mogy*, *Moji* e finalmente para Mogi.

Por volta de 1560, o local se tornou um povoado – isso aconteceu em 1º de setembro –, que servia de parada de descanso para os bandeirantes e exploradores que iam e voltavam de São Paulo, dentre eles Brás Cubas. Aliás, naquela época já havia uma estrada que ligava a região à cidade de São Paulo, construída pelo também bandeirante Gaspar Vaz.

Em 1611, o povoado foi elevado à categoria de **vila** e passou a chamar-se Sant'Ana de Mogi Mirim. Vale lembrar que o vocábulo *mirim* significa "pequeno" na língua indígena, numa provável referência ao riacho Mogi Mirim, que banha a região.

Com o tempo o nome da região voltou a mudar e a população acabou acrescentando a ele a palavra "**cruzes**". De acordo com o historiador e professor Jurandyr Ferraz de Campos, isso aconteceu por causa do costume dos povoadores de sinalizar os limites das vilas com cruzes.

Uma data muito importante para Mogi das Cruzes é o dia 9 de setembro de 1822, quando a cidade recebeu a visita do príncipe regente dom Pedro, logo após a proclamação da Independência. Ele se hospedou no convento do Carmo, uma propriedade dos carmelitas, que se instalaram na cidade em 1633 com a construção da igreja da Ordem 1ª do Carmo. Vale enfatizar que, ao seguir viagem, dom Pedro levou consigo um documento assinado pelos mogianos, em que estes reiteravam seu apoio à Independência do Brasil. Somente em 13 de março de 1865 a vila de Mogi das Cruzes finalmente se transformou em **cidade** e, em 14 de abril de 1874, ganhou a condição de **comarca**. Contudo, o primeiro brasão do município de Mogi das Cruzes só foi instituído em 10 de março de 1929, pelo então prefeito Carlos Alberto Lopes.

Durante o período da ditadura de Getúlio Vargas, o prefeito municipal nomeado, coronel Eduardo Lejeune, modificou o brasão por meio de um ato. O novo brasão, desenhado em 1931 pelo artista J. Wash Rodrigues, representa a cidade até hoje, e foi criado pelo diretor do Museu Paulista, o historiador Affonso Taunay. A inspiração para o desenho foi um quadro denominado *Combate aos índios botocudos com soldados milicianos de Mogi das Cruzes* – de um dos artistas mais importantes da época, o francês Jean Baptiste Debret (1768-1848), responsável por quadros célebres no começo do século XIX –, e traz a primeira representação de um bandeirante com suas roupas e armas.

Mas voltando ao brasão, ele foi concebido inicialmente com um grande escudo vermelho (típico dos emblemas de Portugal), sustentado por dois bandeirantes vestindo roupas iguais àquelas encontradas no quadro de Debret. No centro desse escudo há um gibão, uma espécie de colete que cobria o bandeirante do pescoço ao quadril. Essa peça de vestimenta era de lã, algodão ou, às vezes, de couro, mas sempre acolchoada para proteger o usuário de flechas, espinhos e mordidas de animais peçonhentos.

Todavia, com o tempo percebeu-se a necessidade de adequação do brasão, conforme as regras do Conselho Estadual de Honrarias e Méritos (CEHM). Assim, após um estudo de oito meses, constatou-se que a imagem ainda representava uma aldeia ou povoamento. Hoje a coroa já não é mais dourada (cor mantida apenas para as capitais) e apresenta oito torres, sendo cinco visíveis, simbolizando adequadamente o município (a imagem original, de 1931, ostentava apenas três).

Com 458 anos de existência, as ruas de Mogi das Cruzes guardam uma boa parte de sua história. Isso acontece na forma de prédios antigos que nos fazem recordar épocas passadas. De fato, só no centro da cidade, é possível vislumbrar mais de dez construções totalmente restauradas, entre igrejas e casarões, sendo que muitos desses estabelecimentos abrigam hoje serviços da prefeitura.

Um dos órgãos responsáveis por esse trabalho é o Conselho Municipal de Preservação do Patrimônio Histórico, Cultural, Artístico e Paisagístico de Mogi das Cruzes (Comphap). O ex-presidente desse órgão, o arquiteto Gil Nóbrega, explicou: "Já conseguimos o tombamento definitivo de três prédios, e há outros 18 em processo. O nosso Conselho é constituído por representantes do comércio, urbanistas, historiadores e integrantes da prefeitura, todos trabalhando voluntariamente.

Esse órgão analisa os projetos de reforma de prédios históricos, recebe denúncias de depredação e avalia a necessidade de tombamento de outros edifícios. Porém, existem muitas dificuldades, pois o Comphap é um órgão deliberativo e não temos o poder de decretar a execução de providências. Como todos trabalhamos de forma voluntária, nos reunimos apenas uma vez por mês e, além disso, existem outras delimitações, que são muitas, pelo formato do Conselho.

Apesar de limitado, o Comphap já conseguiu o tombamento do Casarão do Carmo, do Theatro Vasques e de uma casa antiga na rua Ricardo Vilela. Entre os 18 imóveis que aguardam o tombamento, estão os prédios da antiga rodoviária, do museu Guiomar Pinheiro Franco e do Comando de Policiamento de Área Metropolitana (CPAM/12)."

Gil Nóbrega complementou: "No passado, diversos prédios do centro histórico tiveram o telhado e o madeiramento arrancado para que chovesse dentro e o prédio desmoronasse!?!? Após a criação do Comphap, isso ficou mais difícil de acontecer. E assim estamos dando os primeiros passos para uma preservação histórica mais eficiente. O Comphap pode impedir que o prédio seja desfigurado, ou derrubado, por meio do tombamento. Porém, não há instrumento que obrigue o proprietário de prédio a restaurá-lo. Dessa maneira, a preservação tornou-se um jogo de xadrez e o Comphap tenta gerenciar essa crise. Mas hoje já há algum incentivo para que o proprietário conserve o imóvel. Edifícios tombados são isentos de IPTU e seus donos podem pleitear um financiamento de um fundo estadual para a restauração."

Em 2014, a presidente do Comphap, a arquiteta Ana Sandin, comentou: "Sem dúvida, preservar os prédios é deixar um presente para as futuras gerações. E em Mogi das Cruzes a preservação dos prédios tem sido bem-

30   Cidades Paulistas Inspiradoras

-feita, principalmente das igrejas. Pode-se considerar que Mogi das Cruzes é a cidade mais preservada do Alto Tietê."

Mogi das Cruzes acolheu colônias de todas as partes do mundo, com destaque especial para os japoneses. Segundo dados da prefeitura da cidade, cerca de 20% da população mogiana é constituída por nipônicos ou descendentes, que, aliás, já estão na quarta geração. Outro grupo significativo é o de árabes.

Além disso, o município também recebeu um número considerável de migrantes do Nordeste, que se mudaram para Mogi das Cruzes em busca de melhor qualidade de vida, após, a princípio, terem se instalado na capital paulista.

No quesito **mobilidade**, o município é servido pelos trens da Linha 11 da CPTM, tendo quatro estações: Jundiapeba, Brás Cubas, Mogi das Cruzes (no centro) e Estudantes (acesso às universidades mogicruzences, ao *shopping* Mogi e ao terminal rodoviário Geraldo Scavone).

Duas empresas são responsáveis pela operação dos ônibus municipais: a CS Brasil e a Princesa do Norte. Os ônibus se conectam por um **sistema integrado mogiano** (SIM), que divide a cidade em oito regiões e utiliza passes eletrônicos.

Há dois terminais de ônibus na cidade: o Central, que interliga a estação Mogi das Cruzes da CPTM e o Estudantes, que fica próximo da estação do CPTM com o mesmo nome. O Consórcio Unileste opera linhas intermunicipais que ligam a cidade a diversas outras da região do Alto Tietê e também com a capital paulista. Existe também um sistema de ônibus rodoviários, que partem do terminal Geraldo Scavone, rumo à capital do Estado, para as cidades do litoral e, inclusive, para outros Estados.

O município é cortado por várias rodovias estaduais. São elas: Engenheiro Cândido do Rego Chaves (SP-39), conhecida como estrada das Varinhas; Ayrton Senna (SP-70); Prefeito Francisco Ribeiro Nogueira (SP-102); Dom Paulo Rolim Loureiro (SP-98), popularmente chamada de Mogi-Bertioga; Pedro Eroles (SP-88), a Mogi-Dutra; Prof. Alfredo Rolim de Moura, ou Mogi-Salesópolis-Pitas); Henrique Eroles (que vai de Mogi a Guararema) e as estradas Quatinga-Barroso e a antiga São Paulo-Rio de Janeiro.

No que se refere a **educação**, Mogi das Cruzes tem se destacado tanto pela qualidade de ensino como também pela alimentação que fornece aos seus alunos. Em relação ao ensino básico (fundamental e médio), de acordo com o que foi divulgado recentemente pelo ministério da Educação, entre as dez escolas com as médias mais elevadas no Índice de Desenvolvimento da Educação Básica (Ideb) do Alto Tietê, cinco estão localizadas em Mogi das Cruzes.

Esse grupo inclui a instituição que conquistou o primeiro lugar entre as IEs do primeiro ciclo educacional (1ª a 4ª série), a Escola Municipal Professor Jair Rocha Batalha, que obteve nota 6,5 em uma escala de 0 a 10, o que, aliás, a colocou entre as poucas do País com qualidade de ensino de nação desenvolvida (para entrar neste seleto grupo, uma escola precisa obter uma nota no Ideb maior ou igual a 6).

Mogi das Cruzes conta também com uma unidade Senai, ou seja, a Escola Senai Nami Jafet, localizada no centro, mais precisamente na rua Dom Antônio Cândido de Alvarenga, Nº 353. O prédio, de 4.423 m², ocupa uma área total de 8.544 m². Nela são oferecidos vários cursos técnicos, de aprendizagem industrial e, inclusive, de formação inicial e continuada.

Estão instaladas em Mogi das Cruzes duas universidades de grande porte, a Braz Cubas (UBC) e a Universidade Mogi das Cruzes (UMC); a faculdade do Clube Náutico Mogiano; o Instituto de Filosofia e Teologia Paulo VI; uma Fatec, vinculada ao Centro Estadual de Educação Tecnológica Paulo Souza; e polos de EAD da UniFAJ e da Universidade Norte do Paraná (Unopar).

Em termos de **economia**, Mogi das Cruzes é bastante diversificada. A cidade possui uma agricultura muito forte, sendo a maior produtora de hortaliças, cogumelos, caqui, orquídeas e nêsperas do Brasil. Por outro lado, o município vive uma intensa expansão industrial (!?!?), abrigando cerca de 955 indústrias, dentre elas a General Motors (GM); a Rinnai; a Júlio Simões Logística (JSL); a Valtra, controlada pelo AGCO Corporation (maior fabricante de tratores agrícolas do Brasil); a Imerys do Brasil, uma indústria química; a Kimberly-Clark, uma empresa do setor de higiene e bem-estar; a Gerdau etc. Em 2017, o número estimado de trabalhadores no setor industrial da cidade alcançou 26 mil pessoas.

Por seu turno, o setor de serviços garantiu outros 46 mil empregos. Aliás, duas das maiores empresas de *telemarketing* do País estão instaladas na cidade, ou seja, a Tivit e a Contractor, que juntas empregam cerca de 5.300 funcionários. Estima-se que em 2017 houvesse em Mogi das Cruzes cerca de 7.200 estabelecimentos comerciais, com aproximadamente 18 mil empregados. E para garantir a vinda de mais empreendedores para a cidade, a prefeitura disponibilizou um espaço de 15.000.000 de m² e, inclusive, ofereceu incentivos fiscais. Tanto que no final de 2017 – o distrito industrial de Taboão – já abrigava cerca de 50 indústrias.

32   Cidades Paulistas Inspiradoras

No campo **cultural**, Mogi das Cruzes conta com uma produção diversificada, e nas mais variadas vertentes. Há dois teatros municipais na cidade: o primeiro é o Theatro Vasques, no largo do Carmo, que foi inaugurado em 1902 e recentemente restaurado; o segundo é o Teatro Doutor Boris Grinberg, inaugurado em 2007 no bairro Nova Mogilar.

Existem também na cidade várias academias de dança e diversos grupos teatrais na cidade, sendo o mais antigo o Teatro Experimental Mogiano (TEM), criado em 1965, no qual já atuaram artistas de renome, como, por exemplo, Ricardo Blat. Também vivem em Mogi das Cruzes muitos representantes da **classe criativa**, ou seja, músicos, pintores, fotógrafos, escritores etc. Um bom exemplo é o famoso cartunista brasileiro Maurício de Souza, que embora tenha nascido no município vizinho (Santa Isabel), iniciou sua produção artística durante o período em que viveu em Mogi das Cruzes. Seus trabalhos foram inicialmente distribuídos pelos veículos midiáticos do município e da região, e vários de seus personagens mais famosos foram inspirados em habitantes locais.

No âmbito musical, foi em Mogi das Cruzes que surgiu a *Ladainha de Nossa Senhora Aparecida*, para orquestra e coro, composta por Faustino Xavier do Prado, mestre de capela da igreja do Carmo entre 1725 e 1730. De fato, há na cidade uma grande tradição musical, que se evidencia pela existência de duas bandas sinfônicas e uma orquestra sinfônica. A Banda Sinfônica Jovem Mario Portes tem como regente o maestro Felipe Bordignon; a Banda Sinfônica Mogi das Cruzes é regida pelo maestro Daniel Bordignon. Já a orquestra sinfônica é comandada pelo maestro Lelis Gerson.

Em termos de exposições artísticas, uma bastante importante acontece no *Salão da Primavera*, e está voltada para tudo o que de mais incrível acontece nessa estação. No Centro Cultural Antônio de Pinhal (CECAP), fundado em 15 de dezembro de 2006, são desenvolvidas diversas atividades artísticas e culturais. Aí é oferecido gratuitamente um curso de História da Arte do século XX, no qual se tenta resgatar a história da arte e dos artistas mogianos.

Quando o assunto é **atração turística**, atualmente existem diversas opções para os **visitantes** e, segundo a prefeitura, as cinco principais são: o pico do Urubu, na serra de Itapeti; o parque Centenário da Imigração Japonesa; o parque Leon Feffer; a Pedreira de Sabaúna e a represa Taiaçupeba.

O acesso ao pico do Urubu é por uma estrada íngreme e de terra, chamada Cruz do Século. Ela conta com apenas resquícios de asfalto em alguns trechos, e tem cerca de 5 km de extensão. Um veículo comum consegue subir

MOGI DAS CRUZES

tranquilamente em dias sem chuva, desde que o motorista tenha cuidado e paciência, é claro. Mas há quem opte por encarar uma boa caminhada ou até mesmo pedalar até o topo. Isso, aliás, é bem atraente para os praticantes de *mountain bike*, que posteriormente podem se utilizar de uma pista de *downhill* ("descida de morro").

Seja qual for a opção do turista, a vista no local é a melhor de toda a região. À tarde, quando a luz do sol cede espaço para a artificial, e as casas e os edifícios lá em baixo ficam todos iluminados, o visual é lindíssimo. Já pela manhã, o visitante pode apreciar o céu colorido e repleto de parapentes e asas deltas que partem todos os dias e de maneira contínua do topo da montanha.

Vale ressaltar, entretanto, que o voo de parapente no pico do Urubu só pode ser feito com o certificado da Confederação Brasileira de Voo Livre (CBVL), ou então contratando-se um instrutor. O trajeto mais procurado em Mogi das Cruzes é o que termina na praia. Neste caso, os interessados podem recorrer às escolas Midiafly ou Flydust, ambas homologadas e reconhecidas pelo Mogi Clube de Voo Livre.

O parque Centenário da Imigração Japonesa está localizado dentro da APA da várzea do rio Tietê, e ocupa cerca de 21,5 ha. Nele existem quatro lagos com pontes no melhor estilo oriental. Aliás, ele foi inaugurado em 2008 pelo então prefeito Jungi Abe, justamente em comemoração aos 100 anos do estabelecimento da colônia nipônica na cidade [embora o povoamento da cidade (e no País) pelos japoneses tenha acontecido principalmente entre as décadas de 1920 a 1940].

No parque existe uma grande fileira de cerejeiras, um verdadeiro pomar bem cuidado que na época da floração (de julho a setembro) oferece um espetáculo incrível para os visitantes. Trata-se de um dos lugares favoritos dos mogianos e também dos turistas que buscam um espaço perfeito para passear e relaxar.

Mogi das Cruzes comumente recebe muitos amantes de jardinagem, mais especialmente, de **orquídeas**. Essas pessoas costumam frequentar o Orquidário Oriental, localizado a cerca de 30 km do centro da cidade. Para quem vem de São Paulo para visitar a cidade de Mogi das Cruzes, o acesso se torna mais fácil no retorno para a capital paulista, pela estrada São Bento Lambari ou pela própria rodovia Presidente Dutra.

Seja como for, quem vai ao orquidário nunca deixa de passar pela loja local e comprar algum exemplar, onde existem diversas variedades de orquídeas. Os preços variam de R$ 25 a R$ 350, mas na loja existem também outras espécies, além de produtos para o jardim. Aliás, durante todos os fins de semana de março de 2017, realizou-se nesse espaço o 1º Festival de Orquídeas, com entrada gratuita. O evento contou com a presença de milhares de visitantes, muitos dos quais acabaram voltando para casa com alguma orquídea.

São muitas as pessoas que gostam de visitar a área rural de Mogi das Cruzes, em especial os sítios e as fazendas locais, como é o caso da Fruticultura Hoçoya, que existe no município há cerca de 50 anos. O local é aberto a passeios para grupos de no mínimo 20 pessoas, com agendamento prévio. Durante o *tour*, além de conhecer a produção, as pessoas podem deliciar-se com frutas da época, como pitanga, lichia e, é claro, o caqui.

Não se pode esquecer da grande **visitabilidade** que atrai o parque natural municipal Francisco Affonso Mello – Chiquinho Veríssimo. Ele está localizado na serra do Itapeti, e representa um enorme viveiro para a flora e a fauna nativas da mata atlântica. Já no parque das Neblinas foi inaugurada uma trilha de *bike* de 10 km, que vai de Mogi das Cruzes até Bertioga, com os ciclistas pedalando em estradas de terra às margens do rio Itatinga.

Além dessas atrações naturais, o parque Mogi das Cruzes conta, desde 13 de junho de 2009, com um Expresso Turístico, ou seja, uma locomotiva da CPTM que puxa dois vagões fabricados ainda na década de 1960, entre as estações da Luz (São Paulo) e a de Mogi das Cruzes. Afinal, ninguém deve esquecer que mudar seus caminhos, assim como a forma de percorrê-los, pode reservar surpresas bem agradáveis!!!

Quando o assunto é **comida**, muita gente vem para a cidade para curtir o chamado **turismo gastronômico**. Neste sentido, pelo menos duas paradas são obrigatórias. A primeira é num dos mais reconhecidos restaurantes da região, o *Senzala*, que funciona num casarão de 250 anos, um antigo entreposto comercial de escravos. Já a segunda é num local bem mais popular, o Mercado Municipal da cidade, que é ideal não somente para os apreciadores de produtos frescos e baratos, mas, especialmente para os amantes de um bom pastel. Nesse caso, basta visitar a barraca da japonesa Irene, onde é possível deliciar-se com um dos mais famosos pasteis da cidade.

Como já foi dito, o município de Mogi das Cruzes é conhecido por suas plantações de caqui, tanto que se tornou conhecido como "**terra do caqui**". Não é por acaso que um dos eventos mais aguardados da cidade é o festival *Akimatsuri*, de origem japonesa, que, em 2017, durante seus quatro dias recebeu cerca de 90 mil visitantes. Ele acontece no mês de abril e celebra a colheita dessa fruta. Durante esse período, todos os que viajam no Expresso Turístico têm a oportunidade de degustar caquis.

Outro tipo de turismo bastante significativo na cidade é o **turismo religioso**. Ele inclui a visita à matriz de Sant'Ana, **marco zero da cidade**, e, em seguida ao conjunto arquitetônico das igrejas do Carmo (no centro), especialmente ao edifício da Ordem Terceira, construído em 1780, mas que em geral está fechado ao público.

Tombado pelo IPHAN, sua parte mais antiga – a Ordem Primeira, de 1633 – é sempre movimentada por missas e eventos. Atravessando o jardim interno chega-se à pequenina Ordem Terceira, cuja decoração barroca com seus contornos em ouro encontra-se bem preservada.

Deve-se destacar que a **religião católica apostólica romana** é seguida por cerca de 53% de toda a população mogiana. O segmento evangélico corresponde a 34%, o espiritismo atrai 11% dos moradores, e o restante se divide entre seguidores de outras crenças e os que se declaram **ateus**!!! E para atender a população de origem árabe, a cidade conta com outra obra majestosa, ou seja, uma mesquita islâmica, localizada a 10 min do centro. Ela foi construída na década de 1980, com peças trazidas do Oriente Médio, e pode ser visitada com agendamento prévio.

E já que o assunto é turismo religioso, vale lembrar que o evento mais conhecido de Mogi das Cruzes, e que atrai mais gente para a cidade, é a **Festa do Divino Espírito Santo**, que existe desde o final do século XVII, sendo uma das mais antigas do Brasil. Ele é o maior evento folclórico e religioso do Alto Tietê. Um documento descoberto pelo historiador Jurandyr Ferraz de Campos, comprova que a devoção no Divino Espírito Santo tem mais de 400 anos na cidade.

Para a realização dessa festa, um ano antes são escolhidos os novos **festeiros**, ou seja, as pessoas de destaque na cidade, que estejam disponíveis e dispostas a participar ativamente dos rituais da festa.

Ao longo de um ano, esses indivíduos organizam e realizam mensalmente eventos, como chás e bingos, para arrecadar fundos. Eles também gerenciam todo o valor levantado e se responsabilizam pela divulgação do evento. Esse casal de fiéis festeiros é indicado por pessoas que já participaram de outras festas e que no final passa pelo "filtro" do bispo diocesano. Além disso, são escolhidos também os capitães-de-mastro.

36 Cidades Paulistas Inspiradoras

Durante todas as noites da festa, funciona a quermesse no bairro Mogilar, no Centro de Integração Profissional (CIP), onde há venda de comidas e bebidas típicas da festa e da cidade, sendo que diariamente os visitantes podem assistir também a apresentações de grupos folclóricos e musicais. É justamente na quermesse que se arrecada muito do dinheiro que irá custear a festa (!?!?)

O ponto de maior destaque e um dos momentos mais significativos da Festa do Divino Espírito Santo é a "**entrada dos palmitos**", ou seja, a chegada de pessoas que vivem na área rural (colonos) para a festa de Pentecostes, o que lembra a chegada dos devotos da população rural à cidade para participar da procissão, **agradecendo à fartura da colheita**.

Essa parte da festa possui um grande conteúdo folclórico, e só acontece em Mogi das Cruzes atualmente, contando com o desfile de carros de boi, um meio de transporte comum no passado. A "entrada dos palmitos" ocorre na manhã de sábado, na véspera de Pentecostes, penúltimo dia da festa, sendo acompanhada por muitos milhares de pessoas nas calçadas, de onde apreciam o cortejo formado pelos festeiros; capitães-de-mastro; devotos; grupos folclóricos (congada, marajada, moçambique etc.); grupos de alunos; bandas de música; carros de boi enfeitados com flores, fitas e produtos agrícolas; charretes; carroças e cavalheiros.

Uma curiosidade: desde o início da festa as ruas eram enfeitadas com folhas de palmito, entretanto, por uma questão ecológica, em 1985 **foi proibido** o corte do palmito, para evitar a extinção das palmeiras nativas da mata atlântica. Atualmente, são utilizadas apenas as folhas da palmeira juçara na marcação do trajeto, e mudas de árvores são carregadas por um dos carros de boi.

A concentração da "entrada dos palmitos" acontece em frente da capela Santa Cruz, na rua Dr. Ricardo Vilela, de onde o cortejo segue em procissão pelas ruas centrais da cidade até a catedral de Sant'Ana. Esse é o local onde acontece a quermesse e as pessoas participam do "**afogadão**", um alimento considerado sagrado por muitos fiéis. Estes aguardam muito tempo na fila, acreditando no poder de cura após consumirem o alimento. São os festeiros e os capitães-de-mastro que oferecem gratuitamente esse prato típico para todos os presentes.

Pois é, a festa possui uma culinária tradicional própria, que consiste do afogado – um ensopado à base de carne e batata, servido gratuitamente aos devotos –, da tortinha, um bolinho caipira em formato de meia lua; do churrasco dos sete dons, no qual são usadas sete iguarias para o tempero; da rosa-sol, que é uma bebida típica feita de cachaça; do vinho quente, ou seja, à base de vinho tinto seco ou doce feita basicamente com maçãs picadas. Além disso, por causa do grande número de representantes da colónia nipônica na cidade, também são oferecidas comidas típicas orientais, como o *yakissoba*, por exemplo.

O tema da festa de 2017 foi *Divino Espírito Santo, guiai nosso caminho na fé e na unidade*. Os festeiros foram João Pedro dos Santos Oliveira e Márcia Regina Pauletti Oliveira, os capitães-de-mastro foram Sérgio Paschoal Gomes e Nilde de Lima Gomes. O prefeito da cidade, Marcus Vinicius de Almeida e Melo, envolveu-se com a festividade em diversos momentos.

Como de costume, no dia da abertura da festa os devotos se reuniram na casa dos festeiros e a partir das 16 h seguiram a pé até a prefeitura, onde foram recepcionados pelo prefeito e pelas demais autoridades, para depois seguirem em cortejo até o império – altar do divino –, instalado na praça Coronel Benedito de Almeida, em frente à catedral Sant'Ana.

Estima-se que nos 11 dias da festa a cidade tenha recebido mais de 110 mil visitantes, além de ter envolvido quase o mesmo número de pessoas que vivem no município!!!

Já para quem gosta do **turismo voltado para a diversão**, um local que tem atraído muitos visitantes para Mogi das Cruzes é o *resort Village Lake Paradise*, que faz parte do Club Med, às margens da represa Taiaçupeba, num cenário excepcional. O local é cercado de verde e dispõe de um campo de golfe com 18 buracos, o que nos fins de semana atrai os muitos amantes desse esporte que vivem em Mogi, principalmente da colónia japonesa.

Vale ressaltar que o custo de implantação de um bom campo de golfe pode variar entre R$ 500 mil a R$ 8 milhões (e até mais...). Isso sem contar o custo da propriedade, que deve possuir cerca de 45 ha. O valor final irá variar conforme a necessidade de terraplanagem, paisagismo (que pode incluir a construção de lagos, bosques, jardins etc.), da grama escolhida, do sistema de irrigação, dos equipamentos de manutenção, da infraestrutura etc.

Atualmente há uma tendência no Brasil de se construir **campos de golfe de grife**, ou seja, projetados por arquitetos mundialmente reconhecidos. A intenção, neste caso, é não apenas criar um local de qualidade, mas também agregar valor ao investimento original (a um condomínio, por exemplo, ou a um hotel, que poderá atrair um nicho específico de hóspedes).

Mas voltando ao *Village Lake Paradise*, quem se hospeda nele pode jogar tênis, praticar *mountain bike* ou arborismo, desfrutar de atividades náuticas na represa, um local ideal para se iniciar na vela ou no *stand up paddle*. Outra opção é refrescar-se na piscina ou relaxar no Club Med Spa.

Já durante a noite, o hóspede pode compartilhar momentos agradáveis com sua família ou com os amigos num dos bares ou restaurantes do hotel. Aliás, durante a Copa do Mundo de Futebol, ocorrida no Brasil em 2014, a seleção da Bélgica hospedou-se nesse hotel e fez ali todos os seus treinamentos preparativos para os jogos.

O *Lake Paradise* é um verdadeiro oásis em terras mogianas, onde viver é sinônimo de felicidade. Talvez seja por essa razão que muitas empresas interessadas em realizar grandes reestruturações e adotar novas formas de atender o mercado e os clientes costumem alugar todas as dependências do *resort* para a realização de grandes eventos. Nessas ocasiões, centenas de funcionários permanecem ali durante alguns dias, participando de programas de capacitação e treinamentos, tudo num ambiente próprio para preparar todos os envolvidos para o processo de reorganização.

No âmbito **esportivo**, o principal destaque de Mogi das Cruzes é a sua equipe de basquete, que em 2017 era chamada de Mogi das Cruzes/Helbor, por motivo de patrocínio – ou simplesmente de Mogi Basquete. Na realidade, o basquete profissional de Mogi das Cruzes surgiu em 1995, e começou a brilhar no ano seguinte (1996), quando a equipe se chamava Mogi/Report/Eroles, e conquistou o Campeonato Paulista.

Em 1998, já como Mogi/Valtra Tratores, ela foi vice-campeã paulista, tendo perdido a final para a equipe do Mackenzie/Microcamp/Barueri, na qual jogava o famoso jogador Oscar Schimdt. Aliás, a vitória foi conseguida com uma cesta de três pontos no último minuto do quinto jogo, e foi convertida por Paulinho Villas Boas, ex-jogador do próprio time mogiano.

Em 2011, no retorno às atividades, o time de basquete de Mogi disputou o torneio Novo Milênio, que classificou as quatro melhores equipes para disputar o Campeonato Paulista. Ela retornou ao grupo de elite do basquete paulista como Mogi/Sanifill, terminando apenas em 8º lugar.

Em 2012, o Mogi Basquete participou da Copa Brasil Sudeste e terminou na 3ª colocação, o que o credenciou para participar da Super Copa Brasil, uma competição que levaria o campeão e o vice para a elite do basquete brasileiro. De fato, a cidade de Mogi das Cruzes sediou em 2012 o torneio, e sua equipe venceu os times do Palmeiras, Campo Mourão e Sport Recife, garantindo a sua classificação para o NBB – a liga nacional de basquete. Então, a partir de 24 de novembro daquele ano ela passou a se chamar Mogi/Helbor.

No ano de 2014, a equipe se classificou para os *playoffs* ("mata-mata") do NBB, mas foi eliminada nas semifinais pelo Flamengo. Mesmo assim, sua boa campanha a credenciou para disputar a Liga Sul-Americana de Basquete, torneio em que se sagrou vice-campeã, ao perder a final para a equipe de Bauru.

Em 2015, a equipe mogiana foi vice-campeã paulista e obteve a medalha de bronze na Liga das Américas. Em 2016, o Mogi/Helbor conquistou o 1º lugar e se tornou bicampeã paulista, vinte anos depois do primeiro título, ao vencer a equipe de Bauru. Todavia, a grande conquista nesse ano foi o título da Liga Sul-Americana de basquete, com uma campanha invicta, e vencendo na final a equipe argentina de Bahia Blanca.

Na disputa do NBB de 2017, a equipe não foi muito feliz, pois foi eliminada nos *playoffs* ainda na fase de quartas de final, mas isso só serviu para que nos próximos anos ela lute ainda mais para alcançar o título.

Fugindo um pouco do basquete, entre os filhos ilustres de Mogi das Cruzes que se destacaram no esporte, deve-se mencionar o tenista João Olavo Souza (o "Feijão") e os jogadores de futebol Maikon Leite, e, especialmente, Neymar Jr, o mais famoso do Brasil na atualidade.

Falando um pouco da administração da cidade, tive o prazer de conhecer o prefeito de Mogi, Marco Aurélio Bertaiolli, e acompanhar a sua profícua gestão em dois mandatos consecutivos, entre 2009 e 2016. Vale ressaltar que ele foi reeleito para o segundo mandato com 82% dos votos, tamanha foi a satisfação dos mogianos com a sua primeira gestão!!!

Durante sua administração, ele procurou impulsionar todos os setores importantes para os habitantes de Mogi, em especial no que se refere a **saúde** e **educação**. Aliás, ao longo do seus mandatos, recebi a cada duas semanas algum convite para participar de algum evento de inauguração de alguma obra ou benefício realizado para aos munícipes. Veja a seguir alguns destaques em certos segmentos:

➤ **Saúde** – Em 2014 foi inaugurado na cidade o primeiro Hospital Municipal, com sete pavilhões, 91 leitos para internação, um centro cirúrgico e UTI.

Essa nova unidade de saúde complementou o Sistema Integrado de Saúde (SIS), que conta com postos de saúde, clínicas de especialidades etc., que foi implementado em 2010. Com isso se garantiu acesso mais rápido, seguro e transparente a todos os usuários da rede municipal. O hospital possui um ambulatório infantil, que funciona 24 h, ambulatório da mulher e de especialidades, e tem capacidade para 8 mil atendimentos por mês, além de 20 mil exames.

Outro exemplo típico das melhorias contínuas no campo da saúde foi a abertura no dia 6 de setembro de 2014 do novo Laboratório Municipal de Exames Diagnósticos, localizado na rua Capitão Manuel Rudge Nº272/268, no Parque Monte Líbano. Ele tem capacidade para realizar 100 mil procedimentos por mês e a unidade foi implantada graças a uma parceria formada pela administração municipal com o Centro de Estudos e Pesquisas Dr. João Amorim (Cejam) e o Albert Einstein Medicina Diagnóstica. O Laboratório funciona agora 24 h por dia, inclusive aos sábados, domingos e feriados, para atender à demanda proveniente de todas as outras unidades municipais de saúde.

➤ **Educação** – A partir de 2009, foi dado um grande salto na educação, ampliando-se a permanência das crianças na escola. Inicialmente, o **ensino no período integral** começou a ser introduzido apenas em três escolas, mas no fim de 2016 já atendia a cerca de 19 mil alunos em diferentes bairros da cidade.

Dentro do programa Escola de Tempo Integral, a prefeitura ampliou as unidades escolares já existentes e construiu novas, dentro do conceito Centro Municipal de Programas Educacionais, que tem as IEs como centros de **educação**, **cultura** e **arte**, com capacidade para cerca de mil alunos.

Também em 2009, teve início o programa municipal de Expansão de Creches, por meio do qual as crianças a partir de 4 meses até cinco anos também permanecem (estudam) nelas em **tempo integral**!!! Existem hoje cerca de 65 creches/escolas na cidade.

A prefeitura de Mogi das Cruzes oferece todo tipo de assistência aos alunos da rede municipal, desde o transporte escolar até a merenda (que já foi eleita a melhor do Estado de São Paulo pela organização não governamental Fome Zero). Os alunos têm à disposição uma grade que, além de ensinar, educa o cidadão para o futuro. Os estudantes recebem aulas de música, por meio do projeto Pequenos Músicos – Primeiros Acordes na Escola, quando têm a oportunidade de participar de orquestras e bandas sinfônicas, além de grupos que incentivam o despertar de talentos. Ainda dentro do ensino de período integral, a criança realiza outras atividades, entre esportes e cultura, dentro do conceito "**Uma cidade educadora**", que transforma espaços públicos e privados em palcos de conhecimento e informação.

Instaladas em bairros e regiões de alta vulnerabilidade e risco social, as escolas em período integral têm como grande objetivo tirar as crianças da rua. Tanto que os alunos têm uma jornada de estudo de 9 h, cinco refeições balanceadas e atividades complementares de informática, língua estrangeira, educação ambiental, reforço e recuperação, leitura e literatura, futsal, handebol, basquetebol, voleibol, karatê, judô, *tae-kwon-do*, tênis de campo, xadrez, atletismo, capoeira, natação, recreação, dança, teatro, artes visuais e música, todas realizadas no contraturno escolar. As unidades escolares contam com um ou mais ônibus de empresas contratadas ou da própria frota da administração municipal, o dia todo, o que viabiliza a realização das oficinas externas. Todos os espaços da cidade se tornaram educativos, reforçando o conceito de cidade educadora, que fez com que Mogi das Cruzes passasse a ser conhecida como a "**cidade do saber**". O programa Escola de Tempo Integral representa uma importante ferramenta no combate ao trabalho infantil, violência doméstica e prevenção à criminalidade. Além disso, observou-se com essa medida a grande contribuição na melhoria da economia familiar e geração de emprego no município. Não se trata de simplesmente preencher o tempo livre da criança com atividades variadas ou se dar mais do mesmo, mas sim de garantir uma educação integral que trabalhe dentro de uma perspectiva de que o horário expandido representa a ampliação de oportunidades e situações que promovam aprendizagens significativas e emancipadoras para esses alunos das comunidades contempladas.

➤ **Transporte público** – O transporte público foi uma das prioridades da prefeitura e as empresas que operam as linhas, como já foi dito, foram integradas pelo cartão SIM. A frota de Mogi das Cruzes foi uma das primeiras do Brasil a ser 100% adaptada para o transporte de pessoas com deficiência, com os elevadores instalados em todos os ônibus para facilitar o embarque e desembarque de cadeirantes.

Outro investimento importante foi a criação de linhas semiexpressas ligando a região central aos bairros mais populares da cidade, fazendo com que a viagem fosse mais rápida e confortável para os passageiros. Em relação às ciclovias, Mogi das Cruzes conta hoje com cerca de 20 km de pistas para bicicletas e ciclofaixas, muitas delas nas novas avenidas locais.

➤ **Revitalização de espaços ociosos ou mal utilizados** – Em 28 de agosto de 2014, a prefeitura de Mogi das Cruzes, através de sua secretaria da Cultura, inaugurou a Casa do *Hip Hop*, ou seja, um novo espaço de cultura da cidade. Antes da reforma, esse imóvel, localizado na rua Coronel Cardoso de Siqueira Nº 48, no centro, que era utilizado como depósito de equipamentos e estava em estado de abandono.

Revitalizá-lo fazia parte do projeto de renovação urbana da área central da cidade, ou seja, da recolocação em uso de imóveis não utilizados, dando-lhes uma nova vida, com uso e ações culturais. Além da reforma da casa, o espaço ganhou piso novo, espelho, equipamentos de som, uma tenda na área externa e passou a ser o novo ponto de encontro de cultura *hip hop*, onde ocorrem agora as mais variadas *performances*.

➤ **Produção hortifrutigranjeira** – O município tornou-se o principal produtor nacional de caqui, cogumelo e orquídeas, como já foi informado. Todavia, reconhecendo a importância da produção hortifrutigranjeira na cidade, a prefeitura resolveu incrementar a produção. Assim, ela criou para essa finalidade a secretaria municipal de Agricultura, em 2009, para atender aos interesses dos produtores rurais, melhorando as estradas vicinais e estabelecendo o Mercado do Produtor.

Além disso, os produtores mogianos passaram a fornecer seus produtos – como hortaliças, verduras e frutas – para a **merenda escolar**. Assim, além do benefício para os agricultores que passaram a ter mais uma oportunidade para negociar sua produção, as crianças nas escolas também tiveram acesso a alimentos frescos e à possibilidade de conhecer (e saborear) um *strogonoff* feito com cogumelos plantados no município.

➤ **Apoio ao empreendedorismo** – Em 2009, o prefeito Marco Aurélio Bertaiolli sancionou uma lei e entre os benefícios assegurados aos empreendedores destacavam-se a redução da carga tributária e desburocratização dos trâmites junto ao poder público e o estímulo à educação e à capacitação empreendedora. Ele afirmou: "Como pequeno comerciante e representante das micro e pequenas empresas sempre achei que elas precisam de mais apoio e ao contrário das grandes empresas não exigem para a sua instalação doação de áreas e isenção de impostos."

MOGI DAS CRUZES

→ **Esporte** – A partir de 2011, por conta do já mencionado sucesso alcançado pela equipe de basquete local, essa prática passou a viver um outro momento na cidade. Os mogianos lotaram o ginásio municipal e abraçaram sua equipe em praticamente todos os jogos realizados ali, demonstrando muito orgulho e amor pelo time.

Por sua vez, essa equipe de basquete deu um importante exemplo para todas as crianças e todos os jovens mogianos, demonstrando a eles que uma vida saudável, longe da violência e das drogas, era exatamente o que se buscava desde o início do projeto em 2011.

Mas além do time de basquete, Mogi das Cruzes conta hoje com outras modalidades que recebem o apoio da prefeitura, por meio da secretaria municipal de Esporte e Lazer. No entanto, não há o emprego de dinheiro público para nenhuma equipe de alto rendimento. O apoio é feito com estrutura, como a disponibilização de ginásios para jogos, auxílio com o transporte dos atletas para competições, entre outras coisas. Esse é o caso do futsal, em que o time da cidade disputa a Liga Paulista, principal competição da modalidade no Estado de São Paulo. O vôlei masculino, em que a equipe Sub-20 de Mogi das Cruzes é uma das principais do Estado; o judô, o boxe olímpico, o xadrez e as modalidades paraolímpicas são outros destaques. O crescimento do esporte no município também é notado na infraestrutura. O ginásio municipal Professor Hugo Ramos foi completamente reformado, ganhou um novo e moderno piso e assentos nas arquibancadas. A cidade também ganhou cinco novos espaços para a prática de atividades esportivas, com medidas oficiais, para a prática de futsal e handebol e, inclusive, um Centro Municipal do Paradesporto Prof. Cid Torquato, no bairro Jardim Rodeio, que recebe as atividades esportivas voltadas aos deficientes, e complementa o trabalho já realizado pela AACD (Associação de Assistência à Criança Deficiente), cuja unidade fica ao lado.

Por fim, com relação ao futebol, a prefeitura apoia os times profissionais da cidade com a estrutura do estádio municipal Francisco Ribeiro Nogueira, o Nogueirão, que foi totalmente reformado e hoje conta com um novo gramado, novos vestiários e inclusive novas arquibancadas, estando preparado para receber jogos dos mais importantes campeonatos do País.

→ **Visitabilidade** – Mogi das Cruzes realiza uma série de eventos na área da **cultura** e do **turismo**. Não é uma cidade que tem vocação para longa permanência, mas sim para o **turismo de um dia**. Tanto que a prefeitura local criou a Coordenadoria Municipal de Turismo, que vem inserindo a cidade dentro de roteiros diferenciados, como o **rural**, o **de aventura** e o **de contemplação**, por ser um município cercado pela serra do Itapeti, formada pela serra do Mar, o que permite que os visitantes se aventurem por suas trilhas e corredeiras. Também há grande potencial na área rural, com a visitação às atividades agrícolas e o cultivo de flores.

Como já foi mencionado, Mogi das Cruzes foi uma subsedes da Copa do Mundo de 2014 e recebeu a seleção belga, o que fortaleceu ainda mais seu potencial turístico. Também há na cidade atrativos culturais diversificados, que trazem para a cidade atrações de fora e, consequentemente, agradando também a quem vive no município. Um bom exemplo disso é a Virada Cultural e o Festival de Inverno, que começa em junho e vai até 27 de julho. No decorrer desse festival a secretaria de Cultura promove ao longo de todo o mês apresentações teatrais, espetáculos de dança e muita música.

Numa intervenção conjunta das secretarias de Educação, Cultura e Assistência, ocorreu a implantação da Fábrica da Cultura, que funciona em antigos galpões da CPTM, que estavam abandonados e, por meio de um convênio com o governo do Estado, foram cedidos à prefeitura. Esses locais têm atraído visitantes e participantes, em especial das cidades vizinhas.

↬ **Capacitação de funcionários da prefeitura** – Isso foi uma grande preocupação na gestão de Marco Aurélio Bertaiolli, que em setembro de 2014 inaugurou um espetacular espaço na cidade onde funciona atualmente a Escola do Governo e Gestão (EGG), uma instituição da prefeitura dotada de excelentes instalações, onde os servidores públicos municipais recebem treinamento gratuito e têm a oportunidade de se requalificar ao serem submetidos às melhores técnicas de ensino e aprendizagem. Aliás, deve--se destacar que a prefeitura de Mogi das Cruzes subvenciona para os seus gestores a participação em cursos de pós-graduação, especialmente aqueles voltados para administração pública, e inclusive o próprio prefeito Bertaiolli deu o exemplo, concluindo um deles.

A EGG tem capacidade para receber 160 alunos simultaneamente, o que permite atender uma média diária de aproximadamente 400 alunos, considerando-se os períodos matutino, vespertino e noturno. Na época da inauguração o então vice-prefeito, José Antônio Cuco Pereira, declarou: "Não basta colocar uma pessoa em um cargo e dizer **exerça-o**! É preciso que ela passe por uma capacitação e aprenda como executar o trabalho da melhor forma possível. A inauguração da EGG é uma grande demonstração da dedicação e preocupação da atual gestão com a qualidade da prestação de serviço público, e quem acabará ganhando com tudo isso são os munícipes."

De fato, esse é um exemplo que todas as importantes cidades paulistas deveriam seguir, mas, infelizmente, em muitas delas não foi dada ainda essa prioridade.

A estação ferroviária, uma das primeiras da extinta
Companhia Mogiana de Estradas de Ferro (CMEF),
foi inaugurada em 27 de agosto de 1875.

Uma vista aérea de Mogi Guaçu.

Mogi Guaçu e Mogi Mirim

PREÂMBULO

Um dos eventos que incrementa a visitação a Mogi Guaçu, e sobre o qual falaremos mais à frente, é a Expo Guaçu, uma maratona de eventos realizada anualmente, que inclui diversas atrações bem interessantes. Em 2017 ela foi realizada de 30 de março a 8 de abril e teve em sua programação muita música sertaneja, com apresentação de Marilia Mendonça, Maiara e Maraisa, Ze Neto e Cristiano, Matheus e Kauan, Henrique e Juliano, Leonardo e Eduardo Cuto, entre outros.

Outro destaque de Mogi Guaçu, a respeito do qual também voltaremos a falar, é a Corporação Musical Marcos Vedovello, uma entidade cultural sem fins lucrativos criada por iniciativa do pároco Jaime Nogueira, que na época percebeu a necessidade de uma apresentação musical para alegrar suas quermesses.

Com o apoio do então prefeito, capitão Agenor de Carvalho, ele começou a reunir os músicos que existiam na cidade e na região e em 25 de março de 1920 criou a corporação musical 15 de Novembro, sendo seu primeiro regente o maestro Sebastião Patrício da Luz, que fazia os ensaios no salão paroquial e se apresentava depois no coreto que foi construído no centro da cidade na praça da igreja matriz.

Depois o padre transferiu a direção da corporação musical para Marcos Vedovello, e a sua regência para o guaçuano Evaristo Capussoni. Nessa época ela passou a se chamar Carlos Gomes, como homenagem ao grande músico brasileiro.

Já em relação a Mogi Mirim, um fato que abalou bastante a cidade foi a perda de **visitabilidade** por conta do declínio de seu time de futebol, uma equipe que, aliás, chegou a ser um bem badalada no passado. O fato é que em 2017 o time foi rebaixado para a Série D do Campeonato Brasileiro – sua quarta queda consecutiva em apenas dois anos. Infelizmente a situação da equipe tornou-se caótica, ao ponto de ela faltar a um de seus jogos na competição da Série C. Os seus jogadores não recebiam seus salários em dia e os mais talentosos já abandonaram o time. Quando será que surgirá alguém para resolver tal situação?

A HISTÓRIA DE MOGI GUAÇU

Mogi Guaçu é um município paulista que ocupa uma área de 812,75 km², dos quais 50,2 km² são de área urbana. Em 2018, viviam na cidade cerca de 151 mil habitantes. Em termos de clima, a média anual no município é de 21,44ºC. A menor temperatura registrada em Mogi Guaçu foi de 4ºC negativos, em junho de 1918, enquanto a mais elevada foi de 38,9ºC, em novembro de 1985.

Os municípios limítrofes de Mogi Guaçu são Araras, Aguaí, Conchal, Espírito Santo do Pinhal, Pirassununga, Leme, Estiva Gerbi, Itapira e Mogi Mirim. A prefeitura mantém acordos de cooperação com os três últimos, que inclusive são considerados **cidades-irmãs**. Isso tem como objetivo estabelecer parcerias para a implementação de um maior desenvolvimento em alguns setores da EC. No caso de Itapira e Mogi Mirim, por exemplo, existe atualmente o Roteiro Turístico Caminhos Baixa Mogiana.

As classes A, B e C representam 86% da população de Mogi Guaçu. Os 14% restantes incluem os habitantes das classes D e E. O percentual de mulheres no município é de 50,6%, ou seja, elas são a maioria. Em termos de raça, 85% da população é branca, 12% são pardos, 2,8% são negros e o restante se divide entre amarelos e indígenas.

O município pertence à diocese de São João da Boa Vista. Sua igreja matriz é a Nossa Senhora da Imaculada Conceição, que data de 1740, sendo a mais antiga do território diocesano. O município possui atualmente 18 paróquias e o dia de comemoração da padroeira é 8 de dezembro.

Os católicos constituem cerca de 62% dos guaçuanos, porém, já se percebe na cidade a presença na cidade de diversos credos protestantes, pentecostais e neopentecostais. De fato, no início de 2018 acreditava-se que cerca de 27% da população de Mogi Guaçu fosse de protestantes – o que se verifica, inclusive, pela existência de algumas dezenas de templos espalhados pelo município. Além disso, aproximadamente 1,7% da população é de espíritas, 6% de ateus e o restante se divide entre outros credos.

Como curiosidade, vale a pena entender a grafia do nome do município. Por incrível que pareça, nos termos da nova reforma ortográfica, a grafia correta seria Mojiguaçu, visto que está prescrito o uso da letra J para as palavras de origem tupi-guarani. E seu nome vem do tupi antigo *moî'ygûasu*, cujo significado é "grande rio das cobras", onde *moîa* significa "cobra", *y* é "rio" e *ûasu* "grande", numa referência ao rio Mogi Guaçu.

50 Cidades Paulistas Inspiradoras

Ao longo dos anos, o vocábulo *m'boijy* foi alterado para *boigy*, depois para *mogy*, *mogi* e finalmente para *moji*. Além disso, deve-se escrever tudo junto, porque embora a sílaba "ji" seja tônica, ela não é acentuada graficamente, o que seria a única justificativa para a hifenização.

Nas formações por sufixação, apenas se emprega o hífen nos vocábulos terminados por sufixos de origem tupi-guarani que representam formas adjetivas como *açu*, *guaçu* e *mirim* quando o primeiro elemento acaba em vogal acentuada graficamente ou quando a pronúncia exige a distinção gráfica dos dois elementos, como ocorre em amoré-guaçu, anajá-mirim, andá-guaçu etc. Mas a despeito de todas essas regras, ou seja, das normas ortográficas vigentes no Páis desde 1943 e reeditadas a partir do acordo ortográfico de 1990, **oficializou-se** em 1999 a grafia Mogi Guaçu para o município.

Em termos históricos, até o século XVII os índios caiapós habitaram a região onde agora está a cidade de Mogi Guaçu. Essa população, entretanto, foi diminuindo com a chegada dos bandeirantes vindos de Jundiaí, entre 1650 e 1655, que na época rumavam para Minas Gerais e Goiás em busca de ouro, pedras preciosas e, inclusive, de escravos índios. Como eles precisavam de um pouso, este foi estabelecido às margens do rio Mogi Guaçu e, com o tempo, surgiu o vilarejo de Mogi Guaçu. Em 1728 essa vila recebeu o título de **freguesia** de Nossa Senhora da Conceição do Campo e, em 1751, passou a se chamar Mogiguaçu – atualmente, Mogi Guaçu.

O desenvolvimento econômico da região começou com a produção de café e a instalação do ramal ferroviário da CMEF, em 1875. Então, em 9 de abril de 1877 Mogi Guaçu se tornou um **município**, mas o título de **comarca** só viria em 30 de dezembro de 1966!!! Hoje a cidade tem orgulho de viver conforme o seu lema: *Honor et gloria* ("Honra e glória").

A vegetação original do município era quase na sua totalidade constituída pela mata atlântica, com algumas manchas de cerrado ao norte e nordeste. Todavia, ela começou a ser derrubada para a instalação de engenhos e a plantação de cana-de-açúcar. Em 1830, a cultura canavieira tomou vulto, tanto que no entorno de Mogi Guaçu haviam nessa época 20 engenhos.

Nessa época começaram a surgir as primeiras plantações de café, que se expandiu ainda mais a partir de 1854. Nessa época, mais áreas florestais foram devastadas para garantir a criação de gado na região. O ciclo cafeeiro trouxe riqueza não só para Mogi Guaçu, mas também para muitas outras cidades do Estado!!!

MOGI GUAÇU E MOGI MIRIM

Com a abolição da escravatura em 1888, iniciou-se a fase industrial. Isso aconteceu graças aos imigrantes italianos que instalaram no local as primeiras cerâmicas, sendo que o primeiro deles foi o padre José Armani. No município ele encontrou a matéria prima adequada para sua fábrica de telhas, um tipo de especial de argila chamado **taguá**.

Outros eventos importantes na cidade aconteceram a partir daí. Em 1909 foi instalada a iluminação elétrica na cidade e, assim, os lampiões de querosene foram sendo eliminados. Em 1918, houve uma fortíssima geada na região, que deixou os cafezais brancos e praticamente destruiu a produção local (e também atingiu cidades vizinhas). E esse não foi o único evento natural que abalou a cidade: em 27 de janeiro de 1922 a cidade foi chacoalhada por um terremoto de 5,1 graus na escala Richter, um fenômeno raro que provocou rachaduras em diversos imóveis, além da queda de objetos dentro deles e, inclusive feriu algumas pessoas.

Mas voltando à produção cafeeira, esta conseguiu recuperar-se, pelo menos até a crise econômica mundial de 1929. Na década de 1930, as plantações de café quase desapareceram por conta de repetidas geadas. O preço da saca de café despencou de vez. Todavia, algumas plantações ainda resistem até os dias de hoje na região de Nova Louzã.

A partir de 1970 foi a vez da plantação de **tomate** ganhar impulso em Mogi Guaçu, principalmente por sua proximidade com os grandes centros urbanos e também por contar com o clima ideal para esse plantio. O auge dessa cultura aconteceu entre os anos de 1980 e 1990, quando Mogi Guaçu se tornou um dos principais municípios produtores, não apenas do Estado, mas do País, inclusive exportando o produto para vários países.

Tal situação atraiu muita gente para o município e promoveu o aumento da população local. Muitos vieram de outras regiões do Brasil, principalmente do Nordeste, para trabalhar nas lavouras. Foi assim que a cidade se tornou conhecida como a "**capital do tomate**". Nos últimos anos, entretanto, a produção de tomate foi diminuindo. Isso tem ocorrido por vários fatores: terras sobrecarregadas, pragas, doenças e também pelo surgimento de outras culturas mais rentáveis e lucrativas. Mesmo assim, a cidade ocupa hoje o **3º lugar no Estado** na produção de **tomate,** e a mesma posição com a produção de **laranja**.

No âmbito da **economia**, Mogi Guaçu continua se destacando no **setor primário**, ou seja, na pecuária e por sua relevante produção agrícola, que representa algo próximo de 10% do PIB municipal – estimado em R$ 3,6 bilhões em 2017. Hoje, utilizando-se de métodos modernos, a cidade produz tangerina, limão (a cidade também se tornou conhecida como "**capital de cítricos**"), milho, entre outros. Tudo isso além das culturas já mencionadas, é claro.

Em relação ao **setor secundário**, Mogi Guaçu tem hoje um perfil bastante diversificado e abriga nos seus cinco distritos industriais empresas de papel e celulose, alimentação, metalurgia, cosméticos, entre outras. Tudo começou em 1908, com a produção de cerâmicas e telhas no município. A pioneira nesse setor foi a Cerâmica Martini. No decorrer do século XX surgiram outras empresas ceramistas: Cerâmica São José, a Mogi Guaçu, a Gerbi e a Indústria Chiarelli.

Aliás, em 1957 a cidade de Mogi Guaçu chegou a ganhar o título de "**capital da cerâmica**". Por todo o País, o nome da cidade é tornou-se sinônimo de tijolos, telhas, tubos, manilhas e pisos de qualidade. Essa época registrou o auge da atividade ceramista na região, um momento em que velhas olarias se mecanizaram e assumiram um perfil mais industrial.

Na década de 1960 surgiu a Indústria de Papel Celulose Champion (atualmente International Paper), que fez com que a cidade tivesse um aumento populacional significativo. Além de empregar muita gente, Mogi Guaçu teve um bom crescimento econômico, com a receita oriunda dos impostos que passou a receber. Tanto que na época ela superou sua vizinha, Mogi Mirim, com a qual guarda até hoje certa **rivalidade**, mas tem também admiração. Vale lembrar que, no passado, ambas formaram uma única freguesia.

Foi em 1751 que se criou a freguesia de São José de Mogi Mirim, desmembrada da freguesia de Nossa Senhora da Conceição do Campo, atual Mogi Guaçu. Mogi Mirim tornou-se **vila** em 22 de outubro de 1769, **cidade** em 3 de abril de 1849, **comarca** em 17 de julho de 1852, sendo que a grafia do município como Mogi Mirim foi oficializada pela lei Nº 4.974 de 11 de junho de 2010!!!

Já na década de 1980 houve uma severa recessão na construção civil no Brasil, o que provocou muitas dificuldades para o segmento ceramista guaçuano. Por conta disso, restaram na cidade apenas as empresas Lanzi e Eliane no setor cerâmico. Mesmo assim, Mogi Guaçu tem hoje um perfil bastante diversificado e abriga nos seus cinco parques industriais, localizados próximos das rodovias SP-340 (liga Campinas a Mococa) e SP-342 (vai de Mogi Guaçu a São João da Boa Vista), empresas de papel e celulose, alimentação, metalurgia, cosméticos, entre outras. Dentre as principais empresas instaladas na região, estão: Mahle, Ingredion-Unilever, Sandvik, a já mencionada International Paper, além de muitas outras de menor porte. O fato mais importante é que em 2017 o setor industrial contribuiu com 28% do PIB da cidade.

Já o **setor terciário**, ou seja, de comércio e serviços, vem crescendo bastante e já representa 62% do PIB de Mogi Guaçu. Na verdade, o comércio local é bastante dinâmico e independente, o que transformou a cidade num verdadeiro polo comercial para toda a região da Baixada Mogiana, que conta atualmente com 7 mil lojas e estabelecimentos que disponibilizam os mais variados produtos e serviços.

Nesse meio estão incluídas diversas redes de franquias nacionais e internacionais, além de várias redes varejistas que se concentram na região central da cidade, mais precisamente no entorno da igreja matriz de Nossa Senhora da Imaculada Conceição – a padroeira do município –, localizada na praça Rui Barbosa, conhecida popularmente como Recanto. Mas a cidade conta ainda com outro centro comercial, o Buriti *Shopping*, que foi inaugurado em 22 de novembro de 2012.

Quando o assunto é **entretenimento**, a vida noturna da cidade tem se desenvolvido bastante, principalmente nessas duas últimas décadas. Hoje os moradores da cidade (e também os visitantes) têm diversas opções em termos de barzinhos, lanchonetes, choperias, restaurantes etc., para curtir um *happy hour* ou simplesmente passar alguns momentos de prazer junto aos amigos e/ou familiares.

Um exemplo incrível de sucesso vem de um tradicional restaurante da cidade, o *Jangada*, com mais de 50 anos de existência que fica na rodovia SP-340 às margens do rio Mogi Guaçu, entre dois retornos, de fácil acesso qualquer que seja o sentido da viagem de uma pessoa num automóvel. Hoje, ele tem unidades em outras cidades que ocupam um espaço de 1.300 m² e capacidade para atender até 340 clientes simultaneamente. O ambiente nele é elegante e acolhedor, o atendimento é familiar e a comida é excelente. Tanto que é difícil escolher um só prato no seu menu recheado de delícias, como a truta grelhada, o tambaqui na brasa, a moqueca de badejo, o bobó de camarão, a lula à *dorê*, os *temakis*, e o seu maior sucesso, é claro: o **espeto de pintado à moda da casa**, o preferido da maioria dos clientes.

Recentemente o *Jangada* inovou e abriu um espaço japonês, para almoço e jantar, com almoço executivo em dias úteis e pratos interessantes, como:

Cidades Paulistas Inspiradoras

tilápia grelhada ou à *parmigiana*, e truta grelhada ao molho de limão, com *croûtons* e batatas rústicas.

Mas se o cliente não gosta de peixe, pode deliciar-se com um filé de carne bovina à *parmigiana*, por exemplo. No *Jangada* há pratos capazes de agradar a todos os paladares!!! E é justamente por isso que o restaurante atende a cerca de 9.000 clientes por mês. De fato, a fama desse restaurante é tamanha que, além do original em Mogi Guaçu, já foram inauguradas outras filiais em Limeira (2013), Campinas (2015) e Bertioga – ou mais especificamente no bairro de Riviera de São Lourenço, já mencionado no capítulo sobre essa cidade, no volume 1 – (2017). E nas sextas e sábados o restaurante alegra o ambiente com uma agenda musical que torna a refeição mais agradável ainda!!!

E você, caro(a) leitor(a), já teve a oportunidade de refestelar-se com o rodízio de peixes e frutos do mar oferecido no *Jangada*: **Não!?!?** Então corrija isso o mais rápido que puder!!!

Para quem busca outras formas de **entretenimento**, **lazer** e **cultura**, há várias opções na cidade. Uma boa ideia é visitar o Museu Histórico Hermínio Bueno, outra é assistir a uma apresentação no Teatro Municipal Tupec, com capacidade para 450 expectadores. Para os que gostam de música, uma pedida é ouvir a Orquestra Sinfônica ou acompanhar a já mencionada Corporação Musical Marcos Vedovello. Esta última surgiu em 25 de março de 1920 e foi declarada como de utilidade pública municipal. Durante um tempo essa corporação musical foi administrada por Marcos Vedovello, que faleceu em 1947. Posteriormente, seu filho, o maestro Geraldo Vedovello, assumiu o lugar do pai e, algum tempo depois, a população da cidade resolveu homenagear Marcos Vedovello, dando seu nome à corporação.

Atualmente ela é considerada uma referência musical na cidade, tendo como principais objetivos o ensino, a divulgação e a popularização da música instrumental. Ela é composta pela Escola de Música Geraldo Vedovello (que atende a crianças e jovens **gratuitamente**) e por outros grupos musicais, tais como a Orquestra de Sopros, a Banda Geraldo Vedovello e a Banda Marcial dos Ipês. Esses grupos desenvolvem, entre outros trabalhos, os seguintes projetos: Concertos Populares, Música na Escola, Concerto pela Paz e Concerto pela Solidariedade.

Mogi Guaçu conta também com a Escola Municipal de Iniciação Artística, na qual as crianças são educadas para que no futuro possam seguir carreiras ligadas aos vários setores da EC. Fora isso, há o Museu Histórico e Pedagógico Franco de Godoy, uma obra idealizada pelo historiador José

MOGI GUAÇU E MOGI MIRIM

Edson Franco de Godoy e construída na forma de navio no lago de sua propriedade. Todavia, esse museu encontra-se fechado há quatro anos, por falta de recursos, o que é **lamentável**. Sobre isso o próprio José Edson Franco de Godoy comentou: "Estou vivendo uma grande depressão, pois não consigo manter o local com a minha aposentadoria. A criançada adorava ir ao museu, e isso era uma grande alegria para mim e para minha esposa, uma professora aposentada. Vinha gente de Mogi Mirim, Aguaí, Conchal, Espirito Santo do Pinhal etc. Preciso de seis pessoas para constituir a diretoria de um museu-navio, pois tenho a Lei Rouanet aprovada e posso assim captar até R$ 200 mil para investir nele, porém, não tenho mais o apoio da prefeitura para manter o museu e por isso é que ele está fechado, sofrendo inclusive invasões e roubos!?!?"

Que bom seria se a prefeitura de Mogi Guaçu pudesse ajudar financeiramente e reativar essa bela atração, **não é mesmo**?

Na cidade ocorrem alguns importantes eventos de **entretenimento**, como é o caso da Expo Guaçu, que, como já mencionado, acontece sempre no mês abril. A exposição conta com rodeio, espetáculos musicais, parque de diversões, um pavilhão de exposições, *shows* e outras atividades. Além disso, o evento oferece uma ampla praça de alimentação que atrai algumas dezenas de milhares de visitantes todos os anos.

Há também a possibilidade de, durante esse período, visitar alguma fazenda histórica da região, como a Campininha ou a Cataguá.

Os guaçuanos gostam bastante de futebol, e até houve uma época em que o estádio local – o Alexandre Augusto Camacho (ou "Arena Mandi"), com capacidade para 5 mil espectadores – foi bastante utilizado. Localizado no centro, o estádio serviu de base para os jogos do Clube Atlético Guaçuano, que infelizmente desistiu de disputar o campeonato estadual... Mas, por alguma tempo, os guaçuanos tiveram uma opção na vizinha Mogi Mirim, onde costumavam acompanhar os jogos do Mogi Mirim Esporte Clube (o "Sapão"). A equipe se tornou famosa pelo bom desempenho no Campeonato Paulista de 1992, quando surpreendeu a todos com um esquema similar ao da **"laranja mecânica"** – apelido da seleção holandesa, vice-campeã mundial em 1974 e 1978 –, em que todos os jogadores se revezavam em várias posições no campo, dificultando assim a marcação do time adversário.

Na época, sob o comando do técnico Oswaldo Fumeiro Alvarez (Vadão), e com craques como Rivaldo, Válber e Leto, o Mogi Mirim passou a ser chamado de **"carrossel caipira"**, e assim o Sapão entrou para a história, mas logo perdeu seus melhores jogadores para equipes economicamente mais poderosas.

O sucesso ainda permaneceu por algum tempo, e o estádio Romildo Vitor Gomes Ferreira (o "Romildão"), com capacidade para 20 mil pessoas, continuou lotado. Porém, em 2017, a equipe passou por uma grave crise financeira e teve dificuldades para participar da Série A3 do Campeonato Paulista de 2017.

O ex-jogador do clube, Rivaldo, que além de ter jogado por várias equipes famosas no cenário internacional e foi campeão mundial pela seleção brasileira em 2002, prometeu ajudar o clube a sair dessa lamentável situação e voltar a ter uma equipe competitiva e que encante os amantes do futebol. E de fato, isso seria muito bom não apenas para a cidade de Mogi Mirim, mas inclusive para muita gente que trabalha na organização das competições de futebol e na preparação da equipe.

O atual prefeito de Mogi Guaçu é o engenheiro civil Walter Caveanha, que reassumiu a prefeitura em 1º de janeiro de 2017 e já está em seu **quinto mandato**. Isso indica que esse guaçuano tem sido bastante competente em sua administração.

Conheço Walter Caveanha há mais de 35 anos, que nos seus primeiros mandatos sempre procurou promover melhorias contínuas na qualidade de vida dos munícipes. Neste sentido, ele buscou conscientizá-los de que a prefeitura precisava da colaboração de todos para saber, de maneira efetiva e verdadeira, o que era **prioritário**.

Recorde-se que Walter Caveanha foi eleito prefeito da cidade pela primeira vez em 1977, quando era um jovem de 25 anos. Em 1989 ele conseguiu um 2º mandato e o 3º mandato viria em 1997.

Já no seu 2º mandato, ele elaborou um Plano Diretor para o município que contou com a parceria de várias entidades representativas da sociedade e foi sendo aperfeiçoado ao longo do tempo.

Hoje, entre suas prioridades está o incremento ao **turismo**. Ele deseja aumentar a visitabilidade à cidade, valendo-se para isso do próprio rio Mogi Guaçu, palco do fenômeno da **piracema** (um termo oriundo do tupi, cujo significado é "sair peixe", que representa a subida dos peixes rumo à cabeceira do rio para a desova).

Walter Caveanha é um exemplo de prefeito longevo que dedicou sua vida para servir bem os guaçuanos. E o povo da cidade reconheceu (e reconhece) isso, tanto que o levou ao cargo pela quinta vez. Muitos são os pontos fortes desse administrador, mas, talvez o mais importante, seja o apoio que sempre deu aos programas que permitem ampliar as competências dos funcionários da própria prefeitura, para que seus colaboradores estejam cada vez mais conectados com as necessidades da comunidade e, desse modo, sejam capazes de atender rapidamente as mesmas. Neste sentido, ele é um grande estimulador da capacitação de jovens e se esforça para que estes se formem em cursos de administração pública e, assim, estejam aptos a trabalhar com proficiência, particularmente em algum órgão da prefeitura!!!

A HISTÓRIA DE MOGI MIRIM

Como já foi dito, a cidade de Mogi Mirim foi fundada em 22 de outubro de 1769 e tem hoje cerca de 98 mil habitantes. O município ocupa uma área de 499 km² e as cidades limítrofes são: Mogi Guaçu, Itapira, Santo Antônio de Posse, Artur Nogueira, Holambra, Engenheiro Coelho e Conchal.

Para vencer as batalhas diárias, os mogimirianos se inspiram no lema *Nata sum e paulistarum robore* ("Nasci da bravura dos paulistas"). A cidade se destaca no interior paulista pela sua forte expressão cultural. Dessa maneira, o Festival de Inverno de Mogi Mirim (FESTIMM), realizado em julho, se tornou um dos principais eventos da região, no qual os visitantes têm a oportunidade de assistir a *shows* e espetáculos de música popular e erudita de alta qualidade técnica e artística, que agradam aos milhares de pessoas que comparecem ali todos os anos. Além disso, a Companhia Imagem Pública também promove na cidade espetáculos teatrais e intervenções culturais.

Mas Mogi Mirim também se tornou popular por seu Festival Gastronômico, realizado anualmente. E para aqueles que preferem permanecer alguns dias na cidade para participar desse evento, basta recorrer a um dos confortáveis hotéis que existem na região, como o Bristol Zaniboni, o Portal Mogi Mirim, o Sol de Mogi e o Mogi Mirim Palace.

Os mogimirianos, em especial pela influência dos imigrantes italianos, conseguiram tornar a cidade um **polo gastronômico**, oferecendo aos visitantes uma variedade de restaurantes, cantinas e *pizzarias*. Entre os pontos turísticos à disposição dos turistas, estão:

- **Complexo dos Lavapés** – Embora tenha sido batizado como Complexo Esportivo José Geraldo Franco Ortiz, ele ficou popularmente conhecido como Lavapés. Seu lago é o cartão-postal da cidade. No local há instalações completas para a prática esportiva, ou seja, áreas sinalizadas para o uso de bicicletas e caminhadas, kartódromo, campo de futebol e quadras poliesportivas.

- **Zoológico Municipal** – O local abriga mais de 300 espécies de animais, entre mamíferos, aves e répteis. O destaque é a jaguatirica e o lobo-guará, espécies ameaçadas de extinção. O espaço abriga ainda uma sala para palestras voltadas especificamente para a educação ambiental.

- **Estação Educação** – Trata-se de uma antiga estação ferroviária de Mogi Mirim, originalmente inaugurada em 1875 como uma das primeiras paradas da CMEF. O prédio foi restaurado e transformado num centro de aperfeiçoamento e há mais de uma década são realizadas em suas salas e em seu auditório palestras, cursos e oficinas.

- **Igreja matriz São José** – Localizada na praça São José, esse templo católico homenageia o padroeiro de Mogi Mirim. Ela foi construída em 1928, inspirada na famosa catedral de Notre Dame, de Paris. O interior da igreja, com um pé direito alto e belas imagens sacras, é um dos marcos da cidade.

- **Centro Cultural Professor Lauro Monteiro de Carvalho e Silva** – Foi o antigo fórum da cidade, transformado agora em espaço cultural, onde são realizadas exposições e oficinas culturais. No local também acontecem apresentações musicais e teatrais.

- **Horto Vergel** – Este assentamento rural foi constituído em 1998, por cerca de 250 famílias da antiga fazenda Horto Vergel, por onde passava a linha do CMEF. Hoje o local abriga diversos produtores de frutas, hortaliças e flores, além de animais bovinos e caprinos, o que estimula a prática do **turismo rural**.

- **Cervejaria Sauber Beer** – Essa cervejaria artesanal foi criada em 2009, como resultado da paixão do engenheiro Renato Marquetti Junior por essa bebida. Ela tem hoje quase três dezenas de fórmulas de alta qualidade, e não usa aditivos nem conservantes. Além das cervejas tradicionais, como *Pilsen* e *Weiss*, a Sauber se destaca pelos sabores mais exóticos, como abóbora, gengibre, tangerina e diversas especiarias. Mas além do sabor intenso de suas cervejas, a empresa também se destaca pelo esmero nos rótulos exclusivos, elaborados por artistas locais.

- **Alambique Ipezinho** – Está localizado numa fazenda local dedicada à plantação de cana-de-açúcar. A cachaça Ipezinho está disponível em duas versões: branca e amarela. Quem visita o local, além de conhecer o seu processo de fabricação, pode degustar a pinga direto do barril.

- **Feira Noturna** – Ela acontece regularmente na frente da Estação Educação, todas as quartas-feiras do mês, das 18 h às 22 h. Nela são comercializados legumes, frutas e verduras frescas vindas diretamente dos produtores locais.

- **Massas da Cecília** – Um estabelecimento que se tornou famoso em Mogi Mirim por se especializar em massas e alimentos congelados e resfriados, como lasanhas, *cannellonis*, *rondellis*, *capelettis*, nhoques etc. O estabelecimento também comercializa carnes, tortas etc., e seus produtos são procurados pelos moradores das cidades vizinhas, inclusive de Mogi Guaçu.

- **Valentin's Emporium** – Este é um empório dedicado a alimentos e bebidas finas, possuindo cerca de 130 rótulos de cervejas especiais. Ele também atrai compradores vindos de outras cidades

Também localizadas na cidade estão a Casa da Cultura de Martim Francisco, o Centro de Memória e o Museu Histórico e Pedagógico Doutor João Teodoro Xavier. Na cidade de Mogi Mirim há também algumas casas noturnas, bastante famosas na região e frequentadas inclusive pelos guaçuanos!!!

Em termos de **empregabilidade**, deve-se ressaltar que muita gente trabalha em serviços voltados para o transporte, a educação e a saúde, diretamente ligados à prefeitura da cidade, a grande empregadora de Mogi Mirim. (Aliás, em muitas cidades brasileiras as prefeituras são as maiores empregadoras!!!)

Mas a cidade possui dois distritos industriais – o José Marangoni, conhecido como Parque da Empresa à margem da rodovia SP-147 e o Luiz Torrani à margem da rodovia SP-340 – nos quais têm-se fábricas de vários ramos (metalurgia e autopeças, alimentos e bebidas, calçados, papeleiro etc.) que empregam um significativo contigente de mogimirianos.

No que se refere a mobilidade, a rodovia SP-340, que liga a cidade com Campinas e Mococa, é de suma importância para Mogi Mirim. E pelo trecho cuja numeração é SP-342, a cidade se conecta a São João da Boa Vista. Mas o município conta também com diversas estradas **internas** e **vicinais**, por causa do grande tamanho da zona rural. Elas são percorridas pelos ônibus da prefeitura para o deslocamento das crianças do ensino fundamental. Elas ligam a cidade a Mogi Guaçu e às demais cidades limítrofes. Estima-se que no início de 2018 houvesse em Mogi Mirim cerca de 103 mil veículos, dos quais cerca de 67 mil são carros, 36 mil são motocicletas e algo próximo de 1.200 são ônibus e micro-ônibus.

Várias avenidas facilitam o trânsito na cidade, com destaque para a Nove de Abril, que faz a importante ligação do centro da cidade com a zona norte, e a avenida Mogi Mirim, que vai do centro para a zona sul, sendo a principal ligação entre as duas cidades. Mogi Mirim possui por sua vez um aeroporto com uma pista de 1.500 m de extensão e 30 m de largura.

No quesito **educação**, existem três IESs em Mogi Guaçu: a UNIMOGI, a Faculdade Municipal Profª Franco Montoro e as Faculdades Integradas Maria Imaculada. Já no ensino técnico, destacam-se a unidade do Senai, a Etec Euro Albino de Souza e o Cegep Governador Mario Covas.

Na educação superior, Mogi Mirim tem a Faculdade Santa Lúcia, a Fatec Arthur de Azevedo e no ensino técnico a Etec Pedro Ferreira Alves, além de um excelente centro de estudo de línguas na Escola Estadual Monsenhor Novo.

E a partir de 2018 tanto em Mogi Guaçu com em Mogi Mirim, existem polos de EAD da UniFAJ.

No âmbito da **saúde**, há dois hospitais públicos em Mogi Guaçu: o Hospital Municipal Doutor Tabajara Ramos e a Irmandade Santa Casa de Misericórdia. Em termos de hospital privado, a cidade conta com o São Francisco. Existe ainda um AME, gerenciado pela Unicamp, e mais de duas dezenas de UBSs, além do SAMU.

Não se pode esquecer que bem próximo dali, ou seja, em Mogi Mirim, há também dois hospitais, o 22 de Outubro e a Santa Casa de Misericórdia, o SAMU, um serviço de reabilitação e um centro de especialidades médicas. Pode-se dizer, portanto, que tanto os mogimirianos quanto os guaçuanos estão razoavelmente bem atendidos em termos de **educação** e **saúde**.

Muito entretenimento no parque aquático Thermas dos Laranjais, em Olímpia.

Olímpia

PREÂMBULO

Olímpia está cada vez mais imbuída na tarefa de tornar-se o local preferido nos períodos de férias, em especial pelos paulistas. Neste sentido, a cidade tem inaugurado muitas novidades em termos de **entretenimento**.

Em 12 de outubro de 2017, por exemplo, foi inaugurada a primeira montanha-russa aquática do Brasil, no parque aquático Thermas dos Laranjais. Com curvas e quedas bruscas, essa atração difere dos demais tobogãs do parque pelas subidas até 20 m, impulsionadas por fortes jatos de água. O brinquedo tem 370 m de extensão, que são percorridos em uma boia capaz de acomodar duas pessoas. Vale lembrar que esse trajeto não pode ser feito individualmente e, para entrar nele, o interessado deve ter no mínimo 1,2 m de altura.

A construção desse brinquedo consumiu quase R$ 10 milhões, mas os proprietários acreditam que tal investimento será rapidamente recuperado com a venda de ingressos de acesso ao parque, cujos valores no final de 2017 variavam entre R$ 80 (dias úteis) e R$ 100 (nos fins de semana).

Como se nota, o parque precisará receber pelo menos mais 100 mil visitantes extras para arrecadar o montante que gastou só nesse brinquedo. Em quanto tempo, caro(a) leitor(a), você acha que isso irá ocorrer? A resposta está no texto a seguir...

Mas Olímpia tem outras atrações como o Orquidário Aguapey; a pista de boliche de um restaurante, no qual se tem gastronomia, aconchego e diversão, sendo uma excelente opção noturna de lazer; o Centro de Lazer Recanto dos Sonhos, localizado na área rural da cidade, no qual se podem praticar atividades de aventura e contato com a natureza (tirolesa, escalada etc.); a igreja matriz de São João Batista pela sua arquitetura e imponência, especialmente a coroa de espinhos suspensa sobre o altar, ou então assistir um bom filme no cine Capitólio, que funciona num prédio histórico da cidade.

A HISTÓRIA DE OLÍMPIA

Olímpia é um município paulista localizado a 438 km da capital, São Paulo. Sua área total é de 803 km² e, segundo estimativas, viviam nela em 2018 aproximadamente 55 mil pessoas. A cidade é cortada pelo ribeirão Olhos d'Água e pelos rios Turvo e Cachoeirinha, e tem como município limítrofes Guaraci, Barretos, Severínia, Cajobi, Tabapuã, Uchoa, Guapiaçu e Altair. Chega-se até Olímpia pelas rodovias Armando de Sales Oliveira (SP-322) e Assis Chateaubriand (SP-425).

Em temos históricos, no ano de 1857 Joaquim Miguel dos Santos, um homem corajoso e visionário, encontrou nas margens de um ribeirão, cheio de olhos de água – **nascentes** – um local adequado para viver com sua família. Ali ele ergueu uma cruz e construiu sua moradia, dando ao local o nome de fazenda Olhos d'Água. Tempos depois, outras famílias – Lima, Miranda, Braz, Medeiros, Clemêncio da Silva, Reis, Jesus e Campos – também se assentariam na região.

Em 1889 o engenheiro Robert John Reid foi contratado para demarcar as terras da fazenda Olhos d'Água e, na ocasião, o profissional procurou convencer todos os posseiros a doarem parte de suas glebas para a formação de um povoado. A primeira doação foi de Joaquim Miguel dos Santos, mas logo vieram outras e, desse modo, chegou-se a uma área total de 100 alqueires.

Em 2 de março de 1903 – data que posteriormente seria considerada como de fundação de Olímpia – criou-se o patrimônio do povoado de São João Batista dos Olhos d'Água. Dois anos depois, mais precisamente em 29 de junho de 1905, foi inaugurada a primeira capela da região, que mais tarde (em 4 de agosto de 1910) foi destruída por um incêndio.

Em 18 de dezembro de 1906, o povoado foi elevado à categoria de distrito do município de Barretos, recebendo o nome de Vila Olímpia. Essa foi uma homenagem à afilhada do engenheiro Reid, Maria Olímpia Rodrigues Vieira, que nascera em 2 de fevereiro de 1897.

Outras datas importantes para a cidade foram 1907, quando os empreendedores Miguel Haidar e Guilherme Costa inauguraram ali um cinema, e 1910, quando foi criada a primeira escola do distrito pelo capitão Narciso Bertolino (ressaltando que o primeiro grupo escolar somente começaria a funcionar nove anos mais tarde, em 1919). No ano de 1918 foi inaugurado o cemitério São José e, nesse mesmo ano, chegou à cidade uma ramificação da estrada de ferro São Paulo-Goiás.

Também em 1918 aconteceu o surgimento do jornal *A Cidade de Olympia*, de propriedade de Fidelino Pinheiro. Na época o editor dessa publicação foi Mário Vieira Marcondes, marido de Maria Olímpia Rodrigues Vieira, que mais tarde ocuparia o cargo de prefeito, sendo o primeiro do município. Nesse jornal também trabalhava Nino do Amaral, a quem se atribui a autoria do apelido de "**cidade menina-moça**", dado a Olímpia. Foi em 1919 que ocorreu a criação da **comarca** de Olímpia, instalada de fato somente em 10 de fevereiro de 1920.

No que se refere a **economia**, o setor mais relevante na cidade é o terciário, que inclui as atividades de comércio, transportes, serviços financeiros, de administração pública e, em especial, aquelas associadas a **hospitalidade** e **turismo**, que representam atualmente cerca de 68% do PIB local. A indústria, por sua vez, corresponde a 21% e a agropecuária a 11% do PIB municipal.

Em 3 de julho de 2014 foi aprovado pela Assembleia Legislativa do Estado de São Paulo o projeto de lei que transformou Olímpia em **estância turística**. Com isso a cidade passou a ser beneficiada pelo Departamento de Apoio ao Desenvolvimento das Estâncias Turísticas (DADE), e a receber um repasse de verbas que objetivam o desenvolvimento infraestrutural da cidade, a fim de proporcionar um melhor atendimento aos olimpienses e aos turistas.

Nos últimos anos, Olímpia se tornou um dos destinos turísticos mais procurados do País, tanto pelos que vivem nas cidades do próprio Estado, quanto nas regiões mais longínquas. De fato, são milhões de visitantes por ano – cerca de 2 milhões –, e isso se deve a **duas características marcantes** da cidade.

A primeira delas é o fato de a estância turística Olímpia ser considerada a "**capital nacional do folclore**". Há 54 anos – completados em 2018 – realiza-se na cidade o Festival do Folclore, um evento com a duração de oito dias, sempre no mês de agosto, que atrai cerca de 160 mil pessoas a cada ano. Nele são celebrados os costumes típicos e a cultura popular de nossa gente, com a apresentação de grupos artísticos – aproximadamente 80 – de todas as partes do País. Durante a festa o visitante também tem acesso a mostras de artesanato, barracas com comidas típicas, seminários e, por fim, a um empolgante desfile de encerramento.

Esse festival acontece numa grande arena construída especificamente para essa finalidade: a praça de Atividades Folclóricas Professor José Sant'Anna, com 92.000 m². O local conta ainda com um museu temático, ou seja, o Museu de História e Folclore Maria Olímpia, um dos primeiros dedicados à cultura popular do País. Nele o visitante pode conhecer mais de 3 mil peças com a temática folclórica, que abriga desde artesanatos, vestuário e painéis até bonecos, além de outros objetos que representam expressões populares do Brasil.

A **segunda característica** diz respeito a outra atração muito importante da cidade, o **parque aquático Thermas dos Laranjais**, considerado um dos maiores e mais frequentados complexos turísticos da América Latina, além de uma referência no interior paulista. No início, em 1987, o Thermas dos Laranjais tinha apenas uma única piscina, porém, aos poucos o local foi se transformando num verdadeiro complexo aquático. Hoje ele ocupa uma área de 260.000 m², oferece mais de 50 atrações – entre elas uma pista de surfe, piscinas naturalmente aquecidas (38ºC), tobogãs de 30 m de altura e rios artificiais com corredeiras ("rio lento" e "rio selvagem"), ou seja, atividades para toda a família. O crescimento desse parque aquático consolidou Olímpia no mapa turístico paulista e nacional, e vale ressaltar que já está em desenvolvimento um projeto de expansão!!! Em 2017 tinha capacidade para receber até 16 mil visitantes por dia e estima-se que nesse ano o turismo voltado para águas termais em Olímpia tenha movimentado cerca de R$ 410 milhões.

Mas quem vai a Olímpia tem ainda algumas outras alternativas em termos de passeio. Esse é o caso, por exemplo, da igreja São João Batista, a padroeira da cidade, que se destaca pela sua arquitetura moderna, pelos elevado pé-direito em sua nave central e pela delicadeza de suas obras de madeira (feitas pelo escultor espanhol Luiz Noguer) e de seus belos afrescos (de outro espanhol, José Perez).

Outro passeio inadiável é a visita à igreja Nossa Senhora Aparecida, popularmente conhecida como "igrejinha", uma das mais belas construções locais. Ela começou como uma pequena capela nos anos 1930, até ser ampliada e entregue nos anos 1950. Suas paredes externas são azuis e no interior estão expostas pinturas a óleo do artista olimpiense Daquinho. Recentemente ela foi restaurada e ganhou iluminação especial.

Quem for à cidade também tem a oportunidade de estabelecer contato com a natureza, seja admirando as lindas flores no Orquidário Aguapey, onde monitores explicam todo o processo de produção e cultivo das flores, ou desfrutando da tranquilidade de seus pesqueiros. Nesse caso, entre as opções estão o do *Cacá*, localizado a 5 km do centro da cidade, e o do *Japonês*, a 2 km do centro. Este último dispõe de um restaurante e oferece

66 Cidades Paulistas Inspiradoras

pratos típicos da culinária caipira, com destaque para as receitas elaboradas com peixes frescos.

Com tudo isso, para atender aos milhares de turistas que chegam à cidade todos os dias – uma média de 6 mil – a cidade conta com uma das mais completas redes hoteleiras de todo o País. São cerca de três dezenas de aprazíveis hotéis, pousadas, hotéis-fazendas, *resorts* e confortáveis casas para temporada, com mais de 12 mil leitos disponíveis. Entre as melhores escolhas estão o Thermas Park Resort & Spa e o Royal Thermas Resort & Spa, mas existem outras opções. De modo geral os preços são bastante acessíveis, o que facilita bastante para o visitante querer ir a Olímpia.

O mais importante é que os investimentos nessa área não param, o que tem impulsionado a economia e melhorado significativamente a infraestrutura local. Agora, como a perspectiva é de que num futuro bem próximo a cidade receba anualmente 4 milhões de turistas por ano, Olímpia está se preparando para ter mais de 20 mil leitos, o que, no quesito hospedagem, colocaria a cidade atrás apenas de São Paulo, e à frente de diversas capitais estaduais, como Porto Alegre, Recife, Belo Horizonte etc.

Para quem chegar a Olímpia pela primeira vez e necessitar de informações, a dica é dirigir-se ao Centro de Atendimento do Turista (CAT), localizado na praça Rui Barbosa. Trata-se do lugar certo para se obter repostas para suas dúvidas, além de sugestões de onde se hospedar, se alimentar e buscar divertimento. Aliás, o visitante também poderá adquirir nesse local produtos típicos da região e lembranças da cidade.

Como é, você já está pronto(a) para ampliar o número de turistas que visitam Olímpia anualmente?

O mais importante cruzamento em Osasco, com destaque para a o viaduto metálico Reinaldo de Oliveira, cartão-postal da cidade.

Osasco

PREÂMBULO

Entre as coisas notáveis que se tem em Osasco, uma delas é sem dúvida a Fundação Bradesco, uma instituição privada criada em 1956 por Amador Aguiar, com o objetivo de proporcionar **educação** e **profissionalização** a crianças, jovens e adultos. Atualmente ela administra cerca de 40 escolas próprias (três delas em Osasco) e se envolve em diversas iniciativas de inclusão social.

A primeira escola da fundação foi inaugurada no bairro Cidade de Deus em 29 de junho de 1962, com 300 alunos e sete professores. Atualmente existem unidades em todos os Estados brasileiros e também no Distrito Federal. Isso faz da Fundação Bradesco, presidida atualmente por Lázaro de Mello Brandão, a **maior instituição filantrópica do Brasil** e uma das cinco maiores da América Latina.

Mas além da presença propriamente dita, essas escolas se transformaram numa referência sociocultural para cada região do Brasil. Hoje as comunidades veem na Fundação Bradesco claras oportunidades para que os frequentadores de suas unidades consigam completar seus horizontes de trabalho e garantir suas realizações.

Essas escolas também conquistaram uma incrível reputação pela sua excelente infraestrutura e qualidade de sistema de ensino. Estima-se que em 2018 estavam estudando no Brasil nas escolas mantidas pela Fundação Bradesco cerca de 120 mil alunos – e a **demanda** por seus cursos continua a crescer!

A HISTÓRIA DE OSASCO

Osasco é um município que faz parte da RMSP. Com aproximadamente 60 bairros, ele faz fronteira com Cotia, Carapicuíba, Barueri e já se encontra bastante conurbado com a própria capital paulista. De acordo com o censo de 2017, a cidade possuía no seu final cerca de 710 mil habitantes, sendo a 6ª mais populosa do Estado. Quem diria que no passado ela foi um bairro da capital sem muita expressão? De fato, sua emancipação para **município** aconteceu por meio de um plebiscito em 19 de fevereiro de 1962.

A cidade é cortada pelo rio Tietê e também pelos córregos Baronesa, Bussocaba, Continental, Areia e da Divisa, todos extremamente poluídos. Devido a presença desses cursos de água, são comuns as enchentes nas regiões mais próximas deles, principalmente no norte do município, onde tudo fica alagado.

O clima de Osasco é considerado subtropical úmido e suas estações são apenas parcialmente definidas. A média de temperatura anual é de 19,2ºC. Os verões são moderadamente quentes e chuvosos, enquanto os invernos são amenos e subsecos. Enquanto isso, outono e primavera são consideradas estações de transição. O índice pluviométrico anual é de 1.320 mm, e as maiores precipitações ocorrem no mês de janeiro, com 235 mm.

Segundo dados recentes do IBGE, a população de Osasco é predominantemente branca (67%). Depois deles vêm os pardos (27,5%), os negros (4,5%), os amarelos (0,8%) e os indígenas (0,2%). Já no que se refere a **religião**, a maioria dos osasquenses é católica (63%). Em seguida vêm os evangélicos (23%) e os ateus (10%). O restante da população se divide entre espíritas, budistas, judeus etc.

Atualmente os principais setores econômicos da cidade são o industrial, o comercial e o de serviços. A atividade agrícola, em contrapartida, é pequena, uma vez que a área do município – **64,935 km²** – não é muito grande.

Apesar do tamanho, seu PIB estimado em 2017 foi de R$ 68 bilhões, sendo o 2º do Estado, ficando atrás somente da capital paulista. Na verdade, ele é também o 8º do País, superando aquele de grandes capitais estaduais como Salvador, Fortaleza e Recife. Não é por acaso que os osasquenses adoram seu lema: *Urbs labor* ("**Cidade trabalho**").

Em termos históricos, Osasco foi inicialmente estabelecida como um núcleo de povoamento para colonizadores de origem portuguesa. Isso aconteceu ainda no século XVIII, da época do Brasil colônia. O local recebeu

Cidades Paulistas Inspiradoras

o nome de vila de Quitaúna (que hoje é um bairro de Osasco), e abrigou residentes importantes, como o bandeirante Antônio Raposo Tavares – cujo corpo supostamente estaria enterrado ali.

Porém, com a descoberta do ouro em Minas Gerais, a vila de Quitaúna acabou se esvaziando, mas restaram na época do império diversos sítios e várias chácaras. No século XIX, surgiu às margens do rio Tietê uma aldeia de pescadores e algumas grandes fazendas. Então, já no final do império, uma delas foi vendida ao italiano Antônio Agù, e outra ao português Manuel Rodrigues.

No início do período republicano, Antônio Agù já se tornara proprietário de diversos negócios e de ainda mais terras, inclusive uma gleba no km 16 da EFS, em 1887. Então, por volta de 1890, ele resolveu ampliar sua pequena olaria e, para isso, convidou para ser seu sócio o barão Dimitri Sensaud de Lavaud. A partir daí, sua olaria – que até então fabricava tijolos e telhas – passou a produzir também tubos e cerâmicas, dando origem à primeira indústria local.

De fato, foram várias as iniciativas empreendedoras de Antônio Agù, mas, entre elas vale destacar a **estação ferroviária,** construída em 20 de agosto de 1895. Com ela também foram erguidas nos arredores várias casas para servirem de residência para os operários que vieram para trabalhar na estação.

No início os proprietários da estrada de ferro quiseram batizar a estação com o nome desse grande empreendedor, porém, Antônio Agù os convenceu a homenagear não a ele, mas sua vila na Itália, cujo nome é **Osasco**.

Assim, num telegrama emitido pelo superintendente da EFS, G. Oetterer, em 20 de agosto de 1895, informou-se da seguinte maneira a existência da estação construída por Antônio Agù: "Acha-se aberta uma estação no km 16, denominada Osasco, que tornou-se necessária para o desvio de trens."

Osasco se tornou **distrito** em 1918. Dois anos mais tarde, em 1920, viviam ali 4.178 moradores, sendo que 1.331 deles eram estrangeiros – a italianos (na maioria), franceses, espanhóis, portugueses, alemães, irlandeses etc. –, cerca de 32% da população (!?!?).

A partir dessa época diversas indústrias e muitas empresas comerciais foram se instalando em Osasco, que não parou mais de crescer. Com isso, também aumentou bastante o contingente de operários na região. Na mesma época, o comércio – em que atuavam integrantes das colônias armênia, libanesa e judaica – também passou a se desenvolver. Já na zona rural, destacavam-se os imigrantes japoneses, com suas plantações de legumes e verduras.

Com o passar do tempo Osasco teve um grande crescimento populacional e, em 1953, aconteceu o primeiro plebiscito visando a emancipação do distrito. Todavia, a tentativa fracassou. Uma segunda tentativa ocorreu apenas em 1962, e dessa vez resultou na independência de Osasco em relação à capital paulista.

No que se refere à **habitabilidade**, Osasco tem atraído especialmente os moradores de bairros paulistanos próximos do município para viverem aí pois o metro quadrado dos apartamentos construídos na cidade, tem preço bem menor, em prédios com o mesmo conforto e qualidade, que aqueles em São Paulo.

Aliás está em andamento a construção de um megacondomínio na divisa de Osasco com São Paulo, que está provocando um certo atrito entre ambas, pois o terreno de 450.000 m², tem só 10.000 m² dentro do município de Osasco.

Esse condomínio fica na altura do km 18,5 da rodovia Raposo Tavares e a previsão é de ser constituído por 106 torres, nas quais viverão aproximadamente 60 mil pessoas (população maior que de 90% das cidades brasileiras).

Essa obra será tocada pelo grupo Rezek e a arquiteta responsável pelo licenciamento, Verena Balas explicou: "Vamos construir um novo bairro sustentável, com dois parques públicos e lotes com grande permeabilidade, um terminal de ônibus, seis creches, dois postos de saúde, e executar diversas melhorias viárias."

O atual prefeito de Osasco, Rogério Lins ressaltou: "Apesar de apenas 2,2% do terreno todo ficar no nosso município, o megacondomínio terá grande impacto sobre quem vive em Osasco e por isso merecemos varias compensações e uma delas é a que a construtora contrate mão de obra osasquense."

Entre os acontecimentos importantes que atraíram os olhos do País para essa cidade paulista estão os seguintes:

- **O voo do barão** ➡ Em 7 de janeiro de 1910, realizou-se na cidade o primeiro voo num aparelho mais pesado que o ar na América Latina. O autor dessa façanha foi o barão e engenheiro espanhol Dimitri Sensaud de Lavaud, então morador de Osasco.
- **A greve na Cobrasma** ➡ Em 16 de julho de 1968 ocorreu uma greve de repercussão nacional na Companhia Brasileira de Materiais Ferroviários (Cobrasma). Ela foi organizada por José Ibrahim, em protesto não apenas pela morte de operários nas caldeiras, mas também pelo rebaixamento dos salários. Esse ato também se reve-

laria um marco da resistência e do confronto com o regime militar instalado na época.

- **O início da Cotespa** ➡ Em 1969, o então Banco Brasileiro de Descontos – atualmente chamado Bradesco, cuja sede ficava (e ainda fica) na Cidade de Deus, um bairro de Osasco próximo à divisa com São Paulo – organizou e colocou em operação a Companhia Telefônica Suburbana Paulista (Cotespa), que, inicialmente, proveu o município com três mil terminais telefônicos, com o prefixo 48. Na época, isso foi considerado um enorme avanço tecnológico para a cidade. Em 1974 a Cotespa foi incorporada à Telesp (Telecomunicações de São Paulo), e daí por diante a cidade de Osasco foi subdividida em novos centros telefônicos – Rochdale, Santo Antônio, Quitaúna e Menck, além da área central.

- **Explosão do Osasco *Plaza Shopping*** ➡ Ocorrida em 11 de junho de 1996, o evento ganhou repercussão em todo o País e também no exterior. O acidente aconteceu na praça de alimentação do centro comercial, por causa de um vazamento de gás liquefeito de petróleo (GLP) no subsolo do edifício. A violência da explosão fez com que o piso fosse elevado e o concreto desabasse sobre as pessoas que ali estavam. A tremenda explosão acabou matando 42 pessoas e ferindo 300, muitas gravemente. Além disso, 400 lojas foram destruídas, seja de forma parcial ou total. Na época, a principal causa apontada para a explosão foi a falta de ventilação no porão do edifício, onde se encontrava a tubulação de gás.

- **Vingança** ➡ Em 2015, infelizmente na cidade de Osasco houve o **assassinato** de 17 pessoas (algumas delas em Barueri), tudo indicando que a chacina ocorreu quando um grupo de policiais militares e guardas civis se uniram para vingar a morte dois colegas!?!? Esse trágico acontecimento manchou a reputação da cidade.

No tocante à **economia**, nestes últimos anos notou-se claramente a saída de diversas indústrias da cidade. Estas se transferiram para outras regiões do Estado ou simplesmente fecharam as portas. Mesmo assim o parque industrial de Osasco continua sendo muito importante, uma vez que operam no município cerca de 500 indústrias de grande, médio e pequeno porte. Um bom exemplo de empresa de porte grande é a Asea Brown Boveri, voltada para material pesado do setor elétrico, e cuja maior parte da produção é exportada.

Aliás, nesse sentido deve-se destacar que o prefeito Emídio Pereira de Souza que governou Osasco em dois mandatos consecutivos de 2005 a 2012, fez a cidade ser uma das finalistas para conquistar o prêmio do Sebrae, Prefeito Empreendedor. Ele disse em 2011: "Quando o assunto são micro e pequenas empresas, estamos nos referindo aqui a mais de 105 mil pessoas que dependem delas para seu sustento, lazer e progresso. Vale lembrar que para cada emprego direto aberto, surgem outros dois postos de trabalho indireto no mercado. Isso aumenta ainda mais a roda da prosperidade, razão pela qual procurei concentrar sempre os meus esforços para auxiliar essas empresas. Nesse sentido foram oferecidos cursos gratuitamente para a qualificação dos empreendedores, feitas alterações na legislação para garantir isenções tributárias e dados outros incentivos fiscais."

É o **setor de serviços** que vem demonstrando significativo desenvolvimento em Osasco e já contribui com cerca de 73% do PIB da cidade. Nessa área deve-se destacar a matriz do Bradesco, uma das maiores instituições financeiras do País e da América Latina. Além dos edifícios da administração, encontram-se instalados na denominada Cidade de Deus, os conjuntos sociais e esportivos para os funcionários, e o centro de processamento de dados do banco, que é o maior da América do Sul.

Entre os grandes benefícios que o município recebe dessa organização bancária, deve-se ressaltar o fato de que o Bradesco é um grande empregador. Na instituição trabalham alguns milhares de funcionários. Além disso, e como já foi dito, centenas de pessoas estudam na Cidade de Deus.

O setor **comercial** osasquense também é bem pujante, sendo constituído por mais de 4.200 estabelecimentos. André Menezes, presidente da Associação Comercial de Osasco, diz o seguinte: "Osasco é a mais atraente esquina comercial do Brasil. É por isso que a cidade está recebendo tantos investimentos, em especial no mercado imobiliário, com um enorme crescimento da oferta de edifícios construídos para fins comerciais. Esse é o caso do *Osasco Tower Center*, por exemplo. Isso se deve principalmente à excelente localização da cidade. Mesmo com o País tendo vivenciado nos últimos anos uma forte crise econômica, Osasco continuou a avançar, ocorrendo a abertura de novos negócios.

Nota-se atualmente bastante movimento em seus grandes centros comerciais – Osasco *Plaza Shopping*, Super *Shopping* Osasco, *Shopping* União, *Shopping* Pátio Osasco e Poli *Shopping* Osasco –, assim como nos seus grandes supermercados – Pão de Açúcar, Walmart, Carrefour, Sam's Club, Makro etc."

E falando um pouquinho mais sobre o *Shopping* União, ele foi inaugurado em 10 de junho de 2009, na grande "**ilha de comércio**" da cidade, ou seja, na confluência de várias ruas e avenidas importantes (Autonomistas, Maria Campos, Domingos Odália Filho, Franz Voegeli e Hilário Pereira de Souza), no perímetro central da cidade, e conta com um *layout* moderno e diferenciado. Sua área construída é de 264.000 m², das quais 97.000 m² são ocupados por suas 265 lojas. Entre elas estão algumas das principais redes varejistas do País, como: C&A, Casas Bahia, Magazine Luiza, Preçolândia, Centauro, Ri Happy, Kalunga, Riachuelo, Lojas Marisa, Besni etc. Mas, além das lojas, o visitante conta ainda com um ótimo setor de serviços, que inclui oficina de costura, chaveiro, agências bancárias, despachante, lotérica, consultório odontológico, fraldário etc.

Também nesse *shopping* há algumas boas opções de lazer, como uma moderna pista de boliche, 10 salas de cinema (inclusive com tecnologia 3D), uma grande unidade da *Playland*, uma academia Smart Fit e uma ampla praça de alimentação, inclusive com uma unidade do restaurante *Outback*.

Segundo estimativas de 2018, o número mensal de visitantes do *Shopping* União já ultrapassou 1,6 milhão. E eles não vem só de Osasco, mas também das cidades próximas, como Barueri, Carapicuíba, Cotia, Itapevi, Jandira e Santana de Parnaíba, além, é claro, de bairros da zona oeste da capital paulista, que fazem divisa com o município. Por essa razão, geralmente é difícil encontrar uma vaga em seu estacionamento, cuja capacidade é para 5.000 veículos.

O fato é que, ao buscar continuamente a ampliação e diversificação de suas opções de compras, serviços e lazer às já existentes, esse empreendimento gera cerca de 4.200 empregos diretos, além de mais de 11.000 indiretos. É fácil, portanto, perceber o que ele representa em termos de **empregabilidade** e também para a economia da cidade.

Note-se que a administração do *Shopping* União se preocupa bastante com o bem-estar de visitantes portadores de necessidades especiais. Neste sentido, ele já investiu bastante em sinalização específica para deficientes visuais, seja nos acessos, nos elevadores ou sanitários. Há também um forte trabalho de conscientização no que se refere ao uso das vagas reservadas para pessoas com dificuldades de locomoção.

E para aperfeiçoar cada vez mais o atendimento aos clientes, o *Shopping* União lançou em janeiro de 2012 o programa de fidelidade Clube do Cliente, com o qual são presenteados todos os meses muitos de seus associados em reconhecimento pela sua preferência. O *Shopping* União também conta com um serviço diferenciado na região, voltado para a prática de atividades físicas para pessoas com mais de 50 anos!!!

Os demais *shoppings* de Osasco são menores que o União, mas também possuem boas lojas e facilidades para receber os consumidores. Esse o caso do Super *Shopping* Osasco, que possui 140 lojas distribuídas numa área bruta locável de 17.640 m² e um estacionamento para 2.500 automóveis. Esse centro conta ainda com um cinema Kinoplex composto por 7 salas, com capacidade total para 2.000 espectadores.

Mas além desses estabelecimentos, não se pode deixar de mencionar o Mercado Municipal da cidade. Ele foi inaugurado em 1953, quando Osasco ainda era um bairro de São Paulo. O prédio possui seis amplos corredores que se entrecruzam internamente e estão repletos de bancas voltadas quase que exclusivamente para a comercialização de alimentos.

No quesito **educação**, a cidade possui um vasto sistema de ensino primário e secundário, público e privado. De acordo com o Ideb de 2015, Osasco ultrapassou a meta no primeiro ciclo do ensino fundamental, atingindo a nota 5,9 (sua meta era 5,8). Porém, no que se refere ao 2º ciclo, a cidade não conseguiu até agora bater a meta de 5 pontos.

A prefeitura de Osasco presta assistência na alimentação dos alunos de todas as suas escolas das redes municipal e estadual. Estes recebem diariamente merenda escolar preparada sob a supervisão de merendeiras especializadas.

Segundo o IBGE, no ano de 2017, o número de matriculados no ensino fundamental em Osasco foi de 92.066, enquanto que no médio foi de 37.703 jovens. Em 2018, a estimativa de alfabetização das pessoas acima dos 15 anos foi de 97,89%. Aliás, acredita-se que para a atual população adulta (pessoas com 25 anos ou mais) de Osasco, 16% possuam curso superior completo e 31% tenham concluído o ensino médio e iniciado o curso superior.

Há boas escolas técnicas em Osasco, com é o caso das unidades do Senac, do Senai (Escola Nadir Dias de Figueiredo), da Etec e, especialmente da IE mantida pela Fundação Instituto Tecnológico de Osasco (FITO)

No caso do ensino superior, destacam-se a Faculdade de Ciências da Fundação Instituto Tecnológico de Osasco (Fac-FITO), o Centro Universitário FIEO [UniFIEO, mantido pela Fundação Instituto de Ensino para Osasco (FIEO)], a Faculdade Fernão Dias, a Faculdade FIPEN, a Fatec Prof. Hirant Sanazar, a Universidade Federal de São Paulo, entre outras.

A FIEO foi criada em 26 de outubro de 1967. Sua finalidade era, primeiramente, criar na região uma faculdade de Direito. Em seguida viriam os cursos de Administração e, depois, outros cursos superiores demandados pela população estudantil.

A FIEO foi instituída por cinco bacharéis em Direito: Descio Mendes Pereira, Luís Carlos de Azevedo, José Cassio Soares Hungria, José Maria de Mello Freire e Luiz Fernando da Costa e Silva, cujo sonho era criar um centro de ensino de excelência. O fato é que depois de muito trabalho árduo eles conseguiram o que tanto almejaram...

Em 2 de junho de 1969 tiveram início as aulas da Faculdade de Direito e, em 1972, nasceu a Faculdade de Administração de Empresas Amador Aguiar, cujo nome foi uma homenagem ao grande benemérito da FIEO. Em 1985 surgiu a Faculdade de Informática, e em 1988 foi a vez da Faculdade de Ciências Contábeis.

No ano de 1993, aconteceu a junção dos cursos isolados numa estrutura única, que recebeu o nome de Faculdades Integradas de Osasco. A mudança foi autorizada pelo Conselho Federal de Educação e homologada pelo ministério da Educação. Esse foi o início do processo para que a IES se tornasse uma universidade e, assim, pudesse implantar entre os cursos a **transdisciplinaridade**, ou seja, um meio de integrá-los conforme os mais modernos padrões pedagógicos. Assim, nesse mesmo ano as Faculdades Integradas de Osasco se tornaram um Centro Universitário. Todavia, a UniFIEO ainda aguarda do ministério de Educação o credenciamento como **universidade**. Neste sentido, ela se apoia no fato de contar com um corpo docente em que **83%** dos professores são mestres e doutores, e também com um *campus* excelente e em contínua expansão.

No que se refere a FITO, ela foi criada pela lei N⁰ 801 de 28 de novembro de 1968, sendo uma **integrante da administração pública indireta do município**. Vale ressaltar que essa instituição sem fins lucrativos tem personalidade jurídica de direito público, e é dotada de plena autonomia administrativa-financeira e total competência (privativa) para gerenciar seus bens e recursos.

A FITO tem por objetivo criar, organizar, instalar e manter estabelecimentos de ensino de pesquisas e de estudos em todas os níveis e ramos do saber, bem como a realização de divulgação científica, técnica e cultural. E ela tem feito isso de forma admirável. Poucas cidades paulistas têm entidades educacionais mantidas pela prefeitura e que, inclusive, ofereçam diversos cursos superiores.

A Fatec é uma IES pública pertencente ao Centro Estadual de Educação Tecnológica Paula Souza (CEETPS). A de Osasco oferece cursos presenciais de automação industrial, manutenção industrial, gestão financeira e redes de computadores, além de um curso de gestão empresarial pelo sistema EAD.

No âmbito da **saúde**, Osasco conta com diversos hospitais importantes, dentre os quais estão o Hospital Municipal Antônio Giglio, o Hospital do Câncer (unidade regional), Hospital e Maternidade Amador Aguiar, Hospital e Maternidade João Paulo II, Hospital e Maternidade Sino Brasileiro, Hospital e Maternidade Nossa Senhora de Fátima, Hospital Cruzeiro do Sul, Hospital Dr. Vivaldo Martins Simões, Hospital Montreal S/A e uma instalação da Associação de Assistência à Criança Defeituosa (AACD).

As sucessivas administrações municipais, especialmente quando o médico Celso Gíglio esteve à frente da prefeitura de Osasco, sempre procuraram fazer com que as UBSs, os prontos-socorros, as clínicas públicas e outras instalações voltadas para o atendimento dos munícipes funcionassem corretamente e que seu número fosse adequado às necessidades dos moradores. Todos fizeram o possível, mas a evidente falta de recursos da prefeitura, em especial nos últimos anos, não permitiu até agora que os osasquenses sejam bem atendidos quando precisam!?!?

No quesito **cultura**, apesar de estar bem próxima da capital, onde existe uma ampla gama de "equipamentos" culturais, ao longo das últimas décadas Osasco também viu surgirem nela diversas opções, como teatros, museus, bibliotecas e casas e espaços culturais voltados para o lazer e o contato com a natureza.

Assim, existem no município várias bibliotecas, como a municipal Monteiro Lobato, a Heitor Sinegalia, a Manoel Fiorita, a do Centro Universitário FIEO, a da Fac-FITO, entre outras. No que se refere a teatros, o principal do município é o Teatro Municipal Glória Gíglio, inaugurado em 1996 durante o governo do prefeito Celso Gíglio, cuja capacidade é para 450 espectadores.

Há ainda o Espaço Cultural Grande Otelo, a Escola de Artes César Antônio Salvi, o teatro do Sesi, o Osasco Cultural, o Centro de Eventos Pedro Bortolosso, a Casa de Angola e a Casa do Violeiro do Brasil.

E para garantir aos osasquenses locais de lazer e tranquilidade, existem no município diversos parques, dentre os quais estão: o ecológico Nelson Vilha Dias, em Rochdalle; o ecológico Ana Luiza, no Jardim Piratininga; o municipal Dionísio Alvares Mateos, no Jardim das Flores; o parque Clóvis Assaf, também no Jardim das Flores; o Glauco Villas Boas, em Três Montanhas; o Manoel Manzano, no Conjunto dos Metalúrgicos; o Ignácio Gurgel Pereira, entre outros.

O principal museu é o Dimitri Sensaud de Lavaud, também conhecido como chalé Brícola. Seu acervo, além de abrigar documentos a respeito do próprio Dimitri Sensaud, conta com a única peça que ainda existe do avião *São Paulo*, com o qual ele realizou seu voo histórico. Além disso, ele é constituído por objetos, filmes, documentários e obras de arte que contam um pouco da história do município.

Esse museu foi construído pelo banqueiro Giovanni Brícola, no final do século XIX, e de sua construção participou Antônio Agù, fundador de Osasco. Ele foi edificado em estilo flamenco, com tudo de melhor que existia na época: pinho-de-riga, mármore de Carrara e azulejos europeus. O chalé Brícola também serviu como residência para várias outras famílias, dentre as quais a do próprio Dimitri Sensaud de Lavaud.

Depois de ter ficado abandonado durante muitos anos, o chalé foi escolhido como sede para o Museu Municipal, que foi instalado em 30 de junho de 1976, e recentemente passou por uma intensa restauração.

No âmbito das **relações internacionais**, Osasco estabeleceu parceria com cinco cidades estrangeiras, que se tornaram suas **cidades-irmãs**. São elas: Tsu (Japão); Viana (Angola); Xuzhou (China); Gyumri (Armênia) e a homônima Osasco (Itália). Porém, ela está aproveitando pouco esses acordos, em especial no que se refere à promoção em parceria com essas cidades de eventos culturais e de entretenimento, que seriam capazes de atrair muitos visitantes para Osasco.

No campo da **mobilidade urbana**, por conta de sua proximidade com São Paulo, o trânsito em Osasco é bastante semelhante ao da capital, ou seja, **caótico**. Assim, há grande dificuldade de locomoção praticamente em todos os lugares da cidade, e o tempo todo!?!? De qualquer maneira, estão disponíveis em Osasco dois tipos de transporte: o **rodoviário** e o **ferroviário**.

As empresas de ônibus que operam no município são: Viação Osasco, Auto Viação Urubupungá, Leads Transportes, Rápido Luxo Campinas e Ipojucatur. Há na cidade uma estação rodoviária central, a Alfredo Tomaz e sete terminais rodoviários. O principal acesso à cidade é feito pela rodovia Castello Branco (SP-280) e também pela rodovia Raposo Tavares (SP-270), pelo rodoanel Mario Covas (SP-21) ou pela rodovia Anhanguera (SP-330).

O município é serviço pelos trens da CPTM, havendo nela as estações Comandante Sampaio, Quitaúna, General Miguel Costa, Osasco e Presidente Altino, sendo que só as duas últimas são atendidas pelas linhas 8 e 9, e as três primeiras fazem parte somente da 8.

Osasco tem mais de duas dezenas de avenidas, o que permite aos motoristas chegarem até os bairros mais distantes. A principal delas é a dos Autonomistas, uma via que liga a divisa de São Paulo com a divisa de Carapicuíba, passando pelos bairros: Vila Yara, Vila Campesina, Vila Osasco, Centro, Km 18 e Quitaúna.

Nessa avenida está localizado o viaduto Reinaldo de Oliveira, mas conhecido como viaduto metálico ou "**ponte metálica**", cuja estrutura é toda feita em metal. Com seu 300 m de extensão ele é o principal cartão-postal da cidade, assim como o segundo maior viaduto da cidade. Foi construído pela empresa mineira Usiminas, localizada em Ipatinga, e inaugurado em 20 de dezembro de 1992 depois de dois anos de construção.

No dia 28 de março, na chamada "**hora do planeta**", a secretaria municipal do Meio Ambiente costuma apagar as luzes do viaduto durante uma hora. Em contrapartida, no Natal, tanto o viaduto quanto a avenida Bussocaba são enfeitados, com o que atraem visitantes de muitas cidades vizinhas.

Quanto aos meios de comunicação, na cidade circulam os jornais *Diário da Região* e *Visão Oeste*. Nela também fica a rádio Iguatemi, bem como os estúdios do Sistema Brasileiro de Televisão (SBT) e da Rede TV!.

E por falar em SBT, em 19 de março de 1991 um dos estúdios da emissora em São Paulo, mais especificamente o da Vila Guilherme, foi completamente alagado depois dos fortes temporais que fizeram transbordar o rio Tietê. Isso forçou a emissora a interromper sua programação normal em todo o País e improvisar uma conexão ao vivo de dentro de um bote para poder mostrar a caótica situação em que se encontrava.

Essa inundação gerou um enorme prejuízo para a empresa, além de uma crise que perdurou até 1992. Na época, as instalações da emissora estavam divididas em 5 pontos da cidade (incluindo o que foi destruído), o que dificultava o crescimento do canal. Assim, a partir de 1994 teve início a construção dos novos estúdios da emissora no km 18 da rodovia Anhanguera, em Osasco, onde já estava o departamento administrativo do SBT desde sua fundação. Em agosto de 1996 foi inaugurado o CDT (Centro de Televisão), um espaço com 231.000 m^2 que passou a abrigar todas as produções do canal, e possibilitou a contratação de algumas centenas de osasquenses para trabalhar nas novas instalações do SBT.

Quanto à Rede TV!, ela é uma televisão comercial brasileira cuja sede está localizada na avenida Presidente Kennedy, Nº 2869, no bairro Vila São José. Ela pertence ao grupo Amilcare Dallevo Jr. e ao grupo Marcelo de Carvalho.

Inicialmente, desde o começo de suas atividades em 1999, as produções da Rede TV! foram realizadas em estúdios de Alphaville, um bairro nobre de Barueri. Então, para ter um complexo que permitisse apresentar uma programação mais variada, a emissora inaugurou em 2009 suas novas instalações em Osasco e prometeu que a partir de 2018 teria em sua grade, produções dramatúrgicas próprias, como minisséries e telenovelas. Com isso, seus estúdios certamente serão ampliados e modernizados mais ainda... Como se percebe, essa emissora de TV quer fazer jus ao seu *slogan*: **"A rede de TV que mais cresce no Brasil!!!"**

No âmbito do **esporte**, a cidade de Osasco se tornou uma referência nacional pelas conquistas obtidas por sua equipe de vôlei feminina. Atualmente, um dos patrocinadores do time é a Nestlé, o que possibilitou a contratação/manutenção de grandes jogadoras. O Osasco Voleibol Clube – que também é conhecido pelo nome fantasia Vôlei Nestlé, ou simplesmente por Osasco –, que realiza suas partidas no ginásio José Liberatti, já conquistou os mais importantes títulos no esporte, tanto no Brasil quanto no exterior. Atualmente a equipe disputa a temporada 2017/2018 da Superliga Série A.

Mas voltando um pouco no tempo, deve-se lembrar que dois dias após o final da temporada 2008/2009, quando a equipe de vôlei perdeu para o time do Rio de Janeiro, a direção do Finasa anunciou o encerramento das atividades do time de voleibol feminino adulto, destacando que iria dedicar-se somente às categorias de base, assim como já havia feito há algum tempo antes com o basquete.

Todavia, quatro dias depois desse anúncio, a prefeitura da cidade divulgou um comunicado declarando seu apoio à equipe e seu empenho na procura de outros patrocinadores dentro da iniciativa privada. O prefeito entendia que não se poderia privar os osasquenses da oportunidade de vibrar com as vitórias da equipe da cidade.

Assim, depois de alguns meses de indefinição, a multinacional suíça Nestlé, por intermédio da linha de produtos Sollys, decidiu patrocinar a equipe osasquense para a temporada 2009/2010. Vale ressaltar que a Nestlé estava afastada do esporte há 10 anos. Antes disso a empresa patrocinara a equipe Leites Nestlé, de Jundiaí. Nessa mesma temporada, a equipe de vôlei tornou-se campeã – após cinco anos de jejum – chegando ao seu tetracampeonato na Superliga, com uma notável exibição da Natália, também jogadora da seleção brasileira.

Esse feito se repetiria na temporada 2011/2012, quando a equipe Nestlê chegou a sua 11ª final consecutiva na Superliga e venceu a Unilever em pleno Maracanãzinho por 3 *sets* a 0. Nesse mesmo ano a Nestlé se tornou **campeã mundial de clubes**. Na temporada 2013/2014 a Nestlé trocou a marca Sollys pela Molico e, posteriormente, na temporada 2015/2016, a empresa decidiu alterar pela terceira vez o nome do time, dessa vez para Vôlei Nestlé/Osasco – nome com o qual a equipe chegou à temporada de 2018.

O fato é que toda vez que a equipe se exibe no ginásio José Liberatti, ela recebe um grande público. Os espectadores ficam muito felizes não apenas por poderem acompanhar um grande jogo, mas porque na maioria das vezes o Vôlei Nestlé/Osasco sai vitorioso da quadra!!!

Lamentavelmente em abril de 2018 a equipe foi eliminada na Superliga nas semifinais e como consequência perdeu também o patrocínio da Nestlé, ficando com o futuro bem incerto...

Há na cidade diversos outros locais para o público acompanhar competições esportivas. Dessa maneira para as partidas de futebol tem-se o estádio municipal Prefeito José Liberatti e também o estádio municipal Elzo Piteri, na Vila Yolanda. Há ainda o ginásio poliesportivo Sebastião Rafael da Silva, na Cidade das Flores e também o ginásio do Sesc chamado Ives Tafarello no Jardim das Flores.

Claro que não é só de vôlei Osasco tem vivido. Na cidade há quatro importantes clubes de futebol, ou seja, o Osasco Futebol Clube, o Esporte Clube Osasco, o Grêmio Esportivo Osasco e a equipe de futebol do Grêmio Osasco Audax, que debutou na Série A1 em 2014, entrando assim para o primeiro escalão do futebol paulista. Aliás, em 2016 o Audax enfrentou o Santos Futebol Clube na final do Campeonato Paulista, ficando em segundo lugar.

O Audax foi fundado em 8 de dezembro de 1985, criado pelo empresário Abilio Diniz com o objetivo inicial de formar atletas. Até julho de 2011 foi denominado Pão de Açúcar Esporte Clube, mas depois seu nome foi mudado para Audax SP Esporte Clube (até 2013). Hoje ele se chama Grêmio Osasco Audax e disputa a Série A2 do campeonato Paulista, a Série D do Campeonato Brasileiro e a Copa do Brasil.

O Audax mantém seu centro de treinamento na Vila Yolanda, além de utilizar um estádio na Cidade de Deus, dentro das instalações esportivas do Bradesco, onde a base do time manda seus jogos. O time adulto utiliza o estádio José Liberatti.

O clássico do futebol osasquense reúne as equipes do Grêmio Osasco Audax e do Gêmio Esportivo Osasco. É o chamado "**clássico dos irmãos**", disputado em clima de grande rivalidade, mas sem a ocorrência de conflitos entre as torcidas.

O Audax também conquistou grande destaque no futebol feminino, tendo conquistado a Copa do Brasil de 2016 e a Copa Libertadores da América de 2017. Sem dúvida os jogos do Audax também são responsáveis pela vinda de alguns milhares de torcedores das cidades vizinhas para acompanhar seus jogos.

Em termos de **representação política**, a cidade perdeu recentemente, em 11 de julho de 2017, um nome importante para o município, o deputado estadual, ex-prefeito da cidade e ex-presidente da APM, Celso Gíglio, que se tornou célebre pela frase: "**Tudo acontece no município.**"

Celso Gíglio nasceu em Campinas, em 19 de fevereiro de 1941, mas já no início da década de 1960 chegou a Osasco, cidade que escolheu para **viver** e **trabalhar**. Depois de formado, ele se tornou médico concursado do Serviço de Assistência Médica e Domiciliar de Urgência (SAMDU) e da prefeitura de Osasco.

Por causa de sua competência, foi convidado para assumir a superintendência da antiga Fundação de Saúde do Município de Osasco (FUSAM). Então, entre 1977 e 1992, foi secretário municipal de Saúde, cargo em que foi muito bem-sucedido. Por conta disso, acabou aceitando um convite para presidir concomitantemente, entre 1977 e 1980, a FITO, levando para a educação a sua experiência como administrador perspicaz. O desempenho ético do seu trabalho como servidor público foi uma característica que herdou de seu pai, Antônio Giglio, que fora prefeito de outra cidade paulista, Viradouro, em três mandatos.

Dessa maneira, atento aos ensinamentos do pai, Celso Giglio foi eleito vereador em Osasco em 1988, com a maior votação até então obtida por um candidato a esse cargo. Ele foi inclusive presidente da Câmara de Osasco por dois mandatos e, posteriormente, deputado estadual (cargo que ocupava em quarto mandato quando faleceu).

Com uma atuação firme e decidida em prol dos moradores de Osasco, Celso Gíglio garantiu para si um amplo reconhecimento dos munícipes. Ele se candidatou para deputado estadual em 1990, cargo para o qual foi eleito. Porém, apesar de estar desenvolvendo um vigoroso trabalho legislativo, aceitou o desafio de concorrer para prefeito de Osasco, quando foi eleito em 1992, no primeiro turno, com 54,12% dos votos válidos.

Para a cidade, tê-lo como prefeito foi um **marco histórico**. Durante seu primeiro mandato ele conseguiu implementar grandes mudanças urbanísticas e sociais, com a abertura de milhares de novas oportunidades de trabalho. Celso Gíglio entendia como ninguém que o progresso de Osasco dependia do seu **alto nível de empregabilidade**. Neste sentido, ele introduziu um modelo de gestão centrado na eficiência, e acompanhou de perto o andamento de todos os programas de melhoria.

Celso Gíglio foi o pioneiro no estabelecimento de parcerias com a iniciativa privada, quando ainda ninguém falava em PPPs. No livro *As Cidades que Dão Certo – Experiências Inovadoras na Administração Pública Brasileira*, os autores Rubens Figueiredo e Bolivar Lamounier, explicaram: "Pode-se dizer que uma parceria tem três estágios. O **primeiro** poderia ser denominado 'parceria passiva'. Ela ocorre quando a iniciativa privada pretende implantar algum empreendimento na cidade e procura a prefeitura para solicitar alguma coisa, como uma **mudança no zoneamento**, por exemplo. Nesse caso, ela estabelece uma contrapartida.

Foi isso o que aconteceu com as empresas comerciais Carrefour e Walmart, que pretendiam instalar-se em áreas de **zoneamento industrial**. Na ocasião, foram feitas as mudanças de zoneamento na área central da cidade, possibilitando assim a instalação em Osasco desses dois gigantes mundiais do ramo de supermercado – isso depois que duas grandes indústrias deixaram o município.

A negociação foi encaminhada à Câmara Municipal e os vereadores se sensibilizaram com a proposta porque concordaram com a ideia de que os munícipes, a prefeitura e as empresas sairiam ganhando. Assim, o Wal-Mart comprou o terreno da Eternit e o Carrefour adquiriu a área da Moinho Santista. A primeira estava praticamente desativada, com um quadro inferior a 400 funcionários, e já estava de mudança para a cidade de Capivari. Já a segunda, associada a Alpargatas, havia deixado o ramo têxtil e também se preparava para sair de Osasco.

Portanto, para que o município não perdesse, ou melhor, mantivesse a taxa de empregos e ganhasse dois grandes supermercados, seria preciso modificar o zoneamento das duas grandes áreas. Não houve resistência por parte dos vereadores, que concordaram que os 800 empregos industriais perdidos seriam mais do que compensados com os mais de 5 mil empregos comerciais que as duas empresas gerariam, além do que Osasco estaria na linha de frente no ramo de supermercados.

Vale a pena mencionar uma particularidade no caso do Walmart: os vereadores tiveram que aprovar a mudança de zoneamento em 24 h, porque a Eternit havia estipulado um prazo máximo para a conclusão das negociações e, caso isso não ocorresse o preço do terreno seria elevado e a empresa norte-americana poderia desistir do negócio.

O **segundo estágio da parceria** ocorre quando a prefeitura toma a iniciativa e fixa as regras. O exemplo mais enfático disso se deu quando a prefeitura estabeleceu normas para a licitação dos transportes coletivos na cidade. Nesse caso, o ganhador da concorrência, além das exigências convencionais – número de ônibus, conservação da frota, qualidade do serviço por parte do pessoa que opera os veículos, entre outros – teve de construir três terminais rodoviários, conforme os projetos da prefeitura.

Um desses terminais, o Amador Aguiar, localizado na entrada da cidade, se tornou o cartão de visitas de Osasco. Ele fica ao lado de um mini *shopping* e visa atender aos usuários que passam por ali, cerca de 25 mil pessoas por dia.

Na **terceira fase da parceria** exige-se uma participação mais permanente por parte das empresas privadas, pois ela diz respeito à conservação. Neste caso, a prefeitura fundamentalmente só orienta, normatiza e regulamenta os critérios de urbanismo e construção, de acordo com as prioridades estabelecidas."

O que se depreende da experiência de Osasco é que **a parceria não deve ser encarada romanticamente**. Ela é, de fato, a união dos interesses público e privado. É preciso ter consciência de que os agentes econômicos estão na cidade porque ela representa um mercado importante. Eles estão ali, graças à sua localização e ao poder de consumo ali existente. Então, se a cidade dá uma resposta interessante, os empresários se sentem estimulados a investir nela.

No final desse seu primeiro mandato, Celso Gíglio se tornou uma **referência nacional em termos de administração pública municipal**, alcançando um índice de aprovação popular de 92% – uma marca jamais atingida por qualquer outro prefeito de Osasco –, seguramente por conta das dezenas de parcerias que estabeleceu, o que lhe permitiu fazer "**muito mais, gastando bem menos**". Ele praticamente não investiu dinheiro da prefeitura e conseguiu que muitas obras fossem feitas para o benefício dos osasquenses.

Em 1996 Celso Gíglio declarou: "Quero deixar bem claro que temos consciência de que a parceria entre o poder público e o setor privado **não constitui uma novidade**. Acredito que a sua originalidade, no nosso caso, tenha se revelado na maneira como foram conduzidas e realizadas essas parcerias: de forma transparente, democrática e comprometida com as questões sociais."

Em 1997, Celso Gíglio assumiu a presidência da APM, à frente da qual realizou uma série de cursos, encontros, seminários e congressos para a reflexão, o fortalecimento das bandeiras municipalistas e a capacitação de gestores públicos. Foi também nessa época que ele participou bastante do curso Gerente de Cidade, que criei na FAAP – uma IES na qual trabalhei durante 48 anos – para a capacitação de gestores para as prefeituras de todo o Brasil.

Ele foi presidente da APM em duas ocasiões, entre 1997 e 2004 e, posteriormente, entre 2013 e 2014. Em abril de 1998 e maio de 1999, Celso Gíglio liderou a Marcha dos Prefeitos a Brasília, um movimento que reuniu mais de cinco mil dirigentes municipais. Foi com essa marca de determinação na luta por seus objetivos que ele se tornou um **deputado municipalista**, tanto no plano estadual como federal. Aliás, em 1998 ele foi eleito deputado federal.

Em 2000 ele foi eleito prefeito de Osasco novamente, e logo no primeiro dia no comando da prefeitura introduziu nela um ritmo de trabalho alucinante, sob o lema "**Osasco, cidade trabalho**". Durante esse mandato realizou cerca de 400 obras em praticamente todos os setores em que o poder executivo municipal tinha responsabilidades, como na saúde, educação, meio ambiente e infraestrutura urbana. Bairros inteiros foram urbanizados, preparando Osasco para um novo ciclo de crescimento.

Todo prefeito que deseja estabelecer PPPs deveria conhecer melhor como Celso Gíglio as fez durante o tempo que administrou Osasco. O fato é que agora elas se tornaram extremamente populares com toda a agitação provocada pelo prefeito paulistano João Doria Jr., com o seu movimento visando transferir para a iniciativa privada os mais diversos espaços sob gestão da prefeitura de São Paulo (parques, estádios, funerárias, etc.).

Osasco tem hoje como prefeito Rogério Lins que tem procurado contornar de todas as formas a falta de recursos, realizando mesmo assim obras e ações que melhoram a qualidade de vida os osasquenses.

Assim está em andamento o programa de recuperação asfáltica de cerca de 50 ruas e avenidas da cidade e é o próprio prefeito que vai verificar se a espessura da massa asfáltica colocada tem pelo menos 5 cm de camada, conforme a especificação do contrato.

Deu continuidade ao programa de iluminação pública por luminárias LED (sigla em inglês de diodo emissor de luz) que foi iniciado em 2015 e que ao ser concluído até 2020, terá cerca de 35.400 luminárias com essa tecnologia.

Rogério Lins tem participado de eventos que qualificam as pessoas para ter um bom emprego como foi o caso em março de 2018, na **formatura** da primeira turma do curso de Padaria Artesanal do Polo Regional do Fundo Social, que funciona no Espaço Mãos do Futuro.

Aliás esse evento contou também com a presença do presidente do Fundo Social de Soliedariedade do Estado de São Paulo, Lu Alckmin, esposa do governador paulista, da primeira-dama e presidente do Fundo Social de Soliedariedade de Osasco, Aline Lins e da vice-prefeita da cidade Ana Maria Rossi.

Para não ser apenas a cidade do voleibol feminino o prefeito de Osasco, Rogério Lins tem dado muito apoio para que a sua secretaria de Esportes, Recreação e Lazer (SEREL) mantenha escolinhas para ensinar crianças de 7 a 13 anos a praticarem outros esportes, tudo **gratuitamente**.

Esse é o caso da Escolinha de Basquete, com muitos horários, especialmente para ter grupos de meninos com a mesma cidade.

Aliás, oferecendo um aprendizado esportivo completo, desde os fundamentos técnicos até a formação física, esse projeto já formou centenas de alunos e entre eles foi possível descobrir talentos que acabaram integrando equipes de basquete competitivas.

É muito bom que uma cidade tenha à frente da prefeitura uma pessoa dinâmica como Rogério Lins, que para comemorar o aniversário de 56 anos da cidade, na semana do dia 19 de fevereiro ofereceu aos osasquenses, no Teatro Municipal Glória Giglio, com o apoio do Sesc, várias apresentações da famosa cantoria Angela Maria, com **entrada gratuita**!!!

A praça Angelo Ferrari, no centro da cidade, possui muitas árvores bem velhas, além de monumentos que atestam fatos e personagens marcantes da história de Pedreira.

Pedreira

PREÂMBULO

Pedreira é um tradicional **polo cerâmico** e de **porcelana**. Ele surgiu em 1914, com a instalação da fábrica dos irmãos Ricci. A cidade se expandiu bastante ao longo do século XX, com a implantação de outras empresas. Daí em diante, gerações e gerações de artistas foram surgindo e reproduzindo a habilidade de seus antepassados na produção de diversos artigos de fina porcelana: cinzeiros, copos, pesos de papel, xícaras, canecas, jarras, pratos, além de muitos outros itens, comercializados na cidade e exportados para vários países.

Vale ressaltar que a **cerâmica** é umas das **mais antigas atividades econômicas** da região, além de ser considerada uma **arte por excelência**. A palavra **cerâmica** deriva da palavra grega *keramikón*, cujo significado é "feito de argila" (*kéramos*). Dizem que foi com esse material que as divindades moldaram a humanidade e a própria vida. A argila é uma mistura de água e terra, elementos que, associados, fornecem a rigidez, a firmeza e, ao mesmo tempo, a flexibilidade necessária para a criação de objetos.

Mas a cidade também oferece aos turistas outras atrações interessantes, como a encenação da Paixão de Cristo e a procissão do Fogaréu, momentos em que são revividos profundos sentimentos religiosos, e que atraem milhares de visitantes de outras cidades do Estado e, inclusive, do País.

De fato, **tradição** e **modernidade** aparecem lado a lado e se revelam inseparáveis nas ruas de Pedreira, bem como nas ações dos pedreirenses, que refletem a capacidade humana de inovar. Assim, graças a uma parceria da prefeitura de Pedreira com a Unicamp (há mais de uma década), essa cidade ganhou uma **infovia**, ou seja, uma rede comunitária de acesso aberto à Internet. Isso transformou Pedreira numa **cidade digital**, e deu aos seus moradores livre acesso para explorar o ciberespaço.

E a boa notícia no campo da educação é que a partir de 2018 a cidade passou a ter um polo de EAD da UniFAJ, podendo assim os seus moradores, fazer alguns dos cursos oferecidos por essa IES.

A HISTÓRIA DE PEDREIRA

Pedreira é um município paulista localizado a 135 km de São Paulo, e faz parte da RMC. Sua população no início de 2018 era estimada em 48 mil pessoas.

A cidade se tornou conhecida em todo o País como a "**capital da porcelana**", ou "**flor da porcelana do Brasil**", pois nela existem mais de 460 empresas especializadas na fabricação e no comércio de artigos de porcelana, cerâmica, vidro e gesso, entre outros materiais. Segundo estimativas de 2017, acredita-se que sejam produzidas na cidade **mais de cinco milhões de peças por** mês, o que representa **50%** de toda a produção de porcelana no Brasil!!!

Em termos históricos, deve-se recordar que as terras que atualmente constituem o município de Pedreira pertenceram originariamente a Amparo, e, mais especificamente, desde o início do século XIX, a João Pedro de Godoy Moreira, um importante fazendeiro local. Com a morte do patriarca, seu filho João Batista herdou a fazenda Triunfo, **assumiu o nome do pai** e adquiriu mais terras na região.

A partir de 1887, o "coronel" (título que não era uma patente...) João Pedro de Godoy Moreira (o "moço") começou a promover o loteamento e o arruamento de parte de suas propriedades. Nessa época, a região já estava ocupada por muitos imigrantes italianos, que, aliás, também se instalaram em muitas outras regiões do Estado.

Em 1875, as terras do "coronel" João Pedro já abrigavam uma estação da CMEF, batizada de Pedreira. O que chama a atenção é que, em geral, o nome da cidade é erroneamente associado à grande quantidade de pedras na região. Todavia, ele surgiu da abundante presença de "Pedros" na família Godoy Moreira. Havia, por exemplo, dois João Pedro (pai e filho), além de três irmãos com Pedro no nome: Bento Pedro, Antônio Pedro e José Pedro.

Graças ao esforço pessoal de João Pedro de Godoy Moreira, o moço, a região se desenvolveu e passou por diferentes estágios ao longo do tempo, tornando-se **distrito policial** (em 1890), **capela curada** (em 1892), **distrito de paz** e **freguesia** (em 1894) e, por fim, em 31 de outubro de 1896, **município**. E paralelamente ao processo de urbanização, teve início na cidade uma tradição na produção de porcelana.

Como já foi dito, a primeira empresa especializada nesse produto surgiu na cidade em 1911, com a instalação da fábrica de Louças Santa Rita, dos irmãos Ângelo e Antônio Rizzi, que empregava mão de obra brasileira, italiana e portuguesa. Daí para frente ocorreu um verdadeiro *boom* na cidade. Houve a instalação de muitas fábricas de cerâmica e porcelana, o que transformou Pedreira em um polo industrial na região.

E essa vocação industrial da cidade foi se consolidando cada vez mais na medida em que as fábricas locais começaram a abrir lojas no centro histórico e turístico da cidade. Aliás, na última década, o segmento de injeção e transformação de resinas plásticas, apresentou um notável crescimento na região.

Hoje, com o comércio diversificado, os visitantes podem encontrar além de porcelanas e louças, uma grande variedade de artigos domésticos, muitas peças artísticas e de decoração, e dos mais diversos materiais, como: faiança, alumínio, plástico, resina, ferro etc. Todavia, a fabricação e o comércio de porcelana são responsáveis por 67% da economia de Pedreira, que recebe diariamente milhares de visitantes interessados em adquirir esses artigos.

Para que a visita a Pedreira se torne ainda mais interessante, pode-se incluir um passeio à fábricas de porcelana da cidade. Para agendar uma visita, basta dirigir-se à secretaria de Turismo de Pedreira, onde poderá ser formado um grupo de pelo menos 15 pessoas. A visita guiada é **gratuita**, e nela as pessoas podem acompanhar todo o processo: formação da mistura da massa (composta de argila, caulim, feldspato e quartzo), passando por modelagem, limpeza, queima e pintura manual. No fim da visita as pessoas podem ainda adquirir diversos objetos, literalmente a preços de fábrica!!!

Claro que quem for a essa visita e quiser compreender um pouco melhor todo esse processo não poderá deixar de ir ao Museu Histórico e da Porcelana, instalado em um antigo sobrado do final do século XIX. Nele, em seu andar térreo, apresenta-se a história de Pedreira, desde a sua fundação, por meio de documentos, fotos e objetos antigos. O destaque aqui é para a reprodução de um consultório de dentista, de uma barbearia e de uma farmácia da época, com mobiliário e instrumentos originais. Já no piso superior estão as peças históricas e os cartazes que ilustram a tradição de mais de um século na produção de porcelana. O visitante também tem direito a visitar e observar uma minifábrica, onde se explica o processo de fabricação dos objetos.

Quem quiser adquirir objetos, especialmente de porcelana, irá encontrá-los em torno da praça Coronel João Pedro, uma das principais da cidade, cujo nome homenageia seu fundador. Há cerca de 150 lojas especializadas em artesanato no local, dentre as quais estão: Decoradora Colonial, Real Art

Artesanatos, Casarão Real, Decor Home, Carmem Sabatini, Devitro, Center Louças, Loja do Ayrton etc. Nesses locais são comercializados utensílios domésticos de todos os tipos, além de roupas e acessórios diversos. E para quem curte peças artesanais, estas poderão ser encontradas na Feira de Arte e Artesanato de Pedreira, que funciona diariamente. Ela está localizada em frente da antiga estação de trem da CMEF, desativada desde 1967.

Mas além do **turismo de compras**, Pedreira também se destaca pelo **turismo religioso**. Nesse caso, a peregrinação de milhares de devotos ao **morro do Cristo**, toda Sexta-feira Santa, é o principal evento da cidade. Vale lembrar que, inicialmente, o local foi utilizado para a instalação de trincheiras na Revolução Constitucionalista de 1932. Na década de 1980, o morro foi urbanizado e foram construídas estações que representam a **Via Sacra**. No local, que já abrigava uma imagem de Cristo desde 1950, também foi construída em 1996 a praça Nossa Senhora Aparecida.

As igrejas e capelas históricas também são atrações turísticas interessantes em Pedreira, com destaque para a pequena capela Bom Jesus, uma das mais antigas da cidade (datada de 1846), que abriga em seu interior uma imagem de Bom Jesus, que foi trazida para o local pelo próprio fundador da cidade. Porém, por conta de seu tamanho diminuto, as missas ali acontecem apenas esporadicamente.

A principal igreja da cidade é a igreja matriz de Sant'Ana, erguida em homenagem à padroeira da cidade. Ela foi construída entre os séculos XIX e XX, em estilo neogótico, e abriga belíssimos vitrais que retratam importantes passagens bíblicas. Vale lembrar que no período noturno essa igreja recebe iluminação especial, tornando-se ainda mais bonita.

Pedreira conta ainda com a capela Nossa Senhora Imaculada Conceição, que possui imagens de santos franceses e portugueses, além de um altar-mor esculpido em madeira. E, para quem aprecia arte religiosa, uma boa dica é visitar o morro de Maria, onde em 2006, durante as comemorações de 110 anos da fundação de Pedreira, ao longo da rua Paulo Ferrari, em uma área residencial, foram instalados 15 painéis representando os mistérios do rosário católico, todos feitos por artistas locais.

Outro tipo de turismo na cidade é o **turismo rural**, com atividades campestres realizadas nas fazendas da região. Neste caso, uma sugestão é visitar a fazenda Rio Acima, com 45 alqueires. O local recebe grupos para o café da manhã, almoço e também para atividades como caminhadas e cavalgadas.

Outra boa pedida é visitar a fazenda Santa Clara, fundada em 1890, que se dedica à plantação de café. Nela existe um bom restaurante, cujas especialidades são o pernil da Nonô e o arroz-doce. Suas instalações são decoradas de maneira rústica e ostentam objetos antigos, o que dá ao local um ar de antiquário. Na visitação pode-se também acessar o porão, onde ficam peças antigas e nela há uma minifazenda, bastante interessante para o público infantil.

Os turistas – e também os pedreirenses em suas horas de lazer – têm vários locais onde podem relaxar, contemplar a natureza ou até mesmo fazer exercícios físicos. A cidade é cortada pelo rio Jaguari, em cuja margem há um *boulevard* e uma ciclovia, ambos bastante procurados por quem gosta de caminhar, pedalar ou se divertir com um *skate*. Na altura da igreja matriz há uma ponte pênsil sobre o rio, o que dá ao local um charme todo especial.

Outra praça bastante aprazível é a Ângelo Ferrari, conhecida como "**jardim público**". O local possui árvores frondosas e monumentos que retratam a história da cidade, além de uma concha acústica para atividades culturais. Outra bela opção da cidade é o Zoo Bosque Municipal Prefeito Adolfo Lenzi, que ocupa uma área de 33.000 m², remanescente da mata atlântica. Nele vivem diversas espécies de animais, como onças-pintadas e macacos-prego. Ali também há quiosques, um *playground* e uma lanchonete.

Para quem gosta de cultura, recentemente foi inaugurado o Teatro Maestro José da Banda, que ocupa o prédio onde funcionou o Centro Cultural Professor José Gilberto Gonçalves Jampaulo. O local passou por modernização, tornando-se um importante espaço de cultura e lazer para a cidade.

Quem for a Pedreira tem a sua disposição pelo menos três dezenas de boas opções gastronômicas. Um destaque é o *Café da Santa*, localizado na antiga cantina do Círculo Italiano, nos fundos do Museu Histórico e da Porcelana. Ele possui uma vista privilegiada para o rio Jaguari, além de um ambiente repleto de charme e história. O local é decorado com motivos italianos, e ali é possível saborear doces variados, salgados diversos, pães italianos, cafés e sucos, tudo sob a sombra de uma enorme goiabeira!!!

O visitante que vai a Pedreira, cujo lema é *Labor et progressus* (ou seja, "**Trabalho e progresso**"), percebe rapidamente o quanto trabalham os pedreirenses para garantir o progresso da cidade e o sucesso pessoal, em especial no âmbito econômico. Vale a pena ficar nessa cidade mais de um dia, e, para isso, ela dispõe de alguns hotéis e algumas pousadas onde o turista poderá pernoitar confortavelmente!!!

KEN CHU

O elevador panorâmico do qual se tem uma
vista do rio Piracicaba e de toda a região.

Piracicaba

PREÂMBULO

Nesses últimos anos a cidade de Piracicaba viu sua paisagem mudar bastante. Um bom exemplo disso foi o que aconteceu no bairro de São Dimas, no que diz respeito à **habitabilidade**, onde as velhas casas da Vila Boyes – que no passado foram ocupadas por operários da extinta fábrica de tecidos de mesmo nome – estão dando espaço a lojas e empreendimentos imobiliários.

Nessa região, que fica próxima do centro da cidade, do *Shopping* Piracicaba e da rodovia Deputado Laércio Corte, principal via de acesso ao município, também estão localizadas cinco importantes IESs da cidade: ESALQ, Unicamp, Fatec, IFSP e Escola de Engenharia de Piracicaba. Isso explica o grande número de "repúblicas" estudantis naquela área.

Vários empreendedores da construção civil, como a Morato Participações, e a incorporadora Lindenberg, entre outras, estão construindo empreendimentos em São Dimas, reunindo neles um conceito inédito na cidade, que reúne apartamentos de alto padrão, escritórios, lojas de conveniência e espaço para convenções e eventos.

Todavia, as mudanças não se aplicam somente a São Dimas. De fato, em várias áreas da cidade estão sendo lançados cada vez mais edifícios com apartamentos de alto padrão, como os que foram erguidos próximos do Clube de Campo, onde os moradores têm uma vista excelente para dois importantes pontos turísticos da cidade: o rio Piracicaba e o Engenho Central.

Isso não é uma clara demonstração de que é muito atraente viver hoje em Piracicaba?

A HISTÓRIA DE PIRACICABA

Piracicaba recebeu várias denominações ao longo de sua história. Dentre elas estão **"noiva da colina"**, "Florença paulista" e "Atenas paulista" e, pelo menos de certa forma, todas representavam sua beleza, seu destaque no **campo intelectual** e sua privilegiada natureza. E é bem provável que depois dessa leitura, você, caro(a) leitor(a), entenda o porquê de alguns considerarem tais apelidos merecidos.

E que tal você dar uma paradinha na leitura e procurar na Internet o motivo para a cidade ter recebido tais epítetos?

E aí, já descobriu!!! Bem, um deles já será explicado logo a seguir...

O prolífico autor Cecílio Elias Netto descreveu de forma notável o que representa um rio para uma cidade, na sua obra *Piracicaba – Um Rio que Passou em Nossa Vida*, em que relata o projeto Beira Rio do antropólogo urbano Arlindo Stefani, que visava impedir a degradação do rio Piracicaba.

Cecílio Elias Netto destacou: "Não podemos nos esquecer que, mais do que uma cidade, Piracicaba é um rio com um povo. Quando as suas águas baixam, desfalecemos também. Se sobem, ficamos felizes. Se o rio morrer, morreremos junto. Eis a verdadeira realidade em toda a sua crueldade. Sem o rio, não existiremos, deixaremos de ser Piracicaba, e, portanto, de ser piracicabanos!!!"

Aliás, o epíteto **"noiva da colina"** foi dado a Piracicaba pelo poeta Basílio Machado, num célebre poema onde discorre sobre o **"véu da noiva"**, que é o "manto da neblina" das noites piracicabanas, ou seja, a bruma do rio, a garoinha com que o despertar das águas do salto salpica a cidade.

Historicamente, entretanto, é importante acentuar a origem do **"véu da noiva"**, pelo fato de que nos últimos tempos tem surgido versões equivocadas que apontam o "véu" como a queda de água do córrego do Mirante, logo abaixo do salto.

96   Cidades Paulistas Inspiradoras

Tião Carreiro e Pardinho gravaram a canção *Adeus, Piracicaba*, de autoria de Tião Carreiro, Jesus Belmiro e Craveiro.

Adeus rio Piracicaba.
Adeus terra tão querida.
Estou chorando na despedida.
Piracicaba, Piracicaba,
é minha vida.

Já foi o rio mais bonito – quem conheceu acredita.
Da linda Piracicaba foi o cartão de visita.
A cachoeira murmurante de água pura e cristalina.
Era o véu que enfeitava nossa noiva da colina.

Entre águas poluídas vejo lágrimas correndo.
São as lágrimas do povo pelo rio que está morrendo.
Eu também estou chorando e a tristeza não acaba.
Eu choro por ver morrendo o rio de Piracicaba.

Como se nota, o rio Piracicaba tem sofrido graves agressões e, se recentemente o rio Jundiaí foi praticamente despoluído, é preciso demonstrar a mesma preocupação com a estrela guia dos piracicabanos.

Aliás, é a partir do rio Piracicaba que cada um na cidade sabe onde está e como chegar aonde deseja. É o rio que, apaixonadamente, orienta todos os piracicabanos... das crianças aos idosos, dos mais simples aos mais poderosos. São homens e mulheres que se tornaram poetas, pintores, músicos etc. Pessoas que moldaram a própria vida com o belo espetáculo que o rio Piracicaba lhes oferece!!!

Piracicaba é uma cidade localizada a 164 km da capital paulista. Com uma população estimada de 420 mil habitantes, ela ocupa uma área de 1.378 km², dos quais 31,6 km² estão no perímetro urbano. Os 1.346, 4 km² restantes constituem a zona rural.

São 15 os municípios limítrofes com Piracicaba – Saltinho, Laranjal Paulista, Rio das Pedras, Tietê, Santa Bárbara d'Oeste, Capivari, Limeira, Iracemápolis, Rio Claro, São Pedro, Charqueada, Ipeúna, Santa Maria da Terra, Anhembi e Conchas – o que a torna a cidade que faz fronteira com o maior número de cidades, dentre as analisadas neste livro.

O nome da cidade vem de uma junção de termos da língua tupi, ou seja, *pirá* ("peixe"), *syk* ("parar") e *aba* ("lugar"). Assim, o significado de Piracicaba é "**o lugar onde o peixe para**", numa clara referência às quedas do rio de mesmo nome, que bloqueiam a migração (piracema) dos peixes.

O vale do rio Piracicaba começou a ser ocupado por descendentes de europeus durante o século XVII, quando alguns colonos se embrenharam nas florestas e passaram a ocupar as terras ao seu redor, desenvolvendo inicialmente uma agricultura de subsistência e a exploração de recursos naturais.

Em 1776, a capitania de São Paulo decidiu fundar na região um povoado que servisse de apoio para a navegação das embarcações que descessem o rio Tietê, em direção ao rio Paraná. Outro objetivo dessa povoação seria oferecer retaguarda ao forte de Iguatemi, localizado na divisa com o futuro Paraguai.

Na época, o vilarejo deveria ter sido fundado na foz do rio Piracicaba com o rio Tietê, nas proximidades da atual cidade de Santa Maria da Serra. Porém, o capitão Antônio Correa Barbosa, que fora incumbido dessa missão, decidiu-se por uma região localizada a 90 km da foz do rio Piracicaba, que embora já estivesse ocupada por alguns posseiros garantia melhor acesso a outras vilas próximas, especialmente Itu. Assim, em 1º de agosto de 1767, surgiu o **povoado** de Piracicaba, à margem direita do rio, local onde ficariam mais tarde o Engenho Central e partes da Vila Rezende.

Como se pode perceber, a fundação da povoação de Piracicaba está ligada de maneira íntima e próxima, e por que não dizer política, a Itu. Um ano mais tarde, em 1768, a povoação se tornou **freguesia**!!! Todavia, por conta do terreno irregular e infértil da margem esquerda, sua sede foi transferia para a margem direita em 1784. No fim do século XVIII, a região se desenvolveu com base na navegação ao longo do rio Piracicaba e também por causa do cultivo da cana-de-açúcar. Em 1821, a freguesia foi elevada à condição de **vila**, recebendo o nome de Vila Nova da Constituição. Essa foi uma homenagem à Constituição portuguesa que naquele ano estava em fase de aprovação.

Por conta de sua nova condição de vila e também do desenvolvimento do cultivo da cana-de-açúcar, a cidade se desenvolveu rapidamente. Assim, em 4 de agosto de 1822 aconteceu a primeira reunião do que se tornaria a futura Câmara de Vereadores da cidade. Em pouco tempo Piracicaba se transformou na principal cidade da região, polarizando outras vilas que dariam origem às cidades de São Pedro, Limeira, Capivari, Rio Claro e Santa Bárbara d'Oeste.

Lamentavelmente, a cidade permaneceu vinculada somente ao cultivo da cana, **ignorando** a chegada do café ao oeste paulista, um cultivo que se tornaria o motor da economia paulista, em especial no fim do século XIX. Assim, a região em torno de Piracicaba se tornou um dos principais polos escravocratas no oeste paulista, com grande presença de escravos e, posteriormente, de negros libertos.

Em 1877, através da Companhia Ytuana de Estradas de Ferro (CYEF), a cidade passou a ter uma ligação ferroviária com as cidades de Itu e Jundiaí, via Capivari e Indaiatuba. Nesse mesmo ano, por intermédio do então vereador Prudente de Morais – futuro presidente da República –, a cidade adotou o nome de Piracicaba, abandonando a denominação portuguesa de Vila Nova da Constituição.

E por falar em Prudente de Morais, vale lembrar que apesar de ter nascido em Itu, em 4 de outubro de 1841, ainda na infância ele se mudou com a família para a cidade denominada Vila Nova da Constituição. Em 1863 ele se formou em direito na capital paulista e voltou em seguida para Piracicaba, onde começou a sua carreira política. Foi eleito vereador em 1864 e, posteriormente, presidiu a Câmara Municipal.

Em 1877, exercendo o cargo de vereador conseguiu mudar o nome da cidade para Piracicaba. Foi deputado provincial em São Paulo e deputado na Assembleia Geral do império, defendendo, além da forma republicana de governo, o abolicionismo e o federalismo.

Como deputado provincial, trabalhou na complexa questão das divisas de São Paulo com Minas Gerais, tema no qual era um especialista. Foi ainda presidente do Estado de São Paulo (cargo equivalente ao de governador), senador e, depois de vencer as eleições de 1º de março de 1894, ele se tornou o primeiro presidente civil do País a ser eleito por voto direto. Sua posse ocorreu em 15 de novembro daquele ano e ele governou o Brasil até 15 de novembro de 1898.

No fim do mandato, gozando de grande popularidade – após ter enfrentado a ocupação pelos ingleses da ilha de Trindade, pacificado o Rio Grande do Sul e vencido os rebeldes de Canudos, seguidores de Antônio Conselheiro – retirou-se para Piracicaba, onde viveu até a sua morte em 3 de dezembro de 1902.

Em 1881, às margens do rio Piracicaba, foi fundado o Engenho Central de Piracicaba, que se tornaria um dos maiores engenhos de açúcar do Brasil nos anos seguintes. Em 1900, Piracicaba se transformou na 4ª maior cidade do Estado e, na época, já contava com luz elétrica e serviço de telefonia. Também nesse período foi iniciada a construção da Escola Agrícola Prática de São João da Montanha, nas terras doadas por Luiz Vicente de Sousa Queiroz.

Luiz Vicente era um jovem paulistano cheio de idealismo e possuidor de valorosa cultura adquirida na Europa. Ele chegou em Piracicaba demonstrando espírito arrojado e progressista, e em sua ânsia de criar e dar vida aos seus sonhos, concretizou vários empreendimentos na cidade. Infelizmente, a escola agrícola só foi inaugurada em 3 de junho de 1901, três anos após seu falecimento. Posteriormente, em 1931, essa instituição se transformou na Escola Superior de Agricultura Luiz de Queiroz (ESALQ), em homenagem ao seu idealizador. Vale lembrar que entre 1901 e 1934, essa IES integrou a secretaria de Agricultura do Estado e, a partir daí, passou a fazer parte da USP.

A ESALQ, que ocupa uma área total de 3825,4 ha, está instalada em um dos mais belos *campi* universitários do País, com jardins, parques e prédios históricos tombados como **patrimônio público estadual**. Ela possui moderna infraestrutura para atividades acadêmicas e científicas, reunindo dessa forma **tradição** e **inovação**. No *campus* Luiz de Queiroz, que possui quatro estações experimentais – Anhembi, Anhumas, Itatinga e fazenda Areão – fica a sua incubadora tecnológica, a ESALQ Tec.

A ESALQ é assim uma IES pública na qual circulam diariamente cerca de 2.100 estudantes de graduação e uns 1.000 de pós-graduação, além de muitos pós-doutores, doutores, mestres, jovens pesquisadores e participantes de cursos de pós-graduação *lato sensu*.

Sua população discente tem diversas oportunidades de vivência internacional, a partir do programa de intercâmbio e dupla titulação oferecido pela IES. Por meio de práticas no campo, estágios dentro e fora da ESALQ, os seus alunos desenvolveram variadas atividades extracurriculares, recebendo apoio em tempo integral por parte dos professores, o que obviamente garante uma formação profissional diferenciada e lhes permite colocar em prática seus talentos.

Considerada com centro de excelência – **a ESALQ já apareceu como a 4ª melhor do mundo no seu campo** –, a IES oferece sete cursos de graduação e 15 programas de pós-graduação (um deles internacional), além de duas interunidades e um centro interinstitucional, que se utilizam de seus 12 departamentos.

Desde a sua fundação, já formou mais de 16 mil profissionais em nível de graduação e teve cerca de 20 mil pós-graduandos. A ESALQ possui cerca de 240 docentes e algo próximo de 520 funcionários em cargos técnicos e administrativos. Seja pesquisando, ensinando, divulgando a tecnologia e/ou fomentando novas técnicas, os profissionais formados na IES com frequência se transformaram em indivíduos talentosos e bastante úteis à sociedade, uma vez que ela tem ampliado os horizontes do conhecimento humano, colocando-o a disposição das comunidades, e reafirmando com isso sua própria missão e visão.

E por falar na **missão** da ESALQ, ela diz: "Promover as atividades de ensino, pesquisa e extensão nas áreas de **ciências agrárias**, **ambientais**, **biológicas** e **sociais aplicadas** para a formação de profissionais com excelência e cidadania, reconhecidos nacional e internacionalmente, para atender às demandas da sociedade." Já sua **visão** é: "Inovar e integrar as áreas de conhecimento estratégico para chegar a soluções sustentáveis, atendendo as demandas locais e globais."

Em 1922, 45 anos após a chegada dos trilhos da CYEF, Piracicaba passou a ter um ramal da CPEF.

Com o fim do ciclo do café, especialmente depois da Grande Depressão que ocorreu em 1929 nos EUA, durante boa parte dos anos seguintes do século XX a economia da cidade entrou num longo **processo de estagnação** (e até numa leve decadência), por conta da queda constante nos preços do açúcar. Assim, na tentativa de reverter esse cenário negativo, a cidade tornou-se uma das primeiras a se industrializar no País. Foram abertas plantas fabris ligadas aos setores metalmecânico e de equipamentos destinados à produção de açúcar.

Porém, embora essa industrialização (um tanto baseada no ciclo da cana-de-açúcar) tenha impedido um maior declínio da cidade, não surtiu efeito no que se referia à estagnação. Além disso, a partir da segunda metade do século XX a cidade passou a enfrentar mais uma dificuldade para o seu desenvolvimento: o grande crescimento da cidade de Campinas e do seu entorno, a atual RMC.

Então, na década de 1970 foram desenvolvidas diversas iniciativas para alavancar a economia piracicabana. Foi construída a rodovia do Açúcar, que ligou a cidade à rodovia Castello Branco (uma nova rota de escoamento para a produção de cana-de-açúcar, além de uma garantia da influência de Piracicaba na região de Capivari). A rodovia Luiz de Queiroz foi duplicada até a rodovia Anhanguera, com o que se melhorou o acesso à cidade e criou-se uma ligação entre Piracicaba e a principal rodovia do interior de São Paulo.

PIRACICABA

101

Novos distritos industriais foram surgindo na cidade, assim como novas empresas. Paralelamente, criou-se o programa federal Pró-Álcool, que incentivava o **uso automotivo do álcool**, obtido da cana-de-açúcar. Neste sentido, o cultivo da cana foi modernizado e a produção canavieira foi revigorada, o que fez com que a economia da cidade começasse a sair do seu longo ciclo de estagnação e retomasse o crescimento. Para isso foram feitos pesados investimentos ao longo de duas décadas.

O município passou a registrar continuamente bons índices de desenvolvimento, recuperando áreas degradadas. Apostando na biotecnologia, Piracicaba se tornou **um dos maiores polos de produção sucroalcooleira do mundo**.

A cidade também passou a contar com algumas universidades de renome e foi se tornando um importante centro industrial. De fato, uma indústria importante fundada na cidade ainda em 1920 foi a Dedini S.A Indústria de Base, que nasceu do setor sucroalcooleiro. Com uma estrutura familiar e capital 100% nacional, sua **visão** é: "Ser uma empresa de excelência no fornecimento de soluções para o mercado global de bens de capital sob encomenda." Já sua **missão** é: "Desenvolver, comercializar e produzir bens de capital e serviços sob encomenda, com tecnologia, qualidade, preço e prazo competitivos, antecipando-se às necessidades do cliente, com soluções que assegurem e ampliem a participação no mercado, proporcionando retorno aos acionistas e promovendo o desenvolvimento sustentável."

Atualmente, a empresa orgulha-se de ser uma organização de grande porte, em ascensão, sempre focada no desenvolvimento dos seus negócios com o objetivo de trazer progresso ao País. Com atuação em vários segmentos industriais de infraestrutura e insumos básicos, energia e alimentos, a companhia se destaca agora como líder mundial no fornecimento de equipamentos e plantas completas para o setor sucroalcooleiro.

Além da sua tradicional sede em Piracicaba, possui mais seis unidades industriais localizadas em Sertãozinho, no Estado de São Paulo, Maceió, no Estado de Alagoas, e em Recife, no Estado de Pernambuco. Assim, a Dedini totaliza um conjunto de nove fábricas, ocupando ao todo uma área de cerca de 1 milhão de m². Essas unidades estão capacitadas para atender aos mercados interno e externo e suprir as necessidades dos clientes. Elas estão interligadas por sistemas informatizados, com logística própria para corresponder à expansão da fronteira agrícola brasileira.

A Dedini já construiu cerca de 130 usinas completas. Além disso, as destilarias projetadas e montadas pela empresa são responsáveis por cerca de

102 Cidades Paulistas Inspiradoras

81% da produção nacional de álcool, e aproximadamente 27% da produção mundial. A Dedini atua comercialmente e mantém representantes comerciais nas três Américas e no Caribe. Ela também já expandiu seus negócios para a Ásia e a Oceania. Como se pode ver, a Dedini é uma empresa incrível, que dá orgulho não só aos piracicabanos, mas a todos os brasileiros!!!

A Caterpillar é uma empresa multinacional fundada nos EUA em 1925, que teve um papel importante na industrialização de Piracicaba. Ela iniciou seus negócios no Brasil em 1954, com um armazém para comercialização, fabricação e estocagem de peças e componentes. Atualmente a Caterpillar fabrica máquinas, motores e veículos pesados, voltados principalmente para a construção civil, agricultura e mineração.

Em 1955, a companhia comprou uma área de 164.000 m² em São Paulo, onde foi instalada uma fábrica que começou a funcionar em 1960. Ampliando sua produção no Brasil, em 1976 a Caterpillar inaugurou outra grande fábrica em Piracicaba e, em 2011, uma terceira unidade foi aberta em Campo Largo, no Estado de Paraná.

Para Piracicaba, a fábrica da Caterpillar trouxe bastante progresso, em especial pela contratação de um grande número de moradores da cidade (ou de pessoas que acabaram se mudando para lá). Infelizmente, a partir de 2014 a empresa se viu obrigada a demitir mais de 1.000 empregados. Sua justificativa foi a grande queda na aquisição de equipamentos, especialmente máquinas rodoviárias, assim como a redução das exportações. Todavia, ela continua sendo uma indústria muito importante instalada no município.

A Caterpillar tem demonstrado grande amor pela cidade, ao contribuir para a preservação da bacia do rio Piracicaba por meio de diversas atividades e ações sustentáveis, através do seu rigoroso e eficiente sistema de gestão ambiental. Em suas instalações, a empresa conta com uma estação de tratamento de efluentes, que trata e reutiliza a maior parte dos resíduos, devolvendo água totalmente limpa ao rio.

Também foi muito importante para o município a instalação da Hyundai Motor Brasil. Foi a 7ª fábrica da marca fora da Coreia do Sul, e a 10ª no mundo. A Hyundai Motor Brasil iniciou oficialmente suas obras em Piracicaba em 25 de fevereiro de 2011, ocupando uma área total de 1.390.000 m², dos quais 130.600 m² são de área construída. O investimento foi da ordem de US$ 700 milhões e visava a produção dos modelos *HB20* – um grande sucesso de vendas da empresa, atualmente encontrado só no Brasil – e do *SUV* (*sport utility vehicle*) *Creta*. A produção do primeiro *HB20* teve início em setembro de 2012. Então, em 2016, foram investidos nessa mesma fábrica mais de U$ 130 milhões para possibilitar a produção do *Creta*.

Apesar da crise econômica que se alastrou pelo Brasil nesses últimos anos, a fábrica da Hyundai tem trabalhado em três turnos. Vale ressaltar que a capacidade de produção dessa fábrica é de 180 mil carros por ano, o que equivale a algo como fazer 20 carros por hora. Na área da fábrica também estão instalados o Centro de Pesquisa e Desenvolvimento do Hyundai Motor Group no hemisfério sul, três de seus fornecedores principais – Hyundai Steel, Hyundai Mobis e Hyundai Dymos – e uma pista de testes de 3 km de extensão, onde 100% dos carros produzidos são testados.

A cidade de Piracicaba foi escolhida pela Hyundai por oferecer mão de obra de qualidade, boa infraestrutura e um parque de fornecedores locais já instalados e de elevada competência técnica. Além da montadora, diversos fornecedores sul-coreanos também se instalaram ali, o que fez surgir um polo automotivo na cidade e permitiu a criação de cerca de 5 mil empregos diretos e 20 mil empregos indiretos.

Em conformidade com a legislação brasileira e também por respeito aos seus funcionários, a Hyundai Motor Brasil é certificada com **o diploma de boas práticas de trabalho decente**, concedido pela secretaria estadual de Emprego e Relações Trabalhistas (SERT). Essa certificação é baseada no conceito criado pela Organização Internacional do Trabalho (OIT), uma agência da ONU que tem como objetivo promover o acesso a um trabalho decente e produtivo, em condições de liberdade, equidade, segurança e dignidade.

Para atender ao grande número de pessoas oriundas da Coreia do Sul, surgiram na cidade de Piracicaba restaurantes especializados em comidas típicas, assim como locais específicos de entretenimento que agradassem aos sul-coreanos. A Hyundai, por sua vez, com o intuito de se integrar melhor com a comunidade piracicabana, tornou-se desde 2010 patrocinadora da Festa das Nações, o maior evento da cidade. Voltado para a solidariedade, ele chegou em 2017 à sua 34ª edição. Anualmente a montadora doa um carro para ser rifado pelas entidades participantes do evento e promove atividades de arrecadação para o Fundo Social de Solidariedade de Piracicaba.

Como antecipou o prefeito Barjas Negri – ele foi eleito a primeira vez em 2004, reeleito em 2008, e voltou novamente à prefeitura da cidade em 2016 – a chegada da Hyundai impulsionou bastante a economia local e alavancou o surgimento de novas micro e pequenas empresas no município. Em 2011, Barjas Negri destacou: "A cidade já se tornou campeã em agilidade, ou seja,

104 Cidades Paulistas Inspiradoras

no licenciamento das empresas minimizando o tempo de abertura de novos negócios e só no nosso distrito industrial Uninorte temos agora cerca de 30 pequenas e médias empresas, em um núcleo."

No início de 2018, no distrito industrial Uninorte que ocupa cerca de 1.000.000 m², localizado ao lado do anel viário, com fácil acesso à rodovias Anhanguera e Bandeirantes, estavam instaladas cerca de 85 empresas!!!

No que se refere a **espiritualidade**, são diversas as manifestações religiosas presentes na cidade. Apesar de ter se desenvolvido sob uma matriz social eminentemente **católica**, tanto pela colonização quanto pela imigração – a maioria dos piracicabanos é católica (cerca de 61%) –, é possível encontrar na cidade mais de uma dezena de outras religiões. Existem ali budistas, espíritas, judeus, mórmons etc., além de um grande número de evangélicos (28%) e, inclusive, de ateus (7,5%).

A catedral de Santo Antônio é a sede da diocese. Ela foi construída inicialmente como uma igreja matriz no estilo neoclássico, porém, com o passar do tempo sua estrutura foi se deteriorando. Entre 1946 e 1948, o prédio passou por reformas e foi reinaugurado oficialmente em 27 de dezembro de 1950. Mas existem muitas outras igrejas católicas interessantes na cidade, como por exemplo a de Monte Alegre, que foi projetada por Alfredo Volpi e inaugurada em 1937. Há também a capela de Dom Bosco. Todavia, também são muitas as igrejas ou os templos de outros credos, como aquelas dos presbiterianos, budistas, adventistas, metodistas etc.

No âmbito da **agricultura**, sua evolução se deve principalmente à chegada de imigrantes de outros países. Vale ressaltar que em 1895 eles já eram 1.200 e, como o passar das décadas, esse número aumentou bastante. A imigração italiana foi a mais presente em Piracicaba, mas também é preciso destacar a presença dos alemães, suíços, árabes, espanhóis, portugueses e japoneses.

Hoje, entretanto, o setor primário (ou seja, a agricultura) é o menos relevante da cidade, contribuindo com cerca de 8% do PIB. É da principal fonte de renda do setor **primário**, da **cana-de-açúcar**, que se retira a matéria prima para a fabricação do álcool e do etanol. No setor **secundário**, ou seja, na indústria, os destaques são os setores metalúrgico, mecânico, têxtil, alimentício e de combustíveis (produção de petroquímicos, biodiesel e de álcool).

De qualquer modo, todos estes setores passaram por um grande desenvolvimento durante o fim da 2ª metade do século XX, por causa da necessidade de investimentos na economia municipal para combater o **desemprego**. Foi isso que levou ao surgimento de um dos principais parques industriais da região, responsável por melhorar as condições de infraestrutura e emprego na cidade no final do século XX.

Finalmente, o setor **terciário**, ou seja, o de prestação de serviços, é o que garante a maior contribuição para o PIB municipal (algo como 58%). O comércio na cidade começou a se desenvolver e a se mostrar mais representativo na economia municipal no decorrer da primeira metade do século XX, sendo que em 1941 foi criada a Associação Profissional do Comércio Varejista. Na década de 1970 a município ganhou uma unidade do Sesc e na década de 1980 foi criada em Piracicaba uma unidade do Senac.

Com tudo isso, estima-se que em 2017 o PIB de Piracicaba tenha alcançado R$ 22 bilhões.

Quando o assunto é **saúde**, a secretaria municipal de Saúde (SEMS) de Piracicaba é o órgão da prefeitura responsável pela manutenção e pelo funcionamento do SUS, bem como pela criação de políticas, programas e projetos que visem a boa realização dos serviços de saúde municipais.

Para os casos de emergência a cidade conta com os seguintes serviços: UPAs; SAMU; uma Central de Ortopedia e Traumatologia (COT); o Hospital Dia (assistência intermediária entre internação e o atendimento ambulatorial para a realização de procedimentos clínicos, cirúrgicos, diagnósticos e terapêuticas, que requeiram permanência máxima de 12 h); Central de Fisioterapia Municipal; Programa de Saúde da Família (PSF); algumas UBSs; Coordenadoria em Programas de Alimentação e Nutrição (CPAN) e alguns outros serviços de assistência de saúde.

Além dos serviços públicos, há cerca de 160 estabelecimentos de saúde privados (hospitais, clínicas, serviços odontológicos, pronto-socorro), dentre os quais se destacam o hospital da Unimed, inaugurado em 2011. Ele possui 194 leitos e conta com um pronto atendimento, um centro de diagnóstico por imagem, um centro de atendimento médico, atenção domiciliar e saúde ocupacional (recuperação e reabilitação da saúde de trabalhadores submetidos a riscos e agravos advindos das condições de trabalho).

No tocante à **educação**, em 2017 havia em Piracicaba 126 escolas de ensino fundamental das quais 54 pertenciam à rede municipal, 36 à rede pública estadual e 36 eram particulares. Dentre as 75 IEs de nível médio, 46 pertenciam à rede público estadual, 1 era municipal e 28 às redes particulares.

A secretaria municipal de Educação desenvolve também programas voltados para EJA, oferecendo-lhes ensino gratuito que lhes permita a conclusão do ensino fundamental. Ela também mantém uma rede de **educação**

especial para alunos com deficiência física, oferecendo-lhes professores especializados.

A cidade possui também importantes IESs, destacando-se a já citada ESALQ, o Centro de Energia Nuclear na Agricultura (CENA), ambos da USP; a Faculdade de Odontologia de Piracicaba, da Unicamp; a Fatec; a Fundação Municipal de Ensino, mantenedora da Escola de Engenharia, um *campus* de IFSP, a Universidade Metodista (Unimep) de Piracicaba, que é particular, bem como as faculdades particulares Dom Bosco e Anhanguera.

E agora conta, a partir de 2018 com um polo de EAD na UniFAJ.

No que se refere à Unimep, ela tem raízes na tradição da semente plantada pelo líder precursor do movimento metodista, John Wesley (1703-1798), que em 1748 fundou, na Inglaterra, a primeira escola metodista: a Kingswood School. Desde então, os colégios, as faculdades e as universidades metodistas multiplicaram-se pelo mundo. A rede metodista de educação à qual a Unimep está vinculada, integra hoje um grupo de mais de 700 IESs metodistas em 67 países.

Em 1964, a qualidade, o pioneirismo e o diferencial no ensino da rede metodista deram origem em Piracicaba aos primeiros cursos de nível superior: economia, administração e ciências contáveis, inicialmente reunidos como Faculdades Integradas. Em 1975, reconhecendo a sua expansão, o ministério de Educação credenciou o reconhecimento das Faculdades Integradas como **universidade**, a primeira metodista da América Latina. E pelas condições de excelência do ensino que oferece, da pesquisa e extensão que desenvolveu, nessas últimas décadas a Unimep vem ganhando cada vez maior reputação. Aliás, também tem se destacado a sua estrutura acadêmica--administrativa e sua infraestrutura, que abriga excelentes laboratórios, salas de aula, biblioteca e outros espaços que atendem às diversas áreas do saber, com funcionamento diferenciado em quatro *campi* – Taquaral e no centro da cidade, em Piracicaba, em Lins, e em Santa Bárbara d'Oeste – nas quais estudam cerca de 12 mil alunos.

O ensino na Unimep está organizado em 52 cursos de graduação, 47 cursos de pós-graduação, sendo 38 de especialização: *lato sensu*, cinco cursos de mestrado e quatro de doutorado (*stricto sensu*), distribuídos nas suas faculdades. Mas além do ensino de natureza formal, a Unimep também desenvolve atividades por meio da **educação continuada**, de sua Universidade da Terceira Idade e de cursos *in company*, apenas para funcionários de empresas.

Educar para a cidadania e para a participação plena da pessoa na sociedade é um dos princípios de sustentação da política acadêmica da Unimep. Nessa perspectiva, a Unimep prima por promover, gerar e difundir o conhecimento por meio da pesquisa e extensão, conforme explicitado nas suas políticas específicas e de acordo com a **missão do ensino superior**, preconizado pela Unesco em 1997.

A **missão** da Unimep é: "Contribuir efetivamente, por meio da educação para a produção e socialização do conhecimento, respeitando a diversidade cultural e religiosa do ser humano e o meio ambiente, com vista ao desenvolvimento da sociedade justa e fraterna, participando da construção da cidadania como patrimônio coletivo, tendo como referência os valores da fé cristã e a perspectiva ética como responsabilidade pública, institucional e pessoal."

Por seu turno, a **visão** da Unimep é: "Por vislumbrar uma sociedade justa e fraterna, o objetivo é o de aprimorar nas áreas da atuação institucional e em todos os seus processos, comumente na promoção da educação, as ações com qualidade, mantendo-se em sintonia com as inovações científicas, tecnológicas e profissionais, em amplo diálogo com toda a sociedade, visando a responder, com alternativas, às legítimas demandas humanas e sociais, contribuindo para o desenvolvimento da coletividade, como inclusão, justiça e equidade, a partir da perspectiva evangélico-cristã."

Portanto, ética, espírito crítico, autonomia, responsabilidade social e outros atributos configuram os ideais do ensino unimepiano, expressos pelos projetos pedagógicos dos seus cursos. Dessa forma, a Unimep entendia que a concepção de aprendizagem devia refletir-se em todas as instâncias da vida universitária, sobretudo nas propostas pedagógicas de formação profissional.

Por meio do trabalho de seu corpo docente, constituído na grande maioria por professores titulados com graus de mestre e doutor, a Unimep se dedicou ativamente a propiciar uma **formação** de acordo com as exigências do mercado de trabalho – atualmente com uma intensa evolução dos setores que fazem parte da EC – diferenciada em termos positivos pela qualidade do ensino oferecido aos seus alunos, os talentosos futuros profissionais a serviço do País.

No seu livro *Ousadia na Educação – A Formação da Unimep*, Cecílio Elias Netto destacou duas figuras incríveis para que a Unimep alcançasse a sua relevância. Inicialmente ele analisou a atuação do pastor Chrysantho César, que a partir de 1962 envolveu-se com a tarefa de salvar o Colégio

Cidades Paulistas Inspiradoras

108

Piracicabano, administrado pela Igreja Metodista, que estava à beira de fechar as portas, bem como a instalação dos primeiros cursos universitários no Instituto Educacional Piracicabano (IEP), sendo os primeiros aqueles da Faculdade de Economia, Contábeis e Administração (ECA).

Em seguida ele abordou o trabalho do educador e missionário Richard Edward Senn, a partir de 1º de Janeiro de 1970, substituindo Chrysantho César. Cecílio Elias Netto escreveu: "César e Senn foram os semeadores e desbravadores que capturaram o sonho secular da Igreja Metodista e de Piracicaba. E para realizar esse sonho ocorreram muitas lutas pelo poder. Aliás, a história da Unimep está repleta de paixões e de intensas lutas pelo poder.

Entretanto, a Unimep na concepção de César e Senn acabou sendo uma universidade doméstica, regional, caipira, justificando que os piracicabanos a chamassem de '**nossa universidade**'. Foi graças ao reitor Elias Boaventura, que substituiu Senn em 14 de agosto de 1978 – após ambos terem se tornado inimigos – que a Unimep se tornou mais universal, deixando de ser apenas de Piracicaba, para ser conhecida nacional e internacionalmente. A partir de Boaventura a Unimep mostrou toda a sua pluralidade, mas foi nos anos seguintes com o reitor Almir de Souza Maia que ela encontrou o seu equilíbrio. A Unimep de fato tem uma incrível história sobre a audácia humana, de coragem para enfrentar riscos e superar limites. Ela existe e é o que é, pois por ela passaram educadores que souberam ousar!!!"

Sendo um importante polo de desenvolvimento científico, a cidade de Piracicaba atrai um grande contingente de visitantes interessados em assimilar a evolução da tecnologia. Neste sentido, encontra-se instalado na cidade um grande parque tecnológico, com o foco na área de TI, o que facilita a integração entre os centros de pesquisa. Também estão ali IESs e empresas que dão grande suporte ao desenvolvimento de atividades empresariais.

Em termos **de serviços à população**, atualmente, grande parte dos moradores do município conta com água tratada, energia elétrica, esgoto, limpeza urbana, telefonia fixa e celular. Estima-se que em 2017 cerca de 99,2% dos domicílios já fossem atendidos pela rede geral de abastecimento de água, 99.9% dos moradores tivessem coleta de lixo e 97% das residências possuíssem esgotamento sanitário.

Deve-se recordar que o sistema de abastecimento de água em Piracicaba começou a ser planejado em 1824 pela Câmara Municipal, mas só em maio de 1886 teve início a construção de um reservatório para 2 milhões de litros de água, no bairro dos Alemães, sob a responsabilidade da Empresa

Hidráulica de Piracicaba. O Serviço Municipal de Água e Esgoto (Semae), que foi criado em 30 de abril de 1969 pela lei municipal N° 1657, até hoje é o responsável pelo abastecimento de água na cidade e possui três estações de captação.

No que se refere a **transportes**, no município existe um aeroporto denominado Comendador Pedro Morganti, que é administrado pelo Daesp. Ele possui uma pista asfaltada de cerca de 1.000 m de extensão e iluminação noturna; um terminal de passageiros com 175 m² e um pátio de estacionamento para cerca de 70 automóveis. O local abriga uma escola de paraquedismo e outra de formação de pilotos. Esse aeroporto atende apenas voos de aviões de pequeno porte, fretados ou particulares, para voos domésticos. Não há, porém, voos comerciais.

A primeira ferrovia a chegar a Piracicaba foi na verdade o chamado "ramal de Piracicaba", cuja primeira estação foi inaugurada em 20 de fevereiro de 1877, quando a cidade ainda era composta apenas por quatro quarteirões e contava com iluminação pública feita por lampiões a querosene. Todavia, o primeiro trem só chegou ali em 19 de maio de 1877. Em 6 de janeiro de 1885 foi inaugurada a nova estação. Esta foi reformada em 1943 e funcionou até 1990, quando deu lugar ao **terminal rodoviário urbano**.

Outra importante estação foi aquela de propriedade da CPEF, que funcionou até 1971. A Ferrovia Paulista S.A. (Fepasa) operou até 1998, quando foi desativada. No lugar existe atualmente um parque e quadras da prefeitura. O grande responsável pela decadência das ferrovias – não só em Piracicaba, mas em todas as outras cidades paulistas – foi o avanço do transporte rodoviário, principalmente no início da década de 1990. O terminal rodoviário de Piracicaba é um dos maiores da região e tem um movimento intenso. Chegam até ele os ônibus que se utilizam das seguintes rodovias: Luiz de Queiroz (SP-304), Geraldo de Barros (SP-304), Fausto Santomauro (SP-127), Cornélio Pires (SP-127), Deputado Laércio Corte (SP-147), Samuel de Castro Neves (SP-147), do Açúcar (SP-308).

A secretaria municipal de Trânsito e Transportes (Semuttran) é a responsável pelo controle e pela manutenção do trânsito no município. Isso envolve desde a fiscalização das vias públicas até o comportamento de motoristas e pedestres; da elaboração de projetos de engenharia de tráfego até a pavimentação, construção de obras viárias e gerenciamento de serviços (tais como táxis, ônibus, fretados, transportes escolar e alternativos, com os aplicativos de compartilhamento – Uber, Easy Taxi etc.).

Cidades Paulistas Inspiradoras

Estima-se que no fim de 2017 a frota municipal tenha ultrapassado os 300 mil veículos, composta por cerca de 185 mil automóveis e 62 mil motocicletas. Em terceiro lugar vem as caminhonetes: são aproximadamente 26 mil unidades. Para comportar esses veículos muitas avenidas foram duplicadas e dezenas de ruas pavimentadas nos últimos anos. Os semáforos instalados facilitaram o trânsito (!?!?), mas o crescimento do número de veículos nos últimos dez anos gerou um tráfego cada vez mais lento. Assim, tornou-se cada vez mais difícil encontrar vagas para estacionar, em especial no centro comercial da cidade. De fato, a **mobilidade** está se tornando um problema de difícil solução e tem, inclusive, gerado prejuízos para o comércio.

A cidade conta com dezenas de linhas de ônibus urbanos e interurbanos, que ligam cidades próximas como Mombuca, Tietê, Laranjal Paulista, Anhembi, Cordeirópolis, Cerquilho, Elias Fausto, Torrinha, Conchas, Campinas, Limeira, Iracemápolis, Rio Claro etc. Do total da frota municipal de coletivos, cerca de 40% dos que estavam em operação em 2017 já foram adaptados para o transporte de deficientes físicos.

Em termos de **cultura**, a responsável pelo setor em Piracicaba é a secretária municipal da Ação Cultural (Semac). O órgão elabora programas, projetos e eventos que visam o desenvolvimento cultural da cidade. Também opera na cidade a secretaria municipal de Esportes Lazer e Atividades Motoras (Selam), que lida com áreas mais específicas, tais como atividades de lazer e práticas desportivas.

No município existem outras instituições patrocinadas pelo Semac, cujo foco é o desenvolvimento cultural: o Conselho de Defesa do Patrimônio Cultural (Codepac), o Fundo de Apoio à Cultura (FAC) e a Conferência Municipal da Cultura (Comcult). Esta última é responsável por fiscalizar e acompanhar as políticas públicas destinadas ao desenvolvimento cultural de Piracicaba.

Piracicaba é a terra natal de vários cantores, compositores e artistas que obtiveram destaque nacional e até mesmo internacional. Entre eles estão Alessandro Penezzi, Gilberto Barros, Jamil Maluf, Leonardo Villar etc.

A cidade conta com diversos espaços dedicados à realização de eventos culturais nas áreas teatral e musical. É o caso do Teatro Municipal Dr. Losso Netto, que foi inaugurado em 19 de agosto de 1978. De fato, somente em 1993 ele passou a receber o nome do jornalista que impulsionou muito a evolução do setor jornalístico da cidade. Ele possui duas grandes salas e conta com excelente infraestrutura para eventos diversos, como apresentações de dança, música, teatro e palestras.

Há também o Teatro Unimep, no qual são exibidos os espetáculos artísticos produzidos pela comunidade acadêmica da Unimep e de outros grupos de arte do Brasil e, inclusive, de outros países do mundo.

Um ponto de destaque na cidade é a Biblioteca Pública Municipal Ricardo Ferraz de Arruda Pinto, que foi criada em 2 de maio de 1939 e começou a operar com um acervo de 837 livros. Hoje ela ocupa um prédio novo com uma área de 2.770 m², e conta com um anfiteatro, sala de vídeo, Internet, *lan-house*, hemeroteca, biblioteca infantil e um acervo de mais de 100 mil livros.

A Semac tem ainda seis centros culturais distribuídos pela cidade, nos quais são oferecidos cursos de artesanato, música, dança e culinária, o que estimula as pessoas a atuarem na EC. Tais atividades também são realizadas na Pinacoteca Municipal Miguel Arcanjo Benício Assumpção Dutra, localizada no centro da cidade.

A Semac promove diversos festivais e concursos, entre os quais o Festival Nacional de Teatro de Piracicaba (Entepira), no qual acontecem apresentações de dezenas de grupos teatrais diferentes; o Festival Piracicaba de Dança (Piradança), que envolve apresentações de diversas modalidades (balé, dança contemporânea, dança de rua, dança de salão, *jazz*, danças folclóricas e étnicas); o Encontro Nacional de Corais (Enacopi); e o Sarau Literário.

Dentre os eventos tradicionais há a Festa do Divino Espirito Santo, realizada desde 1826; a Festa do Milho Verde, com *shows* sertanejos e apresentação de conjuntos folclóricos; a Festa das Nações, com ambientação, pratos e bebidas típicas dos países representados; a Festa da Polenta, com o objetivo de comemorar a imigração trentino-tirolesa para a cidade; e a Festa de São João de Tupi, em estilo de quadrilha, que oferece *shows* musicais e sertanejos, fogueira e folguedos tradicionais, além de pratos e bebidas típicos, além da passagem de populares descalços sobre o braseiro.

Entre dias 8 e 13 de fevereiro de 2018, realizou-se em Piracicaba o 1º Encontro Campestre de Violas, organizado por violistas piracicabanos que ganharam notoriedade como Alexandre Razera, Gabriel Marin, Pedro Visockas, Renato Bandel e Neymar Dias. O intuito do evento foi diferenciar a viola do seu "primo" violino e da sua xará caipira!!!

O Salão Internacional do Humor de Piracicaba é um festival de humor gráfico realizado anualmente desde 1974 no Engenho Central da cidade. Inicialmente, esse evento foi uma forma de resistência por parte dos artistas gráficos, jornalistas e intelectuais contra a ditadura militar no Brasil.

Tudo começou com a ideia de inserir uma mostra de humor gráfico dentro do Salão de Arte Contemporânea de Piracicaba. Na época, essas pessoas costumavam se reunir num conhecido bar da cidade chamado *Café do Bule*. Em 1972, alguns desses piracicabanos – como Alceu Marozzi Righetto, Adolpho Queiroz e Carlos Colonnese – fizeram uma viagem ao Rio de Janeiro para estabelecer contato com jornal *O Pasquim*. Na ocasião, eles apresentaram o projeto ao cartunista Jaguar, que aprovou sua iniciativa.

Por escrito, Jaguar autorizou a cessão de seus originais. Estes, entretanto, estavam em poder da editora Abril, que não atendeu ao pedido. Assim, **a mostra não aconteceu**!!! Após esse fato, um grupo maior encabeçado por Luiz Antônio Lopes Fagundes (secretário municipal de Turismo da cidade) resolveu criar na cidade o Salão do Humor. Esse grupo contava na época com Alceu Marrozi, Adolpho Queiroz, Carlos Colonnese, Roberto Antônio Cêra, Ermelindo Nardin e Luís Mattiazzo, chefe de gabinete da prefeitura, e recebeu apoio do então prefeito de Piracicaba, Adilson Benedito Maluf.

Surgiu assim a verba para a realização do I Salão de Humor de Piracicaba, um dinheiro que, a princípio, estava destinado ao Salão de Fotografia. Os integrantes do grupo precisaram voltar ao Rio de Janeiro para convencer os editores de *O Pasquim* a participar do evento. Depois de muitas conversas e confusões (e do consumo de muitas garrafas de pinga) eles finalmente conseguiram o apoio de Jaguar, Millôr Fernandes, Paulo Francis e Zélio Alves Pinto.

A partir daí, teve início uma grande amizade entre Piracicaba e os cartunistas mais festejados do Brasil. Em 1974 aconteceu finalmente na cidade o I Salão do Humor, com a participação de Millôr, Ziraldo, Zélia, Jaguar, Fortuna e Ciça.

Em pleno regime militar – e com o receio de ter suas portas lacradas logo no primeiro dia – o Salão ultrapassou todas as expectativas iniciais. Na época, ninguém imaginaria que a partir da 3ª edição o evento se tornaria **internacional**, transformando Piracicaba em uma espécie de **capital do humor** mundial, para a qual anualmente estão voltados os olhos de artistas de todo o planeta.

Conhecidos cartunistas brasileiros contribuíram para a transformação do Salão de Piracicaba num dos mais importantes encontros de humor do Brasil e do exterior. Além dos já citados, deve-se incluir entre os participantes do Salão: Henfil, Luiz Fernando Veríssimo, Paulo e Chico Caruso, Miguel Paiva, Angeli, Laerte, Glauco, Edgar Vasques, Jaime Leão, Gual e Jal.

Em 2017, no 44º Salão de Humor de Piracicaba, que foi de 26 de agosto a 12 de outubro, um dos mais importantes participantes dele foi o cartunista francês Jean Mulatier amigo de três cartunistas do jornal *Charlie Hebdo*, Cabu, Tignous e Wolinski, que foram mortos por terroristas em Paris em janeiro de 2015.

Na sua palestra Jean Mulatier disse: "Creio que devemos dizer o que pensamos, mas de uma forma nem muito forte nem muito leve. Desde que somos seres transmissores, temos uma responsabilidade de pensar cada palavra, e o mesmo deve acontecer num desenho!!!"

Tudo leva a crer que em 2018 – quando completará 45 anos, já com o mérito de ser um dos mais importantes do mundo no universo das artes gráficas –, o Salão do Humor continuará a cumprir o seu papel na valorização da **arte do desenho de humor**, sendo um espaço de reflexão e fruição do belo, revelando talentos, mostrando profissionais consagrados e resgatando autores e obras históricas.

E falando em humor, nada melhor do que conhecer (e rir de...) de algumas coisas que falam os piracicabanos.

Cecílio Elias Netto é um piracicabano apaixonado pela cidade, que durante a vida adotou como principal atividade o jornalismo. Seu entusiasmo pela sua cidade o fez escrever muitos livros sobre ela, sendo que um deles foi o *Dicionário do Dialeto Caipiracicabano – Arco, Tarco e Verva...*, no qual destacou o quanto os piracicabanos gostam de usar a letra "**R**".

Logo no início do livro, na apresentação, ele explicou como o caipiracicabano é uma doce maneira de ser, destacando que: "A tradição oral conta que os campineiros, num tempo em que Piracicaba e Campinas nutriam rivalidades, provocavam os piracicabanos com a história de um homem que foi a um salão de barbeiro. Após ter o rosto barbeado e escanhoado, aquele piracicabano teria ficado em dúvida diante da pergunta que o barbeiro lhe fez sobre o que gostaria que fosse aplicado sobre a pele: álcool, talco ou *Aqua Velva* (uma água de colônia famosa na época...).

– *Arco ou tarco?* – teria perguntado o barbeiro.

– *Verva* – teria respondido o piracicabano, optando por *Aqua Velva*!!!"

Cidades Paulistas Inspiradoras

Aliás, a seguir vão algumas palavras ou expressões que os piracicabanos entendem bem, mas que confundem (ou espantam) bastante os visitantes!!!

- **Arto** – Pronúncia piracicabana do adjetivo "alto". Não há nada na região de Piracicaba que seja alto. Tudo é *arto*. Quando alguém se suicida, atirando-se do salto do rio Piracicaba, o povo comenta: *"Ele se pinchô lá do arto do sarto"*. Por outro lado, basta observar mais atentamente para ver que a maioria das *"muiê de Piracicaba anda tudo de sarto arto."*

- **Buraqueá** – É um verbo que define o ato de olhar pelo buraco da fechadura, pela fresta da janela ou da porta, ou uma simples espiadela. O objeto *buraqueado* é sempre *muiê* pelada. Trata-se do conhecido *voyeurismo* que, em Piracicaba, tem o nome de *buraqueação*. Se alguma *muiê* cruza as pernas, já tem alguém falando para o outro: *"Óia, vamo buraqueá ela..."*

- **Descauso** – A maior ofensa, em Piracicaba, é fazer *descauso* de alguém, tratar as pessoas com pouco caso, com indiferença. Geralmente, *muiê* quando pede divórcio alega: *"Esse morfioso do meu marido a vida inteira só feiz descauso de mim."*

- **Enchê o picuá** – Tal expressão serve para duas situações. *"Essa muiê já me encheu o picuá, tô de picuá cheio"*, no sentido de enchimento de saco!!! E, maravilhosamente, para indicar satisfações, desejos: *"Hoje eu vô enchê o picuá"*, diz-se, quando se vai a uma festa qualquer. São, pois, sutilezas.

- **Jacu** – Em todo o Brasil entende-se que jacu é uma ave "galiforme, da família dos cracídeos". Em Piracicaba, entretanto, *jacu* é *jacu* mesmo, ou seja, matuto, caipirão, que não tem o requinte do caipiracicabano. Assim, quando o ex-governador de São Paulo apareceu na televisão dizendo-se caipira, o piracicabano comentou: *"De caipira ele num tem nada. Ele é memo um jacu."*

- **Troca o óio** – Significa ter relações sexuais. Assim um piracicabano angustiado costuma falar: *"Ai, ai... Eu tô precisando trocá o óio."* Depois que passa a angústia, ele costuma dizer: *"Ai, que bão. Onte eu troquei o óio."* E o mesmo se refere a "trocar o óleo do motor", viu?

- **Xexelenta** – É uma pessoa que se mete na vida dos outros, uma xereta. O intelectual piracicabano Roberto Antônio Cera, o Cerinha, deu a seguinte explicação para o fato de continuar solteiro: *"Tuda muiê*

PIRACICABA 115

que eu tive tinha mãe xexelenta, querendo metê o morfioso do bico na minha vida. Muiê xereta inté dá, xexelenta num guento."

Bem, o *Dicionário do Dialeto Caipiracicabano* é um livro incrível, com palavras que ganharam uso em Piracicaba – sendo que muitas se popularizam em todo o Brasil. Caro (a) leitor(a), sugiro que encontre uma forma de comprar ou emprestar de alguém esse livro, pois vale a pena conhecer o dialeto caipira de Piracicaba.

Mas, voltando ao Salão do Humor, o evento é um dos indicadores concretos do porquê se pode chamar Piracicaba de **cidade criativa**. Afinal, durante a realização do Salão, Piracicaba recebe muitos milhares de visitantes e acontece a premiação de **quatro categorias: cartum, *charge*, tiras e caricatura**.

Além dos atrativos cênicos, Piracicaba possui uma variedade de monumentos históricos, atrações naturais e lugares incríveis para se visitar. Às margens do rio Piracicaba, por exemplo, tem-se a Casa do Pescador, um casarão de pau-a-pique construído no início do século XIX que simboliza a passagem dos bandeirantes pela região; o parque do Mirante, construído em 1895, que possibilita uma visão privilegiada dos saltos do rio; o Centro de Lazer do Trabalhador, que ocupa 60 mil m², conta com uma área verde e é adequado para prática de esportes. Outro parque nas proximidades é o da rua do Porto. Com uma área de 20 mil m² ele abriga um pequeno lago, pistas para exercícios físicos, parques infantis e teatro de arena.

E dentro da ESALQ, além da sua biblioteca, também é preciso destacar o seu parque Professor Philippe Westin Cabral de Vasconcellos, os espelhos de água, a lápide construída em frente ao prédio principal e os vitrais do salão nobre. Outro lugar incrível da cidade é a praça José Bonifácio, construída em 1888, no qual se plantaram mudas doadas pelos mais ilustres cidadãos da época.

Quem visita Piracicaba também não pode deixar de ir ao Mercado Municipal, que foi inaugurado em 5 de julho de 1888, e ao **mirante**, construído no fim do século XIX pelo barão de Rezende, às margens do rio Piracicaba, que, inclusive, contou com a visita da princesa Isabel. O quiosque existente no mirante é mais recente, e só foi construído entre os anos de 1906 e 1907.

Outra edificação notável da cidade é aquela do Colégio Piracicabano. Inaugurado em 1881 pela missionária norte-americana Martha Watts, que está ligado à origem da Unimep. A antiga estação da CPEF, construída em

116   Cidades Paulistas Inspiradoras

1902, é hoje um grande espaço para lazer. Um dos maiores patrimônios artísticos e religiosos da cidade é o Passo do Senhor do Horto, construído em 1883 pelo artista Miguelzinho Dutra.

Entre os museus importantes da cidade, destacam-se o da Água que retrata a história do sistema de captação e bombeamento de água no município, expondo bombas hidráulicas, hidrômetros antigos e painéis com fotos dos serviços prestados desde a primeira estação de capitação e bombeamento; o Museu Histórico e Pedagógico Prudente de Morais, que mostra a casa de Prudente de Morais – terceiro presidente do Brasil – construída em 1870, e conta a história da Revolução Constitucionalista de 1932; o Museu e Centro de Ciência, Educação e Artes Luiz de Queiroz, que fez parte da ESALQ, tendo sido a antiga casa dos reitores e diretores da IES; o Engenho Central, construído em 1881 por Estevão Ribeiro de Sousa Rezende, o barão de Rezende, com o objetivo de substituir o trabalho escravo pelo assalariado e pela mecanização. Vale ressaltar que o Engenho Central foi desativado pela prefeitura em 1974, e reconhecido como **patrimônio histórico**, passando a servir como importante espaço cultural, artístico e recreativo.

Já para a prática do **turismo rural** uma boa pedida é visitar os bairros de Santa Olímpia e Santana, fundados há mais de um século por imigrantes oriundos de Tirol (região de Trento, que, até 1919 pertenceu a Áustria e, atualmente, pertence a Itália). Outras áreas verdes de destaque são: o horto florestal de Tupi, uma área de conservação ambiental de 200 ha onde se pode fazer longas caminhadas em trilhas na mata; o balneário de Ártemis, uma área para o consumo de águas medicinais e banhos com águas sulfurosas. Esse local foi criado em 7 de janeiro de 1976 e é considerado o Paraíso das Crianças. Ali são realizadas campanhas ambientais voltadas ao público infantil. Ele está localizado bem perto do Zoológico municipal, fundado em 18 de agosto de 1972, que conta atualmente com cerca de 36 mil m² e aproximadamente 220 animais diferentes.

No âmbito das notícias, Piracicaba possui alguns jornais em circulação, como *A Tribuna de Piracicaba* (criada em 1974), a *Gazeta de Piracicaba* (1882) e o *Jornal de Piracicaba* (fundado em 1900). A cidade também publica duas revistas criadas na cidade: *Trifatto* e *Arraso*.

Existem também algumas emissoras de rádio, como a Educadora (AM), a Difusora e a 91 em FM, e os principais canais abertos de televisão recebem o sinal por intermédio de afiliadas instaladas em Campinas ou na própria cidade.

No quesito **esporte**, a cidade possui diversos clubes esportivos, entre eles o Esporte Clube XV de Novembro, fundado em 15 de novembro de 1913. Ele é o principal clube da cidade. Na década de 1960, quando o seu presidente foi o folclórico Romeu Italo Ripoli, quando o time chegou a disputar partidas internacionais na Europa e na Ásia. Dentro do Brasil, atuou principalmente nas divisões do Campeonato Paulista de Futebol e do Campeonato Brasileiro, chegando a conquistar o título do Campeonato Brasileiro de Futebol em 1995 – Série C – e mais recentemente, do Campeonato Paulista de Futebol – Série A2. No entanto, seu principal título até hoje foi o vice-campeonato da 1ª Divisão do paulista em 1976, também sob o comando de Ripoli.

Outra pessoa que não se pode deixar de citar no comando do XV de Novembro foi o empresário, industrial e político, Humberto D'Abronzo. Importante mencionar que ele também transformou a antiga fábrica de refrigerantes criada pelo seu pai numa empresa de grande porte, a Tatuzinho. Voltada para ao ramo de aguardente. Essa empresa chegou a ter um estoque permanente de 10 milhões de litros do aguardente, a empregar mais de 300 pessoas e a controlar uma frota própria de 60 caminhões.

Humberto D'Abronzo foi vice-prefeito da cidade e recebeu o título de comendador pela Ordem dos Cavaleiros de São Paulo Apóstolo e Ordem de São Francisco. Em 1966 ele assumiu a presidência do XV de Novembro, com o firme propósito de reconduzi-lo à divisão especial do Campeonato Paulista, o que de fato ocorreu. Seu entusiasmo e sua dedicação extrema ao clube fizeram dele um verdadeiro baluarte do futebol piracicabano. Ele também apoiou o basquete da cidade, se bem que não conseguiu jamais ter uma equipe como aquela, que existiu na cidade no fim da década de 1950 e início dos anos 1960, comandada por Wlamir Marques – certamente um dos mais destacados cestobolistas da história do esporte brasileiro. Essa equipe contou com outros jogadores talentosos, como Pecente, Waldemar, Nascimento, José Carlos etc., e tornou-se talvez a **melhor** do Brasil, rivalizando com o Esporte Clube Sírio, onde, aliás, tive a possibilidade de jogar por alguns anos...

Em tempo, deve-se citar que Piracicaba teve uma poderosa equipe de basquete feminino, apoiada pela Unimep e dirigida pelas técnicas Maria Helena Cardoso e sua auxiliar Heleninha (elas que antes foram jogadoras dessa equipe e da seleção brasileira). Esse time contou com excelentes jogadoras, dentre as quais se destacou a incrível "*Magic*" Paula.

118   **Cidades Paulistas Inspiradoras**

Cecílio Elias Netto também escreveu o interessante livro *Magic Paula – A Trajetória de uma Campeã* no qual descreveu com detalhes a carreira esportiva e a vida de Maria Paula Gonçalves da Silva, uma garota ingênua e perspicaz, criança e mulher, doce e agressiva, a segunda filha de Eberard (Beto) Gonçalves da Silva e Ilda Borges, nascida em 11 de março de 1963, em Osvaldo Cruz, uma cidade do interior do Estado de São Paulo. Suas outras irmãs são Cássia Maria, Maria José (Dudé) e Maria Angélica (Branca).

Paula começou a jogar basquete no Clube das Bandeiras, de Osvaldo Cruz, e pode-se dizer que a sua estreia oficial tenha acontecido em 21 de outubro de 1972, quando o clube que defendia jogou contra a seleção de Ilha Solteira. De fato, o time adversário vencia a partida por 22 a 21 quando Paula converteu lances livres e virou a partida, que terminou com a vitória do Clube das Bandeiras por 25 a 22. Em 1994 foi inaugurada na sede do clube de Osvaldo Cruz uma placa em homenagem a Paula, com os seguintes dizeres: "Na noite de 21 de outubro de 1972, *Magic* Paula iniciou aqui a sua caminhada rumo ao título mundial de basquete."

A atleta também jogou dois anos em Assis, sendo inclusive campeã mirim do Estado. Logo a jovem começou a chamar a atenção de todos, sendo convocada para a seleção de basquetebol feminino juvenil em maio de 1975, com apenas 14 anos.

O diretor do Colégio Divino Salvador de Jundiaí na época, o padre salvatoriano Olivo Binotto, dirigia também o time feminino de basquete. Sendo um apaixonado pelo esporte, fez de tudo para ter Paula na sua equipe... **e conseguiu**!!! A jovem atleta se transferiu para Jundiaí e de 1976 a 1979 encantou os jundiaienses, inclusive conquistando muitos títulos para a equipe do colégio. Em seguida ela foi convocada para seleção brasileira adulta (!!!).

O Colégio Divino Salvador mantinha a sua filosofia amadorística, mas, em outras cidades (e até países como os EUA), Paula já era vista como uma profissional que passou a interessar a muitos clubes das cidades de Bauru, Piracicaba, São Bernardo do Campo, Santo André, Catanduva etc.

O prefeito de Piracicaba na época, João Hermann Neto, desejava incrementar o esporte amador da cidade e ficou ao mesmo tempo perplexo e enlouquecido quando no jogo final de um campeonato regional em 1978, já na prorrogação e faltando três segundos, Paula liquidou a partida para o Jundiaí, que venceu Piracicaba por 90 a 88, com ela fazendo 47 pontos na partida. Após o jogo João Hermann Neto disse: **"Quero essa menina jogando em Piracicaba, custe o que custar."**

Durante os Jogos Pan-Americanos realizados em Porto Rico, em 1979 – quando a seleção brasileira feminina ficou em 4º lugar e Paula foi considerada a melhor armadora da competição – foi que Maria Helena Campos e Maria Helena Cardoso (respectivamente treinadora e assistente) conseguiram convencer Paula a se transferir para Piracicaba. A cidade estava prestes a montar uma equipe forte, com a presença da excepcional Vânia Teixeira e com o apoio da Unimep.

Assim, aos 18 anos, Paula foi defender a equipe da Unimep, em Piracicaba, ganhando **dez vezes** mais que em Jundiaí. O time também contratou suas irmãs Branca e Dudé, garantiu empregos para seus pais, escola para todos e um carro Fiat novo para ela!!!

É verdade que na época as propostas de Catanduva e de Bauru superavam a que ela aceitou para fixar-se em Piracicaba, onde jogou desde 4 de fevereiro de 1980 até 1988, época durante a qual ganhou muitos campeonatos e encantou com suas jogadas incríveis muitos milhares de espectadores – que, inclusive, vinham de cidades nos arredores de Piracicaba para vê-la jogar.

Enquanto jogava e viajava pelo Brasil, ela conseguiu concluir na própria Unimep o curso de Educação Física. Todavia, a situação financeira da universidade se complicou, ao mesmo tempo em que outros patrocínios desapareceram. Então, depois de 8 anos Paula decidiu retornar a Jundiai. Na época o Colégio Divino Salvador tinha o apoio da empresa Cica, que estava disposta a investir pesado para montar uma equipe competitiva. Porém, como se diz no esporte, depois de uma primeira temporada de **muito sucesso**, a segunda é temerária e quase nunca dá certo!!! E foi exatamente isso o que aconteceu com a Paula, cuja nova temporada em Jundiaí durou apenas um ano. Apesar de Jundiaí tê-la recebido como rainha, e a parceria Cica-Divino ter-lhe oferecido muitas vantagens, Paula precisou operar o joelho e não conseguiu jogar em plenas condições físicas. Além disso, ela teve de enfrentar outros problemas de saúde...

Foi aí que surgiu a proposta do Tintoretto, de Madri, com uma cifra impressionante (embora os clubes italianos estivessem oferecendo contratos ainda mais expressivos...). Na época Paula comentou: "Comecei muito cedo, e já estou jogando basquete há 17 anos. Tenho que pensar na hora de parar. Essa proposta da Espanha me permitirá ganhar bastante dinheiro e vou realizar o meu sonho de jogar no basquete europeu."

120   Cidades Paulistas Inspiradoras

Paula chegou à Espanha em 19 de agosto de 1988 e no seu primeiro jogo apareceu com uma bandana branca na cabeça, algo que fez simplesmente por fazer, um simples gesto de satisfação pessoal. Ao vê-la com a bandana, a torcida do Tintoretto se deliciou. Ela agora era a *Magic* Paula, como se tivesse uma coroa de louros na cabeça. Quase assustada diante da reação da plateia, Paula decidiu assumir aquele símbolo: a bandana, como uma **coroa olímpica de louros**!!!

Sua chegada à Espanha, entretanto, logo se revelou um pesadelo. Com apenas 15 dias no Tintoretto, Paula percebeu que o joelho direito não respondia bem aos seus reflexos. Ela foi operada em 11 de outubro de 1989, em Barcelona, e ficou afastada das quadras até 1990. Embora ela tenha retornado a tempo de defender o Tintoretto nas partidas finais, e o tenha feito de maneira brilhante, o time foi derrotado no último jogo. A vice-campeã decidiu então retornar ao Brasil!!!

Em maio de 1990 ela assinou contrato com o BCN para jogar em Piracicaba, tendo novamente Maria Helena como técnica e admiráveis jogadoras como companheiras, ou seja, Vânia Teixeira e Karina. Era um time quase imbatível. Mas foi nos Jogos Pan-Americanos de 1991, realizados em Cuba, que veio a sua primeira consagração internacional, com vitórias espetaculares sobre as seleções de Cuba e dos EUA, a ponto de o presidente de Cuba, o "carismático" Fidel Castro, na hora de entregar as medalhas lhe dizer: "Você é aquela número 8, não é?" – dirigindo-se a Paula – "Você joga basquete como se fosse uma mágica, uma *bruja* (bruxa). Então você não tem medalha..." No jogo em questão, Paula fez 5 arremessos de três pontos só no segundo tempo, e converteu 4!!!

Como o BCN começou a diminuir o seu interesse pelo basquete em Piracicaba, Paula acabou se transferindo para a equipe da Ponte Preta, de Campinas, sob o comando de Maria Helena e Heleninha. Em 1992, Paula deu uma grande alegria para a torcida da Ponte Preta, e para toda a cidade de Campinas, ao levar a equipe à conquista do campeonato paulista, o que se repetiria em 1993.

Paula conseguiu reviver a paixão dos campineiros pelo basquete feminino, tanto que em cada partida que ela disputava, se notava uma verdadeira explosão de entusiasmo, quase de fanatismo por parte dos espectadores. Foi então que Maria Helena conseguiu reunir na Ponte Preta as três maiores estrelas do basquete feminino: Paula, Hortência e Karina, mas isso acabou criando um problema, pois as demais equipes simplesmente não conseguiam competir com o time campineiro!?!?

Apesar de ter se desentendido com a Hortência, o que a fez sair da Ponte Preta em março de 1994, Paula aceitou jogar com ela na seleção brasileira. Então, em 12 de junho de 1994, ao vencer a China por 96 a 87, na final do Campeonato Mundial de Basquete realizado em Sidney, na Austrália, a menina de Osvaldo Cruz, a caipirinha de Piracicaba alcançou o apogeu de sua carreira.

Paula retornou para a equipe da CESP-Unimep de Piracicaba, pela qual se tornaria campeã paulista. Ela buscou manter no mais elevado patamar, pois foi nela que mais tempo jogou. Na sequência ela jogou ainda no Leite Nestlé, na Microcamp de Campinas (1996 a 1998) e encerrou sua carreira no BCN-Osasco, no início de 2000.

Foi a própria Hortência, que num programa de televisão do apresentador Jô Soares, disse: "Paula foi a maior jogadora que eu já vi em todo o mundo!!!" Não se pode esquecer que Paula e Hortência, juntamente com suas companheiras, trouxeram um outro título para o Brasil, a medalha de **prata** nos Jogos Olímpicos de 1996, disputados em Atlanta, nos EUA.

Quando Paula chegou à seleção brasileira ela escolheu jogar com a camiseta com o número 8, acreditando na sua influência. Esse é o número associado à justiça, que representa a racionalidade, a imparcialidade, a busca do que é justo. O oito é o número amado pelos chineses, que atribuem a ele muita sorte. Não foi por acaso que quiseram realizar os Jogos Olímpicos em 2008, em agosto (mês 8), com o início da abertura no dia 8, às 8 h (da noite) e 8 min. O fato é que Paula brilhou tanto com o número 8 que os espectadores a chamaram de *Magic* Paula, como se ela fosse semelhante ao excepcional jogador de basquete profissional Magic Johnson, campeão várias vezes com a equipe do Los Angeles Lakers. Alguns acham que é ele que deveria se chamar Maria Paula Johnson!?!?

A notável Maria Paula Gonçalves da Silva – a *Magic* Paula –, a maior jogadora de basquete do Brasil de todos os tempos – é uma pessoa racional, emotiva, pragmática, passional, cética e espiritualista. No livro *Magic Paula – A Trajetória de uma Campeã*, ela confidenciou: "Deus está dentro de cada um de nós, e, para mim, ele representa só as coisas boas da vida. Acho que aprendi assim. Entendo a religião como 'fazer bem ao próximo e não tirar coisas do próximo'. Dessa maneira, aceito todas as religiões e tenho a minha própria que não é comercial, mas é aquela de procurar fazer o bem.

Tudo o que é exagero não me atrai. Tenho visto muita gente fraca que se agarra à religião, e não vai a luta para melhorar a própria vida. Não aceito as pessoas que só vivem na igreja, que pregam um certo moralismo e não se importam na realidade com os que estão ao seu lado.

Eu consigo encontrar Deus como um alento e um refúgio. Certa vez, uma pessoa espiritualista me disse que, pela doutrina das reencarnações, esta é minha última vida!!! Para eles isso significa que eu tinha um compromisso a cumprir, uma missão a executar. Eu não sei se acredito totalmente nessas coisas, mas respeito todas as religiões. Entretanto, sempre senti dentro de mim que tinha um trabalho a fazer, um trabalho só meu, um destino.

Dessa maneira, acredito que não escolhi o meu caminho. Fui sendo levada, conduzida. Quando entendi que o esporte era minha vida, fiz prevalecer minha vontade, lutei e encontrei o caminho. As coisas, por isso mesmo, tinham que ser como eu as via e as entendia.

Não aceito falsidades, pois não temos o direito de enganar as pessoas, especialmente as que acreditam em nós.

Eu não sei, entretanto, fazer apenas para mim, ter apenas para mim. Preciso distribuir, repartir. Há muita gente que fica acreditando em **predestinação** e não luta, não procura se aperfeiçoar.

Quantas pessoas não existem por aí com muito talento e muita capacidade, que acabam não se aproveitando disso? Quando optei pelo basquete, treinei muito, de cinco a seis horas por dia!!! De que adiantaria eu ter talento para o jogo se não procurasse me aprimorar continuamente?

É isso que eu gostaria de dizer aos jovens, especialmente para as meninas que querem despontar no basquete: que lutem por seus ideais, não permitindo que seu talento se perca!!! Um dos dons que Deus me deu foi o de entender as coisas rapidamente, de aprender sem precisar fazer muitos questionamentos. A **liberdade**, para mim, foi sempre fundamental. E isso ninguém tirou de mim, seja qual fosse a situação.

Eu sempre quis aquilo que queria, não o que os outros queriam.

Meu talento para o basquete foi percebido pelos outros antes que eu mesma o percebesse. Mas esse talento de nada teria servido se eu não quisesse me envolver com o esporte. Eu escolhi, eu quis jogá-lo, com a minha própria liberdade.

Grande parte da minha infância e da minha juventude eu perdi!!! Mas foi uma escolha minha. De nada teriam adiantado pressões e cobranças, se tivesse sido obrigada a jogar basquete. Eu escolhi esse caminho livremente.

E o basquete acabou me fazendo muito feliz, porque é um esporte **solidário**. Eu não saberia viver de algo individualista. Muita gente não entende quando eu digo que sempre lutei para estar numa equipe, não num simples time. Não sei se, como dizem os especialistas, está é a minha última vida. Sei apenas que quis vivê-la repartindo com os outros, de maneira solidária.

Pode ser difícil, mas foi o que me fez feliz. Nunca fui atrás de dinheiro, de honrarias, de fama!?!? Quis apenas ser feliz. E a felicidade é uma conquista. Se eu, com a minha carreira de esportista e como pessoa, puder ter transmitido alguma coisa para os jovens, eu queria que fosse apenas isso: **que eles acreditassem no que são e, então, lutassem para ser felizes. Vale a pena!!!"**

Que linda essa mensagem final de Paula, não é? Pena que no século XXI, nessa 2ª década, muitos queiram praticar esporte só para ganhar muita fama e muito dinheiro!!! Paula foi a jogadora brasileira que mais disputou campeonatos mundiais – seis – participou de quatro Jogos Pan-americanos, de quatro torneios pré-olímpicos, de duas Olimpíadas, foi oito vezes campeã paulista e por isso, merecidamente passou a integrar o *Hall* da Fama do Basquete Feminino, na cerimônia que ocorreu em abril de 2006 em Knoxville, no Tennessee, nos EUA.

Voltando ao esporte em Piracicaba, outros clubes que conseguiram destaque no contexto regional ou mesmo estadual foram o Clube Atlético Piracicabano e o MAF Futebol Clube. Os principais estádios de futebol são o Doutor Kok, com capacidade para 2 mil espectadores, e o Barão de Serra Negra, capaz de receber cerca de 25 mil pessoas.

Além de locais para a prática do futebol e do basquete, Piracicaba dispõe de instalações para a prática de outras modalidades esportivas. A cidade conta, por exemplo, com o único autódromo reconhecido pela Confederação Brasileira de Automobilismo e pela Federação de Automobilismo de São Paulo no interior do Estado. Há também o complexo esportivo Professor José Carlos Callado Hebling, que é na realidade um ginásio poliesportivo com quadras de vôlei de praia oficiais (com alambrado), quadras de malha oficiais e arquibancada com capacidade para 800 pessoas.

O município possuía em 2017 cerca de 12 centros esportivos cadastradas na Selam. E não se pode esquecer que Piracicaba tem sido a cidade-sede do campeonato brasileiro de balonismo, que já está na sua 30ª edição.

Praça da Fonte é um local agradável para o encontro dos moradores de Presidente Prudente.

Presidente Prudente

PREÂMBULO

Presidente Prudente possui um dos principais e mais diversificados polos industriais do Estado, o que evidencia sua força econômica no País. Além disso, sua localização estratégica, permite que a cidade funcione como um entreposto agropecuário e ofereça uma variedade de opções gastronômicas, culturais e turísticas, para os prudentinos e também para todos os moradores da região.

Um bom exemplo é o balneário da Amizade, que passou por ampla revitalização e foi reinaugurado em 1º de maio de 2015. Nele o visitante pode refrescar-se em uma prainha de água límpida e usufruir de uma ótima infraestrutura de lazer, com quiosques, churrasqueiras e quadras esportivas, tudo dentro de uma área arborizada e ideal para a prática de atividades ao ar livre.

Outro local incrível é o Terra Parque Eco *Resort*, inaugurado em 2003 entre Presidente Prudente e Pirapozinho, que já se tornou uma das principais atrações turísticas da região. Ele oferece uma excelente estrutura para quem curte **ecoturismo**, turismo de aventura e busca o aconchego em meio à natureza. Seu complexo aquático é constituído de oito piscinas e quatro tobogáguas, além de piscina aquecida e sauna. Entre as atividades aí realizadas estão: canoagem, *paintball*, trilhas, arborismo, tirolesa, escalada e tênis. O *resort* conta com excelentes instalações para hospedagem, além de bares, restaurantes e uma estrutura completa para eventos de todos os tipos.

Mas é na economia de serviços, ou seja, em algumas atividades da EC, que os prudentinos têm se destacado, sempre dentro do seu lema *Labor omnia vincit* ("**Trabalho tudo vence**").

A HISTÓRIA DE PRESIDENTE PRUDENTE

Presidente Prudente é um município paulista localizado a 558 km da capital do Estado. Ele ocupa uma área de 562,1 km², dos quais apenas 18 km² são de área urbana. Até o início de 2018 viviam em Presidente Prudente cerca de 230 mil pessoas. A cidade é rodeada pelos seguintes municípios: Flora Rica, Flórida Paulista, Mariápolis, Anhumas, Pirapozinho, Caiabu, Indiana, Regente Feijó, Álvares Machado, Alfredo Marcondes e Santo Expedito.

Atualmente Presidente Prudente é um dos principais polos **industriais**, **culturais** e de **serviços** do oeste do Estado, e por isso passou a ser conhecido como a "**capital do oeste paulista**".

O território prudentino era coberto por matas (mais especificamente nos terrenos de **terra roxa**) e por campos (nos demais tipos de solo). A área em que hoje está localizada a região oeste do Estado foi ocupada primeiramente por índios cainás, xavantes, caigangues e guaranis. Todavia, com a vinda principalmente dos mineiros – atraídos para a região depois do declínio na exploração das minas –, que se fixaram em áreas apropriadas para a criação de gado, surgiram muitos conflitos sobre quem teria direito à posse da terra.

Com o tempo, o fluxo migratório dos mineiros para o Estado aumentou ainda mais, principalmente quando eles perceberam que isso os livraria da convocação para as tropas que lutariam na guerra do Paraguai (que se estendeu desde dezembro de 1864 até março de 1870). Vale ressaltar que mesmo após o término desse conflito armado a corrente migratória continuou.

Em 1893 foi aberto um caminho entre a região conhecida como Campos Novos do Paranapanema e o rio Paraná, ligando-a ao Estado do Mato Grosso. Ali ocorreu a expansão das plantações de café, exclusivo para **exportação**. As boas condições de plantio do produto naquelas terras promoveram a valorização dos espigões do planalto ocidental paulista. Isso fez com que os latifundiários do café das regiões mais antigas do Estado começassem a se deslocar para o oeste paulista e a adquirir terras também para loteamentos, o que permitiu que ao lado de um latifúndio cafeeiro surgissem muitas propriedades dedicadas à agricultura de subsistência.

Naturalmente, o desenvolvimento de Presidente Prudente, como de todas as outras cidades paulistas, foi ajudado pela ferrovia, que nessa época era a mais importante via de circulação de pessoas e mercadorias. Nesse caso, o progresso ocorreu graças à chegada da EFS.

O município de Presidente Prudente foi criado em 14 de setembro de 1917, pelo coronel Francisco de Paula Goulart, a partir da emancipação territorial e administrativa de Conceição de Monte Alegre (atual Paraguaçu Paulista), que, por sua vez, foi criada em 1876 após o desmembramento de Campos Novos Paulista.

Grande parte do território da então **vila** Goulart era de loteamentos. Na época, além dos lavradores, começaram a aparecer outros interessados em comprar os lotes e utilizá-los para desenvolver algum tipo de comércio. Com a inauguração do tráfego normal de trens, em 19 de janeiro de 1919, o povoamento de Presidente Prudente foi se ampliando, tanto na área rural quanto na urbana.

De forma diferente à do coronel Francisco de Paula Goulart, o coronel José Soares Marcondes não era dono de terras, mas sim, de **uma empresa voltada para a comercialização de terras**, a Companhia Marcondes de Colonização, Indústria e Comércio. Com isso ele obteve a opção de venda de vários tratos de terra. O primeiro deles ficava em Montalvão (hoje um bairro de Presidente Prudente); o outro era um latifúndio fronteiriço à fazenda Pirapó-Santo Anastácio, separados pela linha férrea.

Quando foi emancipada, a cidade era composta por apenas um distrito, ou seja, a sede, criada pela lei estadual Nº 1.798, de 28 de novembro de 1921, e instalada em 13 de março de 1923. Na época ela abrangia uma área de cerca de 15.600 km², porém, Presidente Prudente acabou perdendo essas terras após diversos desmembramentos. A comarca de 4ª entrância foi criada pela lei Nº 1.887, de 8 de dezembro de 1922.

Coube a EFS batizar diversas das estações do oeste paulista e, para isso, a empresa utilizou nomes de políticos famosos. Assim, quando em 1919 a ferrovia chegou à vila Goulart, a estação local foi denominada Presidente Prudente, em homenagem a Prudente José de Morais e Barros (que nasceu em Itu em 1841 e faleceu em Piracicaba em 1902), que fora o terceiro presidente brasileiro no período de 1894 a 1898. Por causa disso, a vila Goulart acabaria mais tarde se transformando oficialmente em Presidente Prudente.

No novo município, a cultura do café logo se tornou a atividade econômica mais importante, exercida por proprietários, empreiteiros e colonos. De fato, a primeira metade da década de 1920 se caracterizou pelo auge da produção cafeeira e, em 1927, estimou-se a existência na região de cerca de dez milhões de pés de café.

A decadência da produção cafeeira correu devido a várias razões: o cansaço das terras arenosas da região; as frequentes geadas que aos poucos destruíram as lavouras; a diminuição das exportações por causa da queda na qualidade do café brasileiro; o surgimento da concorrência de outros países (inclusive com café de melhor qualidade); e, especialmente, pela grave crise econômica mundial de 1929. Tudo isso fez com que ocorresse a troca do café por outras culturas, como algodão e mandioca, fosse inevitável.

O algodão, por exemplo, foi introduzido em Presidente Prudente no final da década de 1920, entretanto, foi somente na década de 1930 que o seu cultivo passou a ser relevante para a economia da cidade, com um aumento significativo na área plantada, à medida que a cultura do café foi diminuindo. Sua plantação foi inclusive estimulada pelo mercado internacional, quando ocorreu o aumento da demanda pela fibra. Foi assim que o algodão começou a trazer empresas para a região, inclusive estrangeiras.

A introdução da cultura do algodão e, mais tarde, da mandioca, provocou mudanças na estrutura das relações trabalhistas da área. Para poder comercializar o produto, as empresas inclusive financiavam os pequenos plantadores. Com o tempo, outras plantações surgiram, como de arroz, milho, feijão e batata, que se transformaram na base econômica do lavrador que, com sua venda, conseguia manter (ou financiar) o "restante" de sua lavoura de café, pagar os gastos na propriedade e sustentar a família.

Na década de 1940, entretanto, cerca de 45% das **terras aproveitáveis** do município de Presidente Prudente já estavam sendo usadas para pastagens. E a medida que ia aumentando a importância da **pecuária** na região da Alta Sorocabana, também crescia o desmatamento de áreas que ainda não estavam sendo exploradas. Assim, foi natural o surgimento das primeiras indústrias ligadas ao uso da madeira.

A partir daí Presidente Prudente foi se desenvolvendo, ano após ano. Os serviços de fornecimento de energia elétrica tiveram início em 1924, pela Companhia Marcondes de Colonização, Indústria e Comércio, com a instalação de uma pequena usina termoelétrica na cidade. Também houve a necessidade de se criar o primeiro grupo escolar da cidade, o que aconteceu em 1925 (hoje Escola Estadual Professor Adolpho Arruda Mello). Nesse mesmo ano foi instalada na cidade a paróquia de São Sebastião, época em que os serviços religiosos prestados pela igreja católica se tornaram oficiais e o padre José Maria Martinez Sarrion veio para a cidade (ele ficaria no cargo até sua morte em 1951). No ano seguinte, em 1926, surgiu a primeira Casa

130   Cidades Paulistas Inspiradoras

de Saúde. A inspetoria distrital de ensino (depois transformada em delegacia de ensino) foi instaurada em 1928.

Como já foi dito, depois de massivos e amplos desmembramentos, em 1960 o município de Presidente Prudente chegou a sua configuração atual. A perda de sua predominância no espaço rural, entretanto, foi compensada pelo ganho de importância de seu espaço urbano.

O clima de Presidente Prudente é **tropical chuvoso**, com uma temperatura média anual de **22,7ºC**, tendo invernos secos e frios (com a ocorrência de geadas leves em alguns poucos dias da estação) e verões chuvosos (com a precipitação média anual é de 1.361 mm), com temperaturas altas.

Durante a estação seca sempre se registram algumas queimadas nos morros e matagais na zona rural, o que levou a prefeitura a desenvolver várias campanhas de prevenção, além de criar vários projetos ambientais. Por sua vez, no período chuvoso também podem ocorrer inundações e deslizamentos de terra em algumas áreas. Tempestades de granizo não são muito comuns, porém, têm ocorrido algumas nos últimos anos.

A zona rural de Presidente Prudente caracteriza-se pelas pastagens e por uma vegetação esparsa. No município nota-se uma **diversidade significativa** no que se refere à ocupação do solo, isto porque os bairros mais antigos são densamente habitados e possuem uma quantidade significativa de vegetação arbórea nas ruas e nos fundos dos seus quintais.

Já nos bairros mais recentes, que por sinal são a grande maioria, notam-se construções mais esparsas com gramado na frente das mesmas e uma vegetação arbórea mais espalhada. Por seu turno, os conjuntos habitacionais são construídos de forma bastaste densa. Assim, pode-se dizer que, até agora, na cidade, um predomínio dos domicílios, em detrimento de outros usos, tais como o industrial, comercial e de serviços.

A prefeitura, através da sua secretaria de Meio Ambiente, tem desenvolvido uma gestão ambiental bastante radical, investindo muito na limpeza dos locais públicos, retirando arbustos, lixo e entulho; promovendo a remoção e a erradicação de leucena (uma leguminosa arbórea bem daninha...) e de outras espécies não endêmicas, criando constantemente novas áreas verdes na área urbana. De fato, a prefeitura de Presidente Prudente tornou a sua política ambiental e tributária cada vez mais radical (e talvez até contraditória...), principalmente após a aprovação em 31 de março de 2015 da lei de autoria do vereador Valmir de Souza Pinto, que obriga o proprietário de uma moradia a seguir um controle ambiental para não pagar IPTU mais elevado!!!

Estima-se que no início de 2018, **48,2%** dos que viviam em Presidente Prudente eram **homens**, havendo assim **51,8% de mulheres**. Em termos de raça, 71,5% dos que moravam na cidade eram brancos; 21,2%, pardos; 3,8%, negros; 3,2%, amarelos e a população restante indígena. Já no que se refere a **religião**, há diversas manifestações religiosas presentes na cidade. Apesar de ter se desenvolvido sobre uma matriz social iminentemente católica, e do fato só 58% dos prudentinos são católicos apostólicos romanos. Nos dias de hoje existem na cidade as mais diversas denominações protestantes. Assim, 31% dos habitantes são evangélicos, 4,5% se dizem ateus e o restante se distribui entre várias crenças, como budismo, espiritismo, umbanda, candomblé etc.

A **economia** do município o coloca entre os 150 mais ricos do País. Estimou-se que em 2017 o seu PIB tenha sido de R$ 7,2 bilhões. O setor primário – a **agricultura** – é o menos relevante na atualidade, com cerca de **7% do PIB** municipal. Já o setor secundário, isto é, a **indústria**, é o segundo mais relevante para a economia prudentina, contribuindo com quase **17% do seu PIB**.

De acordo com dados da prefeitura, existiam na cidade, em atividade, pouco mais de 400 indústrias, boa parte delas localizada nos quatro distritos industriais da cidade, que ocupam uma área total de 45 alqueires. Assim, no Núcleo Industrial Presidente Prudente (NIPP I) Antônio Crepaldi, que ocupa 20 alqueires, estão algumas dezenas de indústrias de vários setores, como os de bebidas, móveis, extintores, argamassa, estruturas metálicas, material de limpeza, produtos agropecuários, materiais elétricos e equipamentos industriais.

O NIPP III, chamado Belmiro Maganini, é destinado a indústrias não poluentes, ocupa quatro alqueires e nele estão instaladas mais de 60 indústrias de vários setores, como de produtos eletrônicos, equipamentos rodoviários, cozinha industrial, confecções, aparelhos hospitalares, produtos farmacêuticos, cosméticos, calçados, refrigerantes etc.

Finalmente, o NIPP IV, chamado de Antônio Onofre Gerbasi, também não poluente, possui aproximadamente três alqueires e tem cerca de 55 indústrias, tais como: pré-moldados; baterias; produção de sementes; lapidação de pedras, mármore e granito; lajes, madeira etc. O NIPP II, ainda sem denominação, ocupa uma área de 18 alqueires e ainda está em desenvolvimento.

É no setor **terciário**, ou seja, de prestação de serviços, que trabalha a maioria dos prudentinos. Eles estão empregados nas cerca de 9.300 empresas

132 **Cidades Paulistas Inspiradoras**

e estabelecimentos comerciais, de educação, de saúde etc. A contribuição desse setor para o PIB da cidade chega a **76%**, e pode aumentar ainda mais se Presidente Prudente se envolver mais com os diversos setores da EC.

No que se refere a **centros de compras**, o Pruden*shopping* é o principal e maior da cidade, e também o que oferece mais opções de lazer não apenas para os moradores locais, mas também para uma região que abrange 65 municípios do oeste paulista. Ele foi inaugurado em novembro de 1990 e recebe mensalmente cerca de 650 mil consumidores.

Outro centro comercial importante é o Prudente Parque *Shopping*, ou seja, o antigo *Shopping Center* Americanas, que foi adquirido em 2007 pela General *Shopping* Brasil e mudou de nome. Inaugurado originariamente em 1986, ele foi o primeiro *shopping* da região oeste paulista, e, na época, revolucionou o varejo de toda a região ao trazer para Presidente Prudente as Lojas Americanas. Ele está situado na região central da cidade e possui lojas âncoras, salas de cinema, uma ampla praça de alimentação (para cerca de 1.200 pessoas) e estacionamento para aproximadamente 1.000 veículos.

Não se pode esquecer também do "**calçadão municipal**", que é o principal centro de compras a céu aberto da cidade. Ele está localizado no centro, abriga lojas de diversas marcas e produtos e todos os dias atrai milhares de pessoas de toda a região.

No tocante à **saúde**, há na cidade oito hospitais gerais – um privado, um filantrópico e seis públicos. Além disso, o município possui mais de cem estabelecimentos de saúde, 70% dos quais são privados. Entre eles estão prontos-socorros, postos de saúde, clínicas, serviços odontológicos etc. Pode-se dizer que entre médicos, enfermeiros, auxiliares de enfermagem e funcionários dessa categoria, trabalhavam no setor da saúde em 2018 aproximadamente 6 mil pessoas em Presidente Prudente.

No ano de 2010, o antigo Hospital Universitário (atualmente Hospital Regional (HR), foi adquirido pelo governo estadual por R$ 78 milhões. Na época, foram feitas várias reformas e, com isso, ele se tornou uma referência para os 65 municípios do oeste paulista. Ele conta com cerca de 550 leitos, todos do SUS, incluindo 56 leitos de UTI (20 adultos, 10 coronarianos, 6 pediátricos e 20 neonatais). Ele oferece atendimento médico em mais de uma dezena de especialidade, entre elas: cardiologia, dermatologia, oftalmologia, ortopedia, psiquiatria etc.

Em 2014, a Unimed inaugurou em Presidente Prudente o seu Hospital Infantil, bem especializado, com 29 leitos.

A prefeitura de Presidente Prudente tem se preocupado muito com a **educação**, e vale ressaltar que o município tem uma elevada **taxa de alfabetização** – próxima de **99%**. Por meio de sua secretaria de Educação, criada legalmente pela lei Nº 2.296, em 21 de dezembro de 1983, a cidade tem oferecido cursos de **reeducação para os professores** da rede municipal, promovido projetos de alfabetização e utilizado os prédios escolares municipais fora dos horários das aulas e durante o período de férias para a realização de atividades culturais e recreativas.

A prefeitura também instalou escolas em quase todas as partes do município, o que permitiu que os habitantes da zona rural (que não são muitos...) tivessem acesso à educação nos bairros urbanos próximos. Em 2017 estimou-se que no município de Presidente Prudente houvesse um total de 3.000 professores e estivessem matriculados aproximadamente 46 mil alunos, distribuídos em cerca de 200 escolas públicas e particulares, de ensino fundamental e médio.

No ensino médio, destacam-se as unidades do Sesi e do Senai, já no ensino superior, há na cidade diversas IESs, entre elas a Uniesp, a Universidade do Oeste Paulista (Unoeste) – cujo calçadão se transformou num tradicional ponto de encontro de professores, estudantes e funcionários, o que gerou um excelente relacionamento –, a Unesp, o Centro Universitário Antônio Eufrásio de Toledo (Toledo) e a Fatec. Além disso a cidade também possui diversos polos de EAD, destacando-se entre eles o da UniFAJ.

Estudantes da própria cidade e oriundos das regiões próximas dispõem ao todo de 120 cursos de graduação e pós-graduação, o que, já há um bom tempo, torna a população universitária prudentina bastante significativa – são quase 12 mil alunos nessas IESs.

Infelizmente, a região de Presidente Prudente também é conhecida por abrigar a **maior concentração presídios do Brasil** (!?!?). Sua população carcerária já ultrapassa 29 mil presos, espalhados por 21 presídios. Todavia, o número de vagas nessas unidades é de 17 mil!?!?

Foram dois os objetivos do governo estadual para a instalação de tantos presídios na região de Presidente Prudente. O primeiro foi de afastar os presos dos grandes centros urbanos; o segundo, atender às reivindicações para que fossem criados mais postos de trabalho nos municípios em que os presídios fossem construídos. E de fato, com esses 21 presídios foram criados quase 20 mil postos de trabalho.

Naturalmente esse tipo de "**visitabilidade**", ou seja, a chegada de tantos presos para ocupar os presídios por longos períodos, não é o que mais se deseja!?!? Porém, como os sentenciados permanecem em prédios afastados da zona urbana, o que realmente interessa são os empregos obtidos pelos moradores, seja de forma direta (como funcionários) ou indireta (fornecendo produtos (como alimentos) ou alguns serviços para esses presídios.

O **transporte público** em Presidente Prudente é feito por duas empresas, a Transporte Coletivo Presidente Prudente (TCPP) e a Pruden Express. Ambas são acompanhadas pela secretaria municipal de Assuntos Viários (Semav), ou seja, o órgão municipal responsável pelo sistema de trânsito e de transporte da cidade. Cabe a ela regulamentar e regularizar o sistema de transporte público e gerenciar o trânsito municipal, que anda bem **lento**. Estimativas feitas no início de 2018 indicaram um total de cerca de 140 mil veículos, entre carros (84 mil), motos e motonetas (36 mil) e os mais pesados, como caminhões, caminhonetes, ônibus, micro-ônibus etc.

Ainda no quesito transporte, o município é servido pela hidrovia Tietê--Paraná, que facilita o escoamento dos produtos para países como Uruguai, Paraguai e Argentina. Desde 1999 não há transporte ferroviários de passageiros em Presidente Prudente, apenas de cargas. Estas são transportadas pela Ferrovia Bandeirante S.A. (Ferroban), no trecho que pertenceu à extinta EFS.

Em termos de **acesso**, a partir de Presidente Prudente é possível chegar a São Paulo pela rodovia Raposo Tavares (SP-270). Já pelas rodovias Júlio Budiski (SP-501), Comandante João Ribeiro de Barros (SP-294) e Assis Chateaubriand (SP-425) é possível ter acesso a cidades como Presidente Epitácio, Osvaldo Cruz, Santo Inácio, São José do Rio Preto etc. Além das rodovias, existem diversas estradas vicinais pavimentadas que permitem chegar especialmente a todas as cidades limítrofes.

A cidade conta com o aeroporto estadual Dr. Adhemar de Barros, com capacidade para atender até 180 mil passageiros por ano. Ele já foi considerado o terceiro aeroporto mais movimentado do Estado, porém, lamentavelmente – e como acontece em quase todas as cidades paulistas citadas neste livro – o transporte aéreo de passageiros não atingiu o patamar desejado. O fato é que percorrer de automóvel os 558 km que separam Presidente Prudente da capital paulista é bem demorado e totalmente **inaceitável** em muitas situações, uma vez que vivemos na **era da velocidade**!!!

O serviço de **abastecimento de água** de Presidente Prudente é feito pela Sabesp, sendo que 70% da água consumida no município é oriunda do rio do

Peixe, e os demais 30% são captados do rio Santo Anastácio e de pequenos reservatórios subterrâneos e mananciais. Estimou-se que, em 2018, cerca de 99% dos domicílios fossem atendidos pela rede geral de abastecimento de água; 98,6% deles tivessem coleta regular de lixo e 97% das residências possuíssem escoadouro sanitário. Em relação a **distribuição de energia elétrica**, pode-se dizer que 100% da zona urbana está sendo atendida!!!

Em termos de **comunicação**, os serviços de Internet são oferecidos por diversas operadoras, o mesmo ocorrendo com o serviço telefônico móvel. O acesso 4G começou a ser oferecido em 2013. Há na cidade algumas emissoras de rádio FM e AM, além da circulação diária do jornal *O Imparcial*.

Quando o assunto é **entretenimento**, em Presidente Prudente existem diversos locais que atraem não só os prudentinos, mas também os visitantes que têm a sua disposição mais de duas dezenas de hotéis, alguns com certo luxo e sofisticação. O município também conta com cerca de 13 clubes sociais (entre os quais o Sesc Thermas), nas quais, principalmente os prudentinos passam agradáveis momentos de lazer.

A cidade dispõe de uma **arena coberta** no rancho Quarto de Milha. Ele foi fundado em 20 de janeiro de 1974 e se tornou um dos ranchos mais tradicionais do interior. Nessa arena, considerada a maior da América Latina, cuja capacidade é para cerca de 10 mil pessoas (sentadas), são disputadas competições a cavalo.

Outro local bastante concorrido é o Centro Cultural Matarazzo. Vale lembrar que as Indústrias Matarazzo impulsionaram muito a economia de Presidente Prudente e região, desde que chegaram à cidade em 1937 para explorar o algodão. Embora elas tenham entrado em declínio na década de 1970, um grande complexo imobiliário foi deixado para trás e transformado nesse centro. Hoje ele concentra o luxuoso teatro Paulo Roberto Lisboa, uma galeria de artes, o auditório Sebastião Jorge Chammé, a sala de cinema Condessa Filomena Matarazzo, a Escola Municipal de Artes Profa. Jupyra Cunha Marcondes, a Biblioteca Municipal Dr. Abelardo de Cerqueira Cesar, salas multiuso para oficinas e ensaios de artes visuais, um coreto, uma praça e lindas alamedas.

Outro local incrível na cidade é o Parque do Povo, que abriga os principais eventos culturais da cidade e é sem dúvida o seu cartão-postal. Ele conta com uma ampla área verde de 340.000 m², e é bastante procurado por moradores e turistas interessados na prática de atividades ao ar livre. O parque possui uma pista de ciclismo de 1.200 m de extensão, pistas para caminhadas e prática de *skate*, *playground* e um campo de futebol. Mas, além das atividade dentro do parque, o visitante pode desfrutar de momentos de prazer nos vários bares, restaurantes e lanchonetes localizados ao redor dele, e que lotam praticamente todos os dias ao entardecer. E não se pode deixar de citar o parque estadual Morro do Diabo e a cachoeira de Iepê, lugares que merecem ser visitados e vistos!!!

A Cidade da Criança, um grande complexo cultural, turístico e educacional, é outro local que costuma receber muitos visitantes. No seu parque ecológico de 177 ha, há trilhas, lagos com pedalinhos, minizoológico, teleférico, kartódromo, *playground*, planetário, observatório astronômico, parque de diversões, praça de alimentação, entre outras atrações. Todavia, o grande destaque da Cidade da Criança é o seu parque aquático, inaugurado em 2011, que conta com quatro toboáguas, um "rio lento" de 400 m de extensão e diferentes piscinas (com ondas, bar e *playground*).

Para os interessados em **cultura**, está na cidade o Museu e Arquivo Histórico Prefeito Antônio Sandoval Netto, instalado em um prédio de 1929. Sua finalidade é resgatar e difundir a história de Presidente Prudente por meio de um amplo acervo, que inclui: objetos históricos; obras de arte; plantas arquitetônicas e mapas antigos; livros; peças de vestuário e uma grande variedade de fotos e documentos.

Para os que apreciam o **turismo religioso**, especialmente os católicos, uma boa pedida é visitar a catedral São Sebastião, a principal igreja da cidade, dedicada ao seu padroeiro. A atual matriz foi inaugurada em 25 de janeiro de 1942, porém, a conclusão da obra de sua torre só aconteceu em 1947. O prédio de 42 m de altura se sobressai pela imponência. Seu interior é repleto de pinturas que vão do piso ao teto, e destacam passagens bíblicas.

Outro local interessante, ligado a religiosidade é o imponente santuário Morada de Deus. Logo depois do pórtico, ao longo de um caminho de 3 km, encontram-se representadas na forma de estátuas gigantes as 15 estações da via-crúcis. Aliás, outro destaque ali é o próprio santuário, com sua igreja de 50 m de altura e arquitetura modernista, repleta de vitrais do piso ao teto!!!

Os seguidores do budismo também têm em Presidente Prudente um templo com mais de 60 anos de tradição, o Honpa Hongwanji, que atrai muitos visitantes. Outro local que atrai muitos turistas, em especial os de origem japonesa (que o consideram sagrado), é o "curioso" cemitério japonês, que inclusive já foi tombado pelo patrimônio histórico e cultural. Ele fica bem próximo ao santuário da Morada de Deus, na divisa com o município de Álvares Machado, e recebeu os primeiros sepultamentos na década de 1920, quando a febre amarela vitimou diversos imigrantes japoneses que moravam na região. Estima-se que cerca de 800 pessoas de origem nipônica estejam enterradas nesse lugar.

Não se pode esquecer que em Presidente Prudente também ocorrem importantes **eventos culturais**, o que a transforma num polo cultura para toda a região. Entre os eventos estão: o Festival Nacional de Teatro (FEN-TEPP), quando também são utilizados o Teatro Municipal Procópio Ferreira e outros locais dentro das IESs; o *Sushi Fest*; o Salão do Livro; a Festa das Nações e a Expo Prudente. O visitante que desejar conhecer todas os locais e as opções interessantes de Presidente Prudente poderá recorrer a uma das várias **agências de turismo** existentes na cidade.

Na realidade, existe agora em Presidente Prudente a Oeste Paulista Convention & Visitors Bureau, uma entidade privada sem fins lucrativos, mantida e administrada por dirigentes das empresas associadas. Ela atua para aumentar significativamente o **turismo** na região através da captação de eventos e ações de hospitalidade. Entre os seus objetivos estão os seguintes:

- Pesquisar e captar eventos nacionais e internacionais.

- Promover, realizar e apoiar: congressos, treinamentos, seminários, *workshops*, debates e pesquisas.

- Movimentar o setor de serviços como: hotéis, restaurantes, táxis, postos de combustível, receptivos, agências de viagens e fornecedores de eventos etc.

No que se refere a **esporte**, o futebol profissional sempre atraiu milhares de torcedores, principalmente com a Prudentina (década de 1960) e o Grêmio Prudente Futebol (em 2010), quando este adotou o nome da cidade. Mas infelizmente Presidente Prudente já não conta mais com uma equipe na divisão principal do Estado. Apesar disso, a cidade tem um bom estádio, ou seja, o estádio municipal Eduardo José Farah, o "Prudentão". Inaugurado em 12 de outubro de 1982, e com capacidade atual para quase 46 mil espectadores, ele fica ocioso a maior parte do tempo, sendo usado apenas nas partidas do Oeste Paulista Esporte e do Presidente Prudente Futebol Clube, que disputam as divisões inferiores do Campeonato Paulista. Atualmente ele se chama estádio Paulo Constantino.

Para estimular outras modalidades esportivas a cidade tem feito significativos investimentos na ampliação de suas praças esportivas, como é o caso do Parque de Uso Múltiplo (PUM), que conta com cinco quadras cobertas, um ginásio e um bom vestiário para os atletas, e do Centro Olímpico, que, para garantir a adequada prática de algumas modalidades olímpicas, modernizou sua pista de **atletismo** e as **piscinas para natação e polo aquático.** Também foi feita uma cobertura nas quadras do Parque do Povo e instalada grama sintética em seus dois campos de futebol. O estádio municipal Caetano Peretti, por sua vez, conta atualmente com um excelente alojamento para os atletas amadores da cidade, e passou por diversas melhorias com a reforma realizada recentemente.

A cidade também possui mais de uma dezena de estádios de *gateball*, sete ginásios esportivos e quatro estádios para a prática de beisebol. Com todas essas opções, os prudentinos não podem se queixar de falta de instalações para a prática de atividades esportivas, para o lazer, ou até mesmo para se tornarem profissionais – o que não deixa de ser uma boa profissão atualmente, uma vez que todo atleta talentoso acaba sendo recrutado para equipes competitivas e recebendo bons salários. Estes são pagos com a própria receita oriunda do público pagante que é atraído para esses jogos!!!

Bem, quem quiser se hospedar em Presidente Prudente, além do já citado e luxuoso hotel Terra Parque Eco *Resort*, existem na cidade pelo menos uns 12 hotéis bem confortáveis (entre os 25 existentes) entre os quais: JR *Park*, Arua, Portal D'Oeste, Ibis, Rota do Pantanal, Muchiutt *Park*, Itavera II, Huesca, Godoy Palace, Campo Belo *Resort*, Santo Sono e Angatu.

E é claro que os visitantes (e os moradores da cidade) merecem ter boas refeições, se possível por preços módicos.

Em Presidente Prudente há vários restaurantes bons como *Fulo de Mandacaru*, *Requinte* (temakeria), *Sushi & Grill*, *Massa Pura*, *Tio Vava Picanha*, *Guaíba* (churrascaria), *Tropeiro Grill* (churrascaria), *Tacchino*, *Dachô*, *Banzai Sushi House* etc, além de várias *pizzarias*, bons bares com excelente cerveja, lanchonetes sofisticadas e cachaçarias.

Theatro Pedro II em Ribeirão Preto.

Ribeirão Preto

PREÂMBULO

Inicialmente, apresentaremos aqui três destaques sobre essa cidade. Eles dizem respeito a **música**, **moradia** e **situação hídrica** de Ribeirão Preto.

Em relação ao primeiro, apesar de Ribeirão Preto ter uma tradição sertaneja, a cidade sedia um dos maiores festivais de *rock* do País, o *João Rock*, que agora também está entrando na rota do *jazz*. Por conta disso, surgiu ali o selo Blaxstream (um trocadilho com o nome da cidade em inglês), ou seja, uma gravadora criada pelo músico e produtor ribeirão-pretano, Thiago Monteiro, que nos seus primeiros quatro discos reuniu importantes jazzistas brasileiros. O próximo passo é a realização a partir de 2018 do festival internacional de *jazz*.

Já no quesito **moradia**, para os que desejam viver em apartamentos espetaculares, eles localizam-se na parte mais alta da cidade – mais precisamente na avenida Professor João Fiúsa – os conjuntos com mais de 500 m^2 e preços até 65% menores que os praticados em São Paulo. Estão ali o complexo *Morro do Ypê*, da Habiarte, com oito torres (seis já entregues) ou o condomínio *Blue Diamond*, da construtora Pereira Alvim. Morar num desses edifícios, em especial nos andares mais altos, é sinônimo de tranquilidade, silêncio e acesso a uma vista panorâmica incrível.

No âmbito da **questão hídrica**, nesses últimos 15 anos Ribeirão Preto sofreu fortes estiagens (particularmente em 2006). Isso provocou o esvaziamento da lagoa de recarga do aquífero Guarani. Vale lembrar que ele é o responsável por quase todo o abastecimento da cidade, que conta inclusive com 109 poços artesianos.

Marcelo Pereira de Souza, especialista em políticas e gestão ambiental da USP de Ribeirão Preto, disse: "Tem ocorrido uma superexploração da água, inclusive com perdas na distribuição. Em longo prazo, isso deverá rebaixar ainda mais o nível do aquífero. Podemos, dessa forma, ter problemas de abastecimento dentro de 20 ou 30 anos."

A HISTÓRIA DE RIBEIRÃO PRETO

Localizado a 315 km da capital paulista, o município de Ribeirão Preto ocupa uma área de 657 km², dos quais 229 km² encontram-se no perímetro urbano. No ano de 2018, estima-se que ela abrigasse uma população de 677 mil habitantes. Porém, como sede da Região Metropolitana de Ribeirão Preto (RMRP) – composta por 34 municípios, dentre eles os limítrofes (Guatapará, Cravinhos, Jardinópolis, Serrana, Dumont, Sertãozinho e Brodowski) –, acredita-se que em 2018 vivessem na região algo próximo de 1,9 milhão de pessoas. Em relação ao PIB, imagina-se que em 2017 só o de Ribeirão Preto tenha sido de R\$ 30 bilhões, enquanto o da RMRP tenha alcançado quase R\$ 52 bilhões.

Antes da atual denominação, a cidade recebeu vários nomes: Barra do Retiro, Capela de São Sebastião do Ribeirão Preto e Vila de São Sebastião do Ribeirão Preto. Então, quando o distrito pertencente a São Simão foi criado (pela lei provincial Nº 51 de 2 de abril de 1870), ele foi denominado Ribeirão Preto. Em seguida ele foi chamado de Vila de Entre Rios (pela lei provincial Nº 34 de 7 de abril de 1879) e Vila de Ribeirão Preto. Finalmente, ele voltou a se chamar Ribeirão Preto (pela lei provincial Nº 99 de 30 de junho de 1881), um nome que deriva de um ribeirão que corta a cidade e se chama Preto. Somente em 1º de abril de 1889 (por intermédio da lei Nº88) foi que Ribeirão Preto recebeu o predicado de **cidade**.

Até o século XIX, a região onde a cidade se encontra era povoada exclusivamente pelos índios caiapós, dispersos por algumas aldeias nas quais eles mantinham pequenas plantações de milho e mandioca, vivendo ainda da caça, pesca, coleta de mel e frutas nativas, como a jabuticaba, o araçá e o maracujá.

Porém, com o passar do tempo, o lugar passou a ser dominado por forasteiros que posteriormente se tornariam fazendeiros. A posse dessas terras, por incrível que pareça, aconteceu de forma pacífica, sendo que aos poucos elas foram legitimadas e consolidadas por heranças.

De acordo com os registros, o primeiro dono e doador de terras foi José Matheus dos Reis, proprietário da maior parte da fazenda das Palmeiras. Na época, ele fez uma significativa doação de terras, com a condição de que no terreno fosse erguida uma capela em louvor a são Sebastião das Palmeiras. Então, em 2 de novembro de 1845, no bairro das Palmeiras, foi fincada uma cruz de madeira demarcando o local onde deveria ser construída a capela de São Sebastião.

142   Cidades Paulistas Inspiradoras

Depois disso surgiram outras doações importantes, que ampliaram o patrimônio da capela. Entre elas estão a de Jose Alves da Silva (quatro alqueires), Miguel Bezerra dos Reis (dois alqueires), Antônio Bezerra Cavalcanti (doze alqueires), Alexandre Rosa dos Santos (dois alqueires), Mateus José dos Reis (dois alqueires), Luis Gonçalves Barbosa (um alqueire), Mariano Pedroso de Almeida (um alqueire) e Joaquim Rosa Bezerra (um alqueire).

Nessa época Ribeirão Preto integrava o território do município de São Simão, do qual também faziam parte Dumont, Guatapará e Bonfim Paulista (atual distrito). Essa região começou a receber muitos mineiros que abandonavam suas terras já esgotadas para a mineração. Eles estavam em busca de pastagens para a criação de gado. Muitos outros migrantes também vieram do vale do rio Paraíba, em decorrência da **crise do café** naquela parte da província.

Essas pessoas desenvolveram na região novos cafezais, e o café passou a constituir uma significativa parcela da economia de Ribeirão Preto. Várias fazendas se formaram e adotou-se 19 de junho de 1856 como data oficial de **fundação da cidade** – e da criação do município.

Um importante fator que contribuiu para o desenvolvimento municipal foi a chegada à cidade da linha férrea da Mogiana, em 1883, o que possibilitou a expansão da cultura cafeeira, que naquela época era tocada por cerca de 10 mil escravos. Então, em 3 de agosto de 1887, a Câmara Municipal de Ribeirão Preto realizou um dos atos de maior relevância de sua história: os vereadores aprovaram por unanimidade a **libertação dos escravos**, antes mesmo da entrada em vigor da Lei Áurea, que somente seria assinada em 13 de maio de 1888 e extinguiria a escravidão. O governo da província de São Paulo passou formalmente a estimular a vinda de imigrantes europeus e, assim, a terra de Ribeirão Preto – *rossa* para os italianos e "**roxa**" no linguajar caboclo – acabou abastecendo o mundo com café, ou, como era chamado, com o "**ouro verde**."

Isso provocou um grande aumento populacional em Ribeirão Preto, que em 1900 já contava com cerca de 60 mil habitantes, dos quais aproximadamente 34 mil eram de origem estrangeira (84% eram italianos, 8% portugueses, 5% espanhóis e quase 1,8% austríacos).

Esse contingente populacional foi muito importante para a urbanização e o desenvolvimento do município. Uma vez que muitos imigrantes já estavam acostumados com a vida urbana e possuíam uma mentalidade empreendedora, assim eles criaram novos estabelecimentos comerciais e industriais, transformando radicalmente a cidade que, até então, era apenas uma vila agrícola.

Em 1879 a família Dumont mudou-se de Valença, no Rio de Janeiro, para Ribeirão Preto, e se estabeleceu na fazenda Arindeúva. Ali, com a criação da empresa Dumont Coffee Company, os integrantes da família passaram a se ocupar com o plantio e o beneficiamento de café. Trazidos por seu patriarca, Henrique Dumont, vieram a esposa e seu oito filhos, entre eles um jovem talentoso chamado Alberto.

Todavia, após uma viagem que a família Dumont fizera a Paris, em 1891, o imaginativo Alberto Santos Dumont começou a interessar-se muito por mecânica, em especial pela área de "motor de combustão interna". Isso culminaria mais tarde na construção de um balão, sem motor, o que, posteriormente, levaria à invenção do seu avião.

Desde essa época, o jovem sonhador não parou mais de buscar alternativas para aperfeiçoar seu avião. Aliás, ele inclusive recebeu da Câmara Municipal de Ribeirão Preto – conforme a lei Nº 100, de 4 de novembro de 1903 – uma subvenção de um conto de réis. O objetivo era que ele prosseguisse com as pesquisas que em 1906 resultariam na **construção do primeiro avião!!!**

Na primeira metade do século XX, Ribeirão Preto continuou atraindo migrantes nacionais e imigrantes internacionais. Dentre esses últimos, um grupo se destacou: o dos **japoneses**. Assim, pelo fato de ter recebido uma parte dos primeiros imigrantes do Japão que aportaram no Brasil em 1908, o município foi considerado "**berço da imigração japonesa**". Todavia, também foi expressiva na época a chegada dos árabes, particularmente dos sírio-libaneses.

Durante todo século XX o município continuou recebendo pessoas de outras cidades do Estado e de todo o Brasil, especialmente mineiros, paranaenses e baianos. Assim, na década de 1910, a cidade também começou a ganhar suas primeiras indústrias, sendo que a primeira delas foi Companhia Cervejaria Paulista. Aliás, por ter abrigado essa empresa e contar até hoje com uma das mais famosas choperias do Brasil, a *Chopperia Pinguim*, Ribeirão Preto se tornou conhecida como a "**capital do chope**" – uma denominação que lhe faz ainda mais justiça nos dias atuais, uma vez que nas últimas duas décadas surgiram na cidade muitas cervejarias artesanais.

E, voltando ao café, Ribeirão Preto também foi chamada de "**capital do café**", porém, entre o final da década de 1920 e início da década de 1930 essa cultura entrou em queda. A crise, de caráter mundial, foi desencadeada nos EUA no ano de 1929, e foi a principal responsável pela quebra da cafeicultura. Demorou um pouco para que a cidade se recuperasse, mas, com o passar do tempo, a cultura do café foi sendo substituída por outras: cana-de-açúcar, soja, milho e algodão. Outra produção importante da cidade foi a de laranjas, que inclusive fez com que na época a região passasse a ser chamada de "**Califórnia brasileira**".

Em meados da década de 1930 foi construído o edifício *Diederichsen*, o primeiro da cidade a ser considerado por diversos historiadores como o **primeiro prédio multiuso** do Estado. Então, na década de 1940 começaram a chegar à cidade rodovias e várias melhorias estruturais fossem executadas. Houve também investimentos em IESs, com o que Ribeirão Preto foi se tornando um atraente polo para estudantes de outras partes do Estado e do País.

Na segunda metade do século XX, investiu-se bastante nas áreas de saúde, biotecnologia, bioenergia e TI, e, por conta disso, a partir de 2010 a cidade passou a ser considerada um "**polo tecnológico**".

No que se refere ao **abastecimento de água**, toda a região de Ribeirão Preto depende da água extraída do aquífero Guarani. Desde que começou a explorá-lo, em 1930, o município já utilizou cerca de 3,4 bilhões de m³ de água do seu reservatório. A ANA, ligada ao governo federal, já indicou que a cidade deverá adotar um novo manancial para o seu abastecimento, pois conforme o estudo intitulado *Atlas do Abastecimento de Água*, o manancial existente não será capaz de continuar atendendo à demanda, uma vez que já foi detectado um significativo rebaixamento do seu lençol freático.

Considerando que os principais cursos de água que atravessam o município são os rios Pardo e Mogi-Guaçu, o projeto de captação de água recaiu sobre o primeiro. Todavia, não se pode esquecer que o município também é banhado pelos rios Sapucaí, Turvo, Grande e Jacaré-Guaçu.

No quesito **sustentabilidade**, as administrações municipais de Ribeirão Preto nesses últimos 35 anos têm se preocupado bastante em manter o município bem verde. De acordo com a Associação Brasileira de Agronegócio da Região de Ribeirão Preto (ABAG-RP), a cidade sedia duas unidades de conservação. A primeira é uma APA do morro do São Bento (criada pela lei estadual Nº 6131, de 27 de maio de 1988), que ocupa apenas 1,9 ha; a segunda é a Estação Ecológica de Ribeirão Preto, com 154,2 ha.

Em 2010, graças aos esforços da secretaria municipal de Meio Ambiente, foi criado o programa **Vamos Arborizar Ribeirão**, e nos três anos de sua implementação foram plantadas mais de 30 mil árvores em áreas verdes públicas e de preservação permanente. Então, a partir de 2013, o grande foco passou a ser o **quadrilátero central** e, em seguida, diversos bairros da cidade, como Campos Elísios, Ipiranga, Planalto Verde, Manoel Peuna, Jardim Paulista, Vila Seixas, Vila Tibério etc.

Aliás, no que se refere a áreas verdes, Ribeirão Preto possui diversas praças e muitos parques. Esse é o caso do parque Tom Jobim, com uma área total de 64.000 m² e um espelho de água de 8.000 m², que recebeu nos últimos anos várias reformas e adequações, e conta agora com alguns brinquedos para as crianças, uma base da Guarda Civil Municipal e um centro administrativo.

Entre os parques novos estão o da Vila, na zona sul, bem próximo do *Shopping Center* Iguatemi, com uma área de 32.500 m² e o parque linear Retiro Saudoso, na zona leste, no bairro Roberto Benedetti. Existe ainda o parque das Artes, na zona sul, próximo ao Ribeirão *Shopping*, no bairro Jardim Nova Aliança. Com 45.000 m² de área de vegetação e cerca de 23.000 m² ocupados por três lagos artificiais interligados, além de uma pista de corrida e caminhada com 1.500 m de extensão e 3 m de largura. Nele existem ainda banheiros, bebedouros e lixeira de coleta seletiva, assim como um espaço exclusivo para *food trucks*.

Mas existem muitos outros parques na cidade, como: Prefeito Luiz Roberto Jábali, conhecido como "Curupira"; o ecológico Guarani; o Dr. Luis Carlos Raya (mais conhecido como Jardim Botânico); o Dr. Fernando de Freitas Monteiro da Silva (zona sul); o Jardim Nova Aliança; o Roberto de Mello Genaro; o Francisco Prestes Maia; o Ulysses Guimarães; o São Bento; o ecológico Ângelo Rinaldi (Horto Florestal); o Maurílio Biagi; o ecológico Santa Luzia. O parque mais novo é o Über Parque Sul Roberto Francói, na zona sul, com 18.000 m². Já o maior é o parque ecológico e social Rubem Cione, com uma área de 256.850 m². De fato, a existência de todos esses parques na cidade é plenamente justificada, uma vez que a temperatura média anual é de 22°C e os ribeirão-pretanos precisam de locais para se "esconder" um pouco do sol.

No que se refere a **religião**, nota-se em Ribeirão Preto que, apesar de ter se desenvolvido sobre uma matriz social fundamentalmente católica, seja pela colonização ou pela posterior imigração, são diversas as crenças seguidas na cidade. Assim, 59% dos ribeirão-pretanos se declaram católicos, enquanto os evangélicos representam hoje 21% dos habitantes. Os espiritas são 7%, e o restante se divide entre outros credos, como budismo, islamismo, judaísmo e religiões afro-brasileiras. Vale ainda ressaltar o significativo percentual de munícipes que se declara não pertencente a qualquer religião, ou seja, 8% (!?!?).

Ribeirão Preto é uma arquidiocese, cuja sede é a catedral metropolitana de São Sebastião, santo padroeiro da cidade. Inaugurada em 15 de junho de 1917, ela foi construída com características arquitetônicas românicas, ostentando linhas góticas e um estilo neoclássico. Em seu interior destacam-se os vitrais coloridos, com telas pintadas por Benedito Calixto.

Porém, considerando a existência de tantos credos, também existem em Ribeirão Preto muitos templos majestosos, como aqueles das igrejas luterana, presbiteriana, metodista, anglicana, Maranata, batista, Assembleia de Deus, Adventista do Sétimo Dia, Mundial do Poder de Deus, Universal do Reino de Deus, Congregação Cristã do Brasil, Testemunhas de Jeová, de Jesus Cristo dos Santos dos Últimos Dias (também conhecida como igreja mórmon).

No tocante à **economia**, o setor primário, ou seja, a **agricultura** é o segmento **menos relevante** para Ribeirão Preto, com uma contribuição para o seu PIB de aproximadamente R$ 120 milhões em 2017. A maior parte da área agrícola do município é utilizada para o cultivo de lavoura temporária, destacando-se na produção de cana-de-açúcar, milho, tomate, amendoim, abóbora, feijão, arroz etc.

Já o **setor secundário**, ou seja, da **indústria**, é bem mais relevante para a economia do município, tendo gerado em 2017 cerca de R$ 4 bilhões. Existem na cidade quatro áreas industriais já consolidadas – Parque Industrial Lagoinha, Tanquinho, Coronel Quito Junqueira e Anhanguera – além do Parque Industrial Avelino Alves Palma e do distrito empresarial Prefeito Luiz Roberto Jabali. Além de abrigar os setores metalúrgico, têxtil, gráfico, de vestuário e de papelão, os grandes destaques são a produção de alimentos e bebidas.

No âmbito das bebidas, Ribeirão Preto teve por décadas algumas **cervejarias** que ajudaram a desenvolver economicamente o município. Entre elas estão as empresas ícones – Companhia Antárctica Paulista, criada em 1911, e Companhia Paulista, fundada em 1912. Ambas se fundiram em 1973, criando assim a Companhia Antárctica Niger, que no final dos anos 1990 encerrou a fabricação local.

Em 1996, concomitantemente com o fechamento das grandes fábricas, iniciou-se a produção da cerveja Colorado, abrindo caminho para transformar a cidade num dos principais polos de **cervejas artesanais** do Brasil. A Associação Comercial e Industrial de Ribeirão Preto (Acirp), por meio do programa Empreender, criou o Núcleo Setorial das Cervejarias, também conhecido como Polo Cervejeiro de Ribeirão Preto. A princípio, seis cervejarias artesanais fizeram parte do grupo: **Invicta, Lund, Pratinha, SP 330, Walfänger** e **Weird Barrel**.

Em maio de 2015, a cervejaria Colorado foi adquirida pela Ambev, entretanto, sua fabricação continuou inicialmente sendo comandada pelo seu fundador Marcelo Carneiro. Nos dias de hoje, não se fala de cerveja sem pensar em Ribeirão Preto, uma vez que a cidade conseguiu sedimentar sua fama como "**polo cervejeiro nacional**", em especial no que se refere à produção de cervejas especiais.

Tanto que existe em Ribeirão Preto o evento **Rota da Cerveja**, ou seja, um *tour* pelas oito cervejarias. Nele, os interessados são levados em *vans* até os locais de degustação. O passeio – sempre aos sábados – vai das 9 h às 20 h, permite que os participantes desçam onde quiserem e fiquem o tempo que desejarem. O importante é que, depois de ganhar um chope de cada cervejaria, muitos não resistem e acabam comprando algumas garrafas... O investimento para participar desse roteiro é bem módico: em 2017, por exemplo, o ingresso individual custava R$ 20 e dava direito a uma pulseira e um *voucher* para acesso ao transporte.

Também nesse passeio o (a) apreciador (a) de cerveja acabou descobrindo que a **Cervejaria Colorado** foi fundada há mais de duas décadas, e que na sua produção ela utiliza água proveniente do aquífero Guarani. Além disso, quase todas as suas cervejas já foram premiadas em eventos reconhecidos, como o European Beer Star e o South Beer Cup. A Colorado produz anualmente cinco tipos de cerveja, sendo que a mais apreciada e vendida é a *Appia*, uma cerveja do tipo *Weiss*, feita com trigo maltado e mel de laranjeira.

A **Invicta** é uma cervejaria que foi fundada em 2011, pelo ex-mestre cervejeiro Rodrigo Silveira, e produz cerca de 40 mil litros por mês. Sua cerveja, que leva o nome de *Boss*, é ótima. Já foi eleita pelo *Rate Beer* – um dos *sites* de avaliação de cervejas mais conhecidos do mundo – como a **melhor cerveja brasileira de 2014**.

A **Lund**, por sua vez, é a segunda cervejaria mais antiga de Ribeirão Preto. Foi fundada em 2009 pelo casal Yussif Ali Mere Jr. e Dalva Ali Mere, e disponibiliza cinco rótulos: *Pilsen, Munich Dunkel, Hefe-Weizen, Witbier e Pale Ale*. A Lund segue rigorosamente a **lei da pureza alemã** de 1516, que prevê que os únicos ingredientes utilizados na produção de cervejas sejam somente o **malte**, o **lúpulo** e a **água**. De fato, a Lund tem procurado lançar uma cerveja diferente a cada estação, como foi o caso da *Knock Knock*, uma cerveja leve e escura da família *Ale*, lançada em maio de 2017.

A cervejaria **Pratinha** foi inaugurada em 2015, após uma visita do empresário José Virgilio Braghetto à Dinamarca, onde ele se encantou com diversas cervejas. Depois da pressão de alguns amigos, ele abriu a Pratinha, e, a partir daí, surgiram cervejas com nomes criativos, como *Pratinha Capricó* e a *Caramuru*, uma *Vienna Lager*, que logo conquistou o paladar de vários *beer sommeliers* (especialistas em cervejas).

Já a **SP 330** é a cervejaria mais nova, que veio com a proposta de ser um *tap room* (bar anexo à linha de produção), servindo chopes *on tap* (direto da torneira), no mais puro estilo norte-americano. De fato, com um cardápio inspirado no *rock'n roll*, a cervejaria liderada pelo argentino Sergio Limongi (o tio Limongi) tem enfoque no lúpulo, que é o ingrediente que dá amargor e aroma à bebida. A sua cerveja mais desejada é a *Quiller Queen*, uma receita exclusiva da American Black Indian Pale Ale.

No que se refere à cervejaria **Walfänger**, ela segue rigorosamente as receitas da escola alemã, disponibilizando três tipos de chopes artesanais e um menu que inclui pratos da culinária germânica, mesclados com comidas brasileiras. Paloma Del Papa, embaixadora da casa, sugere para todos os clientes a *Walfänger Weizen*, uma cerveja inspirada nas típicas receitas da Baviera, uma região no sul da Alemanha.

A despeito do nome gringo, a **Weird Barrel Brewing Co.** ostenta selo brasileiro de qualidade. Ela conta com cervejeiros experientes e oferece aos clientes uma experiência diferenciada: trata-se de um dos poucos *brewpubs* do Brasil, ou seja, um bar que fabrica a própria cerveja e somente a comercializa nesse mesmo local. Vale ainda ressaltar que a sua decoração é no estilo pirata, o que torna o local único e bastante exótico. Quem visitá-la poderá optar pelo *walke the plank*, podendo dessa forma ter quatro cervejas para provar!?!?

Em 2016 o grupo Jops inaugurou o seu mais novo projeto, a cerveja artesanal *Jops*. Assim, na **Cervejaria Jops**, os que participaram em 21 de outubro de 2017 da Rota da Cerveja 2, *Hop on/Hop off* (embarque/desembarque), puderam experimentar três tipos de cerveja com aroma e amargor delicados.

Como é caro(a) leitor(a), ficou animado para visitar Ribeirão Preto e percorrer a **Rota da Cerveja**?

Já o **setor terciário**, ou seja, **prestação de serviços e comércio de bens**, rendeu em 2017 ao PIB municipal R$ 25,5 bilhões, sendo destacadamente a maior fonte geradora do PIB ribeirão-pretano. O pioneiro para a consolidação da pujança atual do comércio na cidade foi o Mercado Central, que começou a ser construído em 1899 e foi inaugurado em outubro de 1900. Todavia, algumas catástrofes o atingiram, como enchentes e o destruidor incêndio de 7 de outubro de 1942, causado por um curto-circuito elétrico, e que praticamente destruiu todo o prédio, tornando-o impróprio para operar como centro de compras.

Em 1956, surgiu a proposta da construção de um novo Mercado Municipal. Com a ajuda do governo estadual essa ideia se tornou realidade, e, em 28 de setembro de 1958, o então prefeito Costábile Romano inaugurou o novo estabelecimento. Atualmente o Mercado Municipal conta com 152 boxes, distribuídos numa área de 4.150 m², sendo assim um dos principais núcleos comerciais do município.

Além desse tradicional e pioneiro mercado, a cidade possui agora vários centros comerciais (*shoppings*), o que a transformou no principal polo comercial da RMRP. Entre eles destacam-se o Ribeirão *Shopping*, o Novo *Shopping* Ribeirão Preto, o *Shopping* Santa Úrsula, o Iguatemi Ribeirão Preto, o Buriti *Shopping*, o Sapato *Shopping*, o *Trade Plaza* Ribeirão Preto e o Plaza Mirante Sul, nos quais trabalham algumas dezenas de milhares de pessoas. Esses centros atendem todos os dias a uma grande multidão, sendo que boa parte desse contingente é de **visitantes** de outras cidades.

Ribeirão Preto é um relevante **polo de turismo** de negócios, pois a cidade oferece todo ano diversos eventos que atraem milhares de pessoas. E para atender a esses visitantes, no início de 2018 havia na cidade cerca de **68 hotéis**, com **11,3 mil leitos**. De fato, diversas bandeiras hoteleiras nacionais e internacionais têm grande interesse em investir na abertura de novos estabelecimentos na cidade. Aí vão alguns exemplos de bons hotéis em Ribeirão Preto:

- *Tryp by Wyndham* – Um hotel excepcional e luxuoso, com piscina e terraço ao ar livre e bom restaurante. Alguns quartos possuem área de estar, onde se pode relaxar.
- *JP* – Hotel de alto padrão, nos arredores da cidade, com academia, sauna e piscinas (normal e aquecida).
- *Ibis Styles* – Um hotel de padrão internacional, ideal para quem viaja a negócios.

150 Cidades Paulistas Inspiradoras

- *Comfort Inn & Suites* – Um hotel com localização central. Conta com piscina ao ar livre e um terraço, além de quartos com vista panorâmica da cidade.
- *Shangrila* – Uma pousada fantástica, com um lindo jardim e uma bela piscina. É um local ideal para quem deseja descansar.

Ao longo de minha vida, durante quase duas décadas tive a oportunidade de ir a Ribeirão Preto no mínimo umas dez vezes a cada ano, por razões de trabalho. Na maioria delas hospedei-me no hotel Araucária Plaza, no qual desfrutei de um excelente atendimento e de sua boa estrutura.

Quando o assunto é **distribuição e logística**, o município se consolida a cada dia como um importante centro no interior do Estado e do País. Isso se deve principalmente à sua localização estratégica, à pujança socioeconômica regional, à densidade populacional e também à sua internacionalização, com foco no segmento de cargas do aeroporto Leite Lopes.

Estão no município diversas unidades de multinacionais do setor terciário, como Carrefour, Walmart (Sam's Club), Leroy Merlin, Decathlon, Burger King, Outback Steakhouse, Pricewaterhouse Coopers, BDO, KPMG, Deloitte, Accor, Armani Jeans, Neons Cloud Computing Services, Valeant Pharmaceuticals, Cions Software, Dow AgroSciences, entre outras.

Já foi dito que uma cidade estimula a **visitabilidade** quando nela existem bons **hospitais**. E esse é o caso de Ribeirão Preto, que possui diversos deles: Hospital das Clínicas, que dispõe de uma unidade de emergência e outra especialmente para as crianças; o Estadual; a Santa Casa; o Santa Tereza (psiquiátrico); o Sanatório Espírita Vicente de Paulo; a Beneficência Portuguesa; o Hospital do Câncer; o São Lucas; o Ribeirânia; o Santa Lydia (municipal); o São Paulo; o São Francisco; o Electro Bonini; a Mater (maternidade do complexo aeroporto); Sinhá Junqueira (maternidade); o da Unimed; o RDO Viver e o centro médico no Ribeirão *Shopping*.

Muita coisa se poderia falar sobre a excelência dos hospitais de Ribeirão Preto. Um exemplo foi a cirurgia inédita no País, que foi realizada em 17 de fevereiro de 2018 para a separação de gêmeas siamesas que nasceram unidas pelo topo da cabeça.

Ela foi realizada sob o comando do neurocirurgião Hélio Rubens Machado, do Hospital das Clínicas (HC) da Faculdade de Medicina da USP, que contou com uma equipe de 30 profissionais como neurocirurgiões, neurologistas, anestesistas, cirurgiões plásticos, equipe de imagens, pediatras, médicos intervencionistas, enfermagem pré e pós cirúrgica para cada uma das meninas e uma equipe especializada em informática para o *software* 3D (três dimensões). A equipe brasileira contou com o reforço do renomado cirurgião norte-americano James Goodrich. Essa cirurgia foi feita pelo SUS a um custo de R$ 100 mil, se bem que nos EUA, por ela seria cobrado US$ 2,5 milhões. Essas despesas foram rateadas pela secretaria de Saúde do Ceará (de onde são as meninas), pela Faculdade de Medicina e pelo HC de Ribeirão Preto. As meninas serão submetidas a outras operações, mas esse já foi um feito inédito da medicina brasileira.

O mais recente hospital inaugurado em Ribeirão Preto foi o da Unimed que dispõe de 95 leitos e começou a funcionar a partir de 2016.

O empreendedor José Isaac Peres é o fundador e presidente da Multiplan, empresa gestora e construtora de muitos *shopping centers* de alto padrão, sendo sete deles no Estado de São Paulo.Ele explicou: "Em agosto de 2017 fizemos a **nona** expansão no Ribeirão *Shopping*, inaugurando ali um moderno centro médico. É um espaço de 6.200 m² de área locável, distribuída de forma horizontal com um *health shopping*. O complexo reúne atendimento de diversas especialidades médicas, tecnologia de ponta, além de oferecer conforto e facilidade para os pacientes. O Ribeirão *Shopping* é o local mais visitado pelos que não vivem na cidade e isso seguramente irá impulsionar mais ainda a vinda diária de centenas de pessoas para esse novo centro médico."

Estima-se que no início de 2018 o município possuía cerca de 325 estabelecimentos de saúde, entre hospitais, prontos-socorros, postos de saúde e serviços odontológicos, dos quais cerca de 80% eram **privados**. Acredita-se que em 2018 trabalhavam em Ribeirão Preto aproximadamente 4.500 médicos. A cidade possuía também algo perto de 2.250 leitos para internação, dos quais 60% eram do sistema de saúde privado.

Praticamente **99,9%** do total de crianças nascidas em Ribeirão Preto tiveram seus partos assistidos por profissionais qualificados da saúde e o índice de mortalidade infantil em 2017 foi inferior a 9 para cada mil menores de um ano de idade!!!

A secretaria municipal de Saúde, tem procurado realizar eficientemente a sua função de manutenção e funcionamento do SUS, bem como criar políticas, programas e projetos que permitam melhorar o atendimento dos problemas de saúde dos munícipes. Nesse sentido, para os primeiros atendimentos a prefeitura dispõe de algumas dezenas de UBDSs (Unidades Básicas e Distritais de Saúde) e UBSs.

Dentre os serviços de apoio e atenção básica para a saúde, estão os seguintes programas: da Criança e do Adolescente; Fitoterapia e Homeopatia; Vigilância Sanitária; Atenção à Saúde da Pessoa com Deficiência; Atenção Domiciliar, o voltado para deficientes auditivos e fissurados e o de Integração Comunitária. O SAMU de Ribeirão Preto foi um dos primeiros a ser instituído no País, e conta com mais de uma dezena de ambulâncias básicas e uma UTI móvel.

O ministério da Saúde já classificou Ribeirão Preto como a **melhor cidade paulista** no que se refere ao acesso e à qualidade dos serviços prestados à população pelo SUS, o que, aliás, deveria inspirar as outras cidades do Estado, especialmente as que têm porte semelhante!!!

Cabe à secretaria municipal de Educação a função de coordenar e assessorar administrativa e pedagogicamente o sistema escolar de Ribeirão Preto. Em 2017, das 185 escolas de ensino fundamental, 63 pertenciam à rede pública estadual, 29 à rede pública municipal, 93 eram escolas particulares.

Estima-se que em 2017 tenham ocorrido aproximadamente 155 mil matrículas nas redes pública e particular no ensino fundamental e médio. No caso do ensino médio, 34 escolas pertenciam à rede estadual, só uma era municipal e 42 eram privadas.

Entre os programas coordenados pela secretaria municipal de Educação, destaca-se o EJA, ensino gratuito voltado para os adultos, que não concluíram o ensino fundamental e a rede de Educação Especial, na qual os alunos com deficiência física são orientados por professores especializados.

Estima-se que em 2017 houvesse um contingente de cerca de **43 mil estudantes** em cursos oferecidos por mais de uma dezena de IESs instaladas na cidade, destacando-se entre elas os alunos que estão no *campus* da USP, os que frequentam a Universidade de Ribeirão Preto (Unaerp); a Unip, o Centro Universitário Moura Lacerda; o Centro Universitário Barão de Mauá, a Uniseb, a União das Instituições Educacionais de São Paulo (Uniesp), a FAAP, a Fatec, o IFSP e as faculdades Reges Ribeirão, Filadélfia, Anhanguera, de Tecnologia em Saúde e a de Negócios Metropolitana.

E a novidade em 2018 foi a chegada à cidade do polo de EAD da UniFAJ.

Como não poderia deixar de ser, cerca de 75% dos alunos dessas IESs são originárias de outras cidades do País e do exterior. Isso mostra a intensa **visitabilidade** provocada pela existência de bons cursos superiores na cidade!!!

A cidade se destaca a cada ano que passa no setor tecnológico, especialmente em biotecnologia, bioenergia, TIC e no campo da saúde. Isso se deve principalmente à inauguração em 2012 da Escola de Formação Tecnológica (Fortec) Jandyra de Camargo Moquenco, localizada no centro da cidade, que nos seus quatro cursos atende aproximadamente 900 alunos, divididos em três turnos. O objetivo principal da Fortec e formar novos profissionais e empreendedores.

A Fatec, por sua vez, foi inaugurada em 2015 e destaca-se pelos seus laboratórios focados em TIC. A cidade possui um relevante Parque Tecnológico, cuja finalidade principal é colaborar no desenvolvimento científico e tecnológico da RMRP, atraindo para ele empresas que estejam investindo em pesquisa e desenvolvimento (P&D), especialmente nas áreas de saúde e biotecnologia, e as que priorizem o desenvolvimento sustentável.

Nesse parque nota-se que o foco também está voltado para a formação de recursos humanos e a disponibilização de serviços tecnológicos, como por exemplo o uso dos equipamentos indutores de P&D como os que estão no Laboratório de Equipamentos Médicos e Hospitalares.

No campo da qualidade de vida, os ribeirão-pretanos não têm muito do que reclamar. Praticamente todo o município conta com água tratada, energia elétrica, esgoto, limpeza urbana, telefonia fixa e telefonia celular. O primeiro sistema de abastecimento de água de Ribeirão Preto começou a funcionar em 1903 sendo que a responsabilidade pelo serviço era de uma empresa privada, a Empresa de Água e Esgotos de Ribeirão Preto S/A.

Em 1955, a empresa rompeu o contrato de concessão e a prefeitura passou a gerenciar os serviços e em 1960, através de lei Nº 968, criou o Departamento de Água, Esgotos e Telefonia (DAET), que deu origem em 1969 ao Departamento de Água e Esgotos de Ribeirão Preto (DAERP), que ainda hoje, além do serviço de água, também é encarregado pela coleta do esgoto e, desde 1999, pelo gerenciamento e a execução de serviços de limpeza pública: coleta, tratamento e destinação final de lixo no município.

A responsável pelo abastecimento de energia elétrica na cidade é a CPFL, sendo que esse atendimento chega a 99,95% dos domicílios no município. Já o serviço telefônico móvel é oferecido por diversas operadoras.

Estima-se que em 2018, existissem em Ribeirão Preto algo próximo de 220 mil domicílios particulares permanentes, sendo que 75% eram casas e 22% apartamentos. Desses domicílios, cerca de 99,2% eram atendidos pela rede geral de abastecimento de água; 99,7% das moradias contavam com

154   Cidades Paulistas Inspiradoras

algum tipo de coleta de lixo, e 97,3% das residências possuíam esgotamento sanitário.

As principais emissoras brasileiras de TV têm afiliadas na cidade, que tem alguns jornais em circulação como *A Cidade, Tribuna de Ribeirão, Gazeta de Ribeirão* e *O Diário*., e mais de uma dezena de emissoras de rádio, tanto AM como FM.

No que se refere ao **transporte**, a cidade no final do século XIX e boa parte do século XX valeu-se muito das **ferrovias**, com a primeira – a CMEF – ter chegado a Ribeirão Preto em 23 de novembro de 1883. Ela passou por muitas alterações até que em 1997 seus trens foram suprimidos. A Mogiana construiu a Estrada de Ferro Dumont, que ligou a cidade à fazenda Dumont, de propriedade de Henrique Santos Dumont, isso em 1890, que foi abandonada em 1940, sendo demolida em 1968.

Houve ainda a Estrada de Ferro São Paulo-Minas Gerais, que transportou até Ribeirão Preto o minério extraído nos municípios mineiros. Ela foi inaugurada em 1º de maio de 1928 e funcionou até por volta de 1970. Foi bastante lamentável essa decisão de reduzir o transporte ferroviário, uma vez que ele poderia estar auxiliando muito na mobilidade das pessoas entre cidades paulistanas e especialmente no escoamento da produção agrícola. O fato é que o município de Ribeirão Preto é servido hoje por uma linha-tronco, que liga Brasília ao porto de Santos e se apresenta como um importante ponto de destino de cargas ferroviárias.

O aeroporto da cidade, o Leite Lopes, é administrado pelo Daesp, possuindo uma pista asfaltada de 1.800 m, iluminação noturna, um terminal de passageiros com 4.100 m^2 e um estacionamento para veículos com umas 130 vagas. Ele opera voos fretados, abriga a sede da empresa Passaredo – uma importante empresa aérea regional – e tem um aeroclube.

Em alguns anos recentes, esse aeroporto chegou a receber mais de 1 milhão de passageiros por ano e a RMRP tinha demanda para que ele se tornasse um **aeroporto internacional**, com o que a cidade poderia caminhar para ser uma **aerotrópole**. Porém, muitos têm sido os obstáculos para que a cidade consiga esse *status* para si (mas que deveria acontecer...), o que alavancaria significativamente o seu progresso. Também não se pode esquecer que Ribeirão Preto já é a cidade do interior do Estado com a maior frota de helicópteros, com cerca de 46 deles usando o aeroporto.

Já o terminal rodoviário de Ribeirão Preto – um dos principais da sua região – foi inaugurado em outubro de 1976, na época como **o maior e mais**

moderno do País. Ele passou por diversas reformas e foi reinaugurado em 2009, tendo sala climatizada com cerca de 170 lugares, uma praça de alimentação, sanitários, diversas lojas e um total de 18 plataformas rodoviárias e 45 guichês de venda de passagens.

Ribeirão Preto é servida por uma boa malha rodoviária que liga a cidade a muitas outras do interior e a capital do Estado. A mais importante rodovia que leva a Ribeirão Preto é a Anhanguera (SP-330), que está inserida no corredor viário nordeste do Estado, ligando a cidade ao Estado de Minas Gerais.

Outras rodovias também passam pelo município. São elas: Cândido Portinari (SP-334); Antônio Machado Sant'Anna (SP-255); Mario Donego (SP-291); Armando Salles de Oliveira (SP-322); Alexandre Balbo (SP-328); Prefeito Antônio Duarte Nogueira (SP-328); Abrão Assed (SP-333) e Attílio Balbo (SP-322). É importante mencionar que num raio de 200 km em torno do município, encontram-se algumas das principais cidades do interior de São Paulo e de Minas Gerais, tais como Franca, Araraquara, São Carlos, Bauru, Piracicaba, Rio Claro, Limeira, São José do Rio Preto, Uberaba e Uberlândia.

A Empresa de Trânsito e Transporte Urbano de Ribeirão Preto (TRAN-SERP), foi instituída em 1980, é a responsável pelo controle e pela manutenção do trânsito do município, desde a fiscalização das vias públicas e comportamento de motoristas e pedestres até a elaboração de projetos de engenharia de tráfego, pavimentação, construção de obras viárias e gerenciamento de serviços tais como o de táxis, alternativos, ônibus, fretados e escolares.

Estima-se que no início de 2018 a frota municipal tenha superado 510 mil veículos, nos quais tem-se o "incrível" número de 293 mil automóveis e umas 108 mil motocicletas, e o restante de caminhões, caminhonetes, micro-ônibus, ônibus, utilitários etc., com o que o trânsito na cidade se tornou cada vez mais **complicado**, apesar de nesses últimos 15 anos terem sido feitas diversas obras de duplicação de avenidas, pavimentação de ruas, rotatórias, viadutos, o **"trevão"** na altura do km 307,5 da rodovia Anhanguera (inaugurada em 2014), instalação de semáforos etc.

Um novo sistema de transporte coletivo está sendo implantado em Ribeirão Preto, que desde 2012 tem sido subsidiado pela prefeitura. O atual prefeito Duarte Nogueira, cujo mandato termina em 2020 (e que antes já ocupou cargos importantes, como secretário estadual e deputado federal), promete melhorar sensivelmente a mobilidade urbana, com a instalação de diversos miniterminais, implantação de ao menos quatro corredores estruturais, ônibus com três portas e ar condicionado, além de todos esses veículos estarem obrigatoriamente adaptados para o transporte de pessoas com deficiência física.

A responsável principal pelo setor **cultural** da cidade é a secretaria municipal de Cultura, que tem como objetivo planejar e executar a política cultural do município através da elaboração de programas, projetos e atividades que visam ao desenvolvimento cultural. Ela foi criada em 1984, pela lei municipal Nº 4.465, e engloba também o Fundo Pró-Cultura. A secretaria municipal de Esportes, criada pela lei complementar Nº 36, de 27 de novembro de 1980, e é responsável por algumas outras áreas mais específicas da cultura ribeirão-pretana, tais como atividades de lazer e práticas desportivas.

Ribeirão Preto é uma cidade que tem **vida noturna** bem ativa em função dos muitos bares, restaurantes, boates, teatros, cinemas etc., que existem nela, muito frequentados pelos visitantes e especialmente pelo grande contingente de jovens universitários que aí estudam. Aliás, no passado, devido à sua agitada vida noturna e arquitetura atraente, foi denominada de *"petite Paris"* ("**pequena Paris**").

Isso de certo modo aconteceu devido ao grande poder aquisitivo dos coronéis do café, o que fez com que a cidade se desenvolvesse a ponto de ser comparada a grandes metrópoles da época, em particular Paris. Imitando a arquitetura de alguns edifícios existentes na capital francesa, bem como certos hábitos dos parisienses, surgiram teatros e sociedades que possibilitaram a promoção de diversos eventos e entretenimentos sociais. Por exemplo, o prédio onde até hoje está instalado o governo municipal, o palácio Rio Branco, foi inspirado no edifício da prefeitura de Paris, *Hôtel de Ville*.

A cidade conta com alguns bons espaços dedicados à realização de eventos culturais das áreas teatral e musical, ou seja, para se apreciar as **artes cênicas**. A principal casa de espetáculos é o Theatro Pedro II, um teatro de ópera, localizado na região central, mais especificamente chamado de "**quarteirão paulista**". Ele é ainda considerado o terceiro maior da categoria no Brasil, possuindo uma capacidade para 1.580 espectadores e uma área total de 6.500 m², tendo sido inaugurado em 8 de outubro de 1930.

Outro espaço importante é o Teatro Municipal, inaugurado em 1969, que possui linhas bem modernas e tem capacidade para 515 pessoas. Porém, como no caso do Theatro Pedro II, os frequentadores não têm um local adequado para deixar seus carros. Ele fica em um lugar arborizado e, por isso, também é usado para outros eventos culturais.

Tem-se também o Teatro de Arena. Fundado em 1969, que foi construído numa meia-encosta, em uma área de aproximadamente 6.000 m². Mas a secretaria da Cultura conta ainda com seis centros culturais distribuídos pela cidade. Neles são realizados cursos e ações relacionados ao artesanato, à música, dança e culinária, ou seja, atividades integrantes da EC.

Aliás, a Escola de Arte do Bosque Cândido Portinari, que também pertence à secretaria, oferece cursos **gratuitos** de artes plásticas e artesanato para crianças, jovens e adultos. Entre outros espaços culturais pode-se mencionar os teatros Bassano Vaccarini; o Minaz; o Auxiliadora Santa Rosa e os do Sesi e do Sesc.

Ribeirão Preto é um dos principais polos de cinema do Brasil, abrigando os Estúdios Kaiser de Cinema (onde antigamente funcionou a fábrica da Companhia Cervejaria Paulista). Mantidos pela São Paulo Film Commission, eles ocupam uma área de 13.000 m² de área construída, possuindo toda infraestrutura necessária para a produção audiovisual. Ele também conta com o maior cineclube do País, o Cineclube Cauim, que funciona no coração da cidade (rua São Sebastião) e possui números que impressionam: em um único mês ele recebeu **60 mil pessoas** (!!!)

As cerca de 140 mil crianças que estudam no ensino fundamental (público e privado) em 2017, já foram pelo menos duas vezes ao cinema, graças a um dos seus projetos; outras 15 mil do ensino médio (público e privado) também estiveram nele pelo menos uma vez. E mais de 75 mil crianças das outras 33 cidades que fazem parte da RMRP já passaram pelo cinema, isso em 2017. O fato é que esse antigo "patrimônio industrial" já foi **tombado** pelo Condephaat, pelo IPHAN, e pelo Conselho de Preservação do Patrimônio Cultural de Ribeirão Preto.

A secretaria de Cultura promove ainda diversos festivais e concursos na cidade. Esse é o caso por exemplo do Festival de Teatro de Ribeirão Preto, realizado desde 2010 pela secretaria da Cultura e a Fundação Dom Pedro II, em parceria com o Sesc e a secretaria estadual da Cultura. Nele são reunidos vários grupos teatrais da cidade, que ocupam importantes espaços artísticos, como a praça Ramos de Azevedo, o teatro do Centro Universitário Barão de Mauá, o teatro do Sesc, o Teatro Municipal e o Theatro Pedro II.

Acontecem também na cidade a Feira de Photo Imagem, o Carnabeirão (a maior micareta do Estado), o Festival de Cinema de Ribeirão Preto, a Feira

Nacional do Livro de Ribeirão Preto (a segunda maior feira a céu aberto do Brasil), a Feira Expo*Hair*, a Feira de Transportes Interior Paulista (Feitrans), o Festival Tanabata (focado em exaltar a cultura japonesa), Arena *Cross*, o Festival de Inverno *João Rock*, Ribeirão *Rodeo Music*, Festitália (voltado para defender a cultura italiana), Entorta Bixo, Arraia da Enf, Feapam, Ribeirão Cana Invest, Bonfim Paulista Rodeio *Show*, Expobonsai, Avirrp, Comida di buteco, Ribeirão Preto *Restaurant Week*, Tropeada de Ribeirão Preto, *Rally Mitsubishi Cup* e Copa Chevrolet Montana. **É um calendário de eventos de fazer inveja, não é mesmo?**

Quem mais aprecia isso são os hotéis, os restaurantes, os bares, as lojas etc., que ficam repletos com os visitantes que gastam bastante em todos esses estabelecimentos e, com isso, permitem que eles continuem empregando muito gente ao longo do ano inteiro. Além disso, esses turistas também movimentam o aeroporto, a rodoviária, o sistema de taxis etc.

E é óbvio que não se poderia deixar de descrever aqui o melhor, maior e mais importante evento da cidade: a *Agrishow*, uma feira internacional de tecnologia agrícola em ação. Em 2017, na sua 24ª edição, participaram dessa feira mais de **159 mil visitantes** – do Brasil e do exterior –, sendo que alguns milhares tiveram que se hospedar em hotéis de cidades vizinhas, pois os de Ribeirão Preto já estavam completamente lotados. Aliás os hotéis da cidade recebem reservas com um ano de antecedência e pode-se afirmar que a *Agrishow* contribuiu bastante para que toda a estrutura da cidade melhorasse muito!!!

A *Agrishow* é considerada uma das três principais feiras de tecnologia agrícola do mundo e a maior e mais importante na América Latina, uma vitrine das mais avançadas tendências e inovações tecnológicas para o agronegócio. Somente os negócios realizados durante a feira em 2017 ultrapassaram os **R$ 2,2 bilhões**, mostrando que esse setor agrícola continua pujante, ajudando o País a sair da crise.

Organizada pela Informa Exhibitions, ela foi idealizada pelas principais entidades ligadas, direta e indiretamente, ao agronegócio brasileiro, como: a ABAG; a Associação Brasileira da Indústria de Máquinas e Equipamentos (Abimaq); a Associação Nacional para a Difusão de Adubos (Anda), a Federação da Agricultura e Pecuária do Estado de São Paulo (Faesp) e a Sociedade Rural Brasileira (SRB).

A *Agrishow* ocupou uma área de 440.000 m², e contou com um público altamente qualificado, formado em sua maioria por produtores rurais de todo o território nacional e do exterior. Mais de **800 marcas** nacionais e internacionais participaram da exposição, onde mostraram muitas novidades em termos de máquinas, implementos agrícolas, sistemas de irrigação, acessórios, peças, entre outros produtos. Tudo isso é necessário não apenas para garantir o aumento da produtividade do cultivo dos produtores rurais, mas também para promover a redução dos custos e o aumento da rentabilidade do agronegócio brasileiro.

Houve também uma grande participação das universidades e dos centros de pesquisa nesse evento. Por meio das palestras ministradas na Arena do Conhecimento, os participantes puderam entrar em contato com as últimas tecnologias do segmento, sobretudo as voltadas para a otimização do nível de produtividade da lavoura e da pecuária, e para a possibilidade de se reduzir os impactos ambientais.

Dentre essas tecnologias, foram apresentadas aquelas que dão autonomia a máquinas, que poderão ser monitoradas à distância por meio de inovações ligadas ao *big data* ("grande conjunto de dados") e à computação em nuvem. Houve também a exibição de equipamentos que permitem a redução do consumo de energia elétrica, a transmissão de dados da lavoura por meio de geolocalização, além de serviços voltados para a agricultura de precisão, inclusive com o uso de *drones*.

O presidente da *Agrishow*, Fábio Meirelles, na sua 24ª edição (a última sob a sua gestão), afirmou: "Tivemos agora um público 6% maior que em 2016; houve um aumento de 15% na venda de máquinas e implementos agrícolas, o que mostrou que a atividade agrícola está caminhando de mãos dadas com a evolução tecnológica, aprimorando as suas necessidades de absorver mão de obra, diminuindo os custos e operacionalizando melhor as suas atividades."

Já o presidente de honra da feira, o empresário Maurílio Biagi, reforçou: "Essa *Agrishow* gerou cerca de 25 mil empregos diretos e indiretos, e movimentou cerca de R$ 500 milhões na economia regional, com a contratação de trabalhadores para o evento, intensa ocupação da rede hoteleira e o uso de muitos outros serviços."

O prefeito Duarte Nogueira declarou: "Depois de três anos consecutivos de regressão na economia, os números do nosso setor agrícola em 2017 são fabulosos, com a colheita de uma supersafra. Com isso o Brasil (e especialmente o que aconteceu nessa *Agrishow*) sinalizou para o mundo que irá renovar grande parte do seu parque de máquinas, melhorar a sua tecnologia e aumentar sua produtividade e eficiência. Com isso, cada vez mais os nossos produtos chegarão a muitos países do mundo, que poderão alimentar-se com eles. O destino de nosso País é cada vez mais ser a '**fábrica de alimentos**' do mundo. O exemplo está sendo dado aqui nessa *Agrishow*, que justifica também porque alguns chamam Ribeirão Preto de '**capital nacional do agronegócio**.'"

E não se pode deixar de citar o Carnaval da cidade, que é um dos mais entusiasmantes da RMRP, até porque a cidade é o berço de uma das mais antigas escolas de samba do Brasil, **Os Bambas**. Ela foi fundada em 1927, inicialmente como um cordão carnavalesco, transformando-se posteriormente em escola de samba.

Além desta escola pioneira, tem-se na cidade os **Embaixadores dos Campos Elíseos**, **Tradição do Ipiranga**, **Falcão de Ouro**, **Camisa 12 Corintiana** e **Imperadores do Samba**.

Existem atualmente na cidade três blocos de rua que atraem centenas de foliões atrás de si, que são **Os Alegrões** (no Jardim Irajá), **O Berro** (no centro) e o **Bloco da Vila** (na Vila Tibério).

Felizmente o atual prefeito Duarte Nogueira percebeu que muitos setores da EC podem melhorar muito a **empregabilidade** e a **visitabilidade** da cidade, e assim ele criou a secretaria municipal de Desenvolvimento Econômico, Ciência, Tecnologia, Turismo e Serviços, dizendo: "Essa ação foi tomada para fomentar o **turismo**, a partir de medidas como a criação de um calendário oficial de eventos, da estruturação do Parque Permanente de Exposições e da conclusão das obras de internacionalização do aeroporto Leite Lopes."

Além dos seus muitos atrativos cênicos, Ribeirão Preto possui uma boa variedade de monumentos históricos, atrativos naturais e lugares incríveis para se visitar. Esse é o caso, por exemplo, da praça Alto do São Bento, localizada no ponto mais elevado do município, onde está a escultura de bronze do Sagrado Coração de Jesus, idealizado pelo monge beneditino dom Casimiro Mazetti e que foi inaugurada em 1952; existem também o já citado palácio Rio Branco, inaugurado em 26 de maio de 1917; a *Chopperia Pinguim*, fundada na década de 1930, que hoje tem destaque nacional e até internacional (que já conta com outras filiais); o **quarteirão paulista**, um conjunto arquitetônico que abrange o Theatro Pedro II, o prédio do antigo hotel Palace e o edifício *Meira Júnior* (onde funciona a *Chopperia Pinguim*); e a praça XV de Novembro, um marco de referência histórica e geográfica localizado na região central da cidade, e que começou a ser construída em 1970.

Existe hoje em Ribeirão Preto a novíssima Casa da Memória Italiana, onde há um acervo multimídia com os relatos das famílias que formaram a cultura de Ribeirão Preto. As histórias das três famílias proprietárias do imóvel são as primeiras a compor o patrimônio do espaço. Aliás essa casa foi construída por uma fazendeira de café e comprada em 1941 por Pedro Biagi, avô do empresário Maurílio Biagi, um dos atuais donos do casarão.

A prefeitura de Ribeirão Preto firmou acordos de cooperação, tornando-se **cidade-irmã** de Bucaramanga, na Colômbia; Faenza e Téramo, na Itália, e San Leandro, nos EUA. Na realidade isso é muito pouco. Esse programa deveria ser ampliado, inclusive para permitir que sejam trazidos dessas cidades e de outras, exposições, com obras de arte que possam ser montadas nos museus ribeirão-pretanos, além de outros eventos...

A cidade possui alguns bons museus. Entretanto, de acordo com o professor e especialista em questões culturais, de urbanismo e meio ambiente, Jorge de Azevedo Pires, autor do livro *Ribeirão Preto – Ontem, Hoje e Amanhã*, esses estabelecimentos estão **abandonados**!!!

Diz o professor Jorge de Azevedo Pires nesse livro: "Os museus são instituições que conservam e apresentam coleções de objetos de caráter cultural ou científico para fins de estudo, deleite e educação do público, reunindo peças dispersas no tempo e no espaço, que acabam sendo importantes funções de informação.

Os museus fomentam o progresso social, cultural, científico e pedagógico e para ter esse desempenho devem ter uma estrutura adequada, sem a qual não conseguirão atender seus objetivos.

Infelizmente, no Brasil esse assunto deixa muito a desejar, com museus que, salvo honrosas exceções, não passam de depósitos de objetos e materiais em deplorável estado de conservação, sem, enfim, ter o **mínimo** que a boa técnica museológica possa exigir. Com frequência, os vemos em prédios inadequados, pondo em risco a integridade do seu acervo, abertos ao público em dias e horários impróprios, sem que tenham guias, ou tendo-os sem o preparo que a função exige.

Faz-se necessário repensar a problemática dos museus nacionais, a começar pelo pessoal especializado preparado corretamente. O poder público, em sua função educativa, também deveria colaborar, oferecendo para os museus seus prédios de valor histórico-cultural, mas que obviamente não ficassem depois relegados a total abandono.

Para a adequada manutenção dos museus, é imprescindível o estabelecimento de parcerias com a iniciativa privada e a **cobrança de ingressos** para que os mesmos tenham uma verba para as suas necessidades mais urgentes.

Os museus da Europa, dos EUA, do Canadá e dos outros países desenvolvidos da Ásia são invejáveis. Cobram a entrada, o que os ajuda na sua manutenção, e em seus recintos existem lojas para a venda de lembranças, livros, obras de arte, miniaturas etc., além de, em alguns casos, poder se desfrutar do conforto de uma lanchonete ou até mesmo de um restaurante. Não faltam impressos e folhetos informativos, fornecidos para orientação e informação do público visitante.

Ribeirão Preto, por exemplo, podia ter o seu Museu da Cidade, instalado no palácio Rio Branco, visto que esse prédio é inadequado para ser a sede do Poder Executivo municipal. Ribeirão Preto já deveria ter seu prédio especial para acomodar a prefeitura e boa parte das novas secretarias, como acontece em Sorocaba, Jundiaí, Campinas, São Bernardo do Campo, Franca etc.

Nesse museu deveria estar o acervo diversificado relativo à cidade, de seus ilustres cidadãos ligados à história local, móveis, objetos, documentos de valor histórico e outros. Aliás, a situação dos museus de Ribeirão Preto é a seguinte:

- **Museu da Imagem e do Som de Ribeirão Preto (MIS)** – Seu acervo está se deteriorando e o local não tem merecido qualquer cuidado museológico, estando errante em locais improvisados e inadequados. **Até quando isso vai continuar?**

- **Museu Histórico e da Ordem Geral Plínio Travassos dos Santos** – O acervo necessita de restauração. Parte dele está em condições muito precárias em seus porões, e carece de cuidados técnico-museológicos especiais. Sua biblioteca possui um valioso acervo especializado em café e sua cultura, certamente um dos melhores que se tenha conhecimento, merece melhor atenção.

- **Museu do Café Coronel Francisco Schmidt** – Consta que há muitos anos é o mesmo, sem qualquer acréscimo em seu acervo. **Por quê?**

- **Museu de Homeopatia Abrahão Brickmann (do Instituto Homeopático François Lamasson)** – Sendo particular, sobrevive devido ao esforço e a dedicação de idealistas que o mantém.

- **Museu de Arte de Ribeirão Preto Pedro Manuel Gismondi (MARP)** – Este é o único dos museus públicos de Ribeirão Preto que é bem administrado, de forma profissional, com excelente programação e eventos durante todo o não. **Parabéns aos seus dirigentes e colaboradores!**

Não se pode esquecer que a antiga CMEF tinha, em Ribeirão Preto, um significativo **acervo ferroviário de valor museológico**. Todavia, depois de anos abandonado ele está comprometido e reduzido. Isso acontece por causa dos furtos e desvios. **Não poderia ter sido transformado em um museu da cidade e da região!?!?**

Também como já mencionado, são muitas as ligações de Alberto Santos Dumont, o '**pai da aviação**", com a região. Ele não deveria ser cultuado mais e melhor por todos? Tal como fizeram com o Pelé, ao erigir o seu museu em Santos? Por que não temos um museu dos primórdios da aviação mundial e seus feitos, o qual levaria o seu nome? Assim, por que não registramos esse e outros cidadãos importantes, contando a sua vida através de uma exposição permanente num museu?

Mesmo assim, Ribeirão Preto, apesar de não dar o devido valor à sua memória e aos seus bens culturais, é chamada de '**capital da cultura**', mas será que isso não seria a cultura do café no passado e da cana-de-açúcar no presente?"

Não se pode esquecer do Instituto Figueiredo Ferraz, criado por João Carlos de Figueiredo em Ribeirão Preto, ele que é filho do ex-prefeito de São Paulo, José Carlos de Figueiredo Ferraz. Ele conseguiu reunir nesse instituto, em três décadas, cerca de 1.100 obras, de artistas contemporâneos brasileiros e latino-americanos, com o que ele se tornou uma fonte de educação artística de toda a RMRP. Aliás, em 2017, João Carlos de Figueiredo Ferraz assumiu a presidência da Fundação Bienal de São Paulo.

Pois bem, o prefeito Duarte Nogueira está inclusive procurando saber o valor imobiliário correto dos imóveis públicos. Em 10 de outubro de 2017 ele assinou uma parceria com o CRECISP (Conselho Regional de Fiscalização do Corretor de Imóveis), e explicou: "O termo de cooperação que assinamos, vai ter a *expertise* e a qualidade do trabalho do CRECISP, dos profissionais corretores de nossa cidade e isso irá nos ajudar a dar a devida quantificação do valor imobiliário dos prédios públicas, que na verdade pertencem a ninguém mais do que a própria população."

Quem sabe, isso em breve não permitirá que a prefeitura venda ou ceda em forma de concessão alguns desses imóveis e com isso obtenha recursos, inclusive para reformar e poder apresentar exposições nos seus museus, bem como promover outros eventos que incrementem a visitabilidade em Ribeirão Preto.

Finalmente, no **esporte** que também atrai muita gente para a cidade – o principal representante é o time de futebol do Botafogo, conhecido como a

"**Pantera da Mogiana**". Ele disputa seus jogos no estádio Santa Cruz, com capacidade para 29 mil pessoas.

Há também a equipe do Comercial, conhecido como "**Leão do Norte**", que manda seus jogos no estádio Palma Travassos, com capacidade para 18 mil espectadores que aliás recentemente foi colocado à venda pela Justiça Federal... Aliás, de tantas vezes que ocorreu o confronto entre essas duas equipes, surgiu a denominação "**Come-Fogo**" para a disputa. Em setembro de 2006, foi fundado o Olé Brasil Futebol Clube, que a partir de 20 de abril de 2009 começou a disputar a Quarta Divisão do Paulista, sendo o 3º clube profissional da cidade.

O estádio Santa Cruz, ao lado do Centro de Treinamento Manoel Leão, serviu como base da seleção francesa de futebol durante a Copa do Mundo de 2014, realizada no Brasil, com o que Ribeirão Preto tornou-se uma das subsedes da competição.

Além do futebol profissional, praticam-se na cidade outras atividades esportivas. Desde o ano de 2010, por exemplo, Ribeirão Preto passou a sediar uma etapa da *Stock Car Brasil*, no chamando circuito de rua. Em 2000, foi inaugurado o kartódromo municipal Antônio de Castro Prado Neto, que conta com 52 boxes, capacidade para abrigar até 104 *karts*, ocupando uma área total de 30.656 m². Nele continuamente ocorrem competições e além disso é um espaço para muitos amantes do automobilismo poderem se divertir.

Durante quase uma década a cidade teve uma poderosa equipe de basquete, a COC/Ribeirão Preto, que foi campeã brasileira em 2003 e foi a única pentacampeã paulista em cinco temporadas consecutivas, de 2001 a 2006. Entretanto, por causa de uma divergência entre os dirigentes da equipe e a Confederação Brasileira de Basquete (CBB), ela se desfez em 2006. Em 2012 se transformou no SEB-COC Ribeirão Preto, porém, também deixou de competir no cenário nacional, o que foi muito lamentável pois a equipe de COC revelou muitos jogadores, inclusive para a seleção brasileira.

Em 1992 foi criado pelos alunos da Faculdade de Medicina de Ribeirão da Universidade de São Paulo (FHRP-USP) o Raça Rugby Ribeirão (RRR), que tem participado com certo destaque dos campeonatos da modalidade.

E não se pode esquecer da tradicional Meia Maratona, uma competição que reúne centenas de corredores. Com percursos de 5 km e 10 km, a corrida se realiza com os atletas, passando por algumas das principais avenidas da cidade!!!

Igreja matriz da cidade de Rio Claro.

Rio Claro

PREÂMBULO

Foi em Rio Claro que começou a história da Skol, uma marca da cervejaria dinamarquesa Carlsberg. A Skol é líder absoluta do mercado brasileiro, com aproximadamente 30% de participação, e atualmente é comercializada no Brasil sob licença da AmBev.

A cerveja *Skol Pilsen* chegou ao Brasil por volta de 1967, e sua missão era bastante complicada, uma vez que na época o mercado era dominado por marcas como Antárctica e Brahma. Inicialmente, foi a pequena cervejaria Rio Claro, fabricante da tradicional Caracu (uma cerveja preta), que lançou o produto no mercado. Devido ao seu sucesso, a Brahma logo adquiriu a marca para uso exclusivamente no País.

Os brasileiros ao tomarem essa cerveja, não deveriam esquecer que *skol* (escreve-se *skål*) na língua sueca quer dizer "**à nossa saúde**", uma expressão que muitos costumam usar ao levantar seus copos e brindar. Mas bebendo uma *Skol* isso se torna implícito, não é mesmo? Hoje se diz: "**Onde tem alegria, tem *Skol*, a cerveja que desce mais redonda do Brasil**." Assim, que bom que ela foi introduzida em nosso País a partir de sua fabricação inicial em Rio Claro, não é?

Um fato bem mais notável que esse, foi a chegada em 3 de dezembro de 1883 do professor Theodor Kölle, que veio da Alemanha para ensinar os filhos de imigrantes alemães e suíços que haviam se radicado na região de Rio Claro, e fundou uma escola, que, inicialmente, se chamou Deutsche Schule.

Durante várias décadas, entre 1910 e 1989 a IE, que teve diversos nomes, recebeu jovens procedentes de várias localidades e que residiam na escola no sistema de internato. Eles buscavam uma educação de alto nível, inexistente em suas cidades de origem, assim como a experiência de amadurecimento de morar longe dos pais – algo muito valorizado na primeira metade do século XX.

E foi assim que a cidade ganhou **visitabilidade**. Da década de 1950 em diante, por quase 25 anos, o ginásio Koelle ocupou as manchetes dos jornais pelas vitórias alcançadas por seus alunos na natação, um esporte muito incentivado na IE. A partir de 1998, a IE passou a se chamar Colégio Koelle, recebendo alunos de maternal até o ensino médio. E foi justamente a partir daí que surgiram as maiores conquistas dessa IE, com os seus alunos por muitos anos consecutivos alcançando as maiores notas no Enem entre as escolas da região, incluindo cidades como Araras, Limeira, Piracicaba etc.

A HISTÓRIA DE RIO CLARO

Rio Claro é uma cidade paulista localizada a 173 km da capital do Estado. Ela se tornou conhecida por vários apelidos, como: "**cidade azul**", "**capital da alegria**" e "**terra dos indaiás**". O município ocupa uma área de 498,42 km² e a sua área urbana é de 29,5 km². Os municípios limítrofes são: Corumbataí, Leme, Araras, Santa Gertrudes, Iracemápolis, Piracicaba, Ipeúna e Itirapina.

Muitos séculos atrás, viveram na região de Rio Claro os indígenas tupis-guaranis, que possivelmente estiveram associados aos guaranis-kaiowás. Após a chegada dos portugueses ao Brasil, as expedições dos séculos XVI, XVII e XVIII feitas até o interior do futuro Estado de São Paulo, trouxeram sérios problemas para a população indígena da região. De fato, milhares de índios foram mortos, outros milhares foram transformados em escravos (!?!?) e forçados a trabalhar em lavouras ou ainda "assimilados" pelos europeus (em especial os portugueses...) por meio da catequização. Aqueles indígenas mais resistentes deslocaram-se paulatinamente para o interior do Brasil, abandonando as regiões que habitavam anteriormente, buscando viver em áreas inexploradas pelos colonizadores.

No início do século XVIII, a população europeizada da capitania de São Vicente não ultrapassava os 50 mil habitantes, e, em sua maioria, se concentrou em vilas próximas do litoral. Enquanto isso, no interior, pioneiros portugueses se arriscavam a viver nos sertões, longe da opressão do domínio colonial, das distinções e dos privilégios que os tinham reprimido em sua pátria.

O interior era também um local escolhido pelos juízes nas punições impostas aos criminosos, forçando-os a um certo exílio. Porém, em 1718, a descoberta de ouro no Mato Grosso acelerou o processo de ocupação do interior de São Paulo e, particularmente, da região de Rio Claro.

Moradores de muitas vilas existentes naquela época, fascinados pelo "Eldorado" da região de Cuiabá, buscaram uma rota alternativa àquela de valer-se do rio Tietê, evitando assim o risco da "febre dos pântanos". Em 1723, com o objetivo de abrir um caminho oficial até Cuiabá, o governador da capitania de São Paulo, Rodrigo César de Meneses, enviou o sargento-mor Luiz Pedroso de Barros para essa tarefa, e ele conseguiu concluir sua missão com sucesso em 1724.

Seria natural imaginar que nesse caminho – conhecido como "**picadão de Cuiabá**" – houvesse uma parada para que os condutores de mulas pudessem descansar antes de chegar às encostas (*cuestas*) do planalto ocidental paulista. Assim surgiu a "parada" que daria origem a Rio Claro. No início o local não passava de um modesto abrigo coberto por folhas à beira do córrego da Servidão.

Isso foi suficiente para que no decorrer dos anos se formasse no local um núcleo de comerciantes que forneciam suprimentos para os tropeiros, e que mais tarde se tornaria um povoado!!! Em 1817, iniciaram-se as concessões de sesmarias do atual município e, a partir daí, começaram a chegar ao local os grandes fazendeiros. Com eles vieram muitos africanos e afro-brasileiros, na condição de escravos. Conforme demonstrou o recenseamento realizado em 1822, 85% desses escravos tinham vindo de locais sob domínio português, como Moçambique, Cabinda, Benguela etc.

Em 1823, foi celebrada a primeira missa na região numa capela da fazenda Costa Alves, próxima à atual estrada entre Rio Claro e o distrito de Ajapi. Algum tempo depois, seria construída ali, às margens do córrego da Servidão, uma capela para atender à população do povoado. Hoje esse local se transformou no Espaço Livre do bairro Santa Cruz, que inicialmente também foi uma parada de tropeiros.

Em 1827, o **povoado** que deu origem à cidade de Rio Claro foi elevado à condição de **capela curada** – que mais tarde daria lugar à igreja matriz de São João Batista, finalizada em 1828. Em 9 de dezembro de 1830, o povoado foi elevado à categoria de **freguesia** com o nome de São João Batista de Rio Claro. Então, em 30 de abril de 1857, ele foi emancipado, separado dos municípios de Limeira e Mogi Mirim, e transformado no **município** de São João do Rio Claro. Finalmente, pela lei estadual Nº 975, de 20 de dezembro de 1905, sua denominação foi alterada para **Rio Claro**!!!

Segundo estimativas, no início de 2018 viviam no município de Rio Claro cerca de 212 ml pessoas. A taxa de urbanização era de 98%. A população se divide da seguinte forma: 51,2% de homens e 48,8% de mulheres. Além disso, no que se refere a raça, 75% são brancos; 20,9% são pardos; 4,5%, negros; e o restante se divide entre indígenas e amarelos.

Rio Claro foi o segundo município brasileiro a ter energia elétrica, atrás apenas de Campos de Goytacazes, no Estado do Rio de Janeiro. Foi também a cidade pioneira nos estudos a respeito da cultura do eucalipto no Brasil – cuja plantação se proliferou nos municípios paulistas – realizados pelo engenheiro florestal Edmundo Navarro de Andrade, no horto da CPEF, que até hoje é uma grande atração turística da cidade.

Os rio-clarenses vivem repetindo o seu lema: *Quieta non movere*, cujo significado é "**Não importune quem está tranquilo**", "**Não mexa com quem está quieto**" ou ainda, "**Cuidado, deixe esse povo em paz**", o que demonstra que eles não gostam muito quando são tirados do seu estado de inércia.

Porém, isso tem mudado muito, em especial quando se analisa as crenças dos seus moradores. Aliás, no que se refere a **religião**, a católica, por exemplo, tem perdido muitos seguidores. Mesmo assim ela ainda predomina. Rio Claro pertence à diocese de Piracicaba e na sua região pastoral compreende 10 paróquias e uma quase-paróquia. Estima-se que em 2018, 53% dos habitantes sejam católicos, 32%, evangélicos. Os que dizem não ter religião correspondem a 7%, e o restante se divide entre espíritas, budistas, testemunhas de Jeová, judeus etc.

No âmbito da **economia**, o PIB estimado de Rio Claro para 2018 foi de R$ 9,5 bilhões. Quanto aos setores econômicos, a agropecuária – que corresponde ao primário – é a menos relevante, contribuindo **apenas** com algo próximo a 0,7%. A indústria, em contrapartida, é o segundo setor mais relevante para a economia do município, participando com algo próximo de 40,4% do PIB.

Destaca-se inicialmente a indústria de **artigos cerâmicos** – Rio Claro e as cidades de Santa Gertrudes, Limeira, Cordeirópolis, Ipeúna, Piracicaba e Araras formam o **maior polo cerâmico das Américas**. Todavia, existe uma presença representativa de indústrias nos segmentos de fibras de vidro, tubos e conexões (é o caso da Tigre, por exemplo), eletrodomésticos da linha branca (como a Whirpool), produtos químicos leves, metalúrgicos e peças de automóveis (empresa Torque), cabos e componentes eletrônicos para indústrias (Brascabos), balas e caramelos (Ridan), papel ondulado, estamparias, agroavícolas, nutrição de animais, bebidas (Indústrias Reunidas Tatuzinho Três Fazendas), artefatos de borracha especiais e instrumentos médicos e aparelhos ortopédicos.

Tem-se na cidade um **distrito industrial** que foi criado na década de 1970 na zona norte, ocupando uma área total de 11 milhões de m^2, com excelente infraestrutura (rede de água, esgoto, energia elétrica, sistema de telefonia fixa e móvel, pavimentação, facilidade para combater incêndios pela proximidade do Corpo de Bombeiros etc.). Esse distrito tem uma configuração que lhe possibilita a instalação de grandes estruturas (em lotes de aproximadamente 25.000 m^2), bem como estruturas menores, ocupando lotes que variam de 1.200 m^2 a 5.000 m^2.

As principais fontes econômicas do município são a prestação de serviços e as atividades ligadas a EC. Nos seus diferentes segmentos, pode-se dizer que 48% do PIB de Rio Claro vem do setor privado, e apenas 10,9% do setor público. Mas claro que o **setor terciário** é bem diversificado, mas observa-se uma relativa **concentração**, considerando-se os estabelecimentos empregadores, no grande número de restaurantes e padarias, seguido do varejo de artigos de vestuário e depois na atenção ambulatorial e na oferta de educação nos seus três níveis.

O destaque vai para o *Shopping* Center Rio Claro, um importante centro comercial que ocupa uma área de 48.000 m^2 e no qual estão lojas dos mais variados segmentos. Também é bastante frequentado o *Boulevard* dos Jardins, um pequeno *shopping* na área nobre da cidade, que possui excelentes restaurantes e lojas.

Vale ressaltar uma importante iniciativa que o prefeito Palmínio Altimari Filho tomou ao reformar o Mercado Municipal em 2011, um marco comercial da cidade, no qual, seus boxes estavam ociosos.

Com a revitalização vieram os clientes e o Mercado Municipal voltou a ser bem frequentado e a receber boa parte da produção dos agricultores do município, os quais há décadas estão acostumados a trabalhar em associações. Tanto é assim, que muitos historiadores apontam o município como pioneiro do associativismo no Brasil. A prefeitura também contribui adquirindo alimentos para a merenda escolar de 150 pequenos produtores hortifrutigranjeiros certificados.

Estima-se que no início de 2018, houvesse em Rio Claro aproximadamente 64 mil pessoas com emprego formal. Para o incentivo à economia do município, Rio Claro possui há um bom tempo um programa de incentivo fiscal para a instalação ou ampliação de empresas, o Programa de Desenvolvimento Econômico de Rio Claro (PRODERC), que possibilita por exemplo, isenção total ou parcial do IPTU; isenção total do preço público, referente à obtenção de licença para construção de obras particulares; isenção total ou parcial do ISSQN (Imposto Sobre Serviços de Qualquer Natureza); isenção de taxa de alvará de utilização, bem como de todos os impostos e taxas para legalização da inscrição junto ao cadastro municipal; isenção total do ITBI (Imposto sobre Transmissão de Bem Imóvel) adquirido para fins exclusivos de acomodações e instalações operacionais da empresa. Além disso, em certas situações, a prefeitura poderia fornecer equipamentos e mão de obra para os serviços iniciais de terraplenagem da obra necessária à instalação ou ampliação de empresas participantes do programa.

Quando o assunto é **educação**, vale ressaltar que a cidade tem muitas escolas e centros de educação infantis mantidos pela prefeitura, escolas estaduais e particulares, diversas escolas profissionalizantes, entre elas unidades do Sesi, Senai, Senac, Sest/Senat etc. Há também a Guarda Mirim de Rio Claro, que desde 1961 encaminha jovens e adolescente ao mercado de trabalho, após os mesmos terem participado do seu curso pré-profissionalizante (CCP).

Entre as escolas particulares, destacam-se os colégios Koelle, Puríssimo Coração de Maria, Claretiano, Objetivo, COC, além do Centro Educacional do Sesi. Já entre as públicas, o destaque é para a Escola Municipal Agrícola Engenheiro Rubens Foot Guimarães, a única escola na zona rural da cidade, que atende crianças de 1ª a 8ª séries.

Em Rio Claro tem-se um *campus* da Unesp que nos seus dois institutos oferece vários cursos superiores. Em 2018 foi instalado um polo de EAD da UniFAJ. Além disso, há IESs privadas, como a Anhanguera, a ASSER e a Claretiano-Faculdade, que é mantida pela Ação Educacional Claretiana, dirigida pelos missionários claretianos desde 1925. Sua sede em Rio Claro é na avenida Santo Antônio Maria Claret, Nº 1724, mas há outra unidade em São Paulo, na rua Martim Francisco, Nº 604.

Os missionários claretianos se estabeleceram em Rio Claro em 1929, com a criação de um seminário dessa ordem. As atividades educacionais na unidade de Rio Claro tiveram início na Sociedade Rioclarense de Ensino Superior, fundada em setembro de 1971 e que em 1972 obteve autorização para o funcionamento da Faculdade de Ciências Contábeis (FACCO). Posteriormente, em 1981, foi autorizada a abertura da Faculdade de Tecnologia de Rio Claro (FATERC), bem como do Instituto de Pesquisas de Tecnologia de Rio Claro (IPETERC).

Um marco importante ocorreu em janeiro de 1996, quando o controle das unidades da Sociedade Rioclarense de Ensino, dos diversos outros níveis de ensino e da estação de televisão, passou para a Congregação dos Missionários Claretianos, a qual desde então imprimiu uma nova dinâmica aos trabalhos educacionais desenvolvidos e no processo seletivo de 2017 os estudantes puderam se matricular em 13 cursos superiores oferecidos pela IES em Rio Claro, sendo que muitos deles vieram de outras cidades.

O curso de medicina do Claretiano-Faculdade em Rio Claro, por exemplo, tem uma excelente estrutura, com laboratórios equipados com microscópios de alta performance e mesa anatômica 3D, com o atlas humano; dispõe de manequins e cenários para simulações realistas e estágios obrigatórios

172 Cidades Paulistas Inspiradoras

no SUS; possibilita aos estudantes a utilização de recursos videográficos, tendo sala de aula virtual e plataformas de conteúdo em um *notebook* que o aluno recebe; oferece diversas possibilidades de intercâmbio dentro e fora do Brasil. Sem dúvida, é por isso e por oferecer um ensino médico de qualidade que são muitos aqueles que vem de outras cidades para se formarem médicos nessa IES.

Naturalmente, são necessários alguns milhares de professores para que se concretizem as aulas em todas essas escolas e faculdades, não é? O setor de educação é um **grande empregador** em todas as cidades, em especial em muitas das citadas neste livro!!!

Na **saúde pública**, o município está dinamizando cada vez mais sua infraestrutura, contando para isso com várias UBSs, prontos-socorros, centros de saúde, de vigilância sanitária, de vigilância epidemiológica, de zoonoses, de habilitação infantil, do trabalhador. A cidade possui cinco hospitais (sendo um deles psiquiátrico), maternidades, programas específicos para cuidar dos aidéticos, e o SAMU.

Um desses hospitais é o da Unimed, inaugurado em 1996, que tem cerca de 104 leitos e na UTI, sua capacidade é para adulto (10 pessoas), pediatria (2) e neonatal (6).

No que se refere a acesso até a cidade, pode-se chegar Rio Claro através das seguintes rodovias: Fausto Santomauro (SP-127), vindo de Piracicaba; Wilson Finardi (SP-191), interligando-a com Araras; Washington Luís (SP-310), a de maior importância do município, com pista dupla, fazendo a ligação com o sistema Anhanguera-Bandeirantes no sentido de São Paulo; Constante Peruchi (SP-316), vindo de Santa Gertrudes e Cordeirópolis.

O **transporte hidroviário** é feito no rio Piracicaba, que dista cerca de 40 km de Rio Claro. Já a utilização do rio Corumbataí é mais complicada, pois ele enfrenta sérios problemas ambientais. No tocante ao transporte ferroviário, Rio Claro é atendida pela linha tronco da ALL, que interliga a cidade com São Paulo (chegando na capital paulista na estação da Luz) e além disso, os entroncamentos a partir de Itirapina seguem para Panorama, no oeste do Estado e para São Carlos e São José do Rio Preto, ao noroeste.

O tradicional Aeroclube de Rio Claro foi fundado em 14 de abril de 1939, tendo sua primeira turma de pilotos brevetados nesse mesmo ano. Ele se destaca pelas belas festas aviatórias que tem promovido, especialmente na comemoração do aniversário da cidade (em 24 de junho).

Em função do seu relevo propício, Rio Claro é uma cidade em **condições ideais** para a **prática do ciclismo**, além de usar a *bike* como um meio de transporte para se ir e vir do trabalho e da escola. Rio Claro possui assim muitas **ciclovias** e **ciclofaixas** – cerca de 30 km – conectando os bairros inclusive ao distrito industrial, localizado na avenida Brasil. Outas avenidas também têm uma parte das vias protegidas e reservadas aos adeptos desse transporte. Há uma grande frota de bicicletas na cidade, aproximando-se das maiores taxas de bicicletas por habitante do Brasil, como aquelas que possuem cidades como Sorocaba, Santos, Joinville etc.

No que se refere a **visitação**, um local importante é o Horto Florestal da cidade, que foi criado em 1909, por Edmundo Navarro de Andrade. Ele viveu ali e fez os seus estudos sobre o eucalipto. Todos os resultados de seus trabalhos foram arquivados, dando origem ao Museu do Eucalipto em 1916. A partir de 2002, pelo decreto estadual Nº 46.819, o antigo horto de Rio Claro foi classificado na categoria de **Florestal**, ou seja, que visa o manejo sustentável dos recursos, a pesquisa e a visitação, tornando-se Floresta Estadual Edmundo Navarro de Andrade (FEENA). Ele ganhou também a fama de **maior ponto turístico da região**.

São diversos os projetos em andamento (alguns deles já implantados) para ampliar a visitação do parque. Eles estão sendo desenvolvidos pela associação chamada **Amigos do Horto**, visando a restauração de museus, das instalações e a remodelação das áreas verdes para que estejam aptas para a exploração do **turismo ecológico**. Chega-se até ele por estrada pavimentada e todo visitante ao observar essa enorme área verde reconhece imediatamente a sua grandiosidade e beleza.

Como seu **patrimônio cultural**, não se pode deixar de destacar que no município de Rio Claro e também em Ipeúna foram encontrados vários sítios arqueológicos líticos associados aos primeiros habitantes dessa região do Estado pelos pesquisadores Manual Pereira de Godoy, em 1946, por Fernando Altenfelder Silva, em 1959, por Maria Beltrão, em 1964 e Tom Oliver Miller Junior, em 1965.

Dada a abundância de artefatos nesses locais, muitos deles puderam ser encontrados facilmente quase na superfície da terra, antes mesmo do início de pesquisas profissionais, ou seja, das escavações. Um dos sítios arqueológicos mais importantes é o do sítio Alice Boer, na antiga fazenda Serra D'Água, que fica bem próximo ao encontro dos rios Cabeça e Passa-Cinco, na divisa de Rio Claro com o município de Ipeúna.

A ocupação posterior pelos povos tupis-guaranis deixou como legado os sítios arqueológicos cerâmicos da tradição tupi-guarani desvendados especialmente pelos pesquisadores Fernando Altenfelder Silva e Tom Oliver Miller Junior.

Um local muito aprazível em Rio Claro é aquele onde fica o lago Azul, que ocupa algo próximo de 35.600 m^2, tendo em torno de si uma área verde de 130.000 m^2 que atrai diariamente muitas centenas de rio-clarenses. E para o desenvolvimento da sua **vida cultural** a cidade possui alguns museus – Museu de Eucalyptus, Museu de Energia de Rio Claro, Museu da Paleontologia e Estratigrafia, Herbário Rioclarense, Museu de Minerais e Rochas Heinz Eber e Amador Bueno da Veiga, Museu de Ensino e História – e, para um maior entretenimento, existem em Rio Claro cinemas, teatro, casas noturnas, associações recreativas, restaurantes, bares e áreas de lazer.

No âmbito **esportivo**, a cidade possui dois clubes de futebol com certo destaque no cenário estadual, o Rio Claro Futebol Clube e o Velo Clube. No basquete, especialmente na década de 1980 e meados de 1990, o Rio Claro Basquete conquistou títulos estaduais, nacionais e internacionais.

Em 2014, Rio Claro foi a sede do Campeonato Brasileiro de Balonismo e do Campeonato Mundial de Balonismo, quando recebeu alguns milhares de visitantes que vieram acompanhar as competições

O monumento aos Bandeirantes resgata e preserva a história da cidade, considerada o berço dos bandeirantes.

Santana de Parnaíba

PREÂMBULO

Elvis Leonardo Cezar, prefeito de Santana de Parnaíba desde 2017, declarou: "Passados vários séculos, tem-se uma interessante constatação: Santana de Parnaíba preservou seu patrimônio histórico e cultural, mesmo com o crescimento desordenado na RMSP.

É como se a cidade tivesse sido poupada para poder mostrar às futuras gerações a importância histórica de sua terra e de seus desbravadores. Sem dúvida é isso que atrai **tantos visitantes** para Santana de Parnaíba, uma cidade muito especial por conta de seus pontos turísticos e de suas manifestações culturais."

De fato, Santana de Parnaíba é detentora do título de maior **núcleo urbano em taipa do País**, tombado pelo Condephaat em 1982. A cidade foi fundada em 1580, e chegou a rivalizar com a capital paulista durante o período colonial. Ela ainda guarda diversas marcas de importantes momentos históricos do País, como, por exemplo, o movimento bandeirista e o pioneirismo na geração de energia elétrica.

E no que se refere a educação, Santana de Parnaíba viu em 2018, a instalação de um polo de EAD da UniFAJ, o que vai ser um grande ganho para os jovens que vivem nela, pois poderão agora se matricular nos diversos cursos dessa IES.

A HISTÓRIA DE SANTA DE PARNAÍBA

Localizada a 35 km da capital paulista, Santana de Parnaíba é uma das cidades que mais cresceram nos últimos 47 anos na RMSP, estimando-se que o seu PIB em 2017 tenha sido de R$ 8,3 bilhões. No começo da década de 1970 viviam nela cerca de 5 mil pessoas e já no início de 2018 estimou-se que ela contasse com quase 150 mil habitantes. O município ocupa uma área de 592,3 km² e faz divisa com as seguintes cidades: Pirapora de Bom Jesus, Cajamar, São Paulo, Barueri, Itapevi e Araçariguama.

O nome do povoado de Parnaíba teve como origem da expressão tupi *pan-eei-i-bo*, cujo significado é "rio ruim ou impraticável", "lugar de muitas ilhas" ou "rio difícil de navegar". Isso logo foi percebido pelos bandeirantes que utilizavam o rio Tietê para seguir rumo ao sertão, mas enfrentaram muitos obstáculos, sendo um deles a transposição da "cachoeira do inferno", localizada a 35 km do então povoado de Piratininga (atual cidade de São Paulo).

Foi na margem esquerda do rio Tietê que se desenvolveu a fazenda de Suzana Dias – uma mameluca de ascendência indígena-portuguesa, filha de Lopo Dias e Beatriz Dias (filha do cacique Tibiriçá) –, assim como posteriormente outras construções. O povoado foi fundado em 14 de novembro de 1580 – data em que até hoje é celebrado o aniversário da cidade –, pela própria Suzana Dias e por seu filho, capitão André Fernandes. Devido a sua posição estratégica no vale do rio Tietê, o local se tornou o ponto de partida das bandeiras que rumavam para o oeste paulista e para o Mato Grosso. Em 1625 ele foi elevado à condição de **vila**.

Porém, com o fim das bandeiras no século XVIII a vila de Parnaíba entrou em decadência. Além disso, o isolamento geográfico provocado não apenas pelas quedas de água do rio Tietê, mas também pelo relevo acidentado de seu território, fizeram com que a vila deixasse de figurar nas rotas de comércio e colonização que ligavam São Paulo às recém-surgidas cidades de Jundiaí, Sorocaba e Itu.

Somente muito tempo depois a cidade começou a se reerguer, embora de maneira tímida, quando em 24 de setembro de 1901 foi inaugurada pela empresa canadense Light and Power a usina hidrelétrica Edgard de Sousa, cujo nome veio do primeiro brasileiro em cargo de direção na empresa. Todavia, isso não foi suficiente para revitalizar a cidade, que, ao longo do século XX, perdeu grande parte de seu território para seus antigos distritos de Cajamar, Pirapora de Bom Jesus e Barueri.

178   Cidades Paulistas Inspiradoras

De fato, só a partir da década de 1980 é que o município voltou a ganhar certo dinamismo econômico, a partir de melhorias realizadas nas ligações rodoviárias com o restante da RMSP e do impulso obtido com o surgimento de diversos condomínios residenciais, notadamente o Alphaville. Vale lembrar que o acesso a Santana de Parnaíba é feito pelas rodovias Castello Branco (SP-280) e Mario Covas (SP-21), assim como pela estrada dos Romeiros (SP-312).

No que se refere a **desenvolvimento econômico**, já é possível verificar várias indústrias em atividade na cidade, em especial no bairro de Fazendinha. Todavia ele não é tão marcante quanto na vizinha Barueri. De fato, a **economia** de Santana de Parnaíba – notadamente na região de Alphaville – está ligada principalmente ao **setor terciário**, ou seja, de comércio e prestação de diversos serviços. Neste sentido, o **turismo** é o que mais gera recursos para a cidade.

Para que os parnaíbanos e também os visitantes possam circular nas ruas da cidade sob boa iluminação desde 2016, Santana de Parnaíba adotou a iluminação com luminárias usando a tecnologia LED (sigla em inglês do diodo emissor de luz) e no final do 1º semestre de 2018 já foram instaladas 6.500 luminárias.

A padroeira de Santana de Parnaíba é Santa Ana e, pelo fato de Suzana Dias ter sido devota dessa santa, na ocasião da fundação do povoado foi construída ali uma capela em sua homenagem. Hoje no local encontra-se a igreja matriz, um marco muito importante da cidade, construída no século XIX em estilo eclético. O prédio possui piso com canela preta, e altares que acompanham a antiga liturgia, anterior ao Concílio Vaticano IX.

Outro ponto turístico importante de Santana de Parnaíba é o Museu Anhanguera. Localizado num imóvel que data da segunda metade do século XVII, ele é o único remanescente da casa bandeirista urbana, marcado por paredes estruturais em taipa de pilão. A edificação possui grande valor histórico e arquitetônico, e por isso foi tombada em 1958 pelo IPHAN e, em seguida, transformada no Museu Histórico e Pedagógico Casa do Anhanguera, em homenagem ao bandeirante Bartolomeu Bueno da Silva, apelidado de "Anhanguera", que nasceu em Santana de Parnaíba.

Entre os moradores ilustres nas primeiras décadas de Santana de Parnaíba vale citar: o capitão Guilherme Pompeu de Almeida; seu filho, o padre de mesmo nome – conhecido pela alcunha de "**banqueiro das bandeiras**" –, os bandeirantes Fernão Dias Falcão, o já citado Anhanguera, André Fernandes e Domingos Jorge Velho, que fizeram de Santana de Parnaíba um ponto de referência para as expedições desbravadoras do nosso sertão.

Quem chega hoje a Santana de Parnaíba, depara-se com um espetacular monumento aos Bandeirantes. Ele foi concebido para resgatar a história da cidade, possibilitando inclusive uma fusão entre o passado e o futuro, retratando a saga bandeirista. Trata-se de uma justa homenagem aos bandeirantes, aos índios e aos negros, etnias que tanto contribuíram para tornar o Brasil um País gigante.

O conjunto arquitetônico colonial do centro histórico da cidade – o maior do Estado – ainda ostenta sinais de 200 construções e casas datadas dos séculos XVII e XVIII. As casas térreas e os sobrados, foram construídos no alinhamento da rua, são geminadas e com beirais pronunciados, como medida de proteção da taipa.

Um bom exemplo disso é o casarão **Monsenhor Paulo Florêncio da Silveira Camargo**, um sobrado construído no final do século XVIII, com paredes estruturais em taipa de pilão, coberto com telhas capa canal, portas altas com bandeiras e balcões com vestígios de muxarabi (um tipo de balcão mourisco protegido em toda a altura da janela, por uma grade de madeira de onde é possível ver e ser visto).

Outro prédio icônico da cidade é o que já foi a antiga sede da Câmara Municipal da cidade. Esse órgão foi instituído em 1625 pela família Fernandes, sendo a sétima mais antiga do Estado. Somente em 1911 a sede oficial foi construída pelo prefeito da época, o coronel Raymundo. Então, em 2008, após 97 anos, a Câmara Municipal ganhou um novo edifício. Ele está localizado num bairro vizinho e aí a antiga sede da Câmara passou a abrigar a secretaria municipal de Cultura e Turismo. Ele mantém o antigo plenário e a galeria dos ex-prefeitos, com o objetivo de exibir aos visitantes um pouco da história daqueles que já governaram a cidade.

Outra edificação incrível é a *Casa do Patrimônio (Casa 80)*, localizada no centro histórico, mais especificamente no largo São Bento. Ela foi construída no século XVIII e, de acordo com o Condephaat, o imóvel é remanescente do mosteiro de Nossa Senhora do Desterro, que fora erguido em terras doadas aos beneditinos pelo capitão André Fernandes. O local foi restaurado em 2003 pela Oficina Escola de Artes e Ofícios, e é considerado um laboratório de técnicas construtivas tradicionais (taipa de pilão, adobe e forro de tacaniça – parte do telhado que resguarda os lados de um edifício).

Um prédio muito interessante em Santana de Parnaíba é o antigo cine teatro, denominado Coronel Raymundo. Sua criação está ligada a um grupo de teatro amador que em 1891 fundou a Sociedade Benemérita Recreativa Dramática Particular Parnahybense, com finalidades filantrópicas e culturais voltadas principalmente para as artes cênicas. Seu nome é uma homenagem ao então prefeito Raymundo Ignácio de Cruz, doador do terreno para a construção da Santa Casa de Misericórdia na cidade.

No final da década de 1960, o Cine Teatro Coronel Raymundo abrigou a empresa de couro Lenhart, por quase 10 anos. Todavia, por falta de recursos próprios – e também pelo fato de esse prédio necessitar de reformas urgentes –, a Santa Casa de Misericórdia (sua proprietária) desativou esse prédio na década de 1990. Agora, após um período de 18 anos em que permaneceu fechado, o edifício icônico foi totalmente restaurado por iniciativa da prefeitura e, assim, Santana de Parnaíba a partir de 2008 ganhou um local para a realização de várias atividades culturais.

Também vale muito a pena para o visitante apreciar o edifício onde funcionava a antiga delegacia de polícia de Santana de Parnaíba. Esse prédio em estilo neoclássico, que pertence ao governo estadual, foi construído em 1892 e no início do século XX abrigou a Câmara Municipal. Desde a sua construção ele ostenta um sino pendurado sobre a bandeira da porta principal, que, embora hoje seja uma peça decorativa, no passado foi utilizado para dar o toque de recolher para as pessoas que estavam na rua, mantendo assim o silêncio da vila – e posteriormente da cidade – durante a noite. Essa delegacia passou por vários processos de restauro e, em 2004, por uma ampliação, quando o prédio ganhou uma edícula no fundo, banheiros, uma área de serviços e inclusive uma cela. Atualmente funciona ali um posto de atendimento da Guarda Municipal Comunitária.

Na praça 14 de Novembro fica o coreto Maestro Bilo, também construído em 1892. O nome é uma homenagem ao maestro parnaibano Severino Dóglio, conhecido popularmente como "Bilo", que foi o responsável pela Corporação Musical Santa Cecília. A construção possui grades de ferro (representando claves de sol) importadas que chegaram ao Brasil pelo porto de Santos, viajaram de trem até Barueri e terminaram o trajeto até Santana de Parnaíba em carros de boi.

O coreto é um dos mais belos monumentos históricos da cidade – um de seus **"tesouros"**. Seu piso original era de assoalho e o porão, oco. Em 1963 a construção foi aterrada, reformada e diminuída em 60 cm de altura, mas preservou-se o gradil original, assim como o restante da arquitetura. O local continua sendo o palco de apresentações musicais e juntamente com a igreja matriz, o casarão e o Museu Anhanguera, é considerado o cartão de visitas da cidade.

Outro local adorado pelos turistas é o Centro de Memória e Integração Cultural Bertha de Moraes Nérici, cujo nome é uma homenagem à primeira mulher parnaibana a se alistar na Força Expedicionária Brasileira (FEB) por ocasião da 2ª Guerra Mundial, quando serviu como enfermeira.

Aliás, cabe a esse centro, um setor da secretária municipal de Cultura e Turismo reunir, organizar e preservar acervos documentais em diferentes suportes, sobre a história da cidade e da região, disponibilizando o seu acervo para consultas no local. O seu edifício possui um espaço para exposições e outros eventos de interesse da comunidade.

Além do monumento aos Bandeirantes, deve-se mencionar outros dois bastante interessantes, inaugurados em 2001: o primeiro homenageia a já mencionada fundadora da cidade, Suzana Dias; o segundo é uma homenagem ao grande artista e religioso brasileiro frei Agostinho de Jesus, um dos precursores da chamada arte barroca colonial. Ele viveu na cidade entre 1645 e 1651, e se destacou na produção de imagens sacras feitas em terracota (barro cozido), uma representação da arte bandeirista. A maior parte de suas obras foi criada para as congregações beneditinas. Elas podem ser vistas em diversos locais dos Estados de São Paulo e do Rio de Janeiro.

Esse monumento em homenagem ao frei, é uma obra do artista parnaibano Murilo Sá Toledo, que está no largo São Bento, o local onde inicialmente tinha-se um mosteiro beneditino.

Uma atração turística que os visitantes adoram é também o ponto mais alto do morro de Voturana, ou seja, o morro Negro. Ele está localizado entre os municípios de Santana de Parnaíba, Pirapora de Bom Jesus e Araçariguama. Aliás, esse foi o ponto de partida dos bandeirantes, além de ser um núcleo minerador da capitania de São Vicente. O local foi tombado pelo Condephaat em 1983, por conta de seu valor paisagístico, arqueológico, sua biodiversidade e importância como refúgio da flora e fauna regionais.

182   Cidades Paulistas Inspiradoras

Porém, a despeito de todos esses pontos turísticos, o maior contingente de visitantes vem a Santana de Parnaíba para acompanhar seus vários eventos e suas festas de rua. É nessas ocasiões que já há algumas décadas moradores e turistas ocupam o centro histórico e caem na folia. Um bom exemplo disso é o Grito da Noite, uma manifestação secular que oficializa a abertura do Carnaval parnaibano.

Assim, seguindo uma tradição de origem afro-brasileira, na sexta-feira de Carnaval, a cidade às escuras, espera pelo toque dos tambores, pelo samba de bumbo e pelos "cabeções" que acompanham o cortejo, uma das mais legítimas representações da arte popular e que só existem em Santana de Parnaíba.

Já na Semana Santa acontece a encenação Drama da Paixão, com atores da própria cidade. O evento, que revive uma das mais emocionantes histórias da humanidade (o nascimento, a vida, a morte e a ressureição de Jesus Cristo), é realizado nas proximidades da barragem Edgard de Sousa, às margens do rio Tietê, num espaço cenográfico de cerca de 15.000 m². Vale ressaltar que esse espetáculo vem sendo classificado pelos críticos como um dos maiores desse tipo no Brasil.

O evento em 2018 ocorreu nos dias 29, 30 e 31 de março envolvendo mais de 500 "atores" na encenação, todos voluntários e que participaram dela por motivo artístico e espiritual. Houve muitas inovações nessa apresentação o que encantou muito os milhares de espectadores.

No mês de maio acontece a Festa de Cururuquara, um misto de **festa religiosa** (em louvor a são Benedito e Nossa Senhora do Carmo) e **comemoração** pela abolição da escravatura, que inclui reza cabocla, missa e procissão. O caráter cultural do evento se manifesta nas apresentações de samba de bumbo, realizadas pelo grupo Samba de Cururuquara, composto em sua maioria por descendentes de escravos.

A celebração de Corpus Christi, por sua vez, transformou-se em uma das maiores manifestações religiosas do Estado e atrai a cada ano milhares de visitantes para a cidade. Na ocasião, várias ruas do centro histórico são ornamentadas pelos próprios moradores com lindos tapetes coloridos feitos de serragem, pó de café e casca de ovos. Os desenhos com motivos religiosos surpreendem pelo capricho e perfeição.

No último domingo de junho acontece na cidade o já tradicional Encontro do Antigomobilismo, ocasião em que as ruas do centro histórico ficam repletas de "**raridades**" extremamente bem conservadas que registram a história da presença do automóvel o Brasil. É claro que o conjunto arquitetônico da cidade, completa de forma ideal o cenário para a exposição desses veículos.

Já o grande evento de julho é a comemoração do Dia de Santa Ana, a padroeira da cidade e avó de Jesus Cristo. Várias atividades religiosas e culturais são realizadas para festejar a data. O dia já começa com a tradicional alvorada, uma apresentação da banda da cidade, que percorre as ruas do centro histórico. Em seguida acontecem as missas e, ao final da tarde, a procissão.

Todos os sábados, domingos e feriados os artistas e artesãos da cidade (e alguns de fora...) participam da Feira de Artes e Artesanato. Bem ao lado dela fica uma praça de alimentação para atender aos visitantes, que costumam permanecer bastante tempo no local. Já no horário entre 15 h às 17 h acontece o evento Música na Praça, com apresentações musicais de diversos gêneros – música popular brasileira, samba, choro, *blues* etc. –, tendo como palco o coreto Maestro Bilo.

Finalmente, no mês de dezembro os visitantes têm a oportunidade de visitar e admirar o maravilhoso presépio da cidade e escutar as Cantatas de Natal, apresentadas na primeira semana do evento. Aliás, já se tornou uma tradição da cidade a montagem de um dos **maiores presépios do Estado**, assim como a decoração da praça 14 de Novembro e das edificações tombadas no seu entorno com milhares de lâmpadas, bonecos e animais mecanizados em tamanho real.

Diversos roteiros turísticos passam por Santana de Parnaíba. Esse é o caso, por exemplo, do Caminho do Sol, uma rota turística de 240 km que é percorrida em 11 dias e engloba 12 municípios. O evento de autoconhecimento tem como **marco zero** a cidade de Santana de Parnaíba. O destino final é a Casa de Santiago, em Águas de São Pedro. Essa é uma atração inspirada no famoso Caminho de Santiago de Compostela, na Espanha.

Outro roteiro bem interessante é o dos Bandeirantes, focado no conhecimento histórico cultural, que abrange nove cidades do Alto e Médio Tietê – Santana de Parnaíba, Pirapora do Bom Jesus, Araçariguama, São Roque, Cabreúva, Itu, Salto, Porto Feliz e Tietê –, num trecho pelo qual passaram os bandeirantes rumo ao interior do País, dando início à sua colonização, fundando diversas vilas e ampliando em muito as fronteiras do Brasil.

Outro circuito bastante apreciado é o chamado Taypa de Pilão, um roteiro, turístico histórico que inclui a visitação de imóveis construídos em taipa e tombados pelo IPHAN. O percurso abrange os municípios de Barueri (onde o foco é admirar a imagem de Nossa Senhora da Escada); Carapicuíba (onde se percorre a aldeia); Cotia (com a visita ao sítio Mandú e à casa do padre Inácio); Embu das Artes (indo ao conjunto jesuítico Nossa Senhora do Rosário); Santana de Parnaíba (visitando o Museu Anhanguera e o *Casarão*) e São Roque (onde se percorre o sítio Santo Antônio).

Claro que existem também os apreciadores da cachaça local, e que adoram conhecer o processo de fabricação da cachaça artesanal para saber o que estão bebendo. Neste caso o ideal é percorrer o "**Circuito dos Alambiques**".

O visitante que quiser participar dos passeios em Santana de Parnaíba poderá recorrer ao Centro de Informações Turísticas (CINTUR) da cidade, que atende tanto visitantes como moradores da cidade, oferecendo-lhes todas as explicações e o material de divulgação sobre os eventos planejados. O CINTUR também oferece monitorias agendadas para grupos que desejam visitar a cidade, e tem feito um excelente trabalho nessa área. De fato, todas as cidades interessadas em aumentar a **empregabilidade** deveriam ter um órgão tão eficaz quanto o de Santana de Parnaíba, que realmente consegue incrementar a **visitabilidade** a ela!!!

O prefeito de Santana de Parnaíba, Elvis L. Cezar afirmou: "Em breve nos alcançaremos o *status* de MIT, com o que se receberá uma verba anual de R$ 550 mil por ano, que será usada em investimentos em obras destinadas ao incremento do turismo."

Paço Municipal, com vista do Teatro Concha e o prédio principal da prefeitura.

Santo André

PREÂMBULO

A boa notícia para os andreenses foi a compra pela Amil (que por sinal foi comprada em 2013 pela gigante grupo norte-americano de saúde, United Health) do Hospital e Maternidade Dr. Christóvão da Gama, um dos mais antigos da cidade. Segundo a nova diretoria, o número de leitos existentes será substancialmente ampliado – em cerca de 67% –, uma vez que a taxa de ocupação atual já ultrapassa os **92%** e, em muitas semanas do ano, é **total**, o que impede o bom atendimento dos que precisam de cuidados médicos imediatos.

Em 2018, o complexo contava com cerca de 1.150 funcionários e englobava dez unidades – centro médico e cirúrgico, clínicas e laboratórios. Ele foi fundado pelo médico Celso Caçapava Gama em 30 de setembro de 1954, como Casa de Saúde e Maternidade São Christovão, e seis anos depois (em 1960) passou a ser chamado como nos dias atuais, em homenagem ao pai de Celso Gama.

Vale ressaltar que a compra de estabelecimentos de saúde por grandes conglomerados nacionais tem sido uma tendência na RMSP. No caso de Santo André, isso já havia acontecido no passado quando a Rede D'Or São Luiz adquiriu em 2010 o Hospital e Maternidade Brasil.

A HISTÓRIA DE SANTO ANDRÉ

Santo André é um município paulista localizado na zona sudoeste da RMSP. Ele ocupa uma área de 175 km² e, em 2018, sua população estimada era de 760 mil habitantes. Segundo análises da ONU, a cidade de Santo André já foi classificada entre as 20 mais desenvolvidos do País, e uma das dez melhores do Estado, especialmente para se **criar os filhos**!!!

Seu lema é *Paulistaram Terra Mater* ("**terra-mãe dos paulistas**"), o que pode ser facilmente compreendido ao se observar sua história. O nome do município remonta à antiga vila de Santo André da Borda do Campo, fundada pelo explorador português João Ramalho Maldonado, conhecido por sua união com a índia Bartira ("flor de árvore" em tupi), filha do cacique Tibiriçá (tribo dos guaianases). Essa vila existiu na região do Grande ABC, que atualmente corresponde a Santo André, São Bernardo do Campo, São Caetano do Sul, Diadema, Mauá, Ribeirão Pires e Rio Grande da Serra. Em 8 de abril de 1553, João Ramalho pediu ao então governador-geral Tomé de Sousa que a região fosse transformada em **vila**, o que foi atendido.

Em 1558, José Ramalho passou a governar essa nova vila como alcaide--mor. Porém, dois anos mais tarde (em 1560), por conta de rivalidades entre os padres jesuítas de Piratininga e o alcaide, e também pelos conflitos com os povos indígenas da confederação dos tamoios, o novo governador-geral Mem de Sá decidiu transferir a vila para os campos de Piratininga, onde desde 1554 já se localizava o Colégio de São Paulo, atual Pátio do Colégio, na capital paulista. Isso explica a razão para Santo André ser chamada de "**terra-mãe dos paulistas**"!!!

O município de São Bernardo do Campo surgiu em 1889, emancipado do então município de Santo Amaro, uma região que incluía o território hoje denominado Grande ABC. O nome Santo André, por sua vez, ressurgiu somente em 1920, com a criação de um distrito às margens da São Paulo Railway (ou Estrada de Ferro Santos-Jundiai – EFSJ).

Nessa época, Santo André se constituía especificamente do bairro da estação da EFSJ, no município de São Bernardo do Campo. Hoje, entretanto, o município de Santo André é bem maior. Ele é formado por três distritos – Capuava, Paranapiacaba e a sede (subdividida por sua vez nos subdistritos de Utinga e Santo André). A cidade faz divisa com diversos municípios: São Paulo, Mauá, Ribeirão Pires, Rio Grande da Serra, Suzano, Mogi das Cruzes, Santos, Cubatão, São Bernardo do Campo e São Caetano do Sul.

188   Cidades Paulistas Inspiradoras

Em termos de **economia**, a cidade chegou a desfrutar de certo crescimento industrial, porém, assim como ocorreu com os demais municípios do ABC (São Bernardo do Campo e São Caetano do Sul), a partir da segunda metade dos anos 1980 a economia de toda a região (em especial a indústria metalúrgica) começou a enfrentar outra realidade. Teve início uma verdadeira **"guerra fiscal"**, promovida principalmente por outas cidades do interior paulista, que ofereceram às empresas do ABC terrenos praticamente de graça e tributos bem menores.

Com isso, muitas **empresas metalúrgicas** – produtoras, em sua grande maioria, de componentes para montadoras automobilísticas, como Volkswagen, Scania, Ford e Mercedes-Benz (em São Bernardo do Campo) e General Motors (em São Caetano do Sul) – **começaram a sair da cidade**!!!

E não foi apenas o setor de autopeças que migrou, mas também o de componentes para refrigeração, que representava uma importante fatia da indústria andreense. Naturalmente, essa busca de menores tributos, mão de obra mais barata e terrenos mais amplos (e praticamente de graça) afetou muito o comportamento econômico de Santo André.

A partir dos anos 1990, o **setor de comércio e serviços** começou a crescer e se tornou a melhor opção para amenizar o crescente desemprego na região. Dessa maneira, muitos galpões de fábricas tradicionais se transformaram em *shopping centers*, lojas de automóveis e até mesmo em grandes templos de igrejas evangélicas. Exemplos claros disso foram os casos do terreno onde ficava a fábrica Black & Decker na avenida Industrial, no bairro Jardim, que hoje é ocupado pelo *Grand Plaza Shopping*. Por sua vez, o terreno da metalúrgica Festo, na avenida Pereira Barreto, na Vila Gilda, abriga hoje o supermercado Coop; já no terreno da empresa KS Pistões, também na avenida Pereira Barreto, no bairro Paraíso, ergueu-se um conjunto residencial para a classe média.

Mas além dessa mudança no perfil, outra coisa que contribuiu bastante para o surgimento de um novo cenário econômico em Santo André (e em todo o ABC paulista) foi uma **maior abertura econômica para o capital externo e a facilidade de se importar certos produtos**. Esse processo – que teve início no governo do presidente Fernando Collor de Mello, e que foi intensificado no governo do presidente Fernando Henrique Cardoso – tornou mais vantajoso para os consumidores adquirirem produtos estrangeiros que os nacionais, o que fez com que muitas empresas metalúrgicas de componentes tivessem uma forte queda em seus lucros. Assim, elas tiveram de optar entre o fechamento ou a mudança para outras cidades do interior paulista, onde os seus custos seriam menores.

Os empregos que até então eram quase garantidos na cidade começaram a **desaparecer**, o que levou os andreenses a buscá-los em outros municípios. Isso, por sua vez, levou à implementação de uma melhor rede de **transporte intermunicipal** e à extensão das linhas de ônibus que interligavam a região até os bairros mais distantes. Assim, o sistema de transporte coletivo de Santo André é constituído por:

- Uma rede de linhas municipais, operadas por empresas particulares e gerenciadas pela SA Trans.

- Uma rede de linhas intermunicipais operada por empresas particulares e gerenciadas pela EMTU, um órgão do governo estadual. Elas ligam Santo André a vários municípios da RMSP, sendo que o ponto final de algumas é no terminal de ônibus de Santo André, e de outras nos seus bairros.

- Uma rede de linhas intermunicipais seletivas, operada por empresas particulares e também gerenciadas pela EMTU, porém com veículos mais confortáveis e passagens mais caras. Entre as principais linhas estão aquelas que servem a capital paulista, nas regiões da avenida Paulista, do terminal rodoviário do Tietê e do aeroporto de Congonhas.

- O corredor de trólebus ABD, considerado um dos mais eficientes da região, com ônibus elétricos, movidos a diesel e híbridos, ou seja, movidos a eletricidade e diesel ao mesmo tempo. Estes ligam terminais em Santo André a bairros paulistanos nas zonas leste e sul, e também às cidades de São Bernardo do Campo, Diadema e Mauá. Esse sistema é operado pela empresa particular Metra e gerenciado pela EMTU. Nessa linha, alguns veículos possuem piso rebaixado para facilitar o embarque/desembarque de idosos e deficientes físicos; aparelhos de TV; ar condicionado; câmeras de segurança etc. Ela também permite baldeações gratuitas em várias linhas de ônibus e micro-ônibus do sistema.

- Os trens da CPTM que servem a linha Turquesa. Essa linha tem interligação com a Linha 3 - Vermelha do metrô de São Paulo, com a Linha 11 – Expresso Leste – Guaianases-Luz, na estação Brás, e ainda com a Linha 2 - Verde do metrô, na estação Tamanduateí. A cidade de Santo André possui também três estações de trem em atividade, de onde é possível acessar os terminais de ônibus da cidade (sem transferência gratuita entre ônibus e trem).

- O terminal rodoviário de Santo André recebe ônibus intermunicipais e interestaduais que servem cidades tanto do litoral norte como do sul do Estado; cidades do interior paulista e até mesmo de outros Estados, com linhas administradas pela Agência Reguladora de Serviços Públicos Delegados de Transporte do Estado de São Paulo (Artesp).

Por pertencer a uma região intensamente conurbada – cujas linhas limítrofes são muitas vezes apenas "imaginárias", e também pelo fato de muitas pessoas que moram em Santo André trabalharem em outras cidades (e vice-versa), a cidade foi abrigada a investir em vias rápidas – embora o trânsito não seja assim tão rápido por conta do número de semáforos, dos cruzamentos, dos buracos no asfalto e dos congestionamentos, é claro.

De qualquer modo, para quem está de carro, os principais acessos a Santo André são as avenidas: Pereira Barreto, dos Estados (também denominada dr. Francisco Mesquita, rua São Raimundo ou só do Estado), Dom Pedro II, Prestes Maia, Atlântica e Valentim Magalhães. Já as ruas que dão acesso a Santo André, São Bernardo do Campo, São Caetano do Sul e Mauá são: Oratório e dos Vianas, além da Perimetral.

No que se refere a acesso rodoviário, Santo André é servida pelas seguintes rodovias: Índio Tibiriçá (SP-31), que atravessa o sul do município no sentido oeste-leste e liga Santo André à rodovia Anchieta e à cidade de Suzano; rodovia SP-122, que liga o distrito de Paranapiacaba a Ribeirão Pires; Rodoanel Mario Covas (SP-21), que atravessa Santo André no sentido leste-oeste e liga o município às rodovias Ayrton Senna, Dutra, Anchieta, Imigrantes, Régis Bitencourt, Raposo Tavares, Castello Branco, Anhanguera e Bandeirantes. Mas também é possível chegar à região central de Santo André pela saída 16 da rodovia Anchieta (SP-150), localizada em São Bernardo do Campo, que dá acesso ao anel viário metropolitano, formando pelas avenidas Lions e Prestes Maia, dentre outros.

É verdade que Santo André teve vários prefeitos que procuraram de alguma forma reverter o quadro de crescente desemprego na cidade. Esse foi o caso do prefeito Aidan Ravin que desde que assumiu em 2009 procurou estimular o **empreendedorismo** com apoio do Sebrae/SP.

Ele lançou em 2010 o projeto Bairros Mais Fortes, no qual procurou identificar as necessidades específicas para que comerciantes e prestadores de serviços de cada bairro pudessem melhorar os seus negócios e criou o Fundo Social de Solidariedade com o objetivo de produzir mais oportunidades de geração de emprego e renda.

Felizmente nas últimas décadas, ocorreu o crescimento da cidade devido a uma grande evolução no **setor imobiliário**. Aliás apesar da crise econômica que viveu o País de 2015 até 2018, o município teve o maior número de novos empreendimentos residenciais perdendo na RMSP só para Osasco e Guarulhos. Assim surgiram na cidade diversos empreendimentos que, aliás, contribuíram bastante para a geração de empregos na **construção civil** da cidade, como foi o caso do *resort* urbano *Le Quartier Santo André*, localizado a poucos minutos de um dos principais centros comerciais da cidade, o *Shopping* ABC.

Outro bom exemplo é o da empresa MBigucci, dona e responsável pela grande obra *Sonata MBigucci*, no Parque das Nações, e que aceitou a solicitação do prefeito Paulo Serra para cuidar da praça Carlos Abondante, localizada nas proximidades.

O *Sonata MBigucci* é um condomínio-clube completo, moderno e o primeiro da região a oferecer uma piscina coberta e aquecida. Além disso ele oferece: salão de festas, espaço *gourmet*, espaço mulher, salão de jogos para adultos, sauna, quadra esportiva, *playground*, churrasqueira etc. Ele deve ser entregue totalmente concluído em abril de 2020 – e a empresa MBigucci não tem falhado em suas previsões de entrega das suas obras!!!

Aliás um exemplo recente do sucesso da MBigucci em Santo André foi a entrega do empreendimento *Impactus MBigucci*, com 120 unidades residenciais. O projeto foi iniciado em setembro de 2014 e concluído em 29 de novembro de 2017. Durante o corte simbólico da fita inaugural, o diretor da empresa Milton Bigucci Junior ressaltou: "Agradeço a todos que compraram os apartamentos do empreendimento na planta, ainda quando aqui era um terreno baldio, confiando na MBigucci. Nós construímos o *Impactus* com muito amor e dedicação, quando uma equipe de arquitetos, projetistas, engenheiros avaliou todos os detalhes e os operários executaram todas as tarefas com eficiência, como por exemplo a fachada do edifício, que é uma novidade, feita em revestimento monocapa, que possibilitou proteção, decoração e agilidade ao mesmo tempo. Desejo que todos vocês sejam muito felizes aqui e convivam em harmonia com os seus vizinhos."

Aliás, em 2018 a MBigucci iniciou outro projeto, dessa vez comercial: o Parque Capuava, um grande condomínio logístico com 109.000 m², com 40 galpões modulares de diversos tamanhos para locação. Ele estará localizado na avenida do Estado, a principal ligação de São Paulo com o Grande ABC, nas proximidades do Makro e do Auto *Shopping* Global. E certamente nesse futuro centro de distribuição industrial trabalharão muitas centenas de pessoas, o que é muito bom para incrementar a **empregabilidade** em Santo André, não é mesmo?

O fato é que esse é um exemplo claro de empresa que, ao desenvolver seus negócios, colabora para melhorar a **habitabilidade**, a **empregabilidade** e a **sustentabilidade** de uma cidade. Isso deveria ser seguido por outras organizações do setor imobiliário nas cidades paulistas, não acha?

Atualmente Santo André busca se reposicionar no **cenário econômico** com investimentos maiores nos setores de **educação** e **tecnologia**. Neste sentido, foi criada em 2006 a Universidade Federal do ABC (UFABC), que visa atrair milhares de estudantes, e foi dado início ao projeto de construção de um Parque Tecnológico, cujo objetivo é trazer *start-ups* para a cidade.

A UFABC é uma IES pública federal com *campi* em Santo André e São Bernardo do Campo. Em 2004, o ministério da Educação encaminhou ao Congresso Nacional o projeto de lei Nº 3962/2004, que previa a criação da UFABC. Essa lei foi sancionada pelo então presidente Luíz Inácio Lula da Silva, e publicada no *Diário Oficial* da União de 27 de julho de 2005, sob Nº 11.145, datada de 26 de julho de 2005.

Esse foi sem dúvida um momento importante e representou um grande incentivo para fomentar a educação de todos os que vivem na região do Grande ABC. O primeiro reitor da UFABC foi o professor Hermano Tavares, ex-reitor da Unicamp, cujo mandato foi de 2005 a 2007. Ele foi sucedido pelo prof. Luiz Bevilacqua, PhD (*doctor of philosophy*, ou seja, tem grau de doutorado universitário) em mecânica aplicada pela Universidade de Stanford, nos EUA. Todavia, por questões de saúde ele deixou o cargo em 2008, sendo substituído pelo ex-pró-reitor de pesquisa da Unicamp, Helio Waldman, PhD em engenharia elétrica também por Stanford.

Foi na época de seu mandato que a UFABC ganhou ainda mais destaque no âmbito educacional, por conta de seu projeto pedagógico inovador e vanguardista. Assim, de acordo com a SC Imago Institutions Rankings, durante os anos 2010 e 2011, a UFABC foi a única universidade brasileira a obter um fator de impacto médio em publicações científicas acima da média mundial. Além disso, ela conquistou o 1º lugar entre as universidades brasileiras no quesito **Internacionalização** no *ranking* universitário *Folha 2013*.

A UFABC tornou-se a única universidade federal brasileira com 100% de professores doutores. Atualmente ela conta com cerca de 620 docentes.

São oferecidas na UFABC atualmente 1.960 vagas, preenchidas em sua maioria por estudantes vindos de outras cidades.

No que se refere à formatação dos cursos, na UFABC foi implantado para os seus bacharelados um formato bem diferente do convencional. Nela os cursos são interdisciplinares e se desenvolvem ao longo de três quadrimestres, ou seja, três períodos de quatro meses por ano. Este formato permite aos alunos cursarem 50% mais disciplinas do que nas demais IESs, onde o formato é semestral (2 períodos de 6 meses por ano).

As férias acadêmicas que intercalam os quadrimestres são planejadas de maneira a não permitir que as disciplinas cursadas pelos alunos no quadrimestre deixem a desejar em termos de conteúdo e aprofundamento, em relação às disciplinas oferecidas pelas outras IESs em seus semestres!?!?

Depois de cumprir o ciclo básico, o aluno se depara com as seguintes opções: buscar o mercado de trabalho com o diploma de bacharel em Ciência e Tecnologia; continuar na universidade e cursar mais um ou dois anos em bacharelados ou buscar licenciaturas específicas em uma das oito modalidades distintas de engenharia; realizar um mestrado; ou se transferir para cursos de formação superior em outras IESs nacionais e internacionais.

O egresso dos bacharelados em ciência e tecnologia ou em ciências e humanidades interdisciplinares da UFABC pode ingressar em uma das 21 opções de cursos de graduação conforme sua formação básica, divididos em bacharelados e licenciaturas. Alguns cursos da UFABC permitem que os alunos se formem com o certificado de ênfase, especializando-se dessa maneira em alguma área de aplicação. Para obter algum desses títulos o estudante deverá cursar todo um grupo de disciplinas optativas que correspondem a ênfase desejada.

Outros cursos permitem que os alunos escolham alguma área de **concentração** para a sua formação. Nesse tipo de especialização os alunos cursam algumas disciplinas à sua escolha, de um grupo de disciplinas correspondentes à concentração desejada. Neste caso **não há emissão de certificados**, além do histórico escolar que atesta a concentração cursada.

Desde os seus primeiros contatos com a UFABC os alunos são encorajados a participar de projetos científicos de ponta e para isso a IES criou o inovador programa **Pesquisando desde o Primeiro Dia**, no qual os estu-

194 Cidades Paulistas Inspiradoras

dantes desde as primeiras aulas na graduação podem participar de projetos de **iniciação científica** de caráter multidisciplinar financiados pela UFABC e tendo como orientadores os seus professores doutores. Além desse programa os alunos dos anos mais avançados podem pleitear participação em programas de **iniciação científica** com financiamentos de diversos órgãos da própria UFABC ou de outros órgãos do governo como a Fapesp, CNPq etc.

A UFABC oferece também aos alunos de graduação a possibilidade de participarem de projetos de iniciação a docência e aos **projetos de extensão universitária**. Instituiu-se na UFABC uma bolsa auxilio-eventos, que financia a participação de seus alunos em atividades extracurriculares como a apresentação de trabalhos científicos – por exemplo, trabalhos de alunos de graduação aprovados em congressos internacionais – e a ida a eventos tecnológicos e acadêmicos como a *Campus Party*.

A UFABC conta atualmente com uma das mais modernas infraestruturas para pesquisa existentes no Brasil, contando com equipamentos como: microscópio de força atômica e tunelamento, ressonância paramagnética eletrônica, cromatógrafo gasoso, espectrofotômetro infravermelho, microscópio eletroquímico modular, colorímetro exploratório de varredura, difratômetro de raios X, túnel de vento e túnel de vento supersónico, centrífuga de supervelocidade refrigerada e dezenas de outros – entre os quais um supercomputador e redes de computadores de alto desempenho, formando *clusters* ("agrupamentos").

A biblioteca da UFABC tem um grande acervo de livros, revistas especializadas e material audiovisual para servir de apoio para os cursos de graduação e pós-graduação, bem como para as pesquisas desenvolvidas por seus alunos e professores. A UFABC conta com dezenas de cursos de pós-graduação *stricto sensu* (mestrado e/ou doutorado) aprovados pela Capes. Em pouco tempo a UFABC se tornou a terceira demandante de novos projetos e pesquisas junto a Fapesp, atrás apenas da USP e da Unicamp, a frente de todas as demais IESs públicas e privadas do Estado.

A UFABC também marcou sua presença no maior projeto científico de todos os tempos, o **grande colisor de hádrons** (LHC, na sigla em inglês), da Organização Europeia para a Investigação Nuclear (CERN, na sigla em inglês), que, por sua vez, está operando o maior acelerador de partículas já construído. Ela também faz parte do experimento DZero, do Fermi National Accelerator Laboratory. Esse é um projeto do departamento de Energia dos EUA, que realiza pesquisas sobre a estrutura básica da matéria no segundo maior acelerador de partículas do mundo.

Além disso, a UFABC já desenvolveu ou concluiu pesquisas realizadas em conjunto com as mais importantes instituições de pesquisas e IESs do País, como Unifesp, Unicamp, USP, UFSCar etc., e estabeleceu acordos de cooperação com importantes institutos de pesquisa de países como Alemanha, França, Japão, Austrália, EUA, Portugal, Argentina etc.

Desde 2010 a UFABC vem oferecendo um curso preparatório para o Enem, gratuito para os alunos da rede pública da região do Grande ABC, como parte do seu projeto de extensão. O atual reitor Klaus Capelle, está se mobilizando para criar um Colégio de Aplicação na UFABC, capaz de atrair os estudantes mais talentosos do ensino médio e assim incrementar o número de alunos brilhantes em suas licenciaturas.

Para facilitar a dinâmica interdisciplinar a UFABC aboliu o tradicional sistema de "departamentos" e "faculdades" ainda existente nas outras universidades brasileiras. Assim, seus professores estão vinculados a **um de três centros**: de Matemática, Computação e Cognição; Engenharia, Modelagem e Ciências Sociais Aplicadas; e Ciências Naturais e Humanas.

Além desses centros, os professores podem também se associar a algum dos oito núcleos interdisciplinares, como: Neurociência Aplicada, Universos Virtuais, Entretenimento e Mobilidade, Bioquímica e Biotecnologia etc., vinculados à reitoria.

Os alunos da UFABC têm relativa facilidade para obter estágios enquanto estudam, pois a IES firmou mais de uma centena de convênios com as mais importantes empresas da Grande ABC e também com aquelas instaladas em outras cidades da RMSP, como: General Motors (GM), Pirelli, Ford, Siemens, Nestlé, IBM, Basf, Accenture etc.

Em 2007, um grupo de estudantes deu início à associação atlética da UFABC, ou seja, a A.A.A.XIS (Associação Atlética Acadêmica XI de Setembro, ou simplesmente AXIS), que se tornou uma das maiores do Grande ABC. Seu nome é uma homenagem ao primeiro dia de aula na UFABC (11 de setembro de 2006), e ela representa os atletas dos dois *campi* (Santo André e São Bernardo do Campo).

Além de organizar a seleção dos atletas para a disputa de campeonatos interuniversitários, a AXIS também organiza festas (como a "Revolução dos Bixos" e a "CervejAXIS"), com o objetivo de arrecadar fundos para auxiliar os esportes na própria UFABC (com material esportivo, uniformes, taxas de arbitragem etc.). A associação também organiza campeonatos internos para toda a comunidade acadêmica de modalidades como futebol de salão vôlei, peteca, queimada etc.

A UFABC atualmente possui equipes de basquete, futebol de salão, handebol, vôlei, tênis de mesa, futebol de campo (masculino), peteca etc. Os atletas da UFABC podem treinar nas quadras externas no *campus* de Santo André e até numa quadra de areia em São Bernardo do Campo.

Está planejada a construção de um ginásio poliesportivo para ser inaugurado em 2019. Entre algumas entidades ligadas a AXIS destacam-se: o grupo das *cheerleaders* (líderes de torcida); a Infantaria – Bateria UFABC (que já conquistou vários prêmios); a torcida organizada T.O. Tamanduácool, que comparece aos jogos e torneios da UFABC, levando bandeirões, instrumentos musicais e até sinalizadores; e a Liga das Lutas, responsável pelo treinamento em artes marciais (karatê, *muay thai*, *jiu-jitsu*, judô, *tae-kwon-do* etc.). A mascote da AXIS é um tamanduá-bandeira chamado *Tei*, uma homenagem ao rio Tamanduateí, em cuja margem encontra-se o *campus* de Santo André.

Claro que existe na UFABC o Diretório Central dos Estudantes (DCE), cujo objetivo principal é o de facilitar a trajetória dos alunos, seja por intermédio da solução de impasses com a administração ou no acompanhamento de projetos que digam respeito a vida acadêmica. Mas existem ainda outras organizações na UFABC, como a Fubeca (rede social virtual dos estudantes); o grupo de Teatro (integrando a comunidade-alunos, professores, funcionários – dos apaixonados pela arte de representar); coro da UFABC; Cineclube (reúne alunos e professores interessados em assistir e discutir clássicos do cinema); Clube de Anime (reúne os fãs da animação japonesa e dos mangás); grupo de Estudos Bíblicos (reúne pessoas para discutir e refletir sobre textos bíblicos) etc.

Como se nota facilmente, os alunos da UFABC além de se formarem em alguma profissão, durante a sua permanência na universidade têm a possibilidade de envolver-se com muitas outras atividades e conquistar nesses relacionamentos não apenas uma distração ou uma competência numa área diferente de sua especialização, mas principalmente construir amizades com pessoas que não são seus colegas de classe!!!

O que se lamenta é que a UFABC poderia estar crescendo muito mais, porém, nesses últimos anos com a crise econômica que viveu o País, isso acabou se refletindo no corte de gastos e investimentos no setor de educação e isso em todos os níveis.

Uma outra IES importante em Santo André é o Centro Universitário Fundação Santo André que atualmente abriga três faculdades e um colégio.

Deve-se destacar porém que vivemos uma época em que a tecnologia chegou à educação e nesse sentido em 2018, Santo André tem alguns polos de EAD, sendo importante a chegada na cidade da UniFAJ.

No âmbito dos **sindicatos**, especialmente na época de maior demanda dos produtos das indústrias metalúrgicas, o sindicalismo no ABC paulista (em especial nas cidades de Santo André e São Bernardo do Campo) fez história na política brasileira entre as décadas de 1970 e 1980. Na ocasião, destacaram-se alguns personagens, como o ex-líder sindical e ex-presidente da República em dois mandatos consecutivos (de 2003 a 2010), Luiz Inácio Lula da Silva.

Na época da ditadura militar, quando durante suas manifestações os metalúrgicos eram perseguidos pela polícia, as portas de algumas igrejas católicas se abriram para eles e alguns padres e até mesmo bispos católicos os abrigaram. Um bom exemplo foi o ex-bispo da diocese de Santo André e ex-cardeal arcebispo de São Paulo, dom Claudio Hummes, um dos religiosos que mais apoiou o sindicalismo na ocasião. Entre os sindicatos de destaque sediados em Santo André estão: o dos metalúrgicos, dos químicos, dos bancários, dos rodoviários (motoristas e cobradores de ônibus) e dos ferroviários, assim como as associações de aposentados e pensionistas.

Em relação ao metalúrgico, vale destacar que ao longo do crescimento desse setor industrial, o sindicato exerceu um papel combativo e reivindicatório. Atualmente, em contrapartida, por conta do desemprego, ele assumiu um papel mais assistencial. Desse modo, além das reivindicações trabalhistas, a preocupação dos sindicatos passou a se concentrar nas redes de planos de saúde, nas colónias de férias e no atendimento jurídico.

Deve-se recordar que o sindicato dos metalúrgicos, congregando os metalúrgicos de toda a região do ABC foi criado em 1933. Com a instalação da indústria automobolística, houve um desmembramento e em 1959 havia o originário Sindicato de Santo André e o Sindicato dos Metalúrgicos de São Bernardo do Campo e o de Diadema.

Atualmente temos o Sindicato dos Metalúrgicos de Santo André e Mauá e o Sindicato dos Metalúrgicos do ABC, que representa os trabalhadores metalúrgicos das cidades de São Bernardo do Campo, Diadema, Ribeirão Pires e Rio Grande da Serra.

Outro dado importante a se considerar foi a reforma da legislação trabalhista ocorrida em julho de 2017, com a qual se tornou voluntária a contribuição sindical. Tudo índica que a partir de agora, a força política de todos os sindicatos declinará bastante!!!

Infelizmente no dia 7 de abril de 2018, o ex-presidente Luiz Inácio Lula da Silva foi preso, condenado por corrupção e lavagem de dinheiro vinculado a um apartamento *triplex* no Guarujá.

Ele foi condenado a uma pena de 12 anos e 1 mês de reclusão e o pior é que contra ele estão em andamento mais seis processos. Assim, lamentavelmente, ele que fez muitos coisas boas como presidente durante o seu governo, talvez devido a sua ambição, cobiça e promiscuidade com empresas empreiteiras desviou-se do comportamento ético e honesto, tornando-se o primeiro ex-presidente na história da República a ser preso por um **crime comum**!!!

No que se refere à **saúde**, é bem alta a demanda por uma rede de hospitais, clínicas e postos de atendimento públicos e particulares em Santo André, até porque essa é uma cidade bem populosa. Em relação ao sistema público de saúde, destacam-se:

- Hospital Estadual Mário Covas, que foi inaugurado em 2003, depois de ter suas obras paralisadas por mais de 20 anos, quando eram de responsabilidade do poder público municipal. Ele está localizado no bairro Paraíso, e tem um papel semelhante ao do Hospital das Clínicas de São Paulo, ou seja, é uma **referência** no atendimento em várias especialidades médicas. As consultas nele são marcadas a partir do encaminhamento médico feito em outras unidades públicas de saúde do Estado, tendo-se nele condições de realizar exames de alta complexidade.

- Hospital e Pronto Socorro Municipal, no qual atendem-se várias especialidades médicas e casos de urgência. Ele está localizado na avenida João Ramalho, na Vila Assunção.

- Faculdade de Medicina da Fundação do ABC, localizada na avenida Príncipe de Gales. Ela dispõe de atendimento médico em diversas especialidades, com a ajuda do poder público. Aí os atendimentos são feitos por residentes médicos, supervisionados por professores e devido a sua qualidade transformaram-se em referência com o que, a procura por tratamentos se tornou muito alta, o que fez com que atendimento demore muito, **as vezes até meses para acontecer**!?!?

No tocante à rede de atendimento médico particular, além de dezenas de clínicas concentradas nos bairros Jardim e Vila Assunção, tem-se em Santo André os seguintes hospitais:

- Hospital e Maternindade Beneficiência Portuguesa, localizado na avenida Portugal, região central da cidade, próximo do Paço Municipal. Ele dispõe de diversas especialidades e realiza exames complexos. Nele há clínicas de fisioterapia, maternidade e pronto-socorro.
- Hospital e Maternidade Brasil, localizado entre os bairros Paraíso e Vila Santa Teresa. Possui diversas especialidades, realiza exames complexos e oferece clínicas de fisioterapia, maternidade e pronto-atendimento.
- Hospital e Maternidade Bartira, localizado na Vila Francisco Matarazzo, com serviços semelhantes aos anteriores.
- Rede Santa Helena, localizada na Vila Campestre e na Vila Alzira, com serviços semelhantes.
- Casa da Esperança, localizada na Vila Assunção, voltada para ortopedia, neurologia, oncologia e fisioterapia. Nela atende-se de forma particular e de maneira assistencial.

No campo do **entretenimento**, Santo André infelizmente ainda demonstra grande **carência** e precisa, portanto, se expandir bem mais nas áreas de lazer e recreação. Mesmo assim, existem na cidade diversas casas de espetáculo, vários parques públicos e clubes particulares. O destaque é o Centro Histórico e Ecológico de Paranapiacaba. Quanto aos espetáculos e eventos culturais, renomadas bandas e artistas nacionais e internacionais têm se apresentado nas casas noturnas da cidade. Dois bons exemplos disso foram os *shows* do Deep Purple, em 1997, no Clube Atlético Aramaçan, e dos Ramones, que tocaram duas vezes no mesmo local.

O **saguão do Teatro Municipal**, localizado no Paço Municipal da cidade, recebe constantemente um bom número de peças, apresentações de danças e bandas, tudo isso além de várias exposições. Tudo **gratuito**. O Teatro Municipal é a casa da Orquestra Sinfônica de Santo André, e ela se apresenta em temporadas regulares com vários concertos. Outro espaço para apresentações musicais ao ar livre é a **concha acústica**, na praça do Carmo.

Para o **turismo histórico**, além do Museu Municipal e da Casa do Olhar, na região central de Santo André há várias opções. Uma delas é visitar a Vila

200   Cidades Paulistas Inspiradoras

de Paranapiacaba, uma antiga estação de trens que abriga seu famoso relógio. Ela foi adquirida pela prefeitura da cidade em 2001 e transformou-se de fato no principal chamariz turístico de Santo André.

No Museu Ferroviário, consegue-se compreender a verdadeira história do crescimento do Estado de São Paulo, graças aos trilhos da São Paulo Railway (SPR), que ligou Santos (no litoral paulista) a Jundiaí (no interior do Estado). Na época de sua criação, vivia-se a era do café e de intensa imigração, com a vinda de gente de vários países da Europa. A Vila de Paranapiacaba, cujas construções são tipicamente inglesas, foi criada para ser uma **vila de ferroviários**.

Além das exuberantes construções de madeira de lei, pode-se ver e entender como funcionava o sistema funicular de tração de trens dos séculos XIX e XX, as locomotivas e as composições. Ali se tem a oportunidade de entrar em contato com as histórias de personagens simples, que por meio de seus atos heroicos em meio às dificuldades da época, chegaram a salvar centenas de vidas.

Em Paranapiacaba também é possível praticar o **turismo ecológico**, caminhando pelas trilhas que se abriram na mata atlântica preservada, observando e vivenciando paisagens não comuns no meio urbano, com cachoeiras, animais em extinção e vegetação nativa.

Entre os parques, deve-se destacar o denominado Prefeito Celso Daniel, na avenida Dom Pedro II. No passado ele fora apenas uma chácara pertencente à empresa General Electric, mas foi encampado pela administração municipal. Ele possui pistas para caminhadas, lagos com peixes, quadras poliesportivas e uma atração especial: uma figueira enorme de mais de 150 anos. Inicialmente ele se chamou parque Duque de Caxias, mas mudou de nome em homenagem ao prefeito assassinado em janeiro de 2002 – **um homicídio até hoje não esclarecido!?!?**

Outro parque importante é o Central, localizado à rua Gamboa, no bairro Paraíso. O local ocupa um grande terreno que já pertenceu à Rede Ferroviária Federal e também à Light (antiga companhia de energia elétrica do Estado). Nele tem-se milhares de árvores, muitas garças e outras aves, cinco lagos com peixes, pistas para caminhadas, ciclovias, um *playground* para as crianças, um espaço para aeromodelismo e uma concha acústica para espetáculos musicais.

Especialmente para as crianças, há ainda o parque regional da Criança Palhaço Estremelique, que fica na avenida Itamarati, no 2º subdistrito de Santo André. O local conta com brinquedos para várias idades e em particular reúne os jovens que integram o projeto Guri (voltado para envolvê-los com a música). Aliás, dentro desse parque fica a Escola Municipal de Iniciação Artística (EMIA), na qual são oferecidos cursos gratuitos para várias idades em diversas expressões artísticas.

Em Santo André, no bairro de Santa Terezinha, está o Teatro Conchita de Moraes, no qual se tem a primeira Escola Livre de Teatro (ELT) do Brasil, que se tornou uma referência internacional na formação de atores e pelo seu método pedagógico colaborativo.

Muitos dos antigos salões de cinema em Santo André se transformaram em igrejas evangélicas ou foram vendidas para se tornarem estacionamentos e mercados. Esse foi o caso do cine Tangará e do Studio Center. Já o cineteatro Carlos Gomes foi recuperado e tombado pelo município em 1998.

Os cinemas da cidade são das redes Cinemark ou Playarte, localizados respectivamente nos já mencionados centro comercial *Grand Plaza* e no *Shopping* ABC, que surgiu das antigas instalações da superloja *Mappin*, na avenida Pereira Barreto (no bairro do Paraíso). Na cidade existem outros centros comerciais ou *shoppings* nos quais os andreenses podem fazer as suas compras e passar momentos bem descontraídos, como o Atrium, Shoppinho Santo André etc. A cidade também conta com pequenos clubes esportivos particulares e temáticos, como é o caso do Clube de Portugal.

A música também desempenha um papel importante no entretenimento de muitos andreenses, tanto jovens como adultos. Tanto que alguns deles formaram bandas e se apresentam em festivais organizados por estúdios em bares nos bairros Jardim e Centro. No Carnaval, o ponto alto são os desfiles das escolas de samba, como Leões do Vale, Saci, Tradição de Ouro (campeã em 2017).

Acontecem na cidade com frequência muitas exposições importantes, como foi o caso daquela realizada durante vários meses do 2º semestre de 2017, na unidade do Sesc, sobre *Linhas de Histórias – O Livro Ilustrado em Sete Autores*. Nessa mostra que teve a curadoria de Stela Barbieri, Odilon Moraes e Fernando Vilela, cada artista ficou em uma área chamada pelos curadores de planeta, simbolizando o vagar do processo criativo de um livro ilustrado, e que está cada vez mais presente no mercado editorial.

O curador Odilon Moraes, autor de obras premiadas voltadas ao público infantil, explicou: "Livro ilustrado não é o mesmo que um livro com ilustração!!! Nele há uma conjunção entre a palavra, a imagem e a materialidade do objeto. Assim como o cinema inexiste sem o som, o livro ilustrado não funciona sem a narração!?!? Claro que este tema ainda precisa ser melhor explorado. E onde isso deve ser estudado? Nas **artes plásticas** ou na **literatura**? Os autores que estão presentes nessa mostra – Ângela Lago, Andrés Sandoval, Eva Furnari, Javier Zabala, Renato Moriconi, Roger Mello e Nelson Cruz – trabalham entre esses dois territórios!!!"

A visitação a essa mostra atraiu milhares de pessoas, o que significa que muitos andreenses estão procurando inserir-se na **classe criativa**!!!

No âmbito do **intercâmbio cultural**, artístico e educacional, a prefeitura de Santo André já celebrou diversos acordos com várias cidades de outros países, tornando-se **cidade-irmã** de: Vouzela (cidade na qual nasceu João Ramalho em 1493) e Braga (em Portugal); Nueva San Salvador (em El Salvador); São Nicolau (em Cabo Verde); Sesto San Giovanni (na Itália) e Takasaki (no Japão). Resta saber, entretanto, se tais acordos levaram à promoção de ações conjuntas e seguramente os mais importantes seriam os que proporcionassem o desenvolvimento recíproco de eventos culturais ou então o oferecimento de cursos para andreenses nesses países, não é?

Em relação ao **esporte** – que, como já foi explicado, gera grande **visitabilidade** à cidade quando nela existem equipes destacadas no cenário nacional –, Santo André conta atualmente com o Esporte Clube Santo André (EC Santo André).

Antes de Santo André tornar-se uma cidade não havia nela uma tradição em futebol profissional. Quando o Corinthians Futebol Clube parou em 1961, o sentimento para se ter uma equipe que representasse a cidade cresceu e assim, em 18 de setembro de 1967, nasceu o Santo André Futebol Clube, uma equipe que tinha as cores da cidade e utilizava um detalhe do seu brasão em seu escudo.

O lançamento oficial do Santo André Futebol Clube como clube profissional ocorreu em 20 de janeiro de 1968, no Paço Municipal de Santo André, com muita festa. Seus primeiros anos foram bem difíceis e ocorreu uma grande crise financeira em 1974. A comunidade esportiva da cidade se uniu e em 22 de março de 1975 no seu lugar surgiu o Esporte Clube Santo André, tendo sido trocadas as cores do uniforme. Com isso o verde e o amarelo deram lugar ao azul e o branco, as cores usadas até hoje.

A maior conquista da equipe até agora foi a conquista da Copa do Brasil, em 2004, quando na final derrotou o Flamengo, no estádio do Maracanã, no Rio de Janeiro, por 2 x 0, com grande atuação de jogadores como Sandro Gaúcho, Alex, Elias, Osmar e Romerito. Com esse feito o time ganhou o direito de disputar a Copa Libertadores da América em 2005, mas infelizmente foi eliminada precocemente.

Em 2008, o Esporte Clube Santo André voltou à primeira divisão do Campeonato Brasileiro, depois de 24 anos, mas foi rebaixado em 2009!?!?

No 1ª semestre de 2010 o time fez a sua melhor campanha no Campeonato Paulista, quando foi vice-campeão, perdendo o primeiro jogo para o Santos por 3 a 2, e vencendo o segundo jogo pela mesma contagem, porém, no critério desempate o melhor time da primeira fase seria o campeão, e esse foi o Santos!!!

Na Copa Paulista de 2014, o Santo André sagrou-se campeão pela 2ª vez, em cima do Botafogo de Ribeirão Preto. No primeiro jogo da decisão, jogando no estádio Anacleto Campanella, as duas equipes empataram por 1 a 1, mas no jogo de volta, em Ribeirão Preto, o Santo André venceu por 1 a 0, com gol do zagueiro Luiz Matheus, com o que obteve uma vaga para disputar a Copa do Brasil de 2015.

A equipe, entretanto, sofreu muitos revezes e foi inclusive rebaixada para a Série D do Campeonato Brasileiro. No Estado, porém, em 2016, o Santo André sagrou-se campeão da Série A2 e assim foi promovido para a Série A1 do Campeonato Paulista. E aí vai um destaque pontual: em 9 de fevereiro de 2018, pela primeira vez na história, a equipe de Santo André venceu por 2 a 1 o campeão brasileiro e paulista de 2017, o poderoso time do Corinthians, quebrando um grande tabu. A equipe jamais tinha conseguido vencer a equipe paulistana em casa, em todos os confrontos que tiveram no seu estádio!!! Essa vitória entretanto não foi suficiente e ao término do Campeonato Paulista de 2018, o Santo André foi rebaixado para a série A2.

Outros dois times já se destacaram na cidade, tais com o Corinthians Futebol Clube, fundado em 15 de agosto de 1912 – na época em São Bernardo do Campo o clube passou a ser o "Corinthians de São Bernardo", e, então, em 1938, quando a cidade de Santo André se emancipou de São Bernardo do Campo, o ganhou o nome de "Corinthians de Santo André" –, e o Primeiro de Maio Futebol Clube, fundado em 1931, em homenagem ao **dia dos trabalhadores.** Hoje em dia o Corinthians atua apenas no futebol amador e o Primeiro de Maio é um clube social bem conhecido na cidade.

No dia 21 de abril de 2013 nasceu o Andreense Sport Club, com as cores azul e branco. Essa nova equipe surgiu nos passos iniciados com o projeto Ramalhinho, que existia em **formato de inclusão social** e chegou a se associar ao próprio Ramalhão, utilizando-se e disputando competições oficiais com a licença do EC Santo André, fornecendo assim formação para as categorias de base, o que abrangia garotos de 10 a 13 anos. Entretanto, essa parceria encerrou-se também em 2013.

A partir daí, por intermédio do publicitário Roberto Marciano, foi criado um novo clube de futebol profissional na cidade de Santo André, que se profissionalizou definitivamente em março de 2016 pela Liga Paulista de Futebol Profissional.

Em 7 de maio de 2016 o Andreense S.C. fundiu-se com o Social Esportivo Curaçá, um clube amador fundado em 1956, que revelou diversos atletas profissionais e representou a cidade de Santo André em vários jogos oficiais no Estado. Surgiu assim o Social Esportivo Curuçá Andreense (SEC Andreense), cujo primeiro jogo oficial como time profissional foi em 3 de junho de 2016, contra o Peruíbe FC, na cidade de Peruíbe, com a partida terminando empatada em 1 a 1.

Especialmente na década de 1980, outro esporte consagrou Santo André nacionalmente: o **vôlei**. Isso aconteceu com o antigo time masculino da Pirelli, no qual surgiram grandes estrelas do voleibol, como o caso do levantador William, que mais tarde se tornou técnico, dirigido inclusive equipe na qual jogava a sua filha!!!

Pode-se dizer, sem sombra de dúvida, que o grande estímulo para a **popularização do voleibol no Brasil** – e que já deu tantas conquistas ao País, inclusive com a conquista de medalha de ouro nos Jogos Olímpicos, tanto no feminino quanto no masculino –, se deve à espetacular equipe da Pirelli, que conquistou muitos títulos no Brasil e deu muita visibilidade a Santo André e à própria empresa patrocinadora.

Hoje é a Associação Desportiva Santo André que representa a cidade nesse esporte. Aliás, ela tem uma competitiva equipe de basquete feminino, que durante décadas foi dirigida pela ex-jogadora da seleção brasileira Laís Helena.

Santos possui ao todo seis canais, que são muito úteis para que tanto os santistas, bem como os visitantes se localizem bem na cidade.

Santos

PREÂMBULO

A combinação da vida à beira-mar com bons indicadores de saúde, finanças, habitação e educação deram a Santos o título de **melhor cidade para se viver após os 60 anos**, de acordo com o índice de Desenvolvimento Urbano para a Longevidade, elaborado pela Fundação Getúlio Vargas.

E para quem pensa em aproveitar a aposentadoria na cidade, há boas ofertas de imóveis perto da praia com apartamentos flexíveis, de um a três dormitórios, e serviços como limpeza e reparos no modelo **"pague o que usar"**, além de *spas*, piscinas e espaço para ginástica. Os aposentados já representam cerca de 25% da população santista, estimada no início de 2018 em 460 mil habitantes, e por isso o mercado imobiliário está cada vez mais focado neste público.

Aí vai o comentário de uma aposentada que incentivada pelos filhos vendeu seu apartamento em São Paulo e mudou-se para outro, na praia do Boqueirão, em Santos: "Aqui frequento a praia, faço dança de salão, hidroginástica, aulas de fotografia, participo das atividades no centro de convivência dos idosos. Não quero mais sair daqui. Tenho uma rotina agitada e consigo fazer tudo, pois tudo fica perto. Até a amizade das pessoas daqui parece ser mais sincera."

A importância histórica de Santos se reflete claramente nas suas edificações. Acompanhando ciclos econômicos, a arquitetura do município testemunhou todo o processo de desenvolvimento do País. Seu centro foi desenhado pela economia do café. Já a região à beira-mar ganhou uma identidade mais moderna. Claro que a cidade tomou um grande impulso após a inauguração da rodovia Anchieta, e o carro assumiu um papel importante em termos de transporte e muitas pessoas, especialmente os paulistanos, passaram a fazer o famoso **"bate e volta"** nas praias santistas, indo e voltando para a capital no mesmo dia.

Mas Santos também tem museus, igrejas e muitas outras atrações a oferecer aos turistas, como os jogos do Santos Futebol Clube, por exemplo.

A HISTÓRIA DE SANTOS

Localizada no litoral paulista, Santos é sede da Região Metropolitana da Baixada Santista (RMBS). É considerado o maior e mais importante município portuário da América Latina, responsável pela dinâmica econômica da cidade, ao lado do turismo, do comércio e da pesca.

Santos atualmente se divide em duas áreas geográficas distintas: a **continental** e a **insular**. Ambas diferem tanto em termos demográficos, quanto econômicos e geográficos. A área continental se entende por 231,6 km², e representa a maior parte do território do município. Já a insular é aquela da ilha de São Vicente, cujo território, aliás, é dividido com o próprio município de São Vicente, cabendo à cidade de Santos uma área de 39,4 km².

Os primeiros relatos sobre a ilha de São Vicente são de 1502, com a expedição de Américo Vespúcio. Coube a ele na ocasião o reconhecimento da costa brasileira, e, ao passar por uma região conhecida pelos indígenas pelo nome de Goiaó, o navegador decidiu dar ao lugar o nome do santo do dia, São Vicente.

No início, entretanto, os portugueses pouco se interessaram pela região, o que permitiu que muitos corsários viessem para o local. Eles se aproveitaram para retirar dali – da mata atlântica – muita madeira nobre, em especial o pau-brasil. Mais tarde, porém, com a decadência dos negócios da coroa portuguesa na Índia, o Brasil passou a ser o centro da atenção e aí o monarca dom João III enviou para cá o navegador Martim Afonso de Sousa.

A missão de Martim Afonso de Sousa era se estabelecer na ilha de São Vicente. Ao chegar no local ele encontrou logo na entrada do atual estuário de Santos, na ponta da Praia, um pequeno povoado e um atracadouro conhecido como porto de São Vicente. Foi Cosme Fernandes, um dos degredados trazidos pela expedição de Américo Vespúcio, que fundou no local uma colônia próspera, graças ao comércio que desenvolveu com os indígenas.

Martim Afonso de Sousa expulsou Cosme Fernandes das terras e ocupou o porto de São Vicente. A partir daí ele distribuiu sesmarias na parte norte da ilha, conhecida como Enguaguaçu, onde havia terras adequadas ao plantio. Mais tarde, diversos colonizadores portugueses se estabeleceriam aí, entre eles Luís de Góis, que em 1543 construiria uma capela num outeiro em homenagem a santa Catarina – ou talvez em homenagem a sua própria esposa, que se chamava Catarina de Andrade.

208　　Cidades Paulistas Inspiradoras

Naquele mesmo ano, o fidalgo e sertanista português Brás Cubas transferiu o porto para o sítio de Enguaguaçu, por considerá-lo mais seguro. Na época, o apoio do povoado era necessário para as embarcações que aportavam e para o fornecimento das mercadorias a exportar.

Também foi Brás Cubas que conseguiu erigir na região a Santa Casa de Misericórdia de Todos os Santos, nos moldes da Santa Casa de Lisboa. Isso foi muito importante para o desenvolvimento da região, afinal, nela havia agora o primeiro **hospital** das Américas. Logo o povoado de Enguaguaçu passou a ser conhecido como povoado de Todos os Santos. Existe, entretanto, outra hipótese para o nome Santos: ele teria sido copiado do porto de Santos que já existia em Lisboa, e se assemelhava ao local do novo povoado.

Dessa forma, a região próxima do outeiro ficou conhecida como vila do porto de Santos e, mais tarde, somente como Santos. Esse povoado cresceu em importância e foi então elevado à condição de **vila** por Brás Cubas, em 1546 (embora alguns historiadores não concordem com essa data...). Lá viveram imigrantes portugueses e espanhóis, e a capela de Santa Catarina acabou se transformando na igreja matriz da vila. Assim Santos é uma das poucas cidades brasileiras que conhecem exatamente o local do seu nascimento, ou seja, o **outeiro de Santa Catarina, que existe até hoje**!!!

A segunda metade do século XVI foi muito importante para Santos. Em 1550, por exemplo, foi criada a sua alfândega e, nesse mesmo ano, chegaram os padres jesuítas para a catequização dos índios tupis que ali moravam.

Em 1552 foi montado um arsenal de defesa, e em 1589 instalou-se no local uma ordem dos carmelitas. Porém, o fim do século XVI, mais especificamente o ano de 1591, foi terrível para Santos. Isso por conta de um terrível saque comandado pelo pirata Thomas Cavendish. Aliás, foi nesse conflito que surgiu a lenda do milagre de Nossa Senhora do monte Serrat. De acordo com a lenda, para escapar dos piratas a população santista daquela época se refugiou no morro de São Jerônimo, onde havia uma capela para a qual um fidalgo espanhol trouxera uma imagem de Nossa Senhora de Montserrat.

A população estava orando na capela quando os piratas começaram a subir o morro para atacá-los, mas aí ocorreu um enorme deslizamento de terra – atribuído à santa – que **os fez fugir**!?!? Desde então, Nossa Senhora de Montserrat é celebrada como padroeira da cidade e o dia dessa comemoração é 8 de setembro!!!

Thomas Cavendish, entretanto, destruiu o que havia no outeiro de Santa Catarina e o engenho dos Erasmos, o que levou ao declínio da incipiente economia canavieira da capitania de São Vicente. No século XVII, acompanhando o que ocorria em toda a capitania de São Vicente, a vila de Santos entrou em um longo e lento processo de estagnação e posterior decadência.

Dessa maneira, na tentativa de encontrar uma melhor atividade econômica os habitantes da vila começaram a se mudar para a vila de São Paulo de Piratininga. Eles também iniciaram expedições pelo Brasil, que se tornaram conhecidas como **bandeiras**.

Só no fim do século XVIII é que a vila de Santos retomou o seu desenvolvimento e a sua população voltou a crescer. Alguns feitos que colaboraram para isso foram a construção da calçada do Lorena – estrada que ligou Santos a São Paulo –, o desenvolvimento da infraestrutura na vila (melhorias no porto, iluminação pública etc.) e a posterior abertura dos portos brasileiros, com a vinda da família real portuguesa. Tudo isso reativou o dinamismo econômico de Santos.

Deve-se destacar que diversos episódios relacionados à independência do Brasil aconteceram justamente em Santos. A passagem de dom Pedro I pela cidade, pouco antes do célebre grito da Independência, comprova isso. Aliás, note-se que o imperador nunca escondeu sua simpatia pela região, uma vez que ele inclusive conferiu a sua amante o título de marquesa de Santos!!!

Santos foi elevada à categoria de **cidade** em 26 de janeiro de 1839, quando se comemora o seu aniversário. A evolução da economia cafeeira no Brasil proporcionou um impulso notável para o crescimento da cidade, enquanto a inauguração da ferrovia, em 1867, foi outra fonte de progresso significativa, principalmente para o porto. Com isso a população da região aumentou muito, ocupando toda a área entre o porto e o monte Serrat, em especial as áreas conhecidas como Paquetá e Macuco.

Na cidade fervilhavam ideias abolicionistas, como o movimento liderado por Quintino de Lacerda. Ao mesmo tempo, estimulava-se a cultura com a inauguração do primeiro grande teatro da cidade em 1888, o Guarany, que foi palco também das manifestações pela abolição.

Infelizmente, por causa dos constantes alagamentos e das doenças que assolavam a cidade, Santos enfrentou epidemias que mataram centenas de pessoas. Para sanar tais problemas, importantes obras de saneamento foram realizadas na região, comandadas pelos empresários Cândido Gaffrée e

Cidades Paulistas Inspiradoras

Eduardo Guinle. Na ocasião foi implementado o genial projeto do engenheiro Saturnino de Brito, que teve o **triplo mérito** de:

1º) drenar as planícies alagadas com canais de drenagem – hoje marcas registradas da paisagem urbana santista;

2º) preservar a memória histórica do centro da cidade e;

3º) ordenar a ocupação urbana da ilha de São Vicente por meio de um plano de ruas.

A partir do ano de 1910, Santos começou a se transformar em uma **cidade turística**. Teve início a construção de hotéis, como o Internacional e Parque Balneário, assim como dos jardins da orla (isso já a partir de 1935). Porém, durante o regime militar de 1964 a cidade teve a sua **autonomia política suspensa** por abrigar o maior porto do Brasil. Assim, ela foi designada área de segurança nacional pelo governo e perdeu o direito de eleger seu prefeito. Aliás, o prefeito que havia sido eleito democraticamente, Esmeraldo Tarquínio, foi cassado em 1968.

No início dos anos 1980 o regime militar começou a enfraquecer e, ao mesmo tempo, cresceram as pressões políticas pela volta da autonomia da cidade. Assim, em 1983, Santos finalmente voltou a eleger um prefeito de forma democrática, sendo que na ocasião o eleito foi Oswaldo Justo.

No decorrer da década de 1990, até como resultado do que já vinha ocorrendo desde os anos 1980, Santos enfrentou uma crise no turismo por causa da piora na **balneabilidade** de suas praias!!! A cidade, porém, começou a se recuperar a partir do início da década de 1990, principalmente porque foram feitas muitas obras para impedir a poluição de suas praias, como é o caso do emissário submarino.

Em 1991, a Bienal de Artes Plásticas, que estava interrompida há 18 anos, voltou a ser realizada, numa tentativa de se recuperar a identidade cultural do município. A partir de 1993, a prefeitura passou a investir de fato no **turismo**, com a revitalização paisagística e a construção de ciclovias na cidade. Nessa época, Santos se tornou **a cidade mais visitada por turistas estrangeiros no litoral paulista**!!! Atualmente há 45km de ciclovias planas, oito delas cobrindo a orla da praia e com cerca de 370 bicicletas espalhadas em 37 estações, dentro de um sistema de compartilhamento.

A partir de 1999, foram realizados diversos projetos de revitalização da área central da cidade, ou seja, do seu **centro histórico**. Neste sentido, foram oferecidos incentivos fiscais às empresas em troca da restauração (*retrofit*) de prédios depredados, o que melhorou significativamente o aspecto do centro da cidade. Programações culturais e artísticas atraíram a instalação de restaurantes; houve a reativação do Teatro Coliseu Santista e a implantação do **bonde turístico!!!**

Claro que a **grande atração** de Santos continuou sendo as suas sete praias ao longo de 8 km de extensão. Hoje a orla da cidade, que é inconfundível, possui um jardim urbano à beira-mar que ocupa cerca de 218.800 m^2. A cidade se orgulha de apresentar em suas praias um jardim de 5.335 m de extensão – um "tapete colorido" com mais de 920 canteiros repletos de lírios amarelos e brancos, biris vermelhos e crisântemos brancos, amarelos e mesclados. Aliás, de acordo com a publicação *Guinness World Records*, esse é o maior jardim de orla marítima do mundo!!!

A ideia para a construção dos jardins data de 1914 e ganhou força nos anos 1930, com o surgimento de muitos hotéis litorâneos. A orla santista também chama atenção por uma ciclovia de quase 8 km de extensão, utilizada não apenas por ciclistas, mas também por pessoas que praticam atividades físicas ao ar livre, de dia e de noite, andando de *skate* e patins. Os muitos quiosques existentes no calçadão, também atraem moradores e turistas. Neles é possível se deliciar com refeições rápidas e se refrescar com bebidas.

As praias santistas possuem alta ocupação urbana, com prédios bem próximos, sendo denominadas conforme os respectivos bairros na extensão da orla, seguindo uma ordem geográfica: José Menino (com calçadão, jardins da orla e uma agitada vida noturna); Pompeia (entre os canais 1 e 2); Gonzaga (entre os canais 2 e 3, no ponto mais badalado da cidade); Boqueirão (entre os canais 3 e 4); Embaré (entre os canais 4 e 5, muito procurada pelos surfistas); Aparecida (entre os canais 5 e 6, com diversas opções de lazer); e Ponta da Praia (no estuário do porto, ponto de partida para passeios pela praia, que tem como atração o Aquário Municipal).

Nessas praias os visitantes gostam de praticar *stand up paddle race* (a pessoa fica de pé para apostar corrida), *stand up paddle wave* (também de pé na prancha a pessoa quer pegar onda) e canoa havaiana. A canoa havaiana chegou ao País por volta de 2000, trazida por brasileiros que eram praticantes no exterior. Inspirada no meio de transporte polinésio, a canoa tradicional possui seis lugares e tem um flutuador lateral ligado ao casco por dois braços de madeira. Atualmente já existem várias competições nacionais com os competidores largando juntos em uma raia em circuitos que variam de 500 m até 20 km.

212   Cidades Paulistas Inspiradoras

Por sinal, o Aquário Municipal é o segundo parque público mais visitado em todo o Estado de São Paulo, ficando atrás somente do zoológico de São Paulo. Ele recebe mais de 600 mil pessoas por ano!!! Ele foi o primeiro aquário do Estado, tendo sido inaugurado em 1945 pelo então presidente Getúlio Vargas. O local abriga atualmente cerca de 1.500 animais de 150 espécies, como peixes de água doce e salgada de todas as partes do mundo, além de tubarões, pequenos invertebrados, leão-marinho e até pinguins. A variedade de animais e o colorido dos peixes encanta crianças e adultos. O local possui 31 tanques com 1,3 milhão de litros de água, separados entre doce e salgada.

Santos possui uma área central que inclui o centro histórico e diversos bairros; a zona **noroeste**, que fica a uma certa distância da orla e se desenvolveu na direção de São Vicente; a **zona portuária**, bem próxima da área central, que se estende até a região contígua ao bairro Ponta da Praia; uma região com dezenas de morros, sendo os mais conhecidos o de monte Serrat e os das três ilhas: Urubuqueçaba (em frente da divisa dos bairros de José Menino e Itararé), Barnabé (que serve como depósito de combustíveis e produtos químicos) e Diana (na qual ainda está uma das colônias restantes de pescadores).

O complexo portuário de Santos é o **maior gerador de receita** para a cidade (a cidade é a 2ª que mais arrecada impostos no Estado de São Paulo), apesar de o **turismo** e os **serviços em geral** também garantirem uma contribuição significativa para a economia local. O complexo portuário de Santos responde por mais de **um quarto** do movimento da balança comercial brasileira. Entre suas principais cargas estão produtos como: açúcar, soja, café, milho, trigo, sal, polpa cítrica, suco de laranja, papel, automóveis, álcool, outros graneis líquidos e cargas conteinerizadas.

Infelizmente no porto de Santos operam também máfias de drogas, sendo que só em 2016 e 2017, foram apreendidas aí mais de 20 toneladas de cocaína, envolvendo muitos funcionários que trabalham nele e têm conexões com redes criminosas de muitos países.

A área de influência econômica do porto concentra mais de 50% do PIB nacional e abrange principalmente os Estados de São Paulo, Minas Gerais, Goiás, Mato Grosso e Mato Grosso do Sul. Aproximadamente 90% da base industrial paulista está localizada a menos de 200 km do porto, que é o mais movimentado da América Latina e está entre os quarenta maiores do mundo em movimentação de contêineres.

SANTOS   **213**

O porto de Santos possui o calado de 11 m a 13 m, mas a administração da Companhia Docas do Estado de São Paulo (Codesp) está prevendo obras que permitam que esse calado chegue a 16 m. Não se pode esquecer da atual existência no porto de um terminal marítimo de passageiros, o Giusfredo Santini – o maior da América Latina, inaugurado em 23 de novembro de 1998, com 41.500 m², para receber milhares de passageiros que embarcam e desembarcam em cruzeiros do Brasil e do mundo.

Santos possui uma malha urbana em formato de tabuleiro de xadrez, fruto do projeto também desenvolvido por Saturnino de Brito. A maioria das grandes vias de circulação são as avenidas arborizadas que margeiam os canais e as avenidas Ana Costa e Conselheiro Nébias.

Aliás, a avenida Ana Costa pode ser considerada como símbolo da cidade. É nela que estão os edifícios comerciais, as escolas, os bancos, os cinemas etc. As palmeiras imperiais plantadas nas ruas laterais remontam à década de 1920. Ela cruza o coração do bairro do Gonzaga e atravessa a praça da Independência, um local tradicional de comemorações da cidade. Lá encontra-se o monumento à Independência (com o patriarca José Bonifácio de Andrada e Silva no alto), inaugurado em 1922.

Diga-se de passagem, José Bonifácio de Andrada e Silva, nasceu em Santos em 13 de junho de 1763 e faleceu em Niterói em 6 de abril de 1838. Foi filho de Bonifácio José Ribeiro de Andrada, casado com sua prima Maria Bárbara da Silva, que tinha a segunda maior fortuna da cidade.

José Bonifácio viveu e estudou muito tempo em vários países europeus, adquirindo muito conhecimento e tornando-se um grande intelectual, poeta e pesquisador. Ele viveu cerca de 36 anos na Europa, para onde foi em 1783 e só retornou em 1819. Aí começou a exercer forte atividade na política, tendo se transformado em um grande estadista, uma pessoa decisiva para a independência do Brasil. Por isso ele ficou conhecido pelo epíteto de "**patriarca da Independência**."

Voltando às avenidas santistas, perpendiculares a essas grandes vias as ligações são mais escassas, mesmo assim existem três grandes eixos de circulação. Os canais de Santos têm hoje mais de 100 anos e representam uma marca característica da cidade. Eles foram numerados sequencialmente de 1 a 6 e servem como pontos de referência, muito mais que os próprios bairros ou as vias da região.

Um fato "curioso" em Santos é o recalque de seus edifícios. Pelo seu caráter litorâneo e também por terem sido construídos pelo menos em parte

214 Cidades Paulistas Inspiradoras

sobre antigos terrenos de manguezais, a cidade de Santos tem um perfil de solos dos mais complexos no País para a construção de fundações. Infelizmente, ao longo dos séculos, muitos edifícios foram construídos na orla para abrigar uma multidão de veranistas, com equívocos de sondagem ou de projeto no que se refere aos cuidados com as fundações. Com o tempo, tais edifícios passaram a sofrer acentuados recalques diferenciais, ou seja, tornaram-se "tortos" (perderam o prumo), virando inclusive atração turística (!?!?). Existem atualmente cerca de 100 edifícios com essa característica, a maioria concentrada na orla do Boqueirão, Emboré e Aparecida.

O reaprumo ou a implosão e reconstrução são as soluções possíveis para esse problema. A primeira opção, menos impactante que a segunda, já foi executada com sucesso no edifício que foi considerado o mais inclinado da orla (o *Núncio Malzoni*, no bairro do Boqueirão). Ele tinha mais de 2 m de inclinação do topo em relação à base. Vale lembrar que a inclinação da famosa torre de Pisa, na Itália, é de aproximadamente 4 m. A prefeitura de Santos está buscando, junto ao governo federal, uma linha de crédito especial para solucionar esse problema tão particular da cidade.

Um outro prédio incrível que existe em Santos é o *Parque Verde Mar* projetado pelo arquiteto Artacho Jurado na década de 1950, que tem uma aparência modernista, com curvas pronunciadas e cores fortes.

No que se refere ao **transporte**, deve-se recordar que Santos foi a segunda cidade do País a ter um serviço de bondes (depois do Rio de Janeiro). A primeira linha foi inaugurada em 1871, um ano antes de os bondes começarem a operar na cidade de São Paulo. Em 1909 foi iniciado o serviço eletrificado, que até então era feito por tração animal ou vapor. Esse serviço foi desativado em 1971, quando os bondes deixaram de circular por diversos motivos, dentre os quais a maior procura pelos ônibus por parte do público e o aumento do número de carros particulares.

Em 2000 foi inaugurado o bonde turístico, que sai da praça Mauá, em frente ao Paço Municipal. Aliás, essa linha já foi ampliada e hoje leva a 40 pontos turísticos da cidade. O sistema funicular do monte Serrat, construído em 1923, liga o centro da cidade ao alto do monte, onde em 1927 foi inaugurado um grande cassino (fechado posteriormente quando os jogos de azar foram proibidos no Brasil, em 1946) e a capela de Nossa Senhora de Montserrat, padroeira da cidade. Há dois bondinhos que operam simultaneamente (um sobe enquanto o outro desce), e os dois se encontram exatamente na metade do percurso, onde há um desvio.

O transporte público por meio de ônibus é operado pela Viação Piracicabana – que detém a concessão para os serviços de ônibus e trólebus (ônibus elétrico) desde 1998 –, e é bastante utilizado em Santos. Aliás, além de São Paulo, Santos é a única cidade que possui uma linha de trólebus. A cidade conta também com lotações para os morros, micro-ônibus seletivos, táxis comuns e táxi via aplicativos (Über, por exemplo).

Naturalmente existem meios para a travessia do estuário para o Guarujá. Neste caso são utilizadas as barcas (que transportam pessoas e automóveis) e pequenas lanchas, popularmente conhecidas como "**catraias**", para ligar a área continental à insular.

O município de Santos é servido basicamente por três rodovias: a via Anchieta (SP-150 ou BR-50), a única a atingir a área insular. A área continental é cortada pelas rodovias Rio-Santos (BR-101 ou SP-55) e Cônego Domênico Rangoni (continuação da SP-55 ou BR-101). A cidade também possui dois acessos ferroviários: um operado atualmente pela MRS Logística (antiga Estrada de Ferro Santos/Jundiaí), com as composições vindas de São Paulo ou da região do ABC Paulista. O outro é operado pela Ferroban (a linha da extinta EFS), com o trem vindo de Mairinque e chegando a Santos pelo bairro de José Menino.

Na realidade, em janeiro de 2017 esse transporte de carga foi desativado e tornou-se um sistema metropolitano de transporte de passageiros conhecido como VLT, operado pela EMTU, a partir do bairro de Barreiros na cidade de São Vicente, com uma provável extensão que deverá chegar até o bairro do Valongo. Na área portuária, as ferrovias são operadas pela concessionária Portofer.

Santos tem uma enorme frota de automóveis. Estima-se que no início de 2018 existissem na cidade cerca de 290 mil veículos, o que obviamente tornou o trânsito nos horários de pico caótico. E isso piora muito com a chegada dos turistas nos meses de verão, quando o número de carros chega a dobrar (e até triplicar).

No momento a cidade possui apenas um túnel bem antigo, o Rubens Ferreira Martins, construído na década de 1950. Todavia, a cidade aguarda a construção de outros dois túneis: o primeiro entre as regiões leste e noroeste; o segundo, submerso, para facilitar e agilizar a ligação entre Santos e o município de Guarujá.

Além dessas obras, também existem projetos para a construção de milhares de quilômetros de novas ciclovias, o que ampliará a oferta desse meio de locomoção alternativo para um grande número de pessoas. Um teleférico também está sendo projetado para acelerar o trajeto para aqueles que vivem nos morros da cidade.

Bem, no que se refere a **saúde** em Santos existem muitas policlínicas municipais, mais precisamente são 72 distribuídas pelos bairros da cidade. Há também o Disk Ambulância 24h, e vários pronto-socorros (cerca de 10).

Além disso há 14 hospitais em Santos, que são a Santa Casa de Misericórdia; a Sociedade Portuguesa de Beneficência (fundada em 21 de agosto de 1859); Guilherme Álvaro; São Lucas; Silvio Romero; Santa Clara; Med Center (unidade cirúrgica); Gonzaga (hospital e pronto socorro infantil); Centro de Controle de Intoxicações, Med Laser (hospital de olhos), Sancor--Instituto do Coração, Santos Day, Casa de Saúde e Ana Costa.

A Casa de Saúde de Santos por exemplo, surgiu graças a atuação de José Dias de Moraes, Gastão Aires e Samuel Augusto Leão de Moura, três figuras que honraram a classe médica de Santos, por três características de personalidade em comum: honradez pessoal e profissional, senso de responsabilidade social e incansável espírito empreendedor. O sonho deles foi: "**Fundar um hospital de médicos, para médicos, com foco no paciente!!!**"

Isto é, um hospital constituído e administrado por médicos para que todos que ali trabalhassem, pudessem exercer as atividades dentro dos princípios éticos da medicina, garantindo aos pacientes tratamentos resolutivos e atendimento digno.

Essa ideia nasceu em 1924 e foi concretizada pelos três em 25 de maio de 1925, com a abertura ao público das portas de um pequeno hospital com 8 leitos, 1 sala de operação, 1 sala de curativos, uma secretária e o apoio de Inês Sarmento, chefe de enfermagem. Após 93 anos de existência, o hospital continua dedicado a manter a sua missão desafiadora: ser referência na prestação de serviços médico-hospitalares e destaque no atendimento ético e humanizado, promovendo o contínuo aprimoramento profissional e tecnológico para a satisfação e bem estar dos clientes.

Todos que trabalham na Casa de Saúde de Santos, que atualmente tem dois endereços, um na avenida Conselheiro Nebias Nº 644 e outro na avenida Presidente Kennedy, Nº 1937, sabem que quanto mais a ciência avança, mais se comprova que o grande segredo da vida é sentir prazer naquilo que se faz. **Quando exercemos nossas funções com amor, tudo a nossa volta interage melhor, não é mesmo?**

Pois é assim que vivem seu dia a dia os que trabalham na Casa de Saúde de Santos!!!

Quero aqui recordar o convívio que tive com o Hospital Ana Costa, quando em 1992 fui convidado pelo então diretor-superintendente, Aloísio Fernandes para lecionar um curso para os seus médicos, enfermeiras e o seu corpo administrativo sobre a filosofia da qualidade desenvolvida pelo especialista norte-americano William E. Deming.

Claro que precisei adaptar os ensinamentos de Deming, especialmente os seus 14 princípios pois ele os desenvolveu com o intuito de se ter qualidade de produto e não de serviço!?!?

Precisei dessa forma preparar um material didático específico para a qualidade de serviço da saúde (QSS), pois estava num hospital.

Isso mais tarde levaria a publicação do meu livro *Hospital: Fui Bem Atendido, A Vez do Brasil* (1994), na realidade boa parte dele descrevendo as práticas já em desenvolvimento no Hospital Ana Costa por seus médicos e especialmente no serviço de enfermagem, comandado por Lilian Cadah, de forma muito eficiente.

Esse livro tornou-se um grande sucesso pela excelência do seu conteúdo e principalmente pela inexistência naquele tempo de textos tratando da QSS.

Naquela época, o dr. Aloísio Fernandes já fez com todos que trabalhavam no hospital entendessem que todas as pequenas coisas e pequenos extras bem feitos rendem grandes dividendos para QSS.

E entre essas pequenas coisas ele destacava as seguintes:

1ª) Tratar os pacientes pelo seu nome.

2ª) Telefonar periodicamente para os pacientes após sua alta para perguntar como estavam passando.

3ª) Existirem muitos canais abertos para ouvir o que os pacientes e clientes tem a dizer sobre o serviço de saúde do hospital.

4ª) Melhorar a sinalização no hospital.

5ª) Melhorar o acesso para as pessoas em cadeira de rodas.

6ª) Apanhar imediatamente o lixo, quando se encontrar algum.

7ª) Revisar, periodicamente, com sua equipe de qualidade, o atendimento do cliente.

8ª) Fazer com que os gerentes do hospital saíssem aleatoriamente dos seus locais de trabalho para constatar como os pacientes estavam sendo tratados.

9ª) Oferecer e manter um livro de comentários de pacientes e clientes na recepção.

10ª) Comportar-se de forma explícita e responsiva, ou seja, caso se receba uma reclamação, deve-se telefonar imediatamente para o paciente ou ir vê-lo prontamente.

11ª) Dentro do que manda a ética, dizer sempre toda a verdade ao paciente.

12ª) Colocar aparelhos de televisão nas salas de recepção.

13ª) Criar locais para conversas confidenciais.

14ª) Buscar todo novo dia começar uma iniciativa que leve a melhoria da QSS.

Como se nota o dr. Aloísio Fernandes era um líder proativo que conseguiu incutir nos seus colaboradores que colocassem o **paciente em primeiro lugar**, promovendo a visão do tipo: "**Orgulhamo-nos de trabalhar em um hospital no qual internaríamos os nosso familiares**!!!"

Ele investiu no seu pessoal oferecendo a todos um contínuo treinamento, incentivou o trabalho em equipe e conseguiu incutir em todos que nunca poderiam parar de aprender!!!

Contou nesse trabalho com uma grande ajuda de médicos como Walderez M. Rodrigues, Artur G. M. Ribeiro Jr., Wellington Cunha etc. e especialmente da *controller* (responsável pelo controle das finanças) do hospital Maria Inez Marques Rodrigues.

Os anos que passei transmitindo conceitos de QSS para aqueles que trabalhavam no Hospital Ana Costa foi um período muito gratificante da minha vida, pois senti que dei a minha parcela de colaboração que levou o Hospital Ana Costa a se tornar uma referência não só na RMBS mas no Estado todo e isso tudo começou em 12 de novembro de 1966, quando ele foi fundado!!!

Porém depois que foi adquirido pelo grupo norte-americano United Health Group, parece que a qualidade de atendimento nele decaiu muito!?!?

No campo da **educação**, inicialmente deve-se salientar que desde 30 de outubro de 2008, Santos passou a fazer parte, em caráter oficial, da Associação Internacional das Cidades Educadoras (Aice), uma importante rede mundial de municípios que **priorizam a educação**.

Em Santos estão IESs muito importantes, como é o caso do *campus* USP Mar, a Universidade Federal de São Paulo (Unifesp), a Universidade Santa Cecília (Unisanta), a Universidade Metropolitana de Santos (Unimes), a Universidade Católica de Santos (UniSantos), a Unip, o Centro Universitário Monte Serrat (Unimonte), a Faculdade de Ciências Médicas de Santos, a Escola Superior de Administração, *Marketing* e Comunicação (Esamc) e a Fatec Rubens Lara. A seguir alguns detalhes sobre as mais importantes IESs de Santos.

➡ **Unisanta** – A semente do complexo educacional que hoje é a Unisanta, nasceu no Colégio Santa Cecília, fundado em 16 de maio de 1932, quando a pequena escola primária, então com 26 alunos, passou a ser mantida pela Associação Educacional Santa Cecília, dirigida pela família Teixeira, tendo à frente o casal de educadores Milton e Nilza Teixeira e a professora Emília Pinto, **isso em 1961**.

Aliás, esse imóvel no qual funcionou essa escola primária no início da década de 1960, foi readquirido em 2012 pela IES e abriga atualmente as ações sociais desenvolvidas em parceria especialmente com as prefeituras da RMBS e outras entidades filantrópicas, além de ter se transformado em centro de memórias.

Porém, recordando, deve-se mencionar que em 15 de outubro de 1969 é que foi criado o Instituto Superior de Educação Santa Cecília (ISESC), declarando seu compromisso com o ensino, a cultura e o avanço do conhecimento. O seu primeiro curso foi o de engenharia, num curso noturno o primeiro na RMBS, criado em 1971. A intenção primordial dos professores do ISESC foi a de preparar engenheiros capazes e críticos, que dessem suporte científico, técnico e social à expansão industrial registrada em ritmo crescente em Cubatão, nas cidades vizinhas e, obviamente, no maior porto da América do Sul.

Foi em 11 de junho de 1996, que a IES se transformou em Universidade Santa Cecília (Unisanta), coroando o sonho iniciado 35 anos antes pela família Teixeira. As faculdades, como seus diversos cursos, órgãos e centros, foram se consolidando em termos de qualidade de ensino, pesquisa e extensão. Nelas trabalham atualmente cerca de 1.600 professores e funcionários administrativos. Hoje, a Unisanta oferece 37 cursos de nível superior, entre tradicionais e de curta duração (presenciais e a distância), além de diversos cursos de extensão, *lato sensu*, MBA e mestrados *stricto sensu*, aprovados por unanimidade pela Capes: o de Ecologia e Sistemas Costeiros e o profissional em Engenharia Mecânica que visa capacitar engenheiros para lidar com os problemas da extração de petróleo do pré-sal.

Os investimentos em tecnologias arrojadas, a constante modernização de suas instalações, com salas e laboratórios climatizados e tecnologia *Wi-Fi*, e o aperfeiçoamento permanente do seu corpo docente e o pronto atendimento dos anseios comunitários tornaram-se marcas registradas desse complexo educacional e cultural, constituído no seu todo pelo Colégio Santa Cecília (educação infantil, ensinos fundamental e médio), a Unisanta (graduação e pós-graduação) e do sistema Santa Cecília de Comunicação (rádio e TV educativos). E não se pode esquecer do apoio que a Unisanta dá ao esporte universitário, sendo especialmente uma das forças da natação no País.

No complexo educacional Santa Cecília estudam cerca de 16 mil alunos, em instalações que ocupam 100.000 m². A Unisanta está incluída no seleto **grupo de excelência** de IESs classificado pelo ministério da Educação, e tudo isso se deve ao competente trabalho do quarteto de filhos do casal fundador: Silvia, Lúcia, Maria Cecília e Marcelo, que ocupam os mais importantes cargos administrativos nesse complexo educacional, no qual se formou um grande contingente de talentos!!!

➡ **Unimes** – Essa entidade originou-se do antigo Centro de Estudos Unificados Bandeirante (CEUBAN), em 20 de junho de 1968, com a antiga denominação de Sociedade Civil de Educação Física de Santos.

Em abril de 1969, foi criada sua primeira faculdade, de Educação Física (FEFIS), que, a princípio, funcionou nas dependências do Brasil Futebol Clube. Atualmente ela está instalada no *campus* II.

A partir de 1972, começou a funcionar a Faculdade de Educação e Ciências Humanas Prof. Laerte de Carvalho, oferecendo cursos de pedagogia e estudos sociais e no mesmo ano teve início a Faculdade de Ciências Comerciais e Administrativas, com os cursos de administração de empresas com ênfase no comércio exterior (o primeiro curso do gênero no País). Em 1976, a IES criou a Faculdade de Odontologia com especialização nas áreas de prótese, endodontia, ortodontia e odontopediatria.

Em 1986, estabeleceu-se a fusão da Faculdade de Ciências Comerciais e Administrativas com a Faculdade de Economia, surgindo assim a Faculdade de Ciências Contábeis. Esta passou a oferecer um curso novo, ou seja, focado em ciências econômicas. Em 1992, a IES ofereceu um novo curso pioneiro na região, o de *marketing*. Já em 1996, foi disponibilizado o curso de administração de empresas com ênfase em transportes e logística. Também em 1996, foi criada a Faculdade de Engenharia e Ciências Tecnológicas com cursos de engenharia de alimentos, ciência da computação e produção (química). Além disso, nesse mesmo ano – um período bastante favorável para a Unimes – começou a funcionar a Faculdade de Medicina Veterinária e a foi inaugurado o Hospital Universitário de Medicina Veterinária (Hovet), que atualmente funciona no *campus* IV, no bairro denominado Morro Nova Cintra.

Em 1997, foi inaugurada a Faculdade de Direito e nesse mesmo ano, a Unimes iniciou as atividades da Faculdade de Ciências da Saúde, com o curso de medicina, que se tornou um núcleo gerador de conhecimentos, procurando integrar o ensino, a pesquisa e a educação médica continuada em toda a região. E, consolidando sua atuação no campo da saúde, em 2001 foi criado o curso de enfermagem, que passou a ser oferecido a partir de 2002.

No campo da pós-graduação, além dos cursos de especialização, especialmente para a área da saúde, a Unimes passou a oferecer novos cursos de acordo com as demandas de mercado. Ela tem também o mestrado *stricto sensu* nas áreas de filosofia e direito, oferecidos pela sua Faculdade de Direito

A Unimes iniciou o seu projeto de EAD com a criação de um núcleo especial, que passou a se chamar Unimes Virtual. A proposta, pioneira para a RMBS foi desenvolvida dentro dos mais exigentes padrões de qualidade em EAD, com três fundamentos básicos: **infraestrutura tecnológica, qualificação pedagógica** e **interatividade constante**.

Em 2006, a Unimes Virtual obteve do ministério da Educação o credenciamento para ofertar cursos primeiramente no Estado de São Paulo e, em seguida, foi autorizada para atuar em âmbito nacional. O primeiro processo seletivo foi realizado em agosto de 2006 com a participação simultânea de 80 polos conveniados em todo o Brasil. O desenvolvimento de seu projeto pedagógico priorizou a interação entre professores e alunos, modelo interativo eficaz com atividades proporcionadas pela Unimes Virtual, como: simpósios, laboratórios virtuais, salas de estágio e atividades complementares focadas na interdisciplinaridade.

Atualmente, a Unimes Virtual oferece 12 cursos de bacharelado, 12 licenciaturas e seis cursos superiores de tecnologia. Os professores são mestres e doutores comprometidos com a construção do conhecimento e o compartilhamento de ideias. Os tutores, por sua vez, são responsáveis pela interação com os alunos e por isso recebem uma formação especial com o aperfeiçoamento constante, podendo dessa maneira oferecer uma orientação eficiente, cuidadosa, com informações atualizadas para o bom desenvolvimento do processo de aprendizagem dos estudantes.

222   Cidades Paulistas Inspiradoras

➡ **UniSantos** – A história da UniSantos teve início em 1951, quando foi fundada a Sociedade Visconde de São Leopoldo e, na época, o objetivo foi a instalação do primeiro curso jurídico na região. Isso aconteceu quando em 15 de julho de 1952 o então presidente Getúlio Vargas assinou no Rio de Janeiro o decreto Nº 31.134, que concedia a autorização para o funcionamento da Faculdade de Direito.

A partir daí o crescimento da IES foi inevitável, com a criação das seguintes faculdades: Filosofia, Ciências e Letras, em 1954 com os cursos iniciais de: Jornalismo, Letras e Pedagogia; Ciências Econômicas e Comerciais, em 1959 (incorporada de outra mantenedora); Arquitetura e Urbanismo, e ainda, Comunicação e Serviço Social, em 1970; e finalmente Enfermagem e Obstetrícia em 1985. Todas elas formaram as Faculdades Católicas de Santos, embrionárias a Universidade.

Em 6 de fevereiro de 1986, consagrada a santo Tomás de Aquino, a Universidade Católica de Santos (UniSantos) foi reconhecida pelo ministério da Educação e se tornou a primeira da região a ser homologada e aprovada pelo então ministro Marco Antônio Maciel, no processo de Nº 3924/76.

Os protagonistas da UniSantos são os docentes e discentes que atuam em fóruns de discussão sobre políticas públicas, como dirigentes de entidades de categorias profissionais ou membros de instituições civis, ou ainda como agentes transformadores da realidade de populações em ações concretas e pontuais. Nela a socialização da produção acadêmica e de conhecimentos técnico-científicos acontece por meio de **projetos** e **serviços** oferecidos gratuitamente às comunidades interna e externa, oriundos de cursos de graduação – cerca de 29 – e programas de prós-graduação *stricto sensu* (mestrado em educação, direito, gestão de negócios e saúde coletiva; e doutorado em educação, direito e saúde pública), desenvolvidos em instalações-modelo, agências experimentais e escritórios de advocacia e em clínicas-escola.

Como membro da Associação Brasileira de Universidades Comunitárias (ABRUC), a UniSantos entende que as suas atividades devem ser **complementares** àquelas do governo, destinando dessa forma uma parte de sua receita às atividades de educação e assistência social, com bolsas de estudo, atendimento gratuito em hospitais, clínicas psicológicas, assistência jurídica, entre outras.

São essas ações, ligadas aos projetos comunitários que permitem o estabelecimento de um **compromisso social** entre alunos, professores e a comunidade.

Além disso, a UniSantos mantém a Universidade Aberta para a Terceira Idade, um projeto pioneiro na região. Cultura, arte, valorização da vida, preservação histórica, aprimoramento profissional, apoio espiritual e memória intelectual fazem parte do trabalho que a UniSantos realiza nos seus dois *campi* – Dom Idílio José Soares e Boqueirão.

Em 2017 estudaram na Unisantos cerca de 42 mil alunos, que além de desfrutarem de uma adequada estrutura acadêmica de apoio ao ensino e pesquisa, puderam envolver-se também com o grande projeto cultural da UniSantos, destinado especialmente ao público da RMBS, que engloba um grupo teatral, quatro corais, um quarteto de cordas e inclusive uma orquestra de câmara.

Por sua tradição e vivência a UniSantos é considerada um **polo inovador** na RMBS no que tange à formação de profissionais, aos serviços prestados e à geração e propagação do conhecimento. Nela formaram-se alunos que se tornaram pessoas ilustres no cenário nacional, como Antônio Cezar Peluso (ministro e ex-presidente do Supremo Tribunal Federal), Márcio França (ex-prefeito de São Vicente, deputado federal em várias legislaturas e vice-governador do Estado no período de 2015 a 2018 e governador após a saída do governador Geraldo Alckmin para concorrer à presidência do País), Alberto Mourão (prefeito diversas vezes de Praia Grande, ex-deputado federal), Gastone Righi (ex-deputado federal em quatro legislaturas), Telma de Souza (ex-deputada federal e ex-prefeita de Santos); Vicente Fernandes Cascione (ex-deputado federal), Rubens Ewald Filho (renomado crítico de cinema), Carlos Monforte (que foi jornalista da rede Globo), entre muitos outros.

A responsabilidade social da UniSantos, faz-se hoje presente em diversos esforços institucionais desenvolvidos principalmente na cidade para ampliar os espaços do saber, de modo que o pensar e o fazer acadêmicos sejam compartilhados e socializados para além das salas de aula – como deve realmente acontecer numa **cidade criativa** –, ultrapassando inclusive os limites dos seus *campi*, da RMBS, do Estado e do País.

➡ **Centro Universitário Monte Serrat (Unimonte)** – Trata-se de uma IES privada, cuja fundação aconteceu em Cubatão em 10 de abril de 1971, com a criação da Associação Educacional do litoral santista (AELIS), mantenedora da IES. Ela foi fundada por educadores e empresários, Walter José Lanza, Raul Tavares da Silva, José Oswaldo Passarelli, Maria Ottilia Pires Lanza, Victório Lanza Filho e Júlio Di Renzo.

224   Cidades Paulistas Inspiradoras

O primeiro curso superior da AELIS foi o de Ciências Contábeis e em 1973 surgiu o seu curso de Turismo, o segundo a ser oferecido no País. Nesse mesmo ano, a AELIS transferiu-se para Santos e passou a funcionar em dois endereços na rua Ana Santos, o curso de **Ciências Contábeis** e na avenida Ana Costa, o de **Turismo**.

Em 1980 a AELIS comprou o prédio do Colégio Tarquínio Silva, que se tornou o seu primeiro *campus*, onde se aprimoram muito as suas instalações para o desenvolvimento dos cursos existentes. Já em 1992, as Faculdades AELIS se credenciaram para se transformarem em um Centro Universitário, agregando a partir daí a alcunha Unimonte.

Em 18 de novembro de 2008, a Unimonte contratou para ser o seu reitor o engenheiro aeronáutico Ozires Silva, uma das figuras de maior destaque no cenário brasileiro e internacional, que já foi ministro da Infraestrutura, além de presidente de empresas como Petrobras, Embraer e Varig (essa última que infelizmente já não existe mais...).

A alteração no comando máximo foi decorrente dos planos da IES de participar de forma ainda mais direta no desenvolvimento da RMBS, a partir do espírito empreendedor de Ozires Silva e sua reputação de executivo competente. Ele ocupou o lugar do padre Geraldo Magela Teixeira, que participou do processo de reestruturação acadêmica da Unimonte de julho de 2006 a novembro de 2008. Depois dessa tarefa, Magela voltou a se dedicar em tempo integral à reitoria do Centro Universitário Una – que é parceiro da Unimonte – localizado em Belo Horizonte, no Estado de Minas Gerais.

Essas IESs, com a adição do Centro Universitário UniBH, são associadas ao conceito da rede Anima Educação, que possibilita sobretudo o intercâmbio entre professores, estudantes e experiências pedagógicas e administrativas. Atualmente, a Unimonte tem cerca de 8.500 alunos, distribuídos nos cursos de graduação (bacharelado, licenciatura e tecnológicas) e de pós-graduação (*latu sensu* e extensão. Possui dois *campi*, um em Santos – *campus* Vila Mathias – e outro em São Vicente – *campus* Jockey Club.

Deve-se destacar que muitos dos cursos oferecidos pela Unimonte preparam as pessoas para atuar com desenvoltura em diversos setores da EC, como: arquitetura e urbanismo, cinema e audiovisual, *design*, estética e cosmética, gastronomia, publicidade e propaganda. Além disso, a Unimonte oferece diversos cursos de MBA voltados para gestão e negócios e os *lato sensu*, com foco na obstetrícia e enfermagem.

Bem, aí foram apresentados alguns detalhes sobre quatro grandes IESs que nasceram na própria cidade de Santos, que também têm unidades de outras importantes IESs com sedes em outros lugares, e, com isso, há na cidade aproximadamente **48 mil alunos** fazendo cursos de graduação e pós-graduação. Isso mostra claramente que Santos é uma **cidade criativa**, com muita gente incrementando a atualizando os seus conhecimentos. Isso permite que muitas inovações aconteçam nos negócios, na gestão municipal e na sociedade santista como um todo.

Como se nota, não faltam locais para se formar **talentos** em Santos. Assim, existe **um enorme contingente de pessoas na classe criativa santista**. Aliás, isso se comprova facilmente pelo grande número de escritores, músicos, artistas, produtores de filmes etc. oriundos dessa cidade.

E agora os jovens santistas poderão também frequentar os cursos da UniFAJ que instalou um polo de EAD na cidade em 2018.

Em termos de **turismo**, além do que já foi mencionado, existem diversos outros locais em Santos que atraem os visitantes. Entre eles deve-se destacar:

- **Orquidário Municipal** – São cerca de 24.000 m² de área completamente urbanizada, onde o visitante pode passear no meio da mata nativa, observar árvores frutíferas e admirar mais de 1.000 orquídeas. Está localizado ali o parque zoobotânico, que abriga cerca de 300 animais, dentre os quais estão pavões, cotias, saracuras e jabutis, todos passeando livremente pelos jardins. O espaço conta ainda com um viveiro de visitação interna, onde as aves chegam a pousar.

- **Parque Municipal Roberto Mário Santini** – Este é um espaço excelente para a prática de atividades ao ar livre. O parque é formado sobre uma plataforma que avança 400 m mar adentro, e conta com *playground*, pista profissional de *skate* com 1.100 m, ciclovia, mesas de jogos, uma arquibancada com capacidade para 600 pessoas e áreas de convivência, além de pistas para corrida, caminhada e patinação. Na extremidade do parque está instalada uma obra da artista plástica Tomie Ohtake, que marca os 100 anos da imigração japonesa. Trata-se de uma estrutura em aço vermelho com 15 m de altura, que se transformou num cartão-postal que pode ser avistado de toda a orla.

- ***Deck* do pescador** – Este é um dos locais prediletos dos amantes da pescaria. Localizado na frente do Museu da Pesca, ele tem uma vista privilegiada para o estuário de Santos, por onde passam vá-

226   Cidades Paulistas Inspiradoras

rios navios todos os dias com destino ao porto da cidade. O *deck* avança 35 m sobre o mar e tem 70 m de extensão. Quem o utiliza para pescar pode fisgar peixes como o perna-de-moça, o robalo, a caratinga, baiacu e até o peixe-espada.

- **Casa do Trem Bélico** – Este é o prédio público mais antigo de Santos, e também uma das edificações militares mais antigas de todo o País. Acredita-se que a sua construção tenha ocorrido entre 1640 e 1646. Ali foi instalado o primeiro pelourinho da cidade para a punição dos escravos. O casarão abrigou também as armas e munições destinadas à defesa da vila de Santos e, posteriormente, foi utilizado como uma das bases do exército. Hoje o local abriga um museu repleto de armamentos usados em conflitos no Brasil e no mundo, como fuzis e pistolas utilizados na Revolta de Canudos e na Revolução Constitucionalista de 1932.

- **Conjunto do Carmo** – Patrimônio nacional desde 1940, o Conjunto do Carmo é uma das mais preciosas expressões da arte barroca brasileira. Consiste de duas igrejas unidas por torre com campanário. A igreja dos freis carmelitas, do convento do Carmo, é datada de 1599 e nela estão os altares dourados, em madeira, com imagens sacras do século XVIII e telas de Benedito Calixto. Ao lado está a igreja da Venerável Ordem Terceira do Carmo, de 1760, com altares em estilo rococó, telas do frei Jesuíno do Monte Carmelo e uma pia de água benta de 1710.

- **Santuário de Santo Antônio do Valongo** – Este é um dos templos católicos mais antigos do litoral paulista, que começou a ser construído em 1640. Ele chama a atenção pelo estilo barroco, com uma fachada típica do século XVIII. Seu interior está repleto de obras de arte. A capela abriga uma imagem em tamanho real de são Francisco. O altar apresenta um dos raros tronos rotativos do País: de um lado exibe a Santíssima Trindade e do outro a Adoração Perpétua, com imagens de mais de 350 anos.

- **Roda SP** – O governo estadual no seu programa turístico Roda SP criou desde 2011, 13 roteiros com 30 atrações para a RMBS, ou seja, oferece circuitos intermunicipais de um dia, começando por Santos, mas incluindo Guarujá, São Vicente, Bertioga, Peruíbe, Itanhaém, Cubatão, Praia Grande e Mongaguá, ou seja, passeios ideais para quem está passando férias no litoral, ou mesmo para um bate-volta de algum paulistano. Esses passeios feitos de ônibus, mesclando paradas ecológicas, históricas e culturais, fazendo o visitante descobrir novos lugares têm tido bastante procura.

Santos há um bom tempo tem se destacado no campo da **cultura**, em especial no **teatro** e no **cinema**. Aliás, a cidade se especializou e ganhou tradição cinematográfica no setor de curtas metragens e, inclusive, abrigou grandes e importantes festivais nesse campo.

Entre os profissionais de destaque, estão os diretores Chico Botelho (cuja morte impediu a conclusão dos longas *Janete* e *Cidade Oculta*), Ícaro Martins, José Roberto Eliezer, Tânia Savietto, Aloysio Raulino, José Roberto Torero, Renato Neiva Moreira, Hélcio Nagamine etc. Entre algumas produções que alcançaram repercussão, estão: *O Magnata* (de 2007), escrito pelo Chorão da banda Charlie Brown; e *Querô* (também de 2007).

Vale também destacar que Santos é uma cidade que já foi bastante filmada. Esse é o caso, por exemplo, em *Zé do Periquito* (de 1960), produzido por Mazzaropi, que possui algumas cenas de entrada e saída de um navio na Ponta da Praia. Estas cenas foram as primeiras filmagens vistas pelo crítico santista Rubens Ewald Filho, aos 15 anos – imagens estas que ele tentou refilmar num ângulo parecido no seu primeiro e único curta metragem intitulado *José Bonifácio que Ninguém Conhece*.

Antes e depois dos filmes de Mazzaropi, a cidade de Santos já havia sido e continuava sendo **palco cinematográfico**. Entre os exemplos notáveis estão *Presença de Anita* (1951), de Ruggero Jacobbi, na versão original com Vera Nunes; *Asa Branca – Um Sonho Brasileiro* (1981), de Djalma Batista, com Walmor Chagas e Edson Celulari (numa sequência no Gonzaga, na fonte luminosa); *O Rei Pelé*, de Carlos H. Christensen (na cena em que o garoto que interpretou Pelé vê o mar pela primeira vez, ao lado de Lima Duarte); o curta *Domingo no Parque*, de Isaias Almada (numa sequência logo depois da música homônima de Gilberto Gil, em que se utilizou uma roda-gigante que existia na época no Itararé).

Entre outros filmes deve-se incluir o do galã Helio Souto, ao lado da atriz Norma Bengell, *Conceição*, de 1960 (no qual há cenas filmadas na ilha Porchat) bem como *A Flor do Desejo*, de Guilherme de Almeida Prado (em que Sandra Bréa foi substituída por Imara Reis, e que recebeu boas críticas) e *Bellini e a Esfinge* (de 2001), de Roberto Santucci (um filme alemão com Erika Remberg, rodado no cais da cidade).

Também não se pode esquecer da tradição de Santos na exibição de filmes, afinal, durante muitas décadas, diversos edifícios de Santos tiveram seu foco totalmente no cinema. E apesar de modernamente ter perdido muitas salas, nenhuma cidade do seu tamanho no Brasil contou com um número tão grande de opções para se assistir filmes (das mais diversas procedências e dos mais variados assuntos e classificações). Eles incluíam desde desenhos animados para o público infantil até as películas com temas mais sérios, voltados para o público adulto.

A cidade também desenvolveu um projeto pioneiro no País que funcionou durante muitas décadas – o Clube do Cinema. Isso permitiu que os envolvidos com a produção cinematográfica e os amantes da sétima arte acompanhassem os avanços criativos tanto do que se fazia no Brasil, quanto nos países mais desenvolvidos nessa indústria.

A partir de 2016, Santos passou a fazer parte da RCC, que já conta com 180 cidades de 72 países. A área temática escolhida foi **cinema**. Atualmente, além de Santos, fazem parte da RCC outras sete cidades brasileiras: Belém (gastronomia), Curitiba (*design*), Florianópolis (gastronomia), Salvador (música), Brasília (*design*), Paraty (literatura) e João Pessoa (artesanato e artes folclóricas).

Raquel Pellegrini, coordenadora de cinema da secretaria de Cultura de Santos, explicou o motivo para a cidade ter sido aceita na RCC na categoria cinema: "Já tivemos na cidade uma grande produção cinematográfica, temos cursos de cinema, festivais como o *Curta Santos*, o trabalho social desenvolvido pelo Instituto Querô, a Santos Film Commission, que ajudou na produção de mais de 30 filmes e um amplo histórico de exibição de filmes."

Santos também foi muito utilizada para a produção de minisséries para a televisão, como foi o caso de *Um Só Coração*, uma obra de época produzida pela Rede Globo em 2003 e veiculada em 2004. Vale ressaltar que 80% das cenas dessa minissérie foram gravadas no centro histórico de Santos, cuja revitalização (a começar pela iluminação e pelo asfalto) possibilitou a realização da filmagem. No caso de *Um Só Coração*, o objetivo foi retratar a década de 1920 e, em vista disso, foram utilizadas locações como aquelas da rua XV de Novembro e do interior da Bolsa Oficial do Café, um edifício que foi construído em 1922, pela Cia. Construtora de Santos, a maior empreiteira do Brasil na época, e tornou-se uma das mais importantes edificações da

Primeira República. Aliás no decorrer dos seus dois mandatos consecutivos (de 2005 a 2012) o prefeito João Paulo Tavares Papa procurou impulsionar o empreendedorismo, como seu programa Alegra Santos, no qual não só se preocupou com a revitalização do centro histórico, com ações de restauro do patrimônio e da infraestrutura local, mas também ofereceu incentivos fiscais para todos os comerciantes que se estabelecessem na região.

Entre os atores que participaram da minissérie *Um Só Coração* estavam Ana Paula Arósio, Tarcísio Meira, Letícia Sabatella, Ângelo Antônio, Herson Capri, Erik Marmo, Maria Fernanda Cândido, Marcello Antony, além de dezenas de figurantes da própria cidade.

Além de minisséries, a telenovela *Éramos Seis* (de 1977), escrita por Silvio de Abreu para a antiga estação de televisão Tupi, também teve algumas cenas rodadas na praia, no bonde e nos jardins do Orquidário, com a presença de atores como Nicette Bruno, Carlos Alberto Riccelli, Carlos Augusto Strazzer etc.

No que se refere à **literatura**, seguramente os dois poetas mais famosos de Santos foram Vicente de Carvalho e Martins Fontes. O primeiro, apesar do seu afinco em muitas atividades, tornou-se conhecido por escrever poemas dedicados à praia de Santos, sendo chamado de "**o poeta do mar**". Sua prolífica obra literária (e jurídica) acabou lhe propiciando uma cadeira na Academia Brasileira de Letras. Sua grande obra *Poemas e Canções* (com prefácio de Euclides da Cunha) foi publicada primeiramente em 1908, e chegou recentemente à sua 17ª edição – um fato raro na literatura nacional. Vicente de Carvalho apoiou-se numa tradição lírica, que remete ao escritor francês Victor Hugo, foi um grande divulgador da cidade como advogado e jurista, sendo hoje o nome de uma das mais importantes avenidas de Santos.

Martins Fontes, por sua vez, tornou-se conhecido por seus **sonetos parnasianos**, apesar de também ter ficado popular como médico da Santa Casa. Ele foi um grande colaborador dos ideais e das ambições de seu tempo.

Quanto o assunto é **museus**, Santos sem dúvida possui uma grande diversidade. Entre eles está o Museu do Café Brasileiro, inaugurado em 1998, que ocupa um grandioso edifício onde até a década de 1970 funcionou a Bolsa Oficial do Café. Esse edifício fica na rua XV de Novembro (antiga rua Direita, que já foi conhecida como Wall Street brasileira, e um local onde também ficavam as mais tradicionais empresas exportadoras de café). Atualmente, a rua XV de Novembro exibe um grande *charme*, com a suas construções centenárias, seus bares e restaurantes. Nesse museu procura-se valorizar a cultura cafeeira através de diversos objetos históricos, painéis e obras de arte. A própria arquitetura do local já vale a visita, com destaque para os vitrais, os detalhes em mármore e as pinturas de Benedito Calixto.

Há também o Museu Pelé, que ocupa um imponente casarão centenário do século XIX, no Valongo. O prédio foi completamente restaurado para homenagear Pelé, o **maior jogador de futebol de todos os tempos** (!!!). São 2.500 peças (objetos pessoais, fotografias, áudios, taças, chuteiras e camisas) que contam a trajetória de Edson Arantes do Nascimento, desde a sua marcante estreia no Santos Futebol Clube, passando por sua consagração como o **maestro** da seleção brasileira (ao conquistar o tricampeonato mundial na Copa do Mundo de 1970, realizada no México), até a sua aposentadoria como ídolo internacional aos 36 anos no New York Cosmos, equipe dos EUA, quando em 28 de agosto de 1977 tornou-se **campeão da liga norte--americana**, ao vencer por 2 a 1 o Sounders, de Seattle, na partida final em Portland.

O Museu Pelé conta ainda com exposições temporárias, espaços interativos, loja de *souvenires* etc. Sem dúvida, quem visitar Santos e for fã de futebol, obrigatoriamente terá que passar por esse museu para reverenciar Pelé. Afinal, entre jogos oficiais e amistosos ele marcou 1.282 gols, sendo até hoje o principal artilheiro de toda a história do Santos e da seleção brasileira. Com apenas 17 anos ele já havia se tornado campeão mundial, na Suécia em 1958. Aliás, foi justamente por isso que ele ganhou o apelido de "**rei Pelé**".

Outro museu interessante é Museu da Pesca, que está localizado em um prédio construído em 1908, de frente para o estuário. Ele já abrigou a Escola de Aprendizes-Marinheiros e a Escola de Pesca. O prédio foi tombado como patrimônio histórico e cultural de São Paulo. Nessa edificação estão expostos muitos peixes, crustáceos, moluscos, aves e mamíferos marinhos, todos taxidermizados. A grande atração, entretanto, é o esqueleto de uma baleia de 23 m de comprimento.

Outros museus que devem ser visitados são: Museu de Arte Sacra, Museu De Vaney, Museu Oceanográfico, Memorial das Conquistas, Museu do Porto e Museu do Mar.

No âmbito do **teatro**, é bem provável que Santos seja a cidade do interior paulista mais profundamente ligada ao movimento teatral. Essa arte se desenvolveu – e continua ativa – em locais como os teatros do Sesc e do Sesi, o Teatro de Arena Rosinha Mastrângelo e o Teatro Municipal Brás Cubas, excelentes espaços para se exibir a arte dramática.

Patrícia Galvão, mais conhecida como Pagu, foi a primeira presidente da União de Teatro Amador de Santos e a grande pioneira do teatro na cidade, iniciando em 1958 um movimento em prol das artes cênicas. Ao escrever no jornal *A Tribuna*, ela conseguiu promover as apresentações teatrais, garantiu patrocínios e, o mais importante, realizou os primeiros festivais de teatro de Santos. Alguns não agradaram muito o governo do País, por isso ela passou um tempo na Cadeia Velha da cidade, mais precisamente em 1931. Aliás por sua importância essa edificação foi tombada pelos órgãos de preservação municipal (Condepasa) e estadual (Condephaat) e federal (IPHAN).

Esses festivais continuaram sendo feitos pela Federação Santista de Teatro Amador, com o nome de FESTA (Festival Santista de Teatro Amador). Embora essa federação tenha sido extinta em 2009, o festival continuou acontecendo como **Festival Nacional de Teatro**, já sem o termo "amador". Atualmente, pode-se dizer que o FESTA é o festival em atividade mais antigo do Brasil, tendo inclusive recebido a Ordem do Mérito Cultural em 2011, outorgado pelo ministério da Cultura.

Por conta do envolvimento de Patrícia Galvão no âmbito teatral de Santos, para homenageá-la, hoje o Teatro Municipal de Santos leva o nome de Pagu. Existiram vários grupos teatrais na cidade, sendo que os dramaturgos mais conhecidos e aclamados foram Plínio Marcos (1935-1999) e Carlos Alberto Soffredini (1939-2001). O primeiro iniciou sua carreira na companhia de Cacilda Becker e Walmor Chagas, no início da década de 1960, e escreveu peças como *Navalha na Carne* e *Dois Perdidos numa Noite Suja*, que foram considerados temas de cunho sociopsicológico e, inclusive, proibidos na época.

Plínio Marcos também prosseguiu sua carreira como ator e na década de 1970 trabalhou ao lado de Gianfrancesco Guarnieri, Oduvaldo Viana Filho, Jorge Andrade, Nelson Rodrigues e Abílio Pereira de Almeida. Nessa mesma época surgiu outro dramaturgo na cidade, Carlos Alberto Soffredini, autor de *Mais Quero Asno que me Carregue que Cavalo que me Derrube*, que ao lado de Plínio Marcos transformou-se em um expoente do teatro moderno no Brasil. No **teatro infantil**, Santos alcançou projeção internacional, graças a peças criadas por Oscar von Pfuhl, cunhado de Paulo Autran.

Muitos nomes famosos no cenário brasileiro surgiram do teatro santista, e entre eles deve-se citar: Serafim Gonzalez, Paulo Lara, Tanah Corrêa, Sergio Mamberti, Claudio Mamberti, Bete Mendes, Jandira Martini, Wilson Geraldo, Ney Latorraca, Nuno Leal Maia, Alexandre Borges, Oscar Magrini e Paulo Vilhena etc. Dá para entender bem melhor agora porque Santos merece a classificação de **cidade criativa**, não é?

Aliás a prefeitura de Santos tem estado bem ativa no sentido de trazer mais cultura de outras nações e por isso firmou acordos com várias localidades dentro do conceito de cidade-irmã. Firmou por isso acordos com as cidades de Coimbra, Funchal, Ansião e Arouca em Portugal; Shimenoseki e Nagasaki no Japão; Taizhou e Nigbo na China; Trieste na Itália; Ushuaia na Argentina; Havana em Cuba; Constança na Romênia; Ulsan na Coréia do Sul; Colón no Panamá; Fernando de la Mora no Paraguai; Callao no Peru; Vera Cruz no México e Alajuela na Costa Rica. É preciso entretanto incrementar mais esse intercâmbio...

Seguramente foi o **esporte**, mais especificamente o futebol, que deu projeção a Santos (inclusive internacional). É verdade, entretanto, que a cidade possui uma grande tradição nos mais diversos esportes, recebendo bastante apoio de sua prefeitura.

Isso começa pelo mar, onde se destaca o **surfe** santista. Apesar das ondas calmas nas suas praias, a cidade desempenhou um papel especial no desenvolvimento do surfe brasileiro, foi em Santos que o esporte começou a se desenvolver no País. Desde a década de 1930 os surfistas utilizavam pranchas de madeira oca e surfavam na praia do Gonzaga. A carreira dos pioneiros da modalidade no Brasil, os irmãos Thomas Rittscher Júnior (1917-2011) e Margot Rittscher (1916-2012), está umbelicalmente ligada a Santos e aos nomes de santistas, como Osmar Gonçalves e João Roberto Suplicy Hafers, que juntos formaram o que a crônica esportiva de hoje costuma chamar de "**grupo dos primeiros surfistas do Brasil**".

Mais tarde o surfe santista foi aprimorado e mais bem divulgado por parte das escolas, como a Escolinha Radical, no Posto 2, liderada pelo primeiro surfista profissional brasileiro, Cisco Aranha e de universidades, que revelaram nomes como Picuruta Salazar, **que se tornou o maior símbolo do esporte na cidade**.

Picuruta, além de criar escolinhas para crianças (ele também desenvolveu projetos paralelos em lugares como o Havaí), deu oportunidade para que jovens talentosos da cidade pudessem participar de competições internacionais.

Outro esporte da cidade é o **iatismo (ou vela)**, praticado no Clube Internacional de Regatas. Ele tem como destaque a flotilha da classe *snipe*. Além dos diversos eventos de *snipe*, a cidade também se tornou sede de etapas do Campeonato Paulista de Vela Oceânica, e é nela que ocorre a largada da tradicional regata oceânica Santos-Rio de Janeiro.

Existe em Santos um polo do projeto Navega São Paulo, no qual são ensinados esportes náuticos, entre eles a vela, em escolas públicas.

Outro esporte bem conhecido em Santos é o **tamboréu**, que aliás nasceu na cidade e hoje é praticado em toda Baixada Santista. O jogo é parecido com o tênis, no que diz respeito às regras, mas é jogado com "raquetes" em forma de pandeiro (o que justifica o nome tamboréu). Os jogadores são separados por uma rede de um metro de altura.

Já no futebol, além do internacionalmente conhecido Pelé, a cidade conseguiu atrair muitos outros grandes jogadores, que vão desde Araken Patuska (nos anos 1920) até Neymar (que despontou na 2ª década do século XXI).

Há três times de futebol na cidade. O primeiro e o mais importante é o Santos Futebol Clube (o "**Peixe**"), muito conhecido no mundo todo por suas grandes conquistas internacionais (três Libertadores da América, duas Copas Intercontinentais e muitos títulos nacionais e regionais). A equipe manda seus jogos no estádio Urbano Caldeira, mais conhecido como Vila Belmiro, um dos palcos mais tradicionais do futebol brasileiro.

Aliás, também fica na Vila Belmiro o Memorial das Conquistas do clube, que oferece a torcedores e visitantes a possibilidade de relembrar todos os títulos da história do clube. Num espaço de 380 m² estão expostos mais de 500 troféus conquistados pelo clube em diversas modalidades (Santos já teve boas equipes de basquete e vôlei), claro que sempre com destaque para os futebolistas. O memorial também tem seções que homenageiam os grandes ídolos que passaram pelo Santos, como Pepe, Pelé, Coutinho, Zito, Clodoaldo, Robinho, Diego, Neymar etc. E, para que o passeio fique completo, o visitante também pode conhecer o vestiário utilizado pelo time profissional e sentar no banco de reservas à beira do gramado.

O Santos Futebol Clube também possui uma equipe profissional feminina, que, inclusive, já foi bicampeã da Copa do Brasil (2008 e 2009) e da Libertadores (2009 e 2010), quando contou no elenco com o atacante Marta – eleita várias vezes a **melhor jogadora do mundo**!!!

Em 2017, a equipe conquistou pela primeira vez o título do Campeonato Brasileiro feminino, vencendo o Corinthians nos dois jogos finais, por placares de 2 x 0 e 1 a 0, respectivamente. A conquista de um título de tamanha

234 Cidades Paulistas Inspiradoras

expressão incentivou a diretoria a investir novamente para reforçar ainda mais a equipe, com o provável retorno de Marta.

Os outros clubes de Santos, no futebol masculino, são a Associação Atlética Portuguesa (Portuguesa Santista), que joga no estádio Ulrico Mursa e o Jabaquara Atlético Clube, que joga no estádio Espanha. Há ainda na cidade um estádio municipal, o Paulo César de Araújo (estádio Pagão) na zona noroeste de Santos, no qual são realizados muitos jogos de futebol nas competições organizadas pela prefeitura da cidade.

Santos é um dos 15 municípios paulistas considerados **estâncias balneárias**. Além de suas praias, que atraem milhares de pessoas, os turistas podem se alimentar em pelo menos uma centena de bons restaurantes. A cidade é um centro de ensino da gastronomia e promove vários festivais que atraem moradores e visitantes. O prato tradicional é a famosa **meca santista**, um tipo de atum rico em HDL (o colesterol bom). O filé de meca grelhado é servido com risoto de pupunha, farofa de banana e camarões, em uma combinação de dar água na boca. Desde 2005, a **meca santista** tornou-se uma marca registrada da culinária local e todos os estabelecimentos que servem o prato típico exibem um **selo de identificação**!!!

Particularmente os **visitantes** são os clientes mais esperados dos restaurantes santistas, que oferecem uma gastronomia fina de frutos do mar com receitas artesanais, mas também há aqueles voltados para outras cozinhas. Aí vão algumas sugestões de restaurantes: *Yê Simplesmente Saudável* (frutos do mar); *Porta do Sol – Restaurante do Paquito* (cozinha espanhola); *Mar Del Plata* (frutos do mar); *Kyuurai* (culinária japonesa); *Beduíno* (cozinha sírio-libanesa); *Cantina di Lucca* (cozinha italiana); *Tasca do Porto* (cozinha portuguesa); *J. Garcia* (frutos do mar); *ELO Gastronomia* (cozinha internacional); *Temakeria Santista* (cardápio variado de temakis); *Alkabir* (culinária libanesa); *Cantina Babbo Américo* (cardápio de *pizzas* e massas); *Cantina Liliana* (cardápio de *pizzas* e massas); *Puerto de Palos* (da *parilla* ao bife de *chorizo*); *Catalina* (frutos do mar); *Van Gogh* (*pizzas* e pratos triviais); *Restaurante Da Franco Santos* (boa comida e coquetéis com uma das melhores vistas da cidade) etc.

Como se nota só nesses restaurantes citados dá para alimentar bem alguns milhares de visitantes, mas há outros na cidade, viu?

Uma cidade deve ter boa **infraestrutura** para abrigar eventos como feiras, congressos, exposições, *shows*, peças teatrais, formaturas, casamentos etc.

Em Santos existem alguns bons centros de convenções, com destaque para o Mendes Convention Center, sem dúvida o maior e o mais bem equipado da RMBS, que conta inclusive com outros equipamentos como uma chopeira e disco *club*.

Se antes Santos contava apenas com muitas pensões e alguns poucos bons hotéis, isso mudou bastante e os visitantes podem agora acomodar-se em bons hotéis. Atualmente há pelo menos uma dúzia deles como: Mendes Plaza, Atlântico, Parque Balneário, Comfort, Novotel, Mercure, Ibis Valongo, Ibis Budget, Studio, Monte Serrat, Caiçara, Avenida Palace, etc.

Além disso existem diversos *apart-hotel* como Cosmopolitan Praia Flat, Atlântico Inn, Atlântico Golden, Residencial Estanconfor Santos, Carina, etc.

Na cidade de Santos, tanto os seus moradores, quanto os visitantes, têm agora condição de fazer suas **compras** em bons centros comerciais como o *Shopping* Parque Balneário, Praiamar *Shopping*, *Shopping* Miramar, *Shopping* Pátio Iporanga, *Center Shopping* Gonzaga, Super Centro Comercial Boqueirão, *Super Shopping*, *Shopping Center* São Francisco, *Shopping* Embaré, Bulevar *Shopping* etc. além de terem à sua disposição muitas centenas de lojas, bazares, feiras de arte e especialmente o Mercado Municipal e o Mercado do Peixe.

Seguramente é no trabalho nos restaurantes, hotéis, centros de convenções e *shopping centers* e lojas que está empregada a grande maioria dos santistas, ou seja, eles têm trabalho no setor de serviços.

Alguns já chegaram a chamar Santos de "**Barcelona brasileira**", enquanto outros a denominam "**Terra da caridade e liberdade**", por conta do seu lema em latim: *Patriam Charitatem et Libertatem Docui* ("**À pátria, ensinei a caridade e a liberdade!**"). E, de fato, quem vem visitar a maior cidade do litoral paulista, sente nela a modernidade da cidade espanhola e desfruta de momentos em um ambiente de muita liberdade, tornando-se assim mais caridoso...

Em março de 2017 foi divulgado um estudo feito pelo Instituto de Longevidade Mongeral Aegon, da Escola de Administração de Empresas de São Paulo, da Fundação Getúlio Vargas (FGV/EASP), que estabeleceu o Índice de Desenvolvimento Urbano para Longevidade. Segundo esse *ranking*, chegou-se à conclusão de que Santos é a **melhor cidade do Brasil para se viver após os 60 anos**, o que seguramente irá estimular muitas pessoas aposentadas a eventualmente transferirem seu domicílio para essa cidade.

236 Cidades Paulistas Inspiradoras

Entre a 2ª e a 10ª posições na sequência estão, respectivamente, Florianópolis, Porto Alegre, Niterói, São José do Rio Preto, Ribeirão Preto, Jundiaí, Americana, Vitória e Campinas.

O gerente do Instituto Mongeral Aegon, Antônio Leitão, explicou o seguinte: "Esse estudo levou 14 meses para ficar pronto, e um dos seus principais objetivos foi o de indicar para os gestores públicos, especialmente os municipais, que as cidades têm muitos atributos ou qualidades e como se pode melhorar em muitos aspectos. O estudo usou uma metodologia inédita, com o cruzamento de 63 indicadores divididos em sete classes ou categorias (indicadores gerais, cuidados com a saúde, bem-estar, finanças, habitação, educação e trabalho, cultura e engajamento).

Nele foram analisadas 498 cidades brasileiras de grande e pequeno porte, avaliando-se até o clima. Santos acabou tendo muito destaque na sua economia por apresentar um pequeno percentual de população com baixa renda. Também se considerou sua nota elevada em cultura e engajamento e o fato de ela ser uma das cinco cidades com melhor nota em bem-estar.

Mas o fato de Santos ter ficado em primeiro lugar no nosso *ranking* não quer dizer que a cidade não tenha problemas. Um deles é a desigualdade na distribuição de renda, que precisa ser solucionado; o outro é fato de que no município já vivem cerca de 115 mil pessoas com mais de 60 anos, para as quais é necessário oferecer moradias adaptadas (sem escadas, com banheiros com apoios para evitar quedas etc.).

Na realidade, nos elaboramos três *rankings*. Um para o envelhecimento da população em geral, outro para pessoas com idade entre 60 e 75 anos e o terceiro para aquelas acima de 75 anos."

Ana Bianca Flores Ciarlini, que é a coordenadora de Políticas da Pessoa Idosa da prefeitura de Santos, declarou: "Não é nenhuma surpresa a posição de nossa cidade nesse estudo, pois temos um intenso trabalho voltado para o bem-estar dos nossos munícipes, especialmente os idosos.

Temos assim vários programas e diversas ações instaladas em várias secretarias e centros de convivência com atividades ao longo do dia. Existe também o Espaço do Idoso, no qual oferecemos 30 modalidades de exercícios e cursos.

Atualmente ele recebe cerca de mil pessoas, todos os dias. Seguimos o conceito de **envelhecimento ativo** e nesse sentido oferecemos para os mais idosos cursos de educação financeira, fotografia, arteterapia e outras disciplinas, como *mindfulness* (uma técnica de meditação). A prefeitura mantém também atividades esportivas na praia, principalmente na água, e também nos postos dos bombeiros ao longa da orla."

De fato, os moradores de Santos podem tirar muito proveito dos equipamentos públicos sem pagar nada, e participar gratuitamente de muitos eventos promovidos pela prefeitura, como *shows* na Concha Acústica, apresentações de chorinho em frente ao Aquário Municipal, exposições e apresentações na Pinacoteca Benedito Calixto e o cinema do Posto 4.

Isso tudo realmente tem sido divulgado pelos que vivem em Santos, e está atraindo gente de todas as partes do Brasil para viver na cidade, que também tem um bom transporte público e serviços essenciais.

E os que vivem em Santos tem muitas atrações garantidas e uma delas é a festa de passagem do ano com uma queima de fogos de artifício que dura quase o mesmo tempo que no *réveillon* que ocorre na praia de Copacabana no Rio de Janeiro, tão bonito quanto, com a diferença que as pessoas ficam num calçadão amplo e bem cuidado, com mais conforto do que os cariocas e os visitantes na "**cidade maravilhosa**".

Vista aérea da região central de São Bernardo do Campo, com destaque ao Paço Municipal.

São Bernardo do Campo

PREÂMBULO

São Bernardo do Campo se tornou conhecida por diversos motivos, dentre os quais o fato de abrigar o primeiro parque temático do Brasil: a **Cidade da Criança**, sobre a qual falaremos mais tarde. Ela também ficou famosa em âmbito nacional por ser o primeiro polo cinematográfico do País. Além disso, ao longo de sua existência São Bernardo recebeu dois apelidos interessantes: "**cidade do móvel**" e "**cidade do automóvel**".

Hoje o município é visto como uma **cidade turística** e **cosmopolita**, na qual encontram-se misturadas diferentes culturas. Aliás, a gama de eventos e atrativos turísticos da cidade é ampla e crescente.

Um destaque da cidade são suas **rotas gastronômicas**, como a do Frango com Polenta e a do Peixe. Também não se pode esquecer que São Bernardo do Campo é um **polo ecoturístico**, isso graças ao que se pode ver e fazer no parque estadual da serra do Mar e na represa Billings.

Aliás, no dia 8 de janeiro de 2018, o governador paulista Geraldo Alckmin, foi à cidade para inaugurar as obras feitas na represa Billings, e disse: "Vamos tirar dessa represa 1 bilhão de litros de esgoto *in natura*. Assim ela será cada vez mais um local para o turismo, o que vai gerar mais empregos, ser fonte de renda e de entretenimento para quem gosta de pescar."

Outro dado interessante é o fato de muitas pessoas visitarem São Bernardo do Campo atraídos pelo **turismo industrial**. Neste caso, elas participam de visitas monitoradas a empresas credenciadas junto à prefeitura, onde podem conhecer os processos de produção e fabricação dos respectivos produtos, bem como toda a tecnologia empregada.

A HISTÓRIA DE SÃO BERNARDO DO CAMPO

São Bernardo do Campo é um município paulista com uma área de 409,88 km², que se espalha atualmente desde a junção dos rios Passareúva e dos Pilões (no pé da serra do Mar, a uma altitude que varia de 60 m até 986,5 m, no pico do Bonilha, no bairro Montanhão). Segundo estimativas de 2018, a cidade tinha cerca de 840 mil pessoas. Estima-se que o PIB do município em 2017 tenha sido de cerca de R$ 49 bilhões.

No início, entretanto, os que moravam ali não eram exatamente amigos. De fato, no início de 1550, os padres jesuítas que desbravaram o Brasil para catequizar os índios, descobriram que na região onde está atualmente São Bernardo do Campo havia **índios canibais**!?!?

A cidade de São Bernardo do Campo teve início em 1553, sendo possível dividir sua história em várias fases. A primeira delas está naturalmente ligada às cidades vizinhas de São Paulo e de Santo André, quando esta última ainda se chamava Santo André da Borda do Campo, e começava a se organizar.

Aliás, a cidade de Santo André da Borda do Campo foi fundada por João Ramalho – que, conforme já explicado no capítulo sobre essa cidade, casou--se com a índia Bartira, filha do cacique Tibiriçá (dos índios guaianases) – e oficializada quando foi erguido o pelourinho na vila de mesmo nome!!! O fim dessa primeira fase aconteceu em 1560, quando os habitantes de Santo André da Borda do Campo foram transferidos para São Paulo de Piratininga. Vale ressaltar que toda a documentação sobre esse período está atualmente arquivada na cidade de São Paulo.

Após esse evento, a vila de São Bernardo viveu um período de grande estagnação, sendo inclusive transformada numa grande sesmaria, cujo provedor era Amador de Medeiros e, posteriormente, doada por ele mesmo aos monges beneditinos do mosteiro de São Bento. Em 1717 eles a transforma-ram em três grandes fazendas: São Caetano, em homenagem a são Caetano de Thiene, e São Bernardo, em homenagem a são Bernardo de Claraval, que é o patrono da cidade. A terceira fazenda era a Jurubatuba, também localizada em São Bernardo.

A população residente no núcleo da fazenda de São Bernardo mani-festou a vontade de erigir ali uma nova igreja, mas não poderia fazê-lo em terras do mosteiro. Por conta disso, foi realizada a transferência da sede da vila, que ficava na margem esquerda do ribeirão dos Couros (hoje ribeirão dos Meninos) para outro ponto, às margens do mesmo rio. Em 1812 surgiu ali a igreja matriz e foram traçadas as primeiras ruas, derivadas da estrada geral de Santos (conhecida como caminho do Mar ou estrada do Vergueiro). Aquele seria o ponto inicial do núcleo urbano do município.

No ano de 1812 o marquês de Alegrete elevou São Bernardo à categoria de **freguesia**. Muito tempo depois, com a instalação do governo republicano em 1890, São Bernardo se tornou **município**. Nessa época ele alinda abrangia Santo Amaro e todas as demais cidades da atual região do Grande ABC. Algum tempo depois Santo Amaro se tornou um município independente e se separou de São Bernardo sendo posteriormente, em 1935, anexado pela capital paulista e se tornando um distrito de São Paulo.

Com a abertura em 1867 da São Paulo Railway (SPR), ligando São Paulo a Santos, ocorreu o abandono da estrada geral de Santos, o que provocou uma nova estagnação do crescimento da sede do município (a atual São Bernardo do Campo). O local da estação ferroviária de São Bernardo, distante da sede do município, tornou-se conhecido como bairro da Estação, que, por sua vez, passou a constituir um núcleo urbano a partir de 1867. Bem mais tarde, em 1910, por solicitação dos habitantes desse núcleo, a estação passou a se chamar Santo André, em homenagem à vila fundada por João Ramalho, e assim nasceu o futuro município de Santo André.

Por conta da prosperidade alcançada pela vila de Santo André, em função da proximidade com a ferrovia, em 1938, por decreto do governador do Estado, Adhemar de Barros, Santo André passou a ser a sede do município de São Bernardo, em vez de uma simples vila. Com isso, um conjunto de ilustres habitantes da vila de São Bernardo fundou a Associação Amigos de São Bernardo. O objetivo era conseguir a emancipação político-administrativa do município, o que de fato aconteceu em 30 de novembro de 1944. A mudança foi oficializada em 1º de janeiro de 1945, com a instalação do município de São Bernardo do Campo, agora desmembrado de Santo André. O primeiro prefeito de São Bernardo foi Wallace Cockrane Simonsen, presidente da Associação de Amigos e que lutou muito por essa emancipação. Com o nome de São Bernardo "do Campo" prestou-se uma homenagem a Santo André da Borda do Campo, e evitou-se a confusão com a cidade de São Bernardo que existe no Estado do Maranhão.

Em termos **econômicos**, ainda no século XIX a cidade conquistou um apelido importante: "**capital do móvel**" ou "**capital da indústria moveleira**". Isso aconteceu por causa da produção de móveis iniciada ainda pelos primeiros imigrantes europeus, que, aliás, tiveram seus nomes associados à indústria de móveis local.

SÃO BERNARDO DO CAMPO

As feiras de móveis realizadas em São Bernardo do Campo na década de 1950 se tornaram uma referência no Estado e, inclusive, consolidaram o bairro de Jurubatuba como um centro moveleiro conhecido em âmbito nacional. Atualmente, encontram-se enfileirados ao longo de dois quarteirões da rua Jurubatuba cerca de 76 estabelecimentos comerciais especializados no segmento moveleiro, alguns deles com produtos de fabricação própria.

Também no decorrer da década de 1950, e ao longo dos anos 1960, além dos móveis, São Bernardo do Campo também acabou se transformando no mais importante **parque automobilístico** brasileiro, inclusive atraindo para lá grandes empresas do setor: Volkswagen, Ford, Scania, Toyota, Mercedes-Benz, Karmann-Ghia e Willys Overland. Nessa época surgiram na região mais de **uma centena de milhares de empregos** (!!!), e o município que até 1960 tinha apenas 60 mil habitantes, passou a abrigar cerca de 740 mil pessoas, isso no ano de 2000. Foi a partir daí que a cidade ganhou o apelido de "**capital do automóvel**".

O desenvolvimento da cidade continuaria ao longo das décadas de 1970 e 1980, todavia, a partir dos anos 1990 teve início um período de forte **estagnação econômica**. Isso levou a uma intensa fuga de empresas sediadas no município, que buscavam em outras cidades paulistas melhores condições logísticas e tributárias, além de mão de obra mais barata.

Mais tarde, diante das novas políticas de incentivo ao crescimento oferecidas pelo governo federal, a cidade voltou a crescer um pouco a partir de 2005. Nessa época a indústria voltou a gerar empregos, mas, dessa vez, foi o **setor de serviços** que ganhou mais importância na vida econômica da cidade. Desse modo, se antes eram as indústrias de autopeças as maiores empregadoras, aí foram as indústrias de tintas, como a Basf (que produzia as famosas tintas Suvinil) ou de produtos de higiene, como a Colgate (a maior fábrica do mundo de dentifrícios) que atraíram trabalhadores. O **comércio** também começou a se intensificar, principalmente na rua Marechal Deodoro e nas suas imediações.

Aí começaram a surgir grandes oportunidades para as micro e pequenas empresas. Por isso em 2011 foi criada na cidade a Sala do Empreendedor sob o comando da secretaria municipal de Desenvolvimento Econômico, Trabalho e Turismo.

Em um mesmo espaço, concentraram-se diferentes serviços municipais, somados ao atendimento de parceiros como o Sindicato dos Contabilistas de São Paulo, Associação Comercial e Industrial de São Bernardo do Campo e

244   Cidades Paulistas Inspiradoras

do Sebrae/SP. Essa Sala do Empreendedor dispunha de uma completa estrutura para orientação, capacitação e formalização de novos empreendedores.

A construção civil e a reforma urbana também foram bastante impulsionadas em 2008, em especial com a construção do trecho sul do Rodoanel, um anel viário da RMSP, a duplicação da avenida Pery Ronchetti, a canalização do córrego Saracantan e a construção de muitos edifícios, a maioria residencial.

Também aconteceu nessa época a radical reforma e ampliação dos *shopping centers* Metrópole e Golden Square, bem como a inauguração do *Shopping* do Coração, a demolição do antigo prédio do *Best Shopping*, a revitalização do bairro Parque dos Pássaros e a construção da nova Câmara Municipal, que tornou bem mais imponente no local que abriga o Paço Municipal. E não se pode deixar de citar o *Shopping Center* São Bernardo *Plaza*, um local muito visitado, onde trabalham alguns milhares de pessoas.

Como já foi dito, São Bernardo possui muitas **atrações gastronômicas**. Dentre elas o grande destaque é o tradicional – e já mencionado – **frango com polenta**, uma especialidade italiana difundida pelas primeiras famílias de imigrantes italianos na década de 1950. A **Rota do Frango com Polenta** da cidade contempla os bairros Demarchi e Battistini, e é uma das mais procuradas tanto por moradores quanto por visitantes. Enquanto isso, há também a **Rota do Peixe**, que inclui os restaurantes localizados na região do Riacho Grande e na estrada Velha do Mar (SP-148), onde os visitantes além de terem acesso às belezas naturais do ambiente, podem apreciar pratos tradicionais à base de peixe e frutos do mar.

Mas existem outros restaurantes espalhados pela cidade, em especial na avenida Kennedy, a região mais agitada e badalada de São Bernardo do Campo. Essa avenida foi inaugurada em 1963, pelo então prefeito Lauro Gomes, depois que o município conseguiu desapropriar uma grande área, canalizar o córrego Borda do Campo e construir esse corredor. Na época de sua inauguração era apenas um caminho que cruzava vários terrenos vazios, porém, aos poucos, foi ganhando o formato que tem hoje.

Ao longo de toda sua extensão (1 km) existem, além dos restaurantes, muitos bares (alguns bastante premiados). Entre eles estão: *Liverpool* (primeiro *pub* da região), *Flag* (com as marcas de chope mais consumidas), *Central* (que, para alguns, oferece o melhor chope do ABC), *Brasa* (brasileiro com jeito argentino, especializado em empanadas), *La Revolucion* (com uma decoração exótica, com fotos antigas de pessoas famosas e países da América Latina), *Adoniran* (um boteco no qual se valoriza a boemia), *São Bernardo* (boteco com música animada e uma grande carta de cervejas especiais), *Don Quixote* (cujo foco é a *pizza*, os bolinhos de bacalhau, a picanha e o ambiente agradável com música ao vivo).

Também na avenida Kennedy fica a padaria *Kennedy*, uma panificadora *gourmet* do mesmo grupo do restaurante *Vitrine Kennedy*. Outro ponto de destaque nessa avenida é a sua unidade do *Madero*, uma famosa rede de hambúrgueres criada pelo *chef* Junior Durski, e cujo *slogan* bastante sugestivo é: "**O melhor hambúrguer do mundo**".

Mas não é só de comida que sobrevive a avenida Kennedy. O local também atrai quem está em busca de atividades culturais, de lazer e esportivas. Esse é o caso, por exemplo, do parque Raphael Lazzuri, que ocupa uma área de 25.000 m^2 e oferece pistas para caminhadas e percursos de 400 m e 650 m, além de áreas destinadas a atividades físicas.

Ao descrever a avenida Kennedy, o atual prefeito de São Bernardo do Campo, Orlando Morando, declarou: "Ela é um verdadeiro cartão-postal da nossa cidade, sendo uma referência na vida noturna, no comércio e na oferta de vários serviços. Ela abriga uma das mais antigas unidades do Corpo de Bombeiros da região e o maior ginásio poliesportivo do município. A avenida também oferece diversas opções em termos de compras e gastronomia, e é uma charmosa área central para caminhada e passeio ciclístico."

Em termos de **acesso à natureza**, o município de São Bernardo do Campo está em uma área de proteção de mananciais, onde está localizada a represa Billings. Na região também fica o distrito de Riacho Grande, que vem recebendo investimentos para permitir a exploração do **grande potencial turístico** do local: lazer, ecoturismo, esportes náuticos e atividades de aventura.

O grande parque municipal é o Virgílio Simionato, conhecido também como Estoril. Ele conta com uma área total de 373.000 m^2, sendo que 90% do território é área de mata atlântica preservada. O local oferece diversos atrativos como: teleférico, tirolesa, arborismo, canoagem, passeios de escuna e academias ao ar livre. Além de tudo isso, há em seu interior um pequeno zoológico, especializado na fauna da mata atlântica e em animais ameaçados de extinção, como: lobo-guará, cachorro-vinagre, macaco-aranha-de-cara--vermelha, arara-azul, anta, ouriço, cateto e periquitos.

Mas existem vários outros parques na cidade de São Bernardo do Campo, sendo um deles o Salvador Arena, localizado na avenida Caminho do Mar. Ele tem aproximadamente 15.000 m^2 e está aberto todos os dias das 6 h às

22 h. Entre as várias atrações, ele disponibiliza uma pista de caminhada de 400 m, um lago com chafariz e cachoeira artificiais, teatro de arena com arquibancada para 420 pessoas, *playground* e área para a prática de atividades físicas. Porém, seu grande atrativo é o enorme aquário de 2,1 m de altura por 24 m de extensão, repleto de belos peixes nacionais.

O Centro de Informações Turísticas do Município está sediado no já mencionado parque temático **Cidade da Criança**, que, por sua vez, foi construído na década de 1950 a partir dos antigos cenários da novela *Redenção*. O local foi reaberto em 2010, dessa vez com novas atrações que incluem submarino e teleférico. O objetivo dessa reinauguração foi resgatar os valores, o lazer e o turismo da região.

Há também na cidade o parque da Juventude, ou seja, o *Città di Marostica*, com uma área de mais de 21.000 m². Nele é possível praticar diversas modalidades esportivas, como: *skate*, patinação *inline*, ciclismo, tirolesa, rapel, escalada e caminhada.

Mas, voltando para a avenida Kennedy, vale lembrar que recentemente ela ganhou o maior empreendimento multiuso do local, bem na esquina com a avenida Senador Vergueiro. Trata-se do *Marco Zero MBigucci*, um complexo de torres residenciais, *lofts*, lojas e salas comerciais, com 946 unidades no total. Essa obra foi iniciada em fevereiro de 2013 e, em 2017, foi entregue aos proprietários (é numa parte desse complexo que está o restaurante *Madero*...).

Meu amigo Milton Bigucci, que é o presidente da construtora MBigucci, é autor de livros bem interessantes, como: *Caminhos para o Desenvolvimento*, *Construindo uma Sociedade mais Justa*, *Em busca da Justiça Social*, entre outros. Na revista *MBigucci News* (Nº 80, de dezembro de 2017), ele escreveu o seguinte: "Em 2017 recebemos o prêmio *Top* de Sustentabilidade, oferecido pela Associação dos Dirigentes de Vendas e *Marketing* do Brasil (ADVB) e pelo IRES (Instituto ADVB de Responsabilidade Socioambiental).

As ações de responsabilidade ambiental e social já estão **enraizadas** na cultura de nossa empresa e de nossos colaboradores. É rotineiro ver tanto nas nossas obras como nos escritórios os coletores seletivos para a separação de materiais. Estes são posteriormente enviados às empresas de reciclagem e beneficiamento.

Poucos sabem, mas os resíduos que saem das nossas obras são transformados em novos produtos. As sobras de concreto e alvenaria, por exemplo, vão direto para uma usina especializada, onde são transformadas em areia e brita (pedras de diversos tamanhos). Estes, por sua vez, são utilizados para drenagem e como blocos de vedação; as sobras de madeira vão para uma empresa que faz cavaco e, posteriormente, se transformam em biomassa (fonte de energia renovável) que será usada no aquecimento de fornos e caldeiras de fabricantes de papel e celulose.

Os resíduos de gesso são encaminhados à uma indústria cimenteira, que os utiliza como insumo na produção de cimento. Procuramos também reaproveitar ao máximo todos os materiais, que são levados de um canteiro de obra para outro. Entendemos que dessa forma estamos contribuindo para a preservação dos recursos naturais e do meio ambiente, em especial onde nossas obras são executadas. Como isso, também envolvemos a comunidade do entorno, para ter foco na preservação ambiental.

É comum também vermos nossos colaboradores usando garrafinhas para água no lugar dos copos descartáveis; apagando as luzes e desligando os monitores dos computadores ao saírem do ambiente de trabalho e, inclusive, reaproveitando as folhas de papel usadas. Essas podem parecer ações sem muita importância, mas exercem um grande efeito no meio ambiente.

A MBigucci foi uma das primeiras construtoras do Brasil a aderir voluntariamente, em 2008, aos princípios do Pacto Global, uma iniciativa da ONU, cujo objetivo é incentivar a aplicação de políticas de responsabilidade social e sustentabilidade nas empresas. Neste sentido, mantemos há mais de uma década vários programas, como: Big Riso, no qual nossos colaboradores se vestem de palhaço e visitam pessoas enfermas em hospitais públicos; o Big Vida, um procedimento para minimizar os impactos ambientais; o Big Vizinhança, que busca o engajamento da comunidade no entorno das obras; e o Big Conhecimento, que procura atender a estudantes, compartilhando conhecimento e experiências práticas de seus colaboradores."

Recordo um dia em que Milton Bigucci me disse: "Comecei construindo duas casinhas na Vila Vivaldi e cinco sobrados no Jardim Hollywood, em 1961. Hoje já concluímos mais de 400 empreendimentos, dos quais surgiram cerca de 9.700 unidades habitacionais."

Foram muitos os empreendimentos importantes erguidos pela MBigucci em São Bernardo do Campo, que, sem dúvida, melhoraram a situação habitacional da cidade. Esse é o caso, por exemplo, do *Classic*, do *UP* e dos conjuntos residenciais do *Marco Zero*.

Uma importante obra foi recentemente iniciada em São Bernardo do Campo, e na qual se empregam várias centenas de pessoas: é o *MBigucci*

248   Cidades Paulistas Inspiradoras

Business Park São Bernardo, no bairro de Rudge Ramos. A esse respeito o diretor de locação da empresa, Marcelo Bigucci, explicou: "Transformamos o antigo espaço que pertenceu à Martini/Bacardi – uma área de 52.000 m^2 localizada na avenida Caminho do Mar, a menos de 1 km da rodovia Anchieta e bem próximo da Imigrantes – num condomínio fechado, repleto de galpões modulares (14, ao todo, com área pra locação variável de 500 m^2 a 22.800 m^2). Ali existe segurança e infraestrutura para atender a diversos segmentos nas áreas de armazenagem, logística e até escritórios. As atividades foram iniciadas em outubro de 2017 e, vale ressaltar, que o local também abriga uma área de lazer e convivência, com campo de futebol, restaurante e churrasqueira à disposição dos locatários."

Não se pode esquecer que a MBigucci também tem empreendimentos em São Caetano do Sul, Santo André e em vários bairros de São Paulo!!! Parabéns a Milton Bigucci, pois com o seu trabalho tem possibilitado não só a criação de mais empresas e empregos, mas também ajudado a realizar o sonho de muitas pessoas: **viver num lugar aprazível e de maneira confortável!!!**

No que se refere a **saúde**, a cidade conta atualmente com o complexo Hospitalar Municipal de São Bernardo do Campo (CHMSBC), composto pelo Hospital Anchieta (HA), o Hospital Municipal Universitário (HMU), o Hospital de Clínicas Municipal José Alencar (HC) e o Hospital e Pronto-Socorro Central (HPSC). De maneira conjunta, essas unidades têm contabilizado por ano cerca de 3,2 milhões de exames e procedimentos; 1,35 milhão de consultas e atendimentos; e cerca de 12 mil cirurgias.

O HA foi inaugurado em 20 de agosto de 1958, com a presença do então governador do Estado Jânio Quadros. Nessa época, o Hospital de Clínicas Padre Anchieta era o segundo hospital da cidade e o único que prestava atendimento médico. Desde 1994 é mantido pela Fundação do ABC – Faculdade de Medicina do ABC (FUABC-FMABC), em parceria com a prefeitura, sendo dedicado ao cuidado de pacientes oncológicos e cirúrgicos.

Atualmente trabalham no HA cerca de 800 funcionários, dos quais 185 são médicos. No local são realizadas uma média mensal de 350 cirurgias, 280 endoscopias, 5.200 atendimentos ambulatoriais, 600 internações e 580 aplicações de quimioterapia. No local existe um laboratório de análises clínicas, que funciona 24 h por dia; um banco de sangue e a Unidade de Alta Complexidade em Oncologia (Unacon), onde são feitos exames de raio-X, ultrassonografia, ecocardiografia, litotripsia, tomografia computadorizada, endoscopia digestiva alta, hemodiálise, radioterapia e colonosopia. O atendimento no HÁ é feito mediante encaminhamento pelas UBS, por meio do Centro de Regulação.

O HMU originou-se do antigo hospital Acari, que foi completamente reformado e reinaugurado em 1º de maio de 1959. Na ocasião foi firmado uma parceria, na qual a prefeitura entrava com os recursos e a estrutura hospitalar, enquanto a FUABC garantiria os serviços e recursos médicos. Trata-se atualmente de uma unidade de alta complexidade em **neonatologia**, com assistência integral às gestações de alto risco e a bebês prematuros, voltada exclusivamente ao cuidado materno-infantil e à saúde da mulher, que recebe acompanhamento desde o conhecimento da gravidez até o nascimento do bebê.

O HMU tem 128 leitos e realiza mensalmente uma média de 400 partos (60% deles naturais) e 830 atendimentos. Estes, por sua vez, abrangem procedimentos ligados à obstetrícia, de caráter ginecológico e atendimentos na maternidade, entre outros. Nele trabalham cerca de 880 colaboradores e 140 prestadores de serviços. Atualmente o HMU ostenta o coeficiente de apenas 6,8 óbitos infantis a cada mil nascidos vivos, um índice comparável àquele dos países mais avançados do mundo!!!

Em 2005, a FUABC-FMABC começou a responder pela gestão clínica da Unidade de Urgência e Emergências de São Bernardo, hoje HPSC. Trata-se da unidade hospitalar dedicada a urgências e emergências traumáticas e clínicas, que opera 24 h por dia. Esse é o estabelecimento da rede municipal de saúde que recebe a maior demanda de pacientes de urgência e serve de referência para as nove UPAs da cidade. Tem como especialidades: clínica geral, ortopedia, pediatria e oftalmologia, e realiza aproximadamente 23 mil atendimentos por mês.

Finalmente, em dezembro de 2013, foi inaugurado na cidade o HC, que dispõe de 110 leitos ativos e realiza procedimentos nas áreas de cardiologia, neurocirurgias de urgência, cirurgias ortopédicas e de caráter politraumático, entre outros, além de atender a outras especialidades clínicas. O HC ocupa uma área de 18.000 m^2 no bairro Alvarenga, num edifício próprio de 11 pavimentos constituído de três blocos. Nele funcionam o ambulatório, o Hospital Dia e o departamento de terapia renal substitutiva para procedimentos de hemodiálise. Com uma arquitetura que privilegia a humanização dos ambientes, um sistema totalmente informatizado e equipamentos de ponta, o HC de São Bernardo **é considerado um dos mais modernos hospitais públicos** do País. Além disso, o HC também dispõe de uma estrutura para ensino e pesquisa, com salas de estudo, um auditório com 200 lugares e câmeras de vídeo nos centros cirúrgicos para que os médicos residentes acompanhem os procedimentos em tempo real.

Entre os seus diferenciais destacam-se os setores de cardiologia, que conta com um moderno equipamento de hemodinâmica destinado ao diagnóstico e tratamento de doenças cardiovasculares. O aparelho possibilita intervenções minimamente invasivas, feitas com a introdução de finos cateteres que percorrem o aparelho circulatório dos pacientes até o coração, permitindo visualização em tempo real dos vasos obstruídos e capaz de realizar a desobstrução. O HC também é administrado pela FUABC, trabalhando nele atualmente algo próximo de 1.150 funcionários, 370 dos quais terceirizados, tendo um custo mensal de aproximadamente R$ 7,5 milhões. Apesar de tudo isso, hoje o HC trabalha com capacidade parcial, mas já existe um projeto para uma significativa ampliação na próxima década.

Outra instituição de peso, localizada na avenida Kennedy, é a Santa Casa de São Bernardo do Campo, que, segundo os munícipes, vem atravessando sérias dificuldades e lutando para manter seus equipamentos em operação. Entretanto, todos que recorrem aos serviços da Santa Casa atestam que, embora as dependências sejam modestas, o estabelecimento de saúde é muito limpo; os funcionários são prestativos e gentis e os médicos e enfermeiros são dedicados e atenciosos.

A grande novidade em São Bernardo do Campo foi o anúncio feito pelo grupo Notre Dame Intermédica sobre a aquisição do Hospital São Bernardo, que engloba três unidades na região do ABC: o Hospital Baeta Neves, o Centro Clínico São Bernardo e o próprio Hospital São Bernardo. Este último, além de proporcionar conforto, bem-estar e tranquilidade aos pacientes, dispõe de 165 leitos e uma equipe de profissionais altamente qualificada. O hospital proporciona atendimento 24 h por dia em seu pronto-socorro e na clínica adulta e ortopédica.

Vale lembrar que o grupo Notre Dame Intermédica tem mais de 50 anos de história. As operações dessa instituição sempre se destacaram pela inovação e pelo pioneirismo, e seu foco tem sido a excelência na prestação de serviços à saúde, assim como a manutenção da qualidade de vida e do bem-estar de seus clientes.

O setor de **educação** é um grande empregador em São Bernardo do Campo, pois abriga o maior número de universidades e IESs do ABC paulista. Entre elas destacam-se:

➡ Universidade Metodista de São Paulo (Umesp) – Trata-se de uma IES privada que surgiu em 1938, com a criação da Faculdade de Teologia da igreja metodista em São Bernardo do Campo. Então, com a fusão de dois centros de ensino teológico, localizados nos Estados de Minas Gerais e Rio Grande do Sul a organização decidiu instituir no município de São Bernardo do Campo, seu recém-criado curso superior. Afinal, aquela era uma região que se configurava como um dos principais centros de transformações sociais, políticas e econômicas do País.

Assim, em 1970, surgiu ali o Instituto Metodista de Ensino (IMS), consolidando seu projeto pedagógico. A excelência alcançada ao longo dos anos transformou o IMS numa das mais conceituadas IESs do País.

Isso permitiu que, em 1997, ela conquistasse o *status* de universidade, ampliando com isso o número de faculdades e cursos oferecidos.

Atualmente a Umesp conta com três *campi* em São Bernardo do Campo –Rudge Ramos, Planalto e Vergueiro – e ocupa uma área total de 117.000 m². Ela também tem se destacado por seus cursos de EAD, com polos em muitas cidades espalhadas por mais de 20 Estados do País e no Distrito Federal.

Por meio da Associação Desportiva e Cultural Metodista, a Umesp tem mantido equipes em diversas modalidades esportivas, que têm se destacado nas competições esportivas do País, em especial as equipes masculina e feminina de handebol, na Liga Nacional de Handebol, e as equipes feminina e masculina de voleibol, que participam da Superliga.

O fato é que a Umesp tem milhares de alunos, muitos dos quais vivem em bairros paulistanos ou em outras cidades da Grande ABC. Isso, além de criar grande **visitabilidade** diária na cidade, estimula o setor de serviços (alimentício, por exemplo) e a **empregabilidade** na região (corpo docente e demais funcionários).

➡ Centro Universitário da Fundação Educacional Inaciana Padre Saboia de Medeiros (FEI), antiga Fundação de Ciências Aplicadas (FCA) – Com sede em São Bernardo do Campo, trata-se de um importante centro universitário privado, de caráter comunitário, ou seja, sem fins lucrativos e voltado prioritariamente para ações educacionais de cunho social. De fato, ele se tornou um centro universitário em 2002, passando a integrar sob uma única reitoria as seguintes IESs e os seguintes institutos: Faculdade de Engenharia Industrial (FEI), fundada em 1946; Escola Superior de Administração de Negócios de São Paulo (ESAN/SP), fundada em 1941;

252 Cidades Paulistas Inspiradoras

Escola Superior de Administração de Negócios de São Bernardo do Campo (ESAN/SBC), fundada em 1965; Faculdade de Informática (FCI), fundada em 1999; Instituto de Pesquisas e Estudos Industriais (IPEI), fundado em 1975; Instituto de Especialização em Ciências Administrativas e Tecnológicas (IECAT), fundado em 1982.

A própria FCA foi criada em 1945, quando o País passava por uma forte tendência à industrialização e assim essa foi uma das IESs pioneiras do Brasil em sua área de atuação. A FEI, uma alusão tanto à Fundação quanto a sua mais renomada faculdade, possui dois *campi*: o de São Bernardo, com uma área de 243.000 m^2, e o de São Paulo, com 8.600 m^2. Ao longo de sua existência a FEI já formou mais de 50 mil profissionais em seus diversos cursos. Só em 2017 estavam estudando nela cerca de 8.250 alunos, espalhados pelos seus 12 departamentos acadêmicos – seis de engenharia, dois de ciências exatas, um de computação, um de administração e dois de ciências sociais e jurídicas –, nos níveis de graduação, especialização, mestrado e doutorado. Desde os anos de 1970 a **mecânica automobilística** da FEI se destacou pela produção de protótipos veiculares, como o esportivo FEI-X3 (também conhecido numa segunda versão como Lavínia) ou o minitrem de alta velocidade TALAV.

Até hoje, os novos veículos projetados pelos alunos da IES têm feito muito sucesso em feiras e exposições do setor automotivo. Uma outra área de destaque é a engenharia elétrica da FEI, que tem obtido grande êxito, inclusive conquistando prêmios nos segmentos de robótica e energia. Deve-se lembrar que em 2006 um projeto de biotecnologia desenvolvido conjuntamente pelos departamentos de engenharia elétrica, mecânica e química da FEI foi escolhido para ser testado na **Estação Espacial Internacional** (ISS, em inglês), pelo astronauta brasileiro Marcos Pontes. O fato é que na FEI são constantemente desenvolvidos pelos menos uma dezena de interessantes projetos institucionais, com os quais se procura atrair talentos para os diversos setores da engenharia e estimular o empreendedorismo e a competição na busca de soluções criativas para problemas variados.

No dia 25 de agosto de 2009 o então presidente Luiz Inácio Lula da Silva – acompanhado de Luiz Marinho e Frank Aguiar, respectivamente o prefeito e vice-prefeito de São Bernardo do Campo na época – fincou a pedra fundamental do *campus* da UFABC na cidade. Hoje praticamente todos os blocos já estão concluídos, e ocupam uma área total construída de 35.000 m^2, onde ficam as salas de aula, os laboratórios, os anfiteatros, a biblioteca, o setor administrativo, salas para professores-visitantes, instalações esportivas etc.

Estão ainda em São Bernardo do Campo as seguintes IESs:

Faculdade Senai de Tecnologia Ambiental; Faculdade Pan América; Faculdade de São Bernardo do Campo; Faculdade Anhanguera (antiga Faculdade Anchieta); Faculdade de Direito de São Bernardo; Fundação Interação Americana; Faculdade das Américas; Seminário Presbiteriano Conservador; Fatec; Faculdade de Tecnologia Termomecanica (FTT) e a partir de 2018 a cidade ganhou um polo de EAD da UniFAJ.

Antes de descrever como funciona a FTT, vale a pena mencionar um ser humano incrível que viveu e trabalhou muito na cidade de São Bernardo do Campo. Trata-se de Salvador Arena, de nacionalidade italiana, mas que nasceu em 12 de janeiro de 1911 em Trípoli, na Líbia. Ele chegou ao Brasil em 1920, com 5 anos, e sua família se instalou em São Paulo, onde fundou uma oficina mecânica para o processamento de sucata de metais. Isso lhe permitiu que, em sua infância, tivesse bastante contato com peças de muitas máquinas e se interessasse por essa área. Assim, Salvador Arena se formou engenheiro civil aos 21 anos, pela Escola Politécnica, e seu primeiro emprego formal foi na Light, onde trabalhou na implantação do sistema hidrelétrico de Cubatão, um modelo planejado por Asa White Kenney Billings.

Naquele tempo, as máquinas existentes no Brasil eram todas **importadas**!!! Assim, quando uma peça quebrava não havia outro jeito senão fabricar outra. Por um longo período, Salvador Arena atuou como aquele que desenhava as peças, projetava seus detalhes e mandava fundi-las. O resultado final era muitas vezes superior àquele da peça original!!!

Em 1942, com toda a sua genialidade e um capital de apenas US$ 200 (que certamente valiam bem mais do que hoje) – obtidos como indenização por sua saída da Light – ele fundou a Termomecanica. Naquela época, a empresa se focou na produção de fornos e equipamentos para padarias. Mais tarde, entretanto, ele começou a fabricar fornos de revenimento, ventiladores, trefilas, fornos de fundição, prensas etc.

No final da 2ª Guerra Mundial, Salvador Arena aproveitou a renovação do parque industrial norte-americano e comprou máquinas e equipamentos de segunda mão, como fornos, fresas, tornos e sua primeira extrusora, multiplicando a sua capacidade de produção, pois ele foi modificando e aperfeiçoando esses equipamentos.

Cidades Paulistas Inspiradoras

Já em meados da década de 1950, ele iniciou a construção de uma nova fábrica, no bairro de Rudge Ramos, com produção diversificada de metais não-ferrosos. E essa foi uma época bem promissora, pois o País estava numa transição da economia fortemente agrícola para uma mais industrial.

Salvador Arena foi um empreendedor arrojado, pois criou um **modelo de gestão próprio**, inovador e bem avançado para a década de 1950, que prezava acima de tudo seu **"valioso capital humano"**.

Ele conhecia seus funcionários pelo nome e sobrenome, bem como seus familiares, para os quais estendeu muitos benefícios, como cestas básicas com até 60 kg de alimentos, atendimento médico e odontológico.

A política salarial diferenciada foi uma das suas criações e tornou-se uma **marca** da Termomecanica.

Na realidade, tudo começou em 1948 quando após um esforço bem--sucedido de produção para atender um grande cliente, Salvador Arena concedeu, espontaneamente, o **primeiro prêmio por produtividade** para os seus empregados!!!

Não havia legislação a respeito de participação nos lucros e remuneração por produtividade, porém, a prática incorporou-se à rotina da fábrica e sempre que havia um desempenho especial de um grupo de funcionários ou de alguém, havia a atribuição de prêmios.

Dessa maneira, antes mesmo de ser criado o 13º salário, Salvador Arena começou a pagar no fim do ano um adicional (ou bônus) pela produtividade aos seus empregados.

Com o passar do tempo, dependendo diretamente do desempenho anual da empresa, calculado por ele mesmo, Salvador Arena distribuía a participação dos lucros, que possibilitava ao empregado receber 14, 15 e às vezes 17 a 18 salários mensais por ano. Aliás, em um certo ano, excepcionalmente foram pagos aos funcionários **25 salários**!!!

Salvador Arena concretizou a ideia de proteger os funcionários das altas taxas de juros do mercado, e criou uma **cooperativa de crédito**, com juros subsidiados, como uma alternativa de financiamento pessoal. Sabendo que muitos empregados na hora do almoço saíam para beber um pouco de cachaça no boteco mais próximo, ele mandou instalar garrafões de pinga no refeitório da empresa, disponibilizando a bebida para os que quisessem... Resultado: **o índice de alcoolismo diminuiu** (!?!?). Isso porque, embora alguns tomassem uns tragos, no geral, a atitude mexeu com os brios da maioria dos funcionários. Assim, ao contrário das previsões de muitos de seus colegas empresários, que acharam a ideia uma **verdadeira maluquice**, apesar de alguns empregados tomarem os seus tragos, a produção da empresa aumentou mais ainda!!!

Antes de falecer, em 28 de janeiro de 1998, Salvador Arena havia colocado a Termomecanica numa posição de destaque no setor industrial brasileiro, tendo a empresa sido classificada entre as maiores indústrias privadas do País, líder no setor de transformação de metais não -ferrosos em produtos elaborados e semielaborados e altamente capitalizada, com um patrimônio líquido avaliado em mais de US$ 800 milhões.

O maior sonho de Salvador Arena sempre foi criar uma **escola modelo**. A vontade era tanta que, no início da década de 1960, ele chegou a montar um colégio dentro da própria fábrica. Na ocasião, ele comprou 150 cadeiras e mesas, e mandou colocá-las num pavilhão pertencente à fábrica. Em seguida contratou bons professores de português, matemática e ciências.

Seus funcionários encerravam o expediente às cinco da tarde e muitos deles iam então para as aulas. Alguns anos depois, essa escola sairia dos muros da fábrica e passaria a atender a comunidade de São Bernardo do Campo e das cidades vizinhas, como Colégio Termomecanica.

O sucesso de sua empresa e a prosperidade nos negócios não foram os únicos focos de existência de Salvador Arena. Dono de uma personalidade crítica, ele encontrou tempo e disposição para desenvolver diversas ações humanitárias, fazendo contribuições generosas para entidades beneficentes, filantrópicas e investindo em projetos sociais por ele idealizados.

De algum modo ele já previa que o seu tempo de vida seria insuficiente para a realização de todos os seus planos e, pensando nisso, acabou criando a Fundação Salvador Arena, formalmente constituída em 1964 para funcionar como uma espécie de braço social e concentrar esforço no sentido de ajudar as pessoas em situação de vulnerabilidade social.

No seu testamento, lavrado em 1991, instituiu a Fundação como herdeira universal e única de todo o seu patrimônio. Ele deixou prescrições expressas nos estatutos de que a Fundação deveria "cooperar e envidar todos os esforços possíveis para a solução dos problemas de **educação** e **assistência e proteção aos necessitados**, sem distinção de nacionalidade, raça, sexo, cor, religião ou opiniões políticas de caráter geral".

Dessa forma, Salvador Arena passou a promover institucionalmente as ações sociais beneméritas que já realizava em caráter pessoal. Suas principais realizações e legados compreendem as seguintes áreas: **educação**, **saúde**, **assistência social** e **habitação popular**.

Especificamente na educação é incrível a relevância que alcançou a FTT, localizada em São Bernardo do Campo. Ela foi criada em 2003 e é mantida pela Fundação Salvador Arena, tendo se tornado conhecida por ser a única **faculdade particular gratuita do Brasil**!!!

A FTT naturalmente se aproveitou muito dos avanços obtidos na capacidade tecnológica já existente nas oficinas e nos laboratórios do Colégio Termomecanica, que, aliás, acabaram influenciando muitas outras escolas técnicas bem como vários cursos de graduação tecnológica.

E além dos cursos de pós-graduação, a FTT também ofereceu dois cursos superiores, ou seja: Tecnologia em Mecatrônica Industrial e de Alimentos (com duração de 6 semestres, no período matutino, a partir de 2012) e Análise e Desenvolvimento de Sistemas e Processos Gerenciais (com duração também de 6 semestres, mas no período noturno). Em todos esses cursos é obrigatório cumprir 400 h de estágio.

Em 2008, o curso de Alimentos recebeu o prêmio de **melhor curso do Brasil**, outorgado pelo ministério da Educação que, aliás, nesse mesmo ano, também classificou o curso de Análise e Desenvolvimento de Sistemas como o melhor da região do Grande ABC. E vale ressaltar que a qualidade dos cursos do FTT continua até hoje...

Salvador Arena foi um homem de convicções pessoais embasadas em teorias sociais, austero, paternalista, visionário, obstinado, polêmico... Sua mola propulsora foi sempre acreditar nas pessoas e em suas potencialidades, bem como na dedicação e no amor ao trabalho que elas conseguem demonstrar. Sempre lhe sobrou ousadia, talento e amor para colocar em prática suas ideias ao longo de sua existência.

E é assim que ele deve ser lembrado por todos aqueles que tiveram o privilégio de partilhar do seu convívio. Quando um velho amigo o convidou para fazerem juntos uma viagem ao exterior, Arena, com seu jeitão italiano, apontou para tudo o que havia na fábrica e, gesticulando, disse de maneira categórica: "**Sou feliz aqui, por que eu vou sair? Meu mundo é isto aqui!!!**"

Que exemplo **inspirador** Salvador Arena deu para todos enquanto viveu, não é? Ele sempre se preocupou com todos os seus funcionários, para que estes se capacitassem e ganhassem bem; para que vivessem felizes com suas famílias. Ele destinou toda a sua riqueza acumulada com seus negócios para

SÃO BERNARDO DO CAMPO

que fosse usada em sua Fundação, que é a única que oferece um colégio e uma IES privados **totalmente gratuitos** para os alunos, mas paga docentes e funcionários para trabalhar neles!!!

No âmbito da **religião**, o predomínio em São Bernardo do Campo é do **catolicismo**. A cidade conta com cerca de 86 capelas organizadas em 24 paróquias, sendo que dez capelas homenageiam Nossa Senhora Aparecida; sete, a são Francisco de Assis; as outras mais frequentes são seis: em honra de são José e outras seis para Nossa Senhora de Fátima.

Mas na cidade existem também muitas igrejas batistas, presbiterianas, metodistas etc., bem como centros espíritas, terreiros de umbanda, lojas de maçonaria e até uma mesquita, o que mostra como no Brasil temos uma grande **tolerância** com as crenças das pessoas.

O município tem uma colônia islâmica bem significativa, uma das maiores da América Latina, o que justifica a existência ali da magnífica mesquita Abu Bakr Assidik, mantida pela Sociedade Islâmica de Beneficência, que tem o mesmo nome.

Também fica na cidade a capela original de Nossa Senhora da Boa Viagem, que foi a primeira obra erguida nas terras do sítio da Borda do Campo, em 1812, cedidas por Manoel Rodrigues de Barros. Ela serviu às funções paroquiais da região até a construção da nova matriz em 1825.

É importante citar que a sua localização junto à antiga estrada que levava a Santos privilegiou o local, que acabou por se tornar um ponto obrigatório de parada dos viajantes, inclusive do mais famoso da Nação: dom Pedro I. Ele sempre passava por ali em suas viagens entre São Paulo e Santos, e, nessas ocasiões, pedia proteção e bênção de Nossa Senhora para que tivesse uma boa viagem!!!

Com a chegada dos imigrantes, principalmente dos italianos, foi trazido para São Bernardo o culto à santa Filomena, professado desde tempos remotos. Numa área de terreno doado pela família Pedroso de Oliveira à irmandade do Apostolado da Oração, foi construída em 1881, pelos próprios fieis, a capela Santa Filomena, na rua Principal (hoje Marechal Deodoro), na esquina da avenida Imperatriz Leopoldina.

A capela mantém quase todas as características originais e em 1950 recebeu novo piso e o altar de são José da velha igreja matriz, conservando os demais traços desde 1881. O jardim do largo Santa Filomena possui luminárias decorativas e chafariz em estilo colonial.

Há também o santuário de Nossa Senhora Aparecida, construído em 1982. Ele se tornou nacionalmente o segundo maior centro dedicado à padroeira do Brasil. Foi erguido em vista da grande popularidade alcançada pela capela da Record, construída por Paulo Machado de Carvalho, que está na mesma praça.

São Bernardo do Campo possui diversos prédios e monumentos tombados que fazem parte do patrimônio cultural da cidade, que chamam atenção pela riqueza de detalhes e pelo valor histórico e cultural que possuem. Esse é o caso da Câmara de Cultura Antonino Assumpção, que foi construída em 1890 e foi a primeira Câmara dos Vereadores do antigo município de São Bernardo, que envolvia todo o atual ABC.

Nesse local, em 1892, tomaram posse os primeiros vereadores eleitos pelo povo e o prédio foi utilizado como gabinete por vários prefeitos, tendo sido também a sede da Casa dos Esportes.

A cidade tem uma excelente Pinacoteca, com um acervo de arte que começou a ser formado no final dos anos 1960, sendo o maior espaço de exposição permanente de arte moderna e contemporânea na região do ABC, tendo quatro espaços expositivos, auditório, biblioteca de arte e um jardim de esculturas.

Não se pode esquecer que em 1949 estavam em São Bernardo do Campo os estúdios da Cia. Cinematográfica Vera Cruz, que produziram mais de 40 filmes nas décadas de 1950 e 1960, destacando-se aqueles de Amácio Mazzaropi. Atualmente, nos seus 6.000 m², são realizadas grandes feiras e eventos.

A nova proposta é revitalizar os antigos estúdios para a indústria cinematográfica brasileira, além de ser um local para a qualificação profissional, ligada ao mundo do cinema, da televisão, da cultura, ou seja, dos vários setores da EC.

Em São Bernardo acontecem muitos eventos que mobilizam muitos moradores e visitantes. De fato, o município tem um calendário com várias importantes manifestações culturais, festas tradicionais, feiras temáticas e de artesanato. A prefeitura da cidade incentiva e apoia as apresentações de grupos folclóricos tradicionais, como o Congada do Parque São Bernardo, a Folia de Reis do Baeta Neves, entre outros.

Um evento bem importante é a Festa de Muitos Povos, uma Cidade, que acontece entre os meses de agosto e setembro e no qual são reunidas manifestações culturais de migrantes e imigrantes que fizeram (e fazem) a história do município, por meio da gastronomia típica, do artesanato e das danças.

Muita gente acompanha a procissão de Nossa Senhora dos Navegantes, realizada no primeiro domingo de fevereiro. A devoção a Nossa Senhora dos Navegantes remonta aos idos de 1950, quando foram realizadas as primeiras procissões em homenagem à santa, nas ruas do Riacho Grande e, por barco, pelas águas da represa Billings em direção à capela de Nossa Senhora dos Navegantes, na época, Vila Conceição e atualmente no município de Diadema.

A Festa de São Bartolomeu, que ocorre sempre no último domingo do mês de agosto, no parque Estoril, é um evento realizado na cidade desde 1958 pela colônia italiana. Uma missa é celebrada em italiano na capela que é uma réplica da existente na província de Chiozza, na Garfagnana, região de Lucca, na Itália. Além da missa, completa a tradição o ritual de fazer a bênção das urnas com a terra dos túmulos de parentes mortos na Itália e no Brasil.

Não se pode esquecer da procissão dos Carroceiros, cujo registro documental é anterior a 1888, sendo realizada sempre no primeiro domingo de setembro. O evento encerra as festividades em comemoração a Nossa Senhora da Boa Viagem, realizada na igreja matriz. Na ocasião, com cavalos, carroças, bicicletas e a até mesmo a pé, os fiéis da região e os romeiros vindos de várias cidades do Estado participam dessa programação religiosa e cultural para demonstrar devoção à santa.

No que se refere ao **transporte público**, o município é atendido pelos ônibus da empresa SBC Trans, um consórcio que opera as linhas municipais; pela EMTU, que opera o corredor metropolitano São Mateus–Jabaquara, e interliga São Bernardo do Campo a outras cidades. Os ônibus partem dos terminais São Bernardo e Ferrazópolis e chegam aos municípios vizinhos de Diadema, Santo André e São Paulo. Existem ainda os ônibus de empresas que administram linhas intermunicipais.

A cidade é atendida pelas seguintes rodovias: Anchieta (SP-150); Imigrantes (SP-160) e Índio Tibiriça (SP-31). Além delas há ainda o Rodoanel (SP-21) e o Caminho do Mar (SP-148).

Quando o assunto é **esporte**, um dos maiores eventos da cidade é o Torneio Colegial, quando toda a comunidade escolar participa ativamente. Ela teve início em 1965, com o 1º Torneio Colegial e contou com a participação de 416 alunos divididos em seis modalidades.

Atualmente quase 100 estabelecimentos de ensino disputam essa competição em 17 modalidades coletivas e individuais. Todo o grande sucesso que se alcançou com esse evento se deve à dedicação dos professores das redes pública e privada que souberam treinar e entusiasmar os seus alunos para que quisessem participar desse torneio.

Além dos jogos escolares, São Bernardo do Campo também tem como atrações esportivas o São Bernardo Futebol Clube – o "Tigre" – que disputou a 1ª divisão – Série A1 – do Campeonato Paulista de Futebol entre 2011 e 2017, tendo sido rebaixado para a Série A2 para a temporada de 2018; o Esporte Clube São Bernardo, conhecido como o "Cachorrão" que foi fundado em 1928 e disputa a Série B do Campeonato Paulista, e o Palestra, um clube de futebol que atualmente está licenciado.

Há o BMG/São Bernardo, com clube de vôlei que disputa o Superliga tanto no feminino como no masculino. Como já foi dito graças ao apoio da Umesp, estão aí em São Bernardo do Campo as mais destacadas equipes de handebol do País – tanto no feminino como no masculino – com muitas conquistas especialmente na Liga Nacional.

Entre os vários locais para abrigar grandes públicos que comparecem às competições esportivas, destacam-se em São Bernardo do Campo o estádio 1º de Maio, o estádio Baetão e o ginásio desportivo Adib Moysés Dib, com capacidade para 7.500 pessoas. No ginásio, um dos mais modernos do Estado, tem ocorrido grandes eventos esportivos, culturais e religiosos. Entre os esportivos vale lembrar o Campeonato Pan-Americano de Handebol Masculino e Feminino, o Mundialito de Futebol *Society*, a Copa América de Vôlei Masculino, o Torneio Nobuo Saga de Judô, os Jogos Abertos do Interior, o Campeonato Brasileiro de Karatê, o Mundial de *Skate*, a final da Superliga de Voleibol Masculino de 2012 etc.

O estádio municipal 1º de Maio está no centro de São Bernardo do Campo, sendo atualmente a casa do São Bernardo F.C. Ele foi inaugurado em 20 de agosto de 1968 e especialmente na década de 1980 ficou conhecido nacionalmente, pois aí foram organizadas muitas greves, nas quais se reivindicaram melhores salários e contaram com a presença do ex-sindicalista e ex-presidente do Brasil, Luiz Inácio Lula da Silva.

Atualmente, o nome do estádio homenageia o Dia Internacional do Trabalho. Com as reformas feitas em 2013 ele tem capacidade para receber cerca de 21.800 espectadores e nele existe um alojamento embaixo das arquibancadas, uma sala de recreação para xadrez, dama, *videogames* etc., um departamento médico, sala de nutrição, cozinha totalmente equipada, quatro vestiários, e, anexo ao estádio, há duas quadras de tênis iluminadas!!!

Entre algumas curiosidades que se criaram na cidade a primeira a se destacar é que os são-bernardenses são também chamados de "**batateiros**". Na realidade, essa expressão nasceu da rivalidade futebolística com o Santo André, nos anos 1920. Após um jogo, os adversários andreenses foram alvejados com batatas podres atiradas pelos moradores de São Bernardo do Campo, que ficaram assim conhecidos por esse apelido.

Recorde-se que o primeiro time de futebol da cidade foi a Associação Athlética São Bernardo, fundada em 1917 e fechada em 1922. Foi durante um jogo dessa equipe que ocorreram os primeiros episódios envolvendo os batateiros e os ceboleiros (designação dos andreenses).

Uma iniciativa interessante foi aquela do Núcleo das Relações Internacionais da prefeitura da cidade, que buscou integração entre a cidade e os outros municípios nacionais e estrangeiros, ou seja, estabelecer acordos com cidades-irmãs. A integração foi firmada por meio de convênios de cooperação que têm por objetivo assegurar a manutenção da paz entre os povos, com base nos conceitos de **fraternidade, felicidade, amizade** e **respeito mútuo** entre as nações. Oficialmente, as únicas cidades-irmãs de São Bernardo são Maróstica, na Itália, e Shunan, no Japão.

Esse tipo de acordo deveria ser feito, entretanto, com um número bem mais amplo de cidades, como aliás fazem agora as mais importantes IESs. Isso permite que elas enviem muitos de seus alunos para outros países, onde além de fazerem seus cursos, eles têm a oportunidade de conviver com novas culturas, aprender outras línguas e voltar para o Brasil com um conhecimento melhor do mundo, algo essencial nessa era de **intensa globalização**. Vale ressaltar, que essas IESs também recebem alunos de fora.

Existem muitos países no mundo que incrementam bastante as suas economias graças ao que se pode chamar de "**turismo do conhecimento**", em especial aqueles que oferecem aprendizado da língua inglesa, como: EUA, Canadá, Reino Unido e Austrália. Aliás, estima-se que só os EUA recebam por ano cerca de 900 mil alunos de outros países. Você consegue imaginar quanto dinheiro eles acabam injetando na economia norte-americana? Pois é, acredita-se que entre matrículas, moradias, alimentação e outros gastos, o montante ultrapasse os US$ 60 bilhões por ano!!!

No caso de São Bernardo do Campo, é comum os alunos vindos de fora (seja de outros países ou de outras cidades) se dizerem apaixonados pela cidade. Nesses casos, quando retornam aos seus locais de origem ele se referem ao município são-bernardense com carinho, chamando-o de "**Bernô**"!!! Por causa disso, aí vai uma sugestão para a administração municipal: incremente cada vez mais a educação superior ampliando as suas IESs, pois assim a cidade conseguirá o título de "**cidade universitária**" e, com isso, aumentará ainda mais a **visitabilidade** a ela.

E os alunos estrangeiros e brasileiros que vem para São Bernardo do Campo têm nela excelentes lugares para passar seus momentos de descanso, nos seus parques e nos vários locais para entretenimento. Aliás, é por essa razão que a cidade ganhou o apelido de "**São Berlondres**".

Em 1º de janeiro de 2017 assumiu a prefeitura Orlando Morando, com a promessa de solucionar diversos problemas do município de São Bernardo do Campo, como, por exemplo, as invasões promovidas pelo Movimento dos Trabalhadores Sem Teto (MTST), promovendo a reintegração de posse aos proprietários; o escândalo com os supostos desvios para a construção do Museu do Trabalhador (e que envolveu muita gente, inclusive o ex-prefeito Luiz Marinho); a perda de reputação da cidade com o superfaturamento nas obras do UFABC, no seu *campus*, e assim por diante.

Logo no primeiro ano do seu mandato ele teve também algumas boas notícias, entre elas o início da produção de dois novos carros da Volkswagen, o *hatch Polo* e o sedã *Virtus*, com o que a montadora está investindo R$ 2,6 bilhões em desenvolvimento e modernização na fábrica da cidade e voltou a **operar em três turnos**!!!

Com isso, retornaram ao trabalho cerca de 1.500 funcionários e o total empregados na fábrica subiu para 10.500 pessoas, das quais quase 8 mil estão alocadas na produção.

Um fato é indiscutível: São Bernardo do Campo, com uma **gestão eficiente**, que espera-se seja desenvolvida por Orlando Morondo, tem tudo para ser uma **cidade atraente** para muita gente **estudar, empreender, comprar, passear** e inclusive **estabelecer-se para sempre**!!!

Uma vista áerea de São Caetano do Sul, cidade que já obteve as melhores classificações no que se refere a qualidade de vida dos seus moradores, conurbada com São Paulo.

São Caetano do Sul

PREÂMBULO

Entre os vários destaques de São Caetano do Sul, estão a presença na cidade da General Motors do Brasil (GMB), a maior subsidiária da montadora norte-americana na América do Sul. Ela se estabeleceu inicialmente no País em algumas casas alugadas no bairro do Ipiranga, em 1925. Somente em 1930 é que foi inaugurada a sua primeira fábrica em São Caetano do Sul. E, depois de quase nove décadas, a GMB continua sendo a indústria mais pujante da cidade.

Em seguida, tem-se o *Park Shopping* São Caetano, um investimento de R$ 260 milhões que surgiu em 2011 no *Espaço Cerâmica* se tornou o primeiro grande centro comercial da cidade. A cidade conta com vários parques interessantes, que serão descritos ao longo do texto. Um dos mais frequentados é o bosque do Povo, um local bem arborizado, com pista para caminhadas, quadras esportivas, lago, lanchonetes, posto policial e até um lago no qual se pode pescar... Nele está localizada a prefeitura de São Caetano do Sul.

Há também o Museu Histórico Municipal, que foi criado em 1959, mas foi oficialmente inaugurado em 23 de julho de 1960, pelo prefeito Oswaldo Samuel Massei. O local foi fechado com apenas um ano de existência, mas foi reinaugurado em 20 de agosto de 1977 no bosque do Povo, durante as festas do centenário. A obra foi idealizada pelo professor e sociólogo José de Souza Martins, que defendia a existência de um local que abrigasse parte da história da cidade. Localizado no antigo palacete *De Nardi*, e cuidado pela Fundação Pró-Memória, seu acervo conta com mais de 5 mil peças.

A HISTÓRIA DE SÃO CAETANO DO SUL

São Caetano do Sul é um município do Estado que faz parte da RMSP. Localizado a uma altitude média de 760 m em relação ao nível do mar, ele está intensamente conurbado com São Paulo, Santo André e São Bernardo do Campo, o que faz com que os limites físicos entre as cidades se percam.

A população estimada de São Caetano do Sul, no início de 2018, era de quase 175 mil habitantes, vivendo numa área total de 15,33 km². **Bem pequena, não é mesmo?** Aliás, assim como acontece com Ferraz de Vasconcelos, São Caetano do Sul não é atravessada por nenhuma rodovia estadual ou federal!?!?

Aliás, ao longo dos últimos anos, a cidade de São Caetano do Sul tem apresentado excelentes indicadores sociais, inclusive atingindo o melhor IDH do País, ou seja, o valor 0,919, sendo 1 o máximo. O índice de alfabetização no município é muito elevado, aproximando-se de 99,8%. Seu PIB em 2017 foi estimado em R$ 18 bilhões, ou seja, é maior que o de algumas capitais estaduais!!!

As principais nacionalidades dos imigrantes radicados na cidade são: italiana, espanhola, árabe, africana, japonesa, portuguesa, alemã, ucraniana, lituana e húngara. Tal **diversidade** foi muito útil para o desenvolvimento de várias atividades ligadas aos costumes dessas nações, em especial no que se refere a **gastronomia**!!!

Passam no município de São Caetano do Sul os rios Tamanduateí (divisa com São Paulo) e dos Meninos (no limite com São Paulo e São Bernardo do Campo), além dos córregos de Utinga e das Grotas (ambos no limite com Santo André) e o do Moinho.

Em termos históricos, de acordo com o sociólogo e historiador José de Souza Martins, a região em que hoje se situa o município de São Caetano do Sul foi ocupada ainda no século XVI, época em que era conhecida como Tijucuçu.

No início o local abrigava fazendas de moradores do antigo povoado, mas depois, em 1553, se tornou uma vila de Santo André da Borda do Campo. Esta foi extinta por ordem do governador-geral Mem de Sá e, em 1560, sua população e seu predicamento de vila foram transferidos para o povoado jesuítico de São Paulo de Piratininga.

A partir do começo do século XVII, fazendeiros e sitiantes da atual região do ABC começaram a migrar para o Vale do Paraíba, onde surgiram as vilas de Taubaté e Santana das Cruzes de Mogi (hoje Mogi das Cruzes). Dois desses fazendeiros e criadores de gado doaram suas terras para o mosteiro de São Bento da vila de São Paulo, onde no futuro surgiriam as cidades de São Bernardo do Campo e São Caetano do Sul.

O doador da região onde se desenvolveu São Caetano do Sul foi o capitão Duarte Machado, em 1631. Quarenta anos depois, em 1671, Fernão Dias Pais Leme, arrematou em leilão o sítio do falecido capitão Manuel Temudo, também no Tijucuçu e o doou ao mesmo mosteiro de São Bento. Formou--se assim a fazenda de Tijucuçu, que foi utilizada pelos monges beneditinos para criação de gado.

Em 1717, os monges começaram a erguer no lugar onde está hoje a matriz velha de São Caetano do Sul uma capela dedicada a são Caetano de Thiène, o **santo patrono do pão e do trabalho**!!! Aí a fazenda passou a chamar-se de São Caetano do Tijucuçu e, mais tarde, somente São Caetano.

Em 1730 os monges criaram nessa fazenda uma fábrica de telhas, tijolos, lajotas, louças e adornos cerâmicos para serem usados na ornamentação de casas e igrejas da cidade de São Paulo. Esse material era transportado diariamente pelo rio Tamanduateí, de um porto que havia na fazenda até o porto geral de São Bento, que ficava um pouco adiante de onde atualmente fica a ladeira Porto Geral.

Vale ressaltar que até a metade do século XVIII, o trabalho na fazenda era realizado por índios escravos. Estes somente seriam libertados em 1755, pelo Diretório dos Índios do Grão-Pará e Maranhão, cujos efeitos posterior-mente foram estendidos a todo o País, a partir de 1757, quando os índios foram substituídos por escravos negros oriundos da África.

A fábrica dos monges funcionou durante quase 141 anos, até 1871. Dessa época só permanecem atualmente no centro do município os canais abertos pelos escravos ainda no século XVIII, que eram usados na drenagem dos terrenos próximos aos rios Tamanduateí e dos Meninos.

Foi ao redor dessa fazenda que se desenvolveu o bairro de São Caetano, no mesmo território da cidade de São Paulo. O primeiro censo ocorreu em 1765. Seus habitantes eram agricultores e tropeiros, e frequentavam a capela de São Caetano. Já no século XIX, mais precisamente em 1871, no dia seguinte à promulgação da Lei do Ventre Livre, a Ordem de São Bento decidiu em seu capítulo-geral da Bahia, libertar todos os seus escravos, em todo o Brasil – mais de quatro mil – sem qualquer compensação.

SÃO CAETANO DO SUL   **267**

Privada dessa mão de obra, a fazenda São Caetano foi desapropriada pelo governo imperial. No local foi instalado em 28 de julho de 1877 o **núcleo colonial** de São Caetano, e as terras divididas em lotes e vendidas aos colonos italianos entre 1877 e 1892, quando entrou nesse núcleo a última família de italianos. Em 1883, a São Paulo Raiway inaugurou sua estação em São Caetano.

O primeiro grupo de imigrantes italianos assentado no local chegou ao Brasil no navio *Europa*, proveniente do porto de Gênova. As famílias eram oriundas da comuna de Cappella Maggiore e arredores, na província de Treviso, região de Vêneto, ao norte da Itália.

Originalmente os colonos do núcleo dedicaram-se ao plantio da batata inglesa. Porém, em seguida muitos deles passaram a plantar videiras e a produzir um vinho de mesa denominado vinho *São Caetano*, uma bebida que era comercializada no estabelecimento do colono Emilio Rossi.

Porém, as videiras de São Caetano foram contaminadas com o filoxera, a partir das parreiras do bairro da Mooca. Por conta disso, em dois anos a produção desse vinho despencou. Vale lembrar que essa praga destruiu parreirais do mundo todo. Entre 1887 e 1888, um conhecedor de uvas chamado Emílio Rossi e o médico e cientista Luís Pereira Barreto, tentaram utilizar cepas da chamada uva norte-americana, mais resistente, mas infelizmente já era tarde demais.

Logo, muitos colonos empobrecidos começaram a vender seus lotes e, nessas terras, já na época da proclamação da República, começaram a surgir as primeiras indústrias. Foi assim que esse núcleo agrícola se transformou num bairro operário.

Nessa época, os colonos que receberam terras nas várzeas úmidas dos rios Tamanduateí e dos Meninos – remanescentes do antigo pântano do Tijucuçu – montaram olarias e começaram a produzir tijolos. Um deles, Giuseppe Ferrari, foi um dos fornecedores de material na construção do Museu do Ipiranga, uma obra iniciada em 1895.

Pouco antes da proclamação da República foi criado o município de São Bernardo, em 12 de março de 1889, desmembrado de São Paulo. A ele foi anexado a maior parte do núcleo colonial e também do antigo bairro de São Caetano. Entretanto, cerca de um quinto da antiga localidade permaneceu no território do município de São Paulo, e hoje constitui os bairros do Sacomã, Vila Carioca e Heliópolis.

Em 1905, São Caetano foi elevado à categoria de **distrito fiscal** e, posteriormente, em 1916, com o surgimento das primeiras indústrias, a **distrito de paz**. Então, em 1924, o arcebispo de São Paulo dom Duarte Leopoldo e Silva, permitiu que o núcleo tivesse a sua primeira paróquia e seu primeiro vigário, o padre José Tondin. Com isso a vila começou a se transformar em cidade.

A primeira manifestação de autonomia para o distrito de São Caetano aconteceu em 1928, com a liderança do engenheiro Armando de Arruda Pereira, diretor da Cerâmica São Caetano, que morava na região. Na época, para divulgar a ideia emancipacionista, foi fundado o *Jornal de São Caetano*, que convocou a população a votar em seus candidatos a vereador e juiz de paz nas eleições municipais daquele ano. Porém, os resultados do pleito não foram os esperados.

Na década de 1940, o sonho de se transformar em cidade voltou a empolgar os sulsancaetanenses, no que representou o segundo movimento emancipacionista. Desse modo, em 1947, num movimento liderado pelo mesmo jornal, conseguiu-se um total de 5.197 assinaturas num documento enviado à Assembleia Legislativa do Estado, solicitando um **plebiscito**.

A consulta popular foi realizada em 24 de dezembro de 1948. O então governador do Estado, Adhemar de Barros, ratificou o resultado da consulta e, dessa maneira, criou-se o **município** de São Caetano do Sul, pela lei estadual Nº 233. Note-se que, na ocasião, acrescentou-se ao nome da cidade o qualificativo "**do Sul**", para assim distingui-lo do homônimo pernambucano. Em 30 de dezembro de 1953, foi criada a **comarca** de São Caetano do Sul, instalada de fato no dia 3 de abril de 1954.

São Caetano do Sul pertence à região do ABC paulista, e tornou-se conhecida como berço do **desenvolvimento automobilístico** no Brasil. Entre os exemplos mais expressivos disso são as indústrias sulsancaetanenses localizadas na divisa com São Paulo, em especial a sede da GMB, na avenida Goiás.

Em 20 de fevereiro de 2018, uma boa notícia foi divulgada por Carlos Zarlenga, presidente da GM Mercosul que disse: "Vamos aumentar a capacidade de produção da nossa fábrica de São Caetano do Sul de 250 mil veículos para 330 mil veículos por ano, ampliando e modernizando a nossa linha de montagem, investindo nisso R$ 1,2 bilhão. Vamos a partir de agora incorporar novas tecnologias da chamada indústria 4.0, como prensas de última geração, solda a laser e um novo transportador de veículos. Atualmente empregamos 9.200 pessoas e assim que as obras de ampliação forem concluídas, vamos contratar mais algumas centenas de trabalhadores."

Aliás, ao longo dessa via estão também instaladas muitas instituições financeiras, além das matrizes e filiais de várias empresas importantes, que recebem diariamente alguns milhares de trabalhadores oriundos de outras regiões de São Paulo, em especial dos bairros da zona sul e leste, que fazem fronteira, e do Grande ABC (composto por sete municípios: Santo André, São Bernardo do Campo, São Caetano do Sul, Diadema, Mauá, Ribeirão Pires e Rio Grande da Serra). Mas o **comércio** é também bastante forte na cidade, que inclusive abriga a matriz da rede de lojas Casas Bahia, fundada em 1952 pelo imigrante judeu Samuel Klein (1923-2014).

No âmbito **imobiliário**, o crescimento foi significativo em São Caetano do Sul, tendo surgido na cidade diversos empreendimentos interessantes. Um dos mais incríveis foi o *Moov Espaço Cerâmica*, lançado pela Gafisa, que rapidamente vendeu todas as 396 unidades disponíveis. Isso demonstra que a construção civil contribuiu muito para a geração de empregos na cidade. Outro grande impulso no setor imobiliário aconteceu com a inauguração em novembro de 2011 do já mencionado *Park Shopping* São Caetano, dentro do complexo *Espaço Cerâmica*.

E por falar em empreendimentos imobiliários, não se pode deixar de falar da Sobloco Construtora, uma empresa que tem à sua frente o criativo empreendedor Luiz Carlos Pereira de Almeida, que contou na sua diretoria com a ajuda do engenheiro Mario Najm Filho, herdeiro do seu companheiro Mario Najm, com o qual fundou a empresa há 60 anos. Além disso foi muito importante o trabalho do Luiz Augusto, diretor de *marketing*, filho de Luiz Carlos. A Sobloco vislumbrou a possibilidade de criar em São Caetano do Sul um novo **bairro planejado** e **sustentável**, utilizando para isso a área industrial que pertencera à antiga Cerâmica São Caetano, um dos últimos espaços disponíveis para o crescimento da cidade.

A otimização dos espaços e da infraestrutura urbana tem sido um desafio cada vez maior para as administrações públicas, em especial as municipais. Assim, aliar o desenvolvimento **gerador de receitas** ao **conforto** e à **qualidade de vida** para os munícipes se tornou uma regra, tanto para os gestores públicos quanto para os empreendedores da iniciativa privada, e esse foi justamente o caso da Sobloco Construtora.

Temas como **ocupação ordenada do solo**; novas práticas de sustentabilidade; planejamento de meios seguros e rápidos de transporte; otimização

270 Cidades Paulistas Inspiradoras

do tempo e da produtividade a partir de **boa mobilidade**; preocupação permanente com os recursos naturais; práticas inovadoras na solução dos problemas urbanos visando uma **cidade inteligente**, entre outros, se tornaram apresentações constantes de seminários, fóruns e debates, ganhando espaço para frequentes discussões técnicas, empresariais e acadêmicas.

Neste sentido, foi traçado em São Caetano do Sul, conforme a lei Nº 6766/1979, o **plano urbanístico da cidade**. Este tinha como base os mais modernos conceitos de urbanização, e visava, entre outros objetivos: a criação de mais parques públicos com irrigação automatizada; a instalação de sistemas de distribuição de energia elétrica subterrâneos e de sistemas de iluminação pública mais eficientes para carros e pedestres; a melhoria na acessibilidade, com a construção de calçadas seguras com 4 m de largura; a defesa do patrimônio histórico do município; o uso de uma comunicação visual diferenciada para sinalização de ruas e avenidas; a implantação de um sistema inteligente de controle de tráfego, com a construção de passagens de nível e a instalação de mais rotatórias e menos semáforos; a criação de uma atuante "**associação de amigos da cidade**", para lutar pela manutenção das características locais.

A Sobloco estava ciente desse plano e apresentou um projeto para a administração municipal e mais que isso, no final da década de 2000, sabia que São Caetano do Sul tinha alcançado uma situação incrível, com as seguintes características:

- O quinto melhor município do País para se trabalhar.
- Campeã em infraestrutura entre 5.564 cidades brasileiras, com 100% de rede de esgotos coletados e tratados e 100% de ruas pavimentadas.
- A melhor cidade para se viver entre todas do País.
- Um parque produtivo com significativo número de empresas focadas em TI, sendo por isso chamada de **cidade limpa**.
- Existência de cerca de três dezenas de IESs privadas em todos os níveis e uma vasta rede de ensino público constituída por escolas municipais e estaduais.

Para um município que na época já era nacionalmente conhecido por sua **preocupação com a qualidade de vida de seus munícipes**, o projeto da Sobloco representou um dos maiores e mais completos planos de **revitalização** e **desenvolvimento** urbano já realizados em São Caetano do Sul.

Luiz Carlos Pereira de Almeida, no final de 2010, explicou: "O *Espaço Cerâmica* é um arrojado projeto de **revitalização**. Dessa maneira, uma área antes 100% industrial, vai ter um novo conceito de ocupação, com uma nova estrutura viária, modernos espaços de convivência para residências, comércio e lazer, e novos conceitos de **sustentabilidade**, o que sem dúvida irá atrair investimentos. Isso, aliás, seguramente mudará o perfil de toda a região do ABC paulista."

O projeto foi planejado a partir do conceito *work, live and play* (**trabalho, moradia** e **lazer**), tudo num só lugar. É ele que determina a sustentabilidade e o padrão de qualidade de vida dentro desse bairro, onde as pessoas praticamente não têm a necessidade de se deslocar. Ali todos dispõem de muito verde e áreas de lazer, assim como de lojas, restaurantes, salas de cinema e segurança eficiente – algo que, aliás, tem faltado nos grandes centros urbanos e, com isso, tirado a tranquilidade de seus moradores.

Na realidade, o *Espaço Cerâmica* começou a ser planejado no início do século XXI. O projeto contou com a contribuição de escritórios de reputação internacional, como Richard Ellis, RTKL e Beame Architectural. O projeto viário e de acessibilidade teve a assinatura do engenheiro e especialista em tráfego, Fabio Quintella, que deu total prioridade ao pedestre, com calçadas amplas, muitas áreas verdes e passarelas elevadas, denominadas *calm traffic* (tráfego tranquilo).

O projeto de paisagismo foi elaborado pela arquiteta Neusa Nakata, que criou dois parques públicos de 14.000 m² e 9.000 m² respectivamente, além de outras praças e canteiros. Toda essa área ajardinada possui irrigação automatizada, com sensores que medem a umidade do solo e avisam quando há necessidade de irrigação.

Resultaram daí algumas centenas de apartamentos e escritórios, dois hotéis: o Quality e o Comfort que somados, oferecem 296 apartamentos, em duas torres de 15 andares e um hospital da Rede d'Or São Luiz, o Hospital e Maternidade São Luiz de São Caetano com equipamentos médicos, hotelaria de ponta, corpo clinico de primeira linha, em uma edificação de 15 andares com 294 leitos, 10 salas de cirurgia. A Gafisa, rapidamente vendeu todas as 396 unidades comerciais disponíveis. A Rossi, em parceria com a Lindenberg empreendeu ali 10 edifícios de apartamentos que também tiveram boa receptividade do mercado.

Logo surgiram parceiros incorporadores e construtores para se erguer as primeiras edificações. O centro de compras *Park Shopping* São Caetano do grupo Multiplan foi inaugurado em novembro de 2011, numa área de 38.000 m². Ele possui 242 lojas, 15 âncoras, sete salas de cinema da rede Cinemark, um parque *indoor Hot Zone* e uma praça de alimentação com mais de 40 opções gastronômicas.

A área do terreno onde está o *Espaço Cerâmica* tem 300.000 m² e representa muito para o município em termos de receita. Com o zoneamento misto previsto para o projeto, procurou-se abrir espaço para os setores **comercial** e de **serviços**, que ocupam 70% da área. Com isso, o município obteve novas receitas provenientes do ISS e, com a horizontalização e a verticalização residencial (30% da área do projeto) vieram para o município as receitas geradas pelo IPTU.

Quanto à infraestrutura, importante é registrar que a Sobloco construiu para a Eletropaulo 4 km de rede de alta tensão para que pudesse remover a antiga rede construída em 1926, que atravessava a área.

Além disso, como a área urbanizada ainda tinha alguns traços do antigo pântano do Tijucuçu a Sobloco entendeu-se com a Companhia do Metrô de São Paulo e conseguiu dela o direcionamento de 38 mil viagens de terra não contaminada totalizando 600 mil m³ da escavação da Linha 4 e assim, tornou a área apta a se integrar ao município como área urbanizada com características excelentes.

No período da construção, em especial do *shopping center* e dos primeiros edifícios, trabalharam no *Espaço Cerâmica* 3.000 pessoas. No início de 2018, estima-se que trabalhem no local cerca de 10 mil indivíduos. O movimento diário no *Espaço Cerâmica* chega a 30 mil pessoas, incluindo nesse total cerca de 5 mil indivíduos que vivem nas residências existentes no local.

Em reconhecimento a esta participação da Sobloco no progresso da cidade, a Câmara Municipal de São Caetano do Sul conferiu ao engenheiro Luiz Carlos Pereira de Almeida o título de **cidadão sulsancaetanense.**

Ainda faltam alguns anos para que o empreendimento esteja totalmente concluído, porém, quando isso ocorrer, além dos investimentos próprios da Sobloco e daqueles realizados por parceiros e terceiros, acredita-se que o seu custo total chegue a R$ 2,5 bilhões. Um montante bem significativo, mas que sem dúvida trouxe vantagens significativas para o município, os investidores, os donos de negócios no *shopping* e também para os moradores. Além disso, ele se tornou um ponto de atração para visitantes oriundos dos bairros vizinhos, em São Paulo, e de outras cidades da região. Não é por acaso, portanto, que a Associação Amigos do *Espaço Cerâmica* – responsável pelo gerenciamento do local juntamente com o poder público – tem tido cada vez mais trabalho para garantir a manutenção das ruas, praças e jardins, assim como a limpeza, o bem-estar e a segurança dos usuários.

Pode-se dizer que após a inauguração do *Espaço Cerâmica*, incrementou-se o mercado imobiliário da cidade, que tem também uma excelente posição no *ranking* de qualidade de vida. Assim, surgiram muitas novas incorporadoras interessadas em construir na cidade novos empreendimentos, apesar da carência de bons terrenos. Neste sentido, a construtora MZM comercializou em menos de um mês 80% do seu condomínio, composto de 108 imóveis de 65 m² cada, ao preço de R$ 430 mil (em média). Mesmo custando um pouco menos que em São Paulo, o metro quadrado dos imóveis em São Caetano do Sul é o mais caro dentro da região em que se encontram também Santo André, São Bernardo do Campo, Diadema, Guarulhos e Osasco. As pessoas têm preferido, entretanto, morar em São Caetano do Sul pelo fato de a cidade ter boa infraestrutura em termos de educação, saúde e segurança.

No âmbito da **educação**, uma IES muito importante e que há décadas está instalada na região é o Instituto Mauá de Tecnologia (IMT). Ele foi fundado em 11 de dezembro de 1961, em São Paulo, mas depois foi transferido para São Caetano do Sul.

O IMT é uma **entidade** de direito privado, ou seja, uma associação sem fins lucrativos, porém de utilidade pública, dedicada ao ensino e à pesquisa científica e tecnológica. Ela visa a formação de recursos humanos altamente qualificados, capazes de contribuir para o desenvolvimento do País. Neste sentido, o IMT mantém nos dias de hoje duas unidades: o Centro Universitário e o Centro de Pesquisas. O primeiro, além do *campus* de São Caetano, tem um centro em São Paulo, onde são oferecidos principalmente cursos de pós-graduação.

Durante bastante tempo, nas décadas de 1970 e 1980, fui professor de diversas disciplinas no curso de engenharia do IMT. Vale ressaltar que nos últimos tempos esse curso tem ocupado os primeiros lugares entre as IESs particulares do País e, em 2012, chegou ao 1º lugar do *ranking* universitário da *Folha*.

De fato, as unidades de ensino do Centro Universitário IMT apresentam um ambiente propício ao desenvolvimento profissional dos estudantes, com uma excelente infraestrutura laboratorial. Ele conta com um corpo docente altamente qualificado, dedicado à pesquisa científica, ao exercício profissional e ao aprimoramento das técnicas de ensino. A maioria de seus docentes possui títulos de mestrado e doutorado emitidos por universidades brasileiras, norte-americanas e europeias.

Para o desenvolvimento de trabalhos acadêmicos e de pesquisa, os estudantes e professores do Centro Universitário IMT contam com o vasto acervo de sua biblioteca e dispõem de um parque de laboratórios com modernos equipamentos. Além disso, os estudantes têm acesso a áreas para o desenvolvimento de suas atividades sociais (centros acadêmicos), esportivas (associações atléticas) e de prática profissional (Empresa Mauá Júnior).

Os alunos do IMT vêm de todas as cidades do Grande ABC, de São Paulo e inclusive da Baixada Santista, o que explica em parte a visitabilidade alcançada pela cidade em função da presença de uma IES de qualidade. De fato, muitas pessoas recorrem ao IMT por causa do seu Centro de Pesquisas, que há muitas décadas desenvolve tecnologia para resolver os problemas específicos da indústria.

Desde o seu início, o Centro de Pesquisas coleciona sucessos graças à sinérgica atuação de experientes engenheiros e destacados professores do Centro Universitário. Em conjunto, esses profissionais realizam pesquisas técnico-científicas e desenvolvem a aplicação adequada às necessidades específicas dos clientes, como: testes, calibrações, análises, pareceres, certificações, pareceres, desenvolvimento de produtos, processos, protótipos, equipamentos, instalações, sistemas, instrumentos e afins, projetos, consultoria, assessoria e planejamento. Todas são desenvolvidas por grupos de trabalho multidisciplinares, que incluem desde professores doutores até estagiários do curso de engenharia, passando por outros profissionais de várias áreas de atuação.

Outra IES muito importante na cidade é a Universidade Municipal de São Caetano do Sul (USCS), que anteriormente foi conhecida como Instituto Municipal de Ensino Superior (IMES). Foi a lei municipal Nº 4581 a precursora da mudança do nome, que ocorreu efetivamente apenas em 5 de junho de 2008. Tudo começou pela criação em 1º de agosto de 1968 da Faculdade Municipal de Ciências Econômicas, Políticas e Sociais.

Em 1970, ela se tornou o IMES e em 2000 transformou-se em centro universitário, já abrigando cursos de Direito, Saúde, Pedagogia e alguns de pós-graduação. Em 2007, por força de lei, ela foi elevada de centro universitário à condição de **universidade**. Atualmente na USCS são oferecidos cursos de graduação nas áreas de Ciências Biológicas e da Saúde, Ciências Exatas e Tecnológicas, e Ciências Humanas e Sociais, nas modalidades de bacharelado, licenciatura e tecnólogo.

Estima-se que até o final de 2018 tenham se formado nela 24 mil profissionais. Seus programas de mestrado e doutorado acadêmico em Administração (*stricto sensu*) se tornaram uma referência nacional, bem como os programas de mestrado profissional nas áreas de comunicação, educação e saúde. Isso tem atraído para a USCS – uma universidade municipal, mas paga – muitos alunos do Grande ABC. De fato, estima-se que 6.900 alunos estavam matriculados nela em 2018.

E agora em 2018 foi instalado em São Caetano do Sul um polo de EAD da UniFAJ, aumentando assim o leque de opções daqueles que querem obter mais conhecimentos e uma profissão promissora.

Uma cidade é **criativa** quando nela se tem **tecnologia**, e é óbvio que se pode afirmar que há pesquisa tecnológica aplicada em São Caetano do Sul, que acontece em suas IESs, assim como nas poderosas empresas instaladas na cidade, como é o caso da GMB.

No que se refere à **saúde**, a cidade conta com algumas instalações hospitalares de qualidade. Esse é o caso, por exemplo, do Hospital Municipal Euryclides de Jesus Zerbini, localizado na esquina da rua São Paulo com a avenida Vital Brasil Filho, no bairro Santa Paula, num prédio de cinco andares com 6.000 m². Ele foi inaugurado em 30 de setembro de 2012, graças a um investimento de R$ 20 milhões. Esse hospital conta com 80 leitos, três salas cirúrgicas direcionadas ao atendimento obstétrico (parto normal e humanizado) e cirurgias ginecológicas. Nas redes sociais sua avaliação tem sido boa, aparecendo comentários como: "Pense numa maternidade de ponta, tipo Primeiro Mundo. Pense numa equipe de recepção atenciosa e educada. Pense numa equipe de pré-natal preocupada. Pense numa equipe médica e num anestesista que fazem de tudo para que o parto ocorra com o melhor resultado possível. É assim que as parturientes são tratadas no Euryclides de Jesus Zerbini. O hospital é muito limpo e todos – médicos, enfermeiros, copeiros, pessoal da limpeza – são cuidadosos e carinhosos."

Vale ressaltar que o Hospital Municipal Euryclides de Jesus Zerbini faz parte do Complexo Hospitalar Municipal de São Caetano do Sul (CHMSCS), que é administrado pela Fundação do ABC (FUABC) e que possui mais cinco unidades:

- O **Hospital Infantil e Maternidade Márcia Braido** foi inaugurado em 28 de julho de 1973, tornando-se uma referência no atendimento das crianças do município. Nele são feitas internações nas áreas de pediatria, ginecologia e maternidade.

- O **Hospital Maria Braido** é o primeiro hospital geral municipal, tendo sido entregue à população em 2004. Hoje ele realiza internações tanto nos casos relativos a clínica geral e especialidades, como naqueles de clínica cirúrgica e especialidades cirúrgicas, atém de oferecer UTI adulto. Mas nele também estão disponíveis ambulatórios de cardiologia infantil, fonoaudiologia, fisioterapia respiratória, proctologia e quimioterapia, bem como exames de biopsia guiada por ultrassonografia, radiologia, *ecodoppler*, tomografia computadorizada e ultrassonografia (com ou sem *doppler)*.

- O **Hospital Municipal de Emergências Albert Sabin** foi inaugurado em 18 de junho de 2008, e possui 28 leitos. Nele trabalham cerca de 300 profissionais, entre médicos e equipes de enfermagem, psicologia e fisioterapia (entre outros). O hospital dispõe de 2 andares com 6.000 m² de área construída. Sua planta horizontal prioriza o atendimento do público no andar térreo. Esse hospital oferece atendimento em urgência e emergência nas áreas de clínica médica e cirúrgica, odontologia, oftalmologia, ortopedia e traumatologia, além da UTI para adultos.

- O **Hospital São Caetano** é uma das casas de saúde mais tradicionais de todo o ABC. Ele foi inaugurado em 25 de julho de 1954 e permaneceu operante até 2010, quando infelizmente foi a falência. A prefeitura então o municipalizou e reinaugurou em 2012, integrando-o ao CHMSCS.

- O **Complexo Municipal de Saúde** integrou-se em 21 de abril de 2012 ao CHMSCS, sendo formado pelo Hospital de Olhos Dr. Jaime Tavares e pelo Centro de Oncologia e Hemoterapia Luiz Rodrigues Neves, que ocupa o prédio de um antigo pronto-socorro municipal no bairro Oswaldo Cruz.

De modo geral, as unidades do CHMSCS têm atendido de forma **satisfatória** a seus pacientes. Porém, não é esse o tipo de comentário que as pessoas fazem sobre alguns hospitais da cidade, como é o caso da Beneficência Portuguesa, onde os pacientes têm reclamado muito de vários aspectos: da demora no atendimento (principalmente de urgência), do atendimento propriamente dito, dos procedimentos realizados pelos profissionais da saúde etc.

Existem ainda outros hospitais em São Caetano do Sul, como o Hospital Maternidade Central e o Hospital e Maternidade São Luiz etc., porém, numa avaliação de 1 a 5, nenhum deles atinge mais do que 4!?!?

Como não poderia deixar de ser, existem algumas UBSs na cidade e, por incrível que pareça, a unidade Catarina M.Dall'Anese recebeu uma avaliação muito boa, com nota 4,7; a Dolores Massei obteve nota 4 e a Moacir Gallina, 3,9. Isso indica que pelo menos nesses locais, os pacientes ficaram satisfeitos.

Como todas as cidades que compõem a RMSP, São Caetano do Sul acaba se beneficiando do **fluxo turístico** que recebe a capital paulista, composto por visitantes de diversas cidades brasileiras e também do exterior. Por causa disso, o município tem incrementado o turismo, em especial o de **negócios**, o **cultural** e o de **lazer**.

Neste sentido, atualmente há alguns bons hotéis na cidade, como o Mercury, por exemplo. Além disso, os turistas acabam apreciando muito a grande quantidade de áreas verdes em São Caetano, particularmente nos seus vários parques municipais, como:

- Parque Botânico e Escola Municipal de Ecologia Jânio da Silva Quadros.
- Parque Catarina Scarparo D'Agostini.
- Parque do Forno.
- Parque Santa Maria.
- Parque Municipal José Alves dos Reis, também conhecido como bosque do Povo.
- Parque linear Avenida Presidente Kennedy.
- Espaço Verde Chico Mendes.
- Espaço de Lazer e Recreação José Agostinho Leal.
- Cidade das Crianças.

Na Cidade das Crianças, por exemplo, tem-se muitos brinquedos distribuídos entre grandes árvores, sendo, pois, uma boa opção de passeio para toda a família. No local, além das crianças terem um ambiente sadio para brincar, os adultos podem fazer excelentes caminhadas. Entre as atrações destaca-se um lago repleto de patos.

São Caetano do Sul promove diversos eventos, tendo para isso vários auditórios, anfiteatros e teatros, como é o caso do Teatro Paulo Machado de Carvalho, onde encontra-se sediada a Orquestra Filarmônica da cidade.

Cidades Paulistas Inspiradoras

O Carnaval local também é bastante animado, e conta com várias escolas de samba: Acadêmicos da Vila Gerty, Ébanos, Imperatriz de Nova Gerty, União da Ilha Prosperidade e Tradição da Ponte, que desfilam na avenida Guido Aliberti e são filiadas à Liga Independente das Escolas de Samba de São Caetano do Sul.

No **campo internacional**, a cidade já firmou acordos com algumas cidades italianas, como Iglesias, Thiène e Vittorio Veneto, que hoje são cidades-irmãs da brasileira. Entre outros motivos, isso foi feito para proporcionar um maior intercâmbio cultural e educacional entre os dois lados.

No âmbito **esportivo**, particularmente no que se refere ao **futebol**, deve-se citar a existência na cidade da Associação Desportiva São Caetano, ou simplesmente AD São Caetano.

No caso, um grupo de amantes desse esporte, liderados pela família Tortorello – em especial o ex-prefeito da cidade, Luiz Olinto Tortorello, (1937-2004) – decidiu apoiar o clube da cidade, que já havia passado por boas fases com o São Caetano Esporte Clube, ainda na década de 1930, com a Associação Atlética São Bento, nos anos 1950 e o Saad Esporte Clube, na década de 1970, todos ex-integrantes da elite do futebol paulista.

Inicialmente o grupo usou o nome Sociedade Esportiva União Jabaquara, um clube da cidade que atendia a principal exigência da FPF: ter disputado campeonatos nos três últimos anos. Então, uma vez efetuada a filiação, o nome foi alterado para AD São Caetano, que surgiu oficialmente em 4 de dezembro de 1989.

Para o seu uniforme foram adotados o branco neve e o azul – o que, aliás, justifica o seu apelido de "**Azulão**". Seu escudo, por sua vez, foi desenhado por Waldemar Zambrana. O clube manda suas partidas no estádio municipal Anacleto Campanella, que antigamente foi chamado de estádio municipal Lauro Gomes de Almeida. O nome atual é uma homenagem a Anacleto Campanella, um excelente prefeito da cidade durante as décadas de 1950 e 1960.

Em 1989 foram feitas grandes reformas no estádio para poder receber um grande público – cerca de 14 mil torcedores – para acompanhar os jogos do AD São Caetano. A equipe entrou em campo pela primeira vez em 18 de março de 1990, empatando com o Comercial de Registro em 1 a 1. Na ocasião, o autor do primeiro gol oficial da equipe foi o atacante Toloni.

Durante quase uma década o AD São Caetano foi uma equipe pequena do Brasil, até participar da Copa João Havelange em 2000, quando o time conseguiu o vice-campeonato do módulo amarelo, perdendo para o Paraná. Entretanto, essa conquista deu ao clube a oportunidade de disputar o mata-mata decisivo da competição, assim como a possibilidade de enfrentar os grandes clubes do futebol brasileiro.

O primeiro adversário, no caso, foi o Fluminense. Após empatar por 3 a 3 no jogo de ida (no Parque Antártica), o clube foi ao Rio de Janeiro e eliminou o tricolor carioca, com uma vitória por 1 a 0 – gol do atacante Adhemar, que marcou 68 gols durante sua passagem pelo clube – em pleno Maracanã, sob os olhares silenciosos de 70 mil espectadores.

Posteriormente, o clube perderia o título brasileiro para o Vasco da Gama, num jogo tumultuado no estádio de São Januário, no Rio de Janeiro, depois de ter eliminado outras grandes equipes, como Palmeiras e Grêmio. Foi nessa época que o AD São Caetano começou a fazer história, granjeando os apelidos de "**pequeno gigante do Brasil**" e "**clube de chegada**", ambos referendados pela conquista do 2º lugar no Campeonato Brasileiro de 2001.

Em 2002, a equipe foi vice-campeã da Libertadores, perdendo para o Olímpia do Paraguai. Em 2004, o clube conquistou seu primeiro título da primeira divisão, o Campeonato Paulista, sob o comando do técnico Muricy Ramalho, que se tornaria famoso com as conquistas que obteria à frente do São Paulo FC.

Outro destaque em 2004 foi a participação do AD São Caetano na Copa Libertadores, quando o time foi eliminado nas quartas de final pela equipe do Boca Juniors, da Argentina, após uma emocionante disputa de pênaltis. Já em 2005, o time começou a entrar em declínio e ficou em 18º lugar no Campeonato Brasileiro, escapando do rebaixamento apenas na última rodada. Isso, entretanto, ocorreria no ano seguinte, em 2006, quando a equipe caiu para a Série B.

Em 2007, sob o comando de Dorival Júnior, hoje também um técnico renomado, a AD São Caetano começou a dar a volta por cima e chegou à final do Campeonato Paulista, depois de eliminar nas semifinais o São Paulo FC (na época, o campeão brasileiro), numa partida impecável realizada em pleno estádio do Morumbi.

No primeiro jogo da final em 29 de abril de 2007, contra o Santos, a equipe de São Caetano ganhou por 2 a 0, mas no segundo jogo acabou perdendo pelo mesmo placar, o que deu o título para a equipe do litoral paulista, no critério de desempate.

Nos anos seguintes, a partir de 2008, a equipe foi ficando cada vez menos competitiva e, em 2013 caiu para a Série C. No ano seguinte, 2014, foi mais uma vez rebaixada para a Série D, e pelo seu grande rival: o Santo André, no próprio estádio Anacleto Campanella.

Já no Campeonato Paulista o clube também foi rebaixado em 2013 para a Série A2. Porém, em 2015, parece que sua ascensão recomeçou. De fato, a equipe quase conseguiu retornar à Série C, mas perdeu para o Botafogo de Ribeirão Preto num jogo mata-mata.

Em 2017 a equipe fez uma excelente campanha na Série A2, retornando para a Série A1 do Campeonato Paulista em 2018, quando, inclusive, se sagrou campeã depois de vencer a equipe do Bragantino por 2 x 1. É ótimo que a AD São Caetano esteja de volta com uma equipe competitiva, pois isso leva muita gente para o estádio Anacleto Campanella, sendo que boa parte dessas pessoas vem de fora de São Caetano!!!

O fato é que com os seus investimentos em esporte, a prefeitura da cidade visa em primeiro lugar formar cidadãos. Ela acredita que esse é um meio excelente de promover a **educação**, a **saúde** e a **cultura**. Além disso, o esporte é um formidável mecanismo de **sociabilização**, quando as pessoas aprendem a conviver, superar dificuldades e respeitar os adversários.

Esse trabalho foi colocado em prática no Programa Esportivo Comunitário (PEC), que através de seus projetos tem atendido cerca de 22 mil munícipes, entre crianças, jovens, adultos e idosos, oferecendo-lhes aulas em 40 modalidades esportivas (atletismo, natação, basquete, xadrez, damas, ginástica artística, futebol de salão, voleibol, basquete, tênis de mesa, judô, *tae-kwon-do* etc.) e lazer nos parques, com aulas de orientação física e ginástica, entre outras atividades promovidas.

Para isso foram abertas cerca de dez escolinhas chamadas de Centros de Esporte e Recreação (CER) em vários bairros da cidade. Em São Caetano do Sul tem-se ainda o conjunto aquático Leonardo Speratte, que é próprio para a prática da natação. No Tênis Clube são oferecidas aulas de tênis de campo; no complexo poliesportivo Lauro Gomes de Almeida, pratica-se ginástica; no parque Santa Maria e no Espaço Verde Chico Mendes, o foco é principalmente na ginástica e na orientação física; no SERU Jabaquara Futebol Clube, estimula-se a prática de futebol de campo, e na secretaria de Esporte e Turismo (SEEST), é possível ter aulas de *tae-kwon-do* e tênis de mesa.

É notável a promoção de todas essas atividades esportivas pela prefeitura de São Caetano do Sul. De fato, não há nada similar em nenhuma outra cidade paulista. Talvez seja por isso que os sulsancaetanenses são bem mais **saudáveis** que os moradores de outas cidades do Estado de São Paulo, não é?

Não se pode esquecer também que na cidade, desde 1990, o São Caetano Esporte Clube mantém uma equipe de voleibol feminino, que ficou em 3º lugar na Superliga Brasileira de Voleibol Feminino, nas temporadas 2008/2009 e 2009/2010. Aliás, esse time já foi comandado pelo famoso jogador de voleibol William Carvalho (no início da década de 2000). Nele jogaram as atletas Mari, Fofão e Sheilla, todas medalhistas olímpicas pela seleção brasileira nos Jogos Olímpicos de Pequim em 2008.

Em São Caetano do Sul existe também a equipe de futebol norte-americano Blue Birds São Caetano, que costuma atrair muita gente para seus treinos, uma vez que as pessoas ainda ficam "espantadas" com a violência dos choque entre os jogadores. De qualquer maneira, esse é um esporte que está conquistando bastante popularidade na região, tanto que já existem outros times nas cidades do Grande ABC. A exibição dos jogos da NFL, a principal liga norte-americana dos EUA, também tem ajudado a arregimentar mais fãs para esse esporte.

O basquete e handebol também não estão abandonados na cidade. Pelo contrário, são constantes as chamadas de atletas de ambos os sexos para as seletivas, assim como é frequente a convocação de jovens entre 13 e 17 anos para iniciarem a prática desses esportes em entidades esportivas como a Associação Atlética São Caetano.

A notícia ruim para o esporte sulsancaetanense foi a decisão tomada em 15 de fevereiro de 2018 pela B3 Atletismo (antiga BM&F). A empresa possuía um centro de treinamento na cidade, mas, após 16 anos de existência e 30 anos de apoio ao atletismo, decidiu encerrar suas atividades!!! A agremiação formada por 57 atletas e 13 treinadores decidiu manter o seu patrocínio até o fim de 2018, **mas não participará de mais nenhum torneio!?!?**

Criado em 2002, o clube foi um dos mais importantes do atletismo brasileiro. Por ele passaram nomes famosos como Fabiana Murer, Marilson Gomes dos Santos, Vanderlei Cordeiro de Lima, Jadel Gregório e os campeões olímpicos Thiago Braz e Maurren Maggi.

A B3 teve 20 dos seus atletas na delegação brasileira que disputou os Jogos Olímpicos do Rio de Janeiro em 2016!!! O encerramento de suas atividades é lamentável, assim como um grande baque para o atletismo nacional!!! Há uma possibilidade de os atletas migrarem para a Orcampi, de Campinas, que é considerado um clube-irmão da B3. Vamos torcer para que

Cidades Paulistas Inspiradoras

pelo menos isso aconteça, pois os atletas não poderão participar de torneios se não tiverem um time, pelo qual estejam competindo.

São Caetano do Sul teve alguns excelentes prefeitos, mas um que governou a cidade em três mandatos foi Luiz Olinto Torterello (de 1989 a 1992; de 1997 a 2000 e de 2001 a 2004, ano em que faleceu), que deixou um grande marco pelo que realizou na cidade.

Ele não foi apenas um grande estimulador do **futebol profissional** da cidade, mas alguém que durante toda a sua gestão fez muitas melhorias para os que viviam no município, em especial no campo da **educação**.

Ele foi advogado, professor universitário e juiz de direito, exercendo a magistratura em diversas comarcas, mas acabou fixando residência em São Caetano do Sul. Antes de ser prefeito em 1987, foi eleito deputado estadual (cargo que também seria ocupado mais tarde pelo filho), porém, acima de tudo mostrou-se um **excelente administrador público**, um **humanista** que soube como poucos usar de forma competente os conhecimentos que adquiriu nos três poderes – Judiciário, Legislativo e Executivo municipal.

Sua maior preocupação ao longo de sua gestão foi realmente a **educação**. Assim, logo no início dos seus governos, solicitou que a Câmara dos Vereadores aumentasse o percentual no orçamento municipal para cobrir os custos de diversas entidades educacionais que ele foi criando, e particularmente do **programa de bolsas de estudo da prefeitura**. Desse modo, a prefeitura foi capaz de ajudar financeiramente a Fundação das Artes, a Escola de Bailado de São Caetano do Sul Laura Thomé e a Escola Municipal de Línguas.

Graças a ele, foi criada na cidade a Escola de Informática, uma das primeiras do Brasil mantidas por uma prefeitura, incluindo a manutenção da Escola Volante de Informática, que percorria toda a cidade levando para as crianças noções de computação.

Foi durante a sua administração que se criaram os parques Chico Mendes e Santa Maria, com toda a infraestrutura para dar conforto aos frequentadores. Ele também equipou todos os clubes municipais dos bairros com o que era necessário para a prática de várias modalidades esportivas, beneficiando assim crianças e adultos.

Ele reformou todas as escolas de São Caetano do Sul, municipais e estaduais, e, na antiga garagem municipal, abriu uma moderna escola de ensino fundamental. A nova sede da Biblioteca Municipal foi construída na sua administração. Em 1997 ele criou a Orquestra Filarmônica de São Caetano do Sul.

Um dos seus últimos atos governamentais foi autorizar o projeto João de Barro, cuja finalidade era a construção de novas moradias com todas as benfeitorias nos terrenos onde antes existiam cortiços... Entre suas qualidades mais características, uma era conhecer as crianças de sua cidade, saber onde cada uma delas estudava e o que achavam de suas escolas. Era assim que, pelo menos parcialmente, ele descobria o que ainda **precisava ser melhorado nelas!!!**

Realmente estabeleceu-se uma boa qualidade de vida e adequado ambiente para os negócios em São Caetano do Sul, com as administrações municipais implantando diversos mecanismos de apoio aos empresários e priorizando os MEIs.

O prefeito da cidade José Auricchio Júnior, em 2011 comentou: "São Caetano do Sul tem o melhor IDH entre os municípios brasileiros, destacando-se nacionalmente pela qualidade de vida proporcionada à sua população. Temos excelente infraestrutura urbana, boas escolas e hospitais. E também vários projetos de inclusão social e econômica, beneficiando o jovem aspirante ao primeiro emprego, o trabalhador desempregado e até mesmo o idoso, que é uma força de trabalho produtiva que deve ser melhor aproveitada. Aliás para incrementar o desenvolvimento econômico da cidade que a prefeitura criou na Internet o portal Investe São Caetano, no qual são oferecidos diversos serviços desde ao MEI, até para as grandes empresas, passando pelos pequenos e médios empresários e ainda para os potenciais investidores que têm o município na mira de bons negócios. O atendimento não é realizado apenas no plano virtual. O Espaço Investe São Caetano tem uma sede física dentro do Atende Fácil, um Poupatempo municipal. Aí, também está instalada a Sala do Empreendedor e são dadas todas as informações necessárias sobre a concessão de empréstimos e financiamentos, não apenas do Banco do Povo Paulista, mas também da Agência de Fomento do Estado de São Paulo e do Banco Nacional de Desenvolvimento Econômico e Social (BNDES). Mas os MEIs foi a grande conquista para a cidade. Temos agora um sistema que retroalimenta a captação desses empreendedores, que é ação determinante do Fundo Social de Soliedariedade."

E em São Caetano do Sul foram desenvolvidos pela prefeitura outros projetos para geração de empregos.

Catedral de São Carlos Borromeu é uma réplica da basílica de São Pedro no Vaticano.

São Carlos

PREÂMBULO

Estima-se que em 2017 o PIB de São Carlos tenha sido de R$ 10 bilhões, sendo que 30% desse valor vieram das áreas de ciências e tecnologia.

A administração da cidade se preocupa muito com o **desenvolvimento sustentável** e o crescimento ordenado do município. Neste sentido, o secretário municipal de Desenvolvimento Sustentável, Ciência e Tecnologia, professor José Galizia Tundisi, enfatizou: "Estamos procurando inserir São Carlos em um programa da Unesco chamado **Cidades de Aprendizagem**, e, a partir daí teremos uma maior exposição internacional, e seremos capazes de receber/oferecer informações que, com certeza, irão incrementar o nosso nível de desenvolvimento. No ano de 2017, São Carlos produziu 700 toneladas/dia de resíduos oriundos da construção civil, além de 500 toneladas/ano de pneus. Esses números indicam a urgência de encontrarmos maneiras adequadas de lidar com esses materiais descartáveis. Precisamos ter as melhores soluções técnicas para tratar não somente desses resíduos, mas de todos os outros. Provavelmente poderemos nos inspirar em alguma cidade do mundo, e utilizar as estratégias que nos forem reveladas nesse programa da Unesco."

Outro grande desafio é ordenar a expansão da cidade. Com relação a esse tema, o secretário municipal de Habitação e Desenvolvimento Urbano, Giuliano Cardinali, comentou: "Desde fevereiro de 2017, temos um **'novo' Plano Diretor**. Nele definiu-se em consenso que a cidade poderá crescer para onde ela quiser, desde que sejam respeitados os impedimentos físicos e ambientais. Existem áreas para expansão em todas as direções, basta que surjam empreendedores interessados. Seria um erro direcionar esse crescimento para um único lado, pois isso levaria a um processo desordenado. Certamente o anel viário externo que está sendo planejado estimulará o surgimento de novos empreendimentos."

A HISTÓRIA DE SÃO CARLOS

São Carlos está localizada a aproximadamente 230 km da capital paulista. No início de 2018 ela tinha uma população de cerca de 248 mil pessoas, sendo assim a 13ª maior cidade do Estado. O município ocupa uma área total de 1.141 km², dos quais apenas 68 km² são de área urbana. Os municípios limítrofes de São Carlos são: Rincão, Luís Antônio, Santa Lúcia, Ribeirão Bonito, Brotas, Itirapina, Descalvado, Analândia, Araraquara, Américo Brasiliense e Ibaté (cada vez mais conurbada a São Carlos).

Recorde-se que o atual território de São Carlos foi sucessivamente desmembrado dos municípios de São Paulo (do qual fez parte entre 1558 a 1625), de Santana do Parnaíba (entre 1625 e 1654), de Nossa Senhora da Candelária de Itu (atual Itu, da qual fez parte, entre 1654 e 1822), de Vila Nova da Constituição, atual Piracicaba (entre 1822 e 1833) e São Bento de Araraquara (atual Araraquara, entre 1833 e 1865). Em 1953, foi a vez de Ibaté ser separado do município de São Carlos.

São Carlos possui dois distritos: Santa Eudóxia, criado em 1933, ao nordeste; e Água Vermelha, criado em 1948, ao norte do distrito-sede. Há também dois subdistritos: Ana Prado, criado em 1959 e recriado como Bela Vista São-Carlense em 1981, ao oeste, e Vila Nery, em 1981, a leste do distrito-sede, sendo que esses dois últimos estão conurbados com o distrito-sede.

Até o final do século XIX, a maioria da população de São Carlos era não branca, sendo que em 1886, negros, pardos e caboclos compunham 55% da população e os brancos somente 45%. Com o processo de abolição da escravatura, a imigração para São Carlos cresceu enormemente, visando a substituição da mão de obra escrava por trabalhadores livres estrangeiros.

Isso acarretou num processo de "branqueamento" da população local e, em 1907, os brancos já constituíam a maioria na cidade, sobretudo devido à chegada de muitos imigrantes, com 88% da população da raça branca. Por volta de 1900, a maioria dos casamentos realizados em São Carlos envolviam cônjuges imigrantes e quase 90% das crianças nascidas no município eram filhos de pais estrangeiros. Somente a partir da década de 1920 foi que a maioria dos pais já era nascida no Brasil!!!

Na década de 1930, a imigração estrangeira **caiu muito**, inicialmente devido à crise cafeeira, mas, posteriormente, em 1934, por conta das políticas restritivas do governo brasileiro, que estabeleceu cotas de imigração. Assim, os imigrantes e seus descendentes foram sendo substituídos por trabalhadores vindos dos Estados do Nordeste e de Minas Gerais, sendo que a maioria desses migrantes eram mulatos ou mestiços. Atualmente a população de São Carlos é constituída por cerca de 73% de brancos (descendentes de portugueses, italianos, espanhóis, alemães, sírios, libaneses etc.), 5,3% de negros, 21% de pardos e 0,7% de amarelos.

Já no que se refere a religião, cerca de 66% dos são-carlenses (ou carlopolitanos) são católicos, 22% são protestantes, 4% são espíritas, 6% se dizem sem religião e o restante se divide entre outros credos. Entre as principais igrejas católicas em São Carlos destacam-se a catedral de São Carlos Borromeu, o santuário de Nossa Senhora Aparecida da Babilônia e a igreja de Santo Antônio de Pádua.

Em termos históricos, São Carlos foi fundada na segunda metade da década de 1850, por iniciativa de Antônio Carlos de Arruda Botelho, o conde do Pinhal, e por Jesuíno José Soares de Arruda. O local fazia parte do caminho que levava às minas de ouro de Cuiabá (Mato Grosso) e também a regiões de Goiás, partindo-se de Piracicaba. Nessa época, os povoados mais próximos dali eram Rio Claro e Araraquara.

Originalmente, as terras hoje ocupadas por São Carlos foram habitadas por indígenas guaianases, os quais foram expulsos da região ou exterminados. Na sequência o território foi ocupado por posseiros e pequenos proprietários de terra, os caboclos. Dentre essas pessoas, talvez o nome mais conhecido tenha sido o de um certo Gregório. Segundo a história, por volta de 1831, esse indivíduo residia à beira de um riacho que cortava a região e que posteriormente herdaria o seu nome: **córrego do Gregório**.

Existem no município muitos pinhais de araucária, que talvez tenham surgido de forma natural ou, quem sabe, tenham sido plantados pelos próprios índios guaianases...

O atual município engloba terras das antigas sesmarias do Pinhal, do Monjolinho e do Quilombo. A primeira originou-se de uma doação de terras ao cirurgião-mor do regimento de Voluntários Reais de São Paulo, em 1781. Anos mais tarde, em 1786, o proprietário as vendeu a Carlos Bartholomeu de Arruda Botelho. No entanto, a sesmaria só seria demarcada em 1831, a pedido de seu filho, Carlos José Botelho, pai do futuro conde do Pinhal. As sesmarias do Monjolinho e do Quilombo foram demarcadas antes, ou seja, em 1810 e 1812 respectivamente. Com a ocupação das sesmarias pelos grandes fazendeiros, que usavam mão de obra escrava, os antigos posseiros já não tinham condições de legalizar suas terras, e acabaram sendo expulsos ou absorvidos pelas novas propriedades.

Embora não exista um consenso sobre a verdadeira data de fundação da cidade (o conceito de fundação costumava variar muito naquela época), tampouco sobre o seu real fundador da cidade (Jesuíno de Arruda ou a família Botelho), a data histórica da fundação de São Carlos é 4 de novembro de 1857, dia de são Carlos Borromeu, padroeiro da cidade, a quem já havia sido dedicado uma capela construída em 1856 por ordem de Jesuíno de Arruda, proprietário de terras na sesmaria do Pinhal. Todavia, vale destacar que o nome da cidade foi escolhido pelo fato de o nome desse santo ser venerado pela família, desde suas origens em Portugal.

Ainda em relação à capela, em 1851, Carlos José Botelho (o "Botelhão") fez a reserva de terra para a construção da capela (atualmente a catedral de São Carlos Borromeu). Por ocasião de sua morte em 1854, os herdeiros respeitaram a sua decisão e esse patrimônio não entrou na partilha realizada em 1855. Assim, no fim desse mesmo ano, Antônio Carlos, filho de Carlos Bartholomeu de Arruda, demarcou o pátio, traçou as ruas e determinou o local da capela. Embora a provisão (autorização escrita do bispo) tenha chegado somente em 4 de fevereiro de 1857, assinada por dom Antônio Joaquim de Mello, a construção da capela teve início em 1856. Para chegar ao estágio atual foram feitas muitas ampliações e reformas nela, nos anos de 1946, 1956 e 1962. Também cumpre ressaltar que, inicialmente, essa capela fora planejada para uma fazenda na sesmaria do Monjolinho, porém, o proprietário do imóvel, João Alves de Oliveira rejeitou a ideia por temer que o nascente povoado distraísse seus escravos.

Em 1857, foi criado o **distrito da paz** de São Carlos do Pinhal, que um ano mais tarde, em 1858, seria elevado à categoria de **freguesia**. É interessante lembrar que no Brasil imperial o primeiro degrau que devia galgar qualquer povoado era o de **freguesia**, isto é, paróquia (uma comunidade constituída canonicamente pelo bispo). Assim, era uma entidade igualmente religiosa e administrativa. A freguesia pressupunha a existência nela de uma capela e a autorização para a construção da mesma devia ser requerida ao bispo e por ele concedida. Os bispos, por sua vez, exigiam que para se ter uma capela destinada ao culto público, ela tivesse o seu próprio patrimônio de terras, ou seja, não estivesse submetida à autoridade de nenhum fazendeiro.

Tempos mais tarde, em 1865, ela foi desmembrada de Araraquara e se tornou uma **vila** de São Carlos do Pinhal, algo que corresponde à atual divisão administrativa do município. Em setembro do mesmo ano foi empossada a Câmara Municipal e em 1880 a vila foi elevada à categoria de **cidade**, mas na época o título foi apenas honorífico. Em 1908 o local passou a se chamar apenas São Carlos.

A residência urbana do conde do Pinhal é sem dúvida um dos grandes **patrimônios históricos** da cidade, além de um incrível exemplar arquitetônico do período áureo do café. Com projeto do engenheiro italiano Pietro David Cassinelli, a obra tem como tendência o ecletismo: uma mistura dos estilos greco-romano, com elementos do renascimento. Ela teve início em 1890, mas foi finalizada apenas em 7 de maio de 1893, na época a um custo total de "**36 contos de réis.**"

Após a morte do conde em 1901, a condessa Ana Carolina de Arruda Botelho passou a ocupar a casa, mas apenas em ocasiões raras. Assim, em 1906, a residência foi cedida para o uso das irmãs sacramentais, tornando-se sua sede. Posteriormente elas inauguraram no local o Colégio São Carlos.

Em 1918 o prédio de 30 cômodos que ocupava uma área de 1.200 m² foi adquirido pelo poder público municipal, que se instalou no local em 1921. Desde então o palacete já abrigou o gabinete municipal, o departamento de Educação e Cultura e, depois de uma grande reforma, além de voltar a sediar a prefeitura, também se transformou no endereço das secretarias municipais de Coordenação de Gabinete e de Governo.

Aliás, no que se refere à reforma, a recuperação total do prédio aconteceu entre 1997 e 1998, e, na época, o prefeito João Octávio Dagnone de Melo recorreu a uma equipe de especialistas em restauração para a realização da obra. Foram encontradas nas paredes, debaixo de umas sete camadas de tinta comum, pinturas originais retratando paisagens europeias e inclusive uma pintura representando a própria casa. Tudo precisou ser reconstituído.

O piso de madeira teve de ser trocado, uma vez que o original fora comprometido pelos cupins. Infelizmente a cor da madeira não é a mesma, o que fez surgir no piso um desenho diferente do original. As portas e as janelas, entretanto, foram mantidas. O grande *hall* (saguão) foi totalmente reconstruído. A claraboia de vidro, cuja função era permitir a iluminação natural da escadaria de acesso ao segundo andar e do *hall* de distribuição dos quartos, encontrava-se coberta por lâminas de madeira, também foi recuperada e voltou a ter a sua função original.

O salão nobre no segundo pavimento voltou a ter suas características originais, e as pinturas das paredes e do teto foram recuperadas. Uma parte do encanamento e da instalação elétrica teve de ser parcialmente reformada para adequar o prédio – o palacete *Conde do Pinhal* – à sua nova função como sede da prefeitura.

Isso tudo foi bom para o governo municipal, afinal, ele não teve mais que pagar aluguel pelo edifício que ocupava antes. Outro benefício dessa reforma foi motivar outros proprietários de imóveis antigos a recuperá-los, pois isso agregaria muito valor para a cidade.

Mas além de tornar-se um espaço de trabalho, o palacete *Conde do Pinhal* também se transformou num espaço cultural, abrigando inclusive oito afrescos de Benedito Calixto, do início do século XX. Eles foram extraídos das paredes do antigo palácio Episcopal e restaurados.

São Carlos é conhecida atualmente como "**capital da tecnologia**", isso por causa das incríveis IESs que estão instaladas na cidade, pelo grande número de profissionais que vivem nela e possuem títulos de mestre e doutor, e pelo fato de a cidade abrigar empresas voltadas para a tecnologia e, especialmente, por possuir um moderno **parque tecnológico**, que, inclusive, garantiu a São Carlos o título de "**Atenas paulista**", embora muitos ainda a chamem simplesmente de "**Sanca**".

Em termos **econômicos**, pode-se dizer que o setor **agrícola** se mantém ativo na cidade, com a produção de leite e laticínios, frangos, de cana-de-açúcar e laranjas, entre outros produtos. Porém, ele é bem menos **relevante** que os **setores industrial** e de **comércio** e **serviços**.

Estão em São Carlos importantes unidades industriais, como: Volkswagen, Faber-Castell (a subsidiária são-carlense é a maior do grupo em todo o mundo, produzindo cerca de 1,5 milhão de lápis por ano), Eletrolux, Tecumseh, Husqvarna, Latam MRO, Toalhas São Carlos, Tapetes São Carlos, Papel São Carlos, Prominas Brasil, Opto Eletrônica, Latina, Sixtron Company, Engemasa, Apramed, Piccin, entre outras.

Todas essas indústrias de alguma forma se aproveitam do **parque de alta tecnologia** existente na cidade, formado pelas seguintes instituições: Embrapa (duas unidades); Centro Empresarial de Alta Tecnologia (CEAT); Centro de Inovação e Tecnologia São Carlos (Citesc); incubadora de empresas Centro de Indústrias Nascentes (CEDIN); Instituto Inova, gestor do Parque Eco Tecnológico Damha.

A cidade conta também com o **Parque Tecnológico de São Carlos** (ParqTec), no qual se encontra o Science Park, onde já estão instaladas unidades de algumas empresas multinacionais, como a suíça Leica Geosystems e a israelense Amdocs. O ParqTec foi criado em 17 de dezembro de 1984 pelo CNPq, tendo como objetivo impulsionar o desenvolvimento científico e tecnológico de toda a região, atraindo empresas para que investissem em P&D de alta tecnologia, com desenvolvimento sustentável.

Em 18 de julho de 2008, foi inaugurada dentro do ParqTec a nova sede do São Carlos Science Park. Em 2013, foram assinados com o governo estadual acordos para um aporte de investimentos para a expansão do ParqTec, junto ao São Carlos Science Park, que está instalado num prédio de 1.800 m^2 localizado ao lado da fábrica da Volkswagen.

As atividades atuais do ParqTec estão consolidadas em cinco grupos de ações: Parqtec.Net, ou seja, uma rede de incubadoras de empresas; Parqtec. Edu, isto é, uma escola de negócios; Parqtec.Org, são os programas institucionais; Parqtec IPD, ou seja, o programa de inovação, pesquisa e desenvolvimento, e Parqtec Parks, o programa de parques tecnológicos.

O ParqTec recebeu seu credenciamento definitivo em 5 de abril de 2013, no Sistema Paulista de Parques Tecnológicos (SPTec) e tem suas atividades voltadas para os setores de TIC, instrumentação eletrônica, automação e robótica, engenharia não rotineira, química fina, recursos humanos, comércio exterior, *design*, *marketing*, publicidade e propaganda.

Em 2014, o ParqTec recebeu do governo do Estado novos investimentos para sua expansão, além de uma ampliação de 37.000 m^2 às margens da rodovia Washington Luis, em doação feita pela empresa Sobloco Construtora.

Foi a Damha Urbanizadora, do grupo Encalso Damha, a responsável pelo condomínio empresarial, o Parque Eco Tecnológico Damha, que levou o *status* de ser o primeiro parque tecnológico de 3ª geração do País.

Ele foi lançado em 22 de março de 2010 e diferencia-se de outros empreendimentos pelo fato de ser inteiramente construído de forma sustentável. Está localizado numa área que possui conjuntos residenciais, trilhas ecológicas, ciclovia, hípica, restaurante internacional, campo de golfe e um centro de eventos para reunir trabalhadores das empresas ali instaladas.

Com uma área total de 1 milhão de m^2, esse parque é composto de dois condomínios: um voltado para a pequena empresa; o outro dedicado a empresas de médio porte. Ambos com 75 lotes, que foram todos vendidos quase que imediatamente após seu lançamento. Houve um predomínio de presença de empresas voltadas para a área de **saúde**, ou seja, aquelas que trabalham com implantes odontológicos, biotecnologia, nanotecnologia aplicada etc.

Pode-se dizer que a presença na cidade de tantas instituições de pesquisa voltadas para a alta tecnologia e centros tecnológicos se deve ao fato de que

SÃO CARLOS

293

elas se desenvolveram muito em torno de duas das mais importantes IESs do País: a Universidade Federal de São Carlos (UFSCar) e a USP, com os dois *campi* repletos de alunos talentosos. Além disso, foi muito importante a atuação do Sebrae e da Embrapa.

A UFSCar foi fundada em 1º de dezembro de 1968, pelo decreto Nº 62.758, mas só em 13 de março de 1970 recebeu seus primeiros 96 alunos para os cursos de licenciatura em Ciências (hoje substituído por Ciências Biológicas e de Engenharia de Materiais, pioneiro na América Latina).

Instalou-se inicialmente na fazenda Trancham, situada às margens da rodovia Washington Luís. Evoluiu muito nessas cinco décadas de existência e em 2018 sua reitora era Wanda Machado Hoffmann, administrava vários *campi*, não somente em São Carlos, mas também em Araras, Sorocaba e Buri, nos quais trabalham cerca de 1.000 docentes, 99,9% deles mestres e doutores e em sua maioria desenvolvendo atividades de ensino, pesquisa e extensão, em regime de dedicação exclusiva. O número de vagas oferecidas pela UFSCar anualmente é de 2.897.

Estima-se que no início de 2018 o total de estudantes nos cursos de graduação era de quase 14.000 (dos quais uns 1.600 graduandos no sistema EAD) e uns 11 mil matriculados nos cursos de pós-graduação. Atualmente a UFSCar é composta por 48 departamentos acadêmicos, divididos em oito centros em quatro *campi*. O principal deles é o de São Carlos, que ocupa uma área de 645 ha, com 196.000 m² de área construída.

No *campus* de Araras, criado em 1991, estão os cursos de graduação em engenharia agronômica, agroecologia e biotecnologia. Ele ocupa 230 ha e conta com uma área construída de 25.000 m². O *campus* de Sorocaba foi criado em 2011, e nele tem-se 14 cursos de graduação e dois de pós-graduação, todos voltados para o desenvolvimento sustentável. Já o *campus* de Buri, chamado de Lagoa do Sino, foi inaugurado em 2014, numa fazenda doada pelo escritor Raduan Nassar. Ele ocupa 643 ha. Os cursos nessa unidade são voltados para a agricultura familiar, a segurança alimentar e o desenvolvimento sustentável.

A partir de 2008 o IFSP (que antes também se chamou Centro Federal de Educação Tecnológica de São Paulo – Cefet/SP), iniciou dentro do *campus* São Carlos seus cursos superiores, inicialmente o de Tecnologia em Análise e Desenvolvimento de Sistemas, depois em 2011, o de Tecnologia e Manutenção de Aeronaves, o primeiro no País, e em 2013, o de Tecnologia em Processos Gerenciais. Este é o primeiro *campus* que o IFSP instalou dentro de uma universidade!!!

Hoje em dia a UFSCar desfruta de boa reputação entre as universidades federais pela sua alta produtividade científica, pela publicação de artigos relevantes e pelo seu sistema de ensino, fazendo jus ao lema que escolheu: "**Excelência acadêmica e compromisso social.**"

Já a primeira unidade da USP em São Carlos foi criada em 1948, com a Escola de Engenharia de São Carlos (EESC), porém, suas atividades só tiveram início efetivamente cinco anos depois, com a primeira aula ministrada no dia 18 de abril de 1953, no prédio que hoje abriga o Centro de Divulgação Científica e Cultural (CDCC), localizado na região central da cidade.

O crescimento da EESC, tanto no número de alunos quanto no de atividades, forçou a transferência dela para um terreno maior, onde foi construído o atual *campus* USP de São Carlos, inaugurado em 1956 no antigo posto zootécnico.

Na década de 1970, a diversificação e o crescimento das atividades da EESC se multiplicaram, o que levou à criação de novas unidades, mais especificamente de quatro institutos: Ciências Matemáticas e Computação, Física, Química e Arquitetura e Urbanismo.

Devido à estagnação do *campus* 1 (o original) e da demanda por novos cursos, foi criado o *campus* 2, com uma área de 97 ha no qual se tem um laboratório a céu aberto para o curso de engenharia ambiental. Também são ministrados ali os cursos de engenharia da computação e engenharia aeronáutica. No *campus* 2 estão ainda os hangares, laboratórios, as salas de aula, o restaurante, uma estação meteorológica etc.

Resumindo, apesar de receber designações distintas (*campus* 1 e 2), a USP em São Carlos se constitui numa única entidade educacional. Estima-se que em 2018 circulavam na USP de São Carlos cerca de 8.200 pessoas, entre alunos, professores e funcionários ligados aos cursos de graduação e pós-graduação!!!

Também está em São Carlos uma outra importante IES, ou seja, o Centro Universitário Central Paulista (Unicep), além de vários centros de formação profissional do Senac, Sesi, Sesc e Senai, o Instituto de Educação e Tecnologia de São Carlos (IETECH), que conta com um renomado curso de Gastronomia, o Atheneu e a Etec Paulino Botelho. E não se pode esquecer que em São Carlos também se tem uma Fatec, que tem uma missão – como aliás também das outras Fatecs – "**formar os melhores tecnólogos do mundo!!!**"

É importante salientar que em São Carlos, a partir de 2018 tem-se um polo de EAD da UniFAJ.

Desde 1957 estão na cidade os irmãos lassalistas, que inclusive administram o Colégio La Salle São Carlos, uma referência em educação humana e cristã. São Carlos conta também com a presença da congregação dos salesianos de Dom Bosco, que se destacam pelas suas obras sociais, atendendo a uma média de 400 crianças por ano com ações socioeducativas.

No que se refere a **cultura**, **lazer** e **turismo**, deve-se destacar inicialmente os três teatros existentes na cidade: o Teatro Municipal Dr. Alderico Vieira Perdigão, o Teatro de Arena e o Teatro do Sesc, nos quais o carlopolitano continuamente pode assistir excelentes apresentações. A partir da convicção de que a cultura é determinante no processo de liberdade de um povo, as diferentes administrações municipais deram bastante atenção para fazer com que o prédio no qual estava o Teatro Municipal Dr. Alderico Vieira Perdigão estivesse em condições de receber espetáculos, executando nele as reformas necessárias.

O incentivo às **artes cênicas** foi bem além com a promoção de oficinas de teatro com a participação de artistas, oferta de grandes espetáculos aos munícipes e com apresentações gratuitas focando no público infanto-juvenil das escolas. Surgiu inclusive uma Sociedade Amigos do Teatro com o objetivo de zelar pela manutenção e ampliação do teatro.

Na cidade há alguns cinemas, em especial no *Shopping* Iguatemi São Carlos, o cine São Carlos, uma sala no Sesc, outra na UFSCar e ainda outra na USP. Há também o Cinema para Todos (em vários lugares da cidade, todos os dias da semana), um projeto desenvolvido em parceria entre a prefeitura com Video 21, Sesc, CINEUFSCar e o CDCC da USP.

Por causa do seu clima ameno e seco, o município foi conhecido durante um bom tempo pelo nome de "**cidade do clima**". Talvez por isso, ocorra anualmente na cidade, sempre no mês de abril, a Festa do Clima: uma tradicional exposição de orquídeas, *shows* musicais, venda de artesanato e barracas com comidas típicas brasileiras. Por abrigar duas das universidades de alta captação de alunos, de todo o Brasil, São Carlos também conta com diversas festas universitárias.

Certamente a maior e a mais antiga competição universitária e poliesportiva do Brasil também ocorre na cidade. Trata-se da Taça Universitária de São Carlos (TUSCA), que segundo documentos mais antigos já se chamou Torneio Universitário de São Carlos. A TUSCA é organizada pelas associações atléticas acadêmicas da UFSCar e da USP, com uma data definida sempre em conjunto com a prefeitura da cidade, tendo como finalidade estimular a prática saudável do esporte, bem como a integração entre os participantes.

Quando a TUSCA completou 30 anos de existência o evento foi incluído no calendário das festividades oficiais da cidade por meio da lei municipal Nº 15.246, de autoria do vereador Lineu Navarro, isso em 8 de abril de 2010. A TUSCA se tornou a maior festa da cidade, envolvendo nos quatro dias que dura cerca de 60 mil pessoas, muitas delas das IESs convidadas, escolhidas pelos organizadores anualmente.

Esse evento movimenta significativamente a economia da cidade, injetando nela cerca de R$ 12 milhões, mas também envolve o trabalho de equipes de segurança particulares, a guarda universitária, unidades de UTI móvel, ambulância de suporte básico e algumas equipes compostas por médicos, enfermeiros, técnicos em enfermagem e guarda-vidas.

Também são colocados à disposição dos participantes banheiros químicos e um esquema de cuidados com a saúde é preparado na cidade, ficando de prontidão o SAMU, o hospital-escola e a Santa Casa de Misericórdia, bem como são contratados pelas atléticas alguns ambulatórios.

Desde 2012 para a abertura do evento realiza-se uma micareta, sendo que na de 2017 estimou-se a presença de cerca de 10 mil pessoas na região do distrito industrial. Aliás, um trio elétrico percorreu um trecho de 2.000 m e aí toda a infraestrutura, com banheiros, pontos de atendimento e inclusive os bares estava à disposição. A partir de 2013 o evento foi centralizado em uma única área com toda a infraestrutura necessária e para dar mais segurança aos participantes.

Nessas últimas duas décadas pode-se dizer que a cidade foi se embelezando continuamente, introduzindo muito **verde** nos canteiros e nas avenidas e nas praças, Assim, locais como as praças XV e da Estação Ferroviária, bem como a rotatória do Cristo, receberam uma intensa melhoria com a limpeza feita nelas e o trabalho de arborização realizado pela prefeitura em gestões sucessivas. Nas avenidas marginais foram plantadas alguns milhares de mudas de árvore, como por exemplo na avenida São Carlos.

E essa arborização foi levada a outros bairros como o Jockey Clube, a Vila Prado, a Cidade Aracy no distrito de Santa Eudóxia e assim por diante. A maioria dessas mudas veio do Horto Florestal e estima-se que nesses últimos 20 anos forem plantadas cerca de **250 mil árvores na cidade**.

A cidade tem alguns museus, como é o caso do Museu de Energia, localizado na usina hidrelétrica Monjolinho; o Museu Histórico e Pedagógico Cerqueira Cesar, na Estação Cultura; o Museu da Ciência Prof. Mario Tolentino, além do CDCC da USP e o Arquivo Histórico que está também na Estação Cultura.

No que se refere ao Museu Histórico e Pedagógico Cerqueira César, durante um período ele lamentavelmente foi transformado num "**depósito de coisas antigas**". Somente em 1999, na gestão do prefeito João Octávio Dagnone de Melo, foi que sua verdadeira função foi resgatada e ele voltou a exibir a história da cidade. Nessa época, foram desenvolvidos vários projetos para recuperar seu papel cultural e para conscientizar a todos os munícipes sobre a sua importância.

Dessa forma, o museu se aproximou bastante das escolas públicas e foram criadas exposições itinerantes com o acervo, além de atividades como concursos fotográficos sobre a cidade, com o que ele se tornou mais dinâmico, mais integrado à comunidade, e teve seu acervo ampliado.

O local verde mais visitado na cidade é o Parque Ecológico Dr. Antônio Teixeira Viana, onde tem-se um zoológico e busca-se preservar tanto a flora como a fauna da cidade. Esse parque ocupa uma área de 64 ha no qual existem mais de 100 espécies de animais (cerca de 700 deles) que vivem em mais de 40 tipos de recintos, sendo alguns deles os maiores ambientes para animais silvestres do Brasil. Nesse zoológico um trabalho importante é a criação em cativeiro de animais ameaçados de extinção. As barreiras que separam os animais do público foram feitas com vidro bem resistente, o que permite aproximação e ótima visibilidade, dos felinos.

O parque mantém um Núcleo de Educação Ambiental (NEA), que desenvolveu um trabalho com a rede escolar e com a comunidade visando a preservação do meio ambiente. O NEA atende por mês cerca de 3.000 crianças, que chegam ao parque acompanhadas por seus professores das redes municipal e estadual de ensino de São Carlos e de outras cidades da região, como Descalvado, Araraquara, Matão, Américo Brasiliense, Rincão etc.

Há ainda o bosque Santa Maria, que possui uma trilha com um percurso de 1.500 m onde há sempre alguém se exercitando. Também não se pode esquecer do Horto Florestal Municipal Navarro de Andrade, onde as matas ciliares estão bem preservadas e há uma trilha de 400 m.

No município existem muitas fazendas e sítios históricos que merecem ser visitados. Entre as fazendas as de maior destaque são a Pinhal; Santa Maria; Vale do Quilombo; São Roberto e Lenda D'Água. No que ser refere a sítios, há o São João, onde está sendo desenvolvido o programa de Educação Ambiental Amigos do Ribeirão Feijão, com trilhas ecológicas, oficinas, brincadeiras, dinâmicas, cursos de férias com acampamentos e aulas práticas para educadores ambientais, produtores rurais, alunos e professores de escolas municipais, estaduais e particulares de São Carlos e outras cidades da região. Outro sítio interessante para visitar é o São Joaquim.

São Carlos tem oficialmente quatro cidade-irmãs, Coimbra (Portugal), Tecumseh (EUA), Santa Clara (Cuba) e Santa Cruz (Brasil), o que de fato é muito pouco para quem deseja difundir a internacionalização da cultura e do conhecimento.

Em termos de **bibliotecas** existem várias na cidade. Entre elas: a Casa do Pinhal, um verdadeiro centro para estudos históricos; Amadeu Amaral (no centro da cidade), Euclides da Cunha (no bairro Vila Prado), Biblioteca Pública Armazém Cultura (instalada numa **escola do futuro**, no distrito de Água Vermelha); as instaladas nas diversas IESs da cidade e também no Sesc. Vale ressaltar que existe em São Carlos um Sistema Integrado de Bibliotecas (SIBI), o qual permite que todos estudantes e munícipes tenham acesso a qualquer biblioteca pública municipal.

No âmbito dos **clubes sociais** e **esportivos**, o são-carlense tem várias opções ao frequentar o Sesc da cidade, o Damha Golf Club, o São Carlos Country Clube, o Iate Clube de São Carlos, instalado na represa do Broa, o Clube Faber-Castell, o Grêmio Recreativo Familiar Flor de Maio, o São Carlos Clube, além de muitos outros ligados inclusive a importantes empresas instaladas na cidade.

Um lugar bem diferente no município de São Carlos é o Clube de Campo Broa, que oferece ao mesmo tempo **repouso** aos que estão cansados da estressante vida urbana, com suas belas paisagens e sua infraestrutura impecável, e **esporte** e **lazer** para os mais ousados e aventureiros.

O Broa abrange uma área de 137 ha, tendo atualmente toda a infraestrutura necessária para a segurança e o conforto dos frequentadores, inclusive *flats* para acomodar os sócios e visitantes, quadras de tênis e voleibol, campo de futebol, bosques, piscinas, restaurantes, sauna e um departamento náutico. Porém, o que o diferencia de qualquer outro clube é o que está ao lado dele: uma represa de águas límpidas e cristalinas, o que faz ele ter uma "**verdadeira praia de água doce.**"

Um lugar tão diferente e porque não dizer **ecológico**, não poderia deixar de ter entre as suas atividades de **lazer** aquelas ligadas a **natureza**, como *rafting* no ribeirão (passeios em corredeiras, ideal para iniciantes e frequentadores mais experientes) e a visita ao criadouro conservacionista da fazenda São José, onde se pode ver animais exóticos ameaçados de extinção, espécimes raros, reproduzindo em cativeiro e observar os programas de pesquisa.

Em termos de **esporte**, e mais especificamente a **futebol profissional**, a cidade tem o São Carlos Futebol Clube, que foi fundado 25 de novembro de em 2004. Ele já foi campeão da Série B em 2005 e disputa o Campeonato Paulista na Série A2, jogando no estádio Luis Augusto de Oliveira. Há também o Atlético Paulistinha (fundado em 1958), que disputa a Série B.

São Calos já viveu épocas de glória no basquete, no final da década de 1950, inclusive quando teve uma equipe na qual brilhou Carmo de Souza, o Rosa Branca – que mais tarde se tornaria bicampeão mundial e medalhista olímpico –, Paulinho, Bebeto, os irmãos Pozzi. Em 2001, foi criada pelo prefeito Newton Lima Neto a Associação do Ginásio Milton Olaio Filho que, em parceria com o Banco do Brasil, buscou na iniciativa privada recursos para o término de um centro esportivo que ficou com suas obras paradas por mais de 17 anos!?!? Com a venda de cadeiras cativas, recursos da prefeitura e de uma emenda parlamentar do deputado federal de Jamil Murad em 13 de maio de 2014 foi inaugurado o ginásio Milton Olaio Filho.

Esse ginásio foi projetado segundo as normas do Comitê Olímpico Internacional (COI) tendo salas para a imprensa, ginástica, fisioterapia, atendimento médico, administração e alojamento de delegações, vestiários amplos e modernos, vários banheiros, instalações para bares e restaurantes etc.

Nele é possível praticar todos os esportes de quadra, e com isso ele passou a sediar competições internacionais de clubes e seleções. O ginásio foi planejado para poder funcionar como um local para a realização de eventos, inclusive sua cobertura, com tratamento térmico e acústico, permite a apresentação de *shows* musicais, com grande qualidade acústica.

Aliás, nele já aconteceram muitos importantes eventos esportivos (inclusive internacionais), bem como *shows* de cantores famosos, como Roberto Carlos, Maria Rita, duplas sertanejas etc., o que tem aumentado bastante a **visitabilidade** à cidade.

Em São Carlos tem-se ainda o ginásio João Marigo Sobrinho, o ginásio poliesportivo da UFSCar, o estádio da USP e o campo de Água Vermelha, nos quais os esportistas de São Carlos envolvem-se em competições de handebol, *rugby*, futebol norte-americano, basquete, futebol de salão, voleibol etc.

Em 15 de junho de 2013, o ginásio João Marigo Sobrinho foi oficialmente **reinaugurado**, depois de ter passado por grandes reformas de readequação. Hoje ele está apto a receber grandes competições de vôlei, futsal, basquete etc.

O presidente do São Carlos Clube, o advogado Glaudecir Passador declarou: "Fico muito feliz em ver esse ginásio reinaugurado e reabrindo suas portas. Estamos animados para montar equipes esportivas para competições oficiais em São Carlos e na região, e fazer de novo o ginásio João Marigo Sobrinho ser um grande palco de eventos para reviver os nossos grandes anos de gloria esportiva."

Por sua vez, o então prefeito Paulo Altomani estava bastante emocionado e na oportunidade lembrou: "Quando jovem morei alguns anos debaixo das arquibancadas do estádio Paulista de São Carlos Clube. Este clube foi, no final dos anos 1960, a minha casa. Assim, retornar e esse local como prefeito da cidade, é viver um momento de intensa nostalgia e felicidade. Junta-se na minha mente o **passado**, o **presente** e o **futuro**. Vamos todos batalhar para que nesta praça esportiva se realizem novamente emocionantes competições esportivas!!!"

Os são-carlenses gostam muito de jogar futebol de salão e isso se comprovou com o sucesso do Campeonato Municipal de Futsal, para o qual se inscreveram 32 equipes. Estas foram divididas em 8 grupos, classificando--se para as fases seguintes as duas primeiras de cada grupo. A maioria das partidas foi realizada no Ginásio Municipal de Esportes Hugo Dornfeld (popularmente conhecido como "Zuzão"), na Vila São José. Essa competição teve início em 2 de março de 2017 e durou cerca de três meses. As fases semifinal e final aconteceram no Ginásio Municipal de Esportes Milton Olaio Filho, com a presença de um grande público.

Durante a competição houve uma interessante ação de solidariedade e todos os jogadores punidos com cartões amarelo e/ou vermelho tiveram que fazer a doação de um litro de leite (por cada cartão) para entidades filantrópicas. Foi entregue mais de uma centena de litros de leite, mas na competição de 2018 pensa-se em aumentar o número de litros por cada cartão exibido!?!?

Quando o assunto é **habitabilidade**, graças à presença de construtoras criativas como o grupo Encalso Damha e a Sobloco Construtora, na cidade existem atualmente condomínios incríveis, em cujos projetos as condições de uso e ocupação de solo foram tratadas de forma a permitir baixos adensamentos, com generosos recuos e controlados índices de aproveitamento dos terrenos.

Esse é o caso, por exemplo, do Parque Faber-Castell, desenvolvido pela Sobloco Construtora. Assentada na cidade há mais de 70 anos, a empresa alemã Faber-Castell, tornou-se proprietária, ao longo de sua atuação em São Carlos de extensas e importantes áreas onde desenvolveu por muito tempo a cultura de algumas espécies de arvores cujas madeiras se prestavam à fabricação de lápis, entre elas o eucalipto e o pinheiro.

Aquelas áreas, entretanto, se tornaram significativas para o desenvolvimento da cidade e não mais voltadas para a indústria do lápis.

Considerando este fato, a direção da empresa entendeu por bem contratar a Sobloco Construtora para a realização de empreendimentos imobiliários, com o envolvimento de suas áreas. Assim, nasceu o Plano Urbanístico do Parque Faber-Castell que envolveu a extensa área da então chácara Matos com seus 2.100.000 m².

Em uma primeira fase a Sobloco criou a primeira etapa em cerca de 650 mil m². Daí nasceram um condomínio de casas com 260 unidades que foram rapidamente absorvidas pelo mercado (o Residencial 1).

Nasceu ali também o grande fator de desenvolvimento daquela área, o *Shopping Center* Iguatemi São Carlos através de parceria da Sobloco com o grupo Iguatemi de São Paulo.

Um *shopping,* que nasceu com área construída de 28.604 m² e que ao longo do tempo foi crescendo em várias etapas e que hoje está assentado com 46.202 m², e abrigando 100 lojas.

Os planos da Sobloco então prosseguiram com sucesso. Em áreas destinadas a ocupar edificações plurihabitacionais, naquela primeira etapa, hoje já se encontram ali construídos um hotel do grupo Íbis e mais 13 edifícios de dez andares de apartamentos e três edifícios para escritórios. Todos já habitados (ocupados).

E o Parque Faber-Castell continuou se expandindo com suas 2ª, 3ª e 4ª etapas envolvendo 1.029.000 m² desenvolvidas pela Sobloco, além de outras realizações de empresas com a MRV e a Rossi.

No início dos anos 2000, a USP decidiu expandir seu *campus* de São Carlos, com a construção do *campus* II localizado junto ao o Parque Faber-Castell muito provavelmente atraído por este, já com um *shopping* de renome de porte considerável e de uma extensa área urbanizada e modelar na confluência das avenidas Tancredo de Almeida Neves com Alfredo Maffei e a rua Dr. Francisco Pereira Lopes, que continua na avenida I.

No momento está em evolução o Residencial 3, no qual o morador vive em uma residência com área privativa a partir de 311 m², distribuídas numa área de 136.500 m², com paisagismo exuberante, além de haver ai um magnifico clube, com amplas áreas sociais e esportivas (piscinas, quadra poliesportiva, salão de ginástica etc.). O residencial é cercado por um muro perimetral o que proporciona uma maior privacidade aos seus moradores.

Além de ruas largas e arborizadas, o Residencial 3 conta com duas áreas verdes exclusivas com 6.100 m² e 3.500 m², que oferecem aos moradores uma combinação perfeita entre a vida urbana e o contato com a natureza, além de estarem integradas às casas do condomínio bem como à área do clube que ali existe. O projeto do Residencial 3 é do arquiteto Fabio Penteado. Quem tem condições de viver no Parque Faber-Castell realmente sabe o que significa o **conceito de morar com qualidade**!!!

Ele percebe isso de várias formas, como nos recuos de 4 m na frente das residências, o que proporciona uma generosa amplitude nas vias, complementadas pelo paisagismo das unidades, gerando nas alamedas, em especial no Residencial 3, uma grande sensação de bem-estar. E para manter esse panorama bem lindo, a alimentação de energia elétrica das moradias é totalmente subterrânea, o que elimina bastante poluição visual!!!

No tocante à **saúde** em São Carlos, especialmente nessas últimas duas décadas, cada prefeito que comandou a cidade procurou oferecer aos munícipes variados programas de atendimento, ou seja, de cuidados com a saúde. Assim, em 1999 o então prefeito João Otávio Dagnone de Melo envidou esforços para agilizar o atendimento na Santa Casa de Misericórdia de São Carlos, diminuindo significativamente a fila tanto das crianças que precisavam de cirurgias eletivas, quando de idosos que necessitavam de cirurgia de catarata.

Foram sendo desenvolvidos e aperfeiçoados programas de prevenção à cegueira, odontológico e, inclusive, deu-se ênfase ao programa de Incentivo ao Aleitamento Materno. Desenvolveram-se programas como o de Saúde Familiar, no qual agentes de saúde visitavam a comunidade, cadastrando famílias, identificando problemas e orientando os moradores. Em casos de necessidade, os próprios agentes solicitavam a ida ao local de uma equipe de saúde, composta por médicos, enfermeiros, auxiliares de enfermagem, fisioterapeutas, terapeutas ocupacionais e também dentistas. Esses agentes, durante as visitas, além de detectarem possíveis doenças, orientavam com respeito a higiene, aos cuidados e à prevenção, verificando as carteiras de vacinação e acompanhando os tratamentos médicos.

Já a equipe de saúde realizava trabalhos como troca de curativos, orientação e acompanhamento de aleitamento materno, de cuidados especiais com recém-nascidos, entre outros serviços.

São Carlos orgulha-se de ter o Hospital Universitário Prof. Dr. Horácio Carlos Panepucci da UFSCar (HU-UFSCar), que presta serviços assistenciais em regime público, desenvolvendo também atividades de ensino, pesquisa e extensão. Ele infelizmente tem vivido muitas dificuldades e crises... De fato foi com a liberação de R$ 40 milhões pelo ministério da Saúde, que a idealização de um hospital de ensino na cidade de São Carlos começou a se concretizar em 2004, com a doação do projeto arquitetônico pelo renomado arquiteto João da Gama Filgueira (Lelé), sendo que no mesmo ano foi lançada a pedra fundamental do Hospital-Escola Municipal Prof. Dr. Horácio Carlos Panepucci, como ele foi denominado inicialmente. O projeto previa um centro de alta complexidade, numa área de 22.000 m^2 construída, dividida em 4 blocos com 250 leitos.

O Hospital-Escola iniciou suas atividades no dia 3 de novembro de 2007, com a inauguração de uma parte de um dos blocos, passando a integrar a recém-criada Rede Escola de Cuidado à Saúde do Município de São Carlos. Então, para viabilizar o início das atividades, a gestão municipal formalizou um contrato de administração com a organização social Sociedade de Apoio, Humanização e Desenvolvimento de Serviços de Saúde (SAHUDES), uma associação civil com os objetivos específicos de atuar no atendimento da população na área de saúde, criada especificamente para atuar no gerenciamento, manutenção e operacionalização do Hospital-Escola.

Entretanto, com o passar dos anos, várias complicações de diferentes naturezas aconteceram, inviabilizando a necessária conclusão das obras e consequente expansão das atividades. A primeira delas, de ordem operacional, se deu com a falência da empreiteira contratada para realizar a obra. A segunda empresa classificada na licitação foi então chamada, mas ao verificar os problemas na construção, não aceitou dar continuidade à obra, o que levou a um processo de judicialização e embargo da obra!?!?

Por outro lado, havia também muita dificuldade para arcar com o custo das atividades do hospital, sobretudo para a manutenção do quadro de pessoal, o que inviabilizava qualquer tentativa de ampliação de seus serviços.

Contribuiu bastante para esse cenário de instabilidade a grande rotatividade dos secretários municipais de Saúde, cada qual com uma ideia diferente em relação ao papel do hospital. Em meio a essa sucessão de problemas, uma nova crise ocorreu em 2010, com a recusa da equipe médica da Santa Casa de Misericórdia de São Carlos de acolher os alunos da primeira turma de Medicina do UFSCar, que chegaram à fase de internato (residência).

Pensou-se em federalizar o Hospital-Escola Municipal, mas com a mudança da gestão municipal no final de 2012, essa ideia esfriou. Em 2013 o Conselho Universitário da UFSCar autorizou a administração superior da universidade para iniciar as negociações necessárias à transformação do Hospital-Escola em Hospital Universitário. E isso acabou ocorrendo em 8 de abril de 2014, quando houve a publicação da lei municipal Nº 17.085, que autorizou o poder executivo a transferir para UFSCar o Hospital-Escola Municipal Prof. Dr. Horácio Carlos Panepucci, compreendendo obras, instalações e mobiliário.

Com essa transferência, o hospital passou a integrar o patrimônio da UFSCar como uma unidade acadêmica e teve a sua razão social modificada para Hospital Universitário. Naturalmente, a cidade tem outros hospitais, centros médicos e postos de saúde. Diante de problemas de saúde os carlopolitanos recorrem à Casa de Saúde Hospital e Maternidade de São Carlos, ao Hospital São Francisco Saúde, à Santa Casa São Carlos Cardiologia, à Maternidade Dona Francisca Cintra Silva e ao Hospital Unimed São Carlos. Aliás, essa unidade da Unimed – um hospital geral com 56 leitos – foi inaugurada em 2003 e na sua UTI pode atender 6 pacientes adultos, 8 neonatal e 1 pediátrico.

Com relação ao **comércio**, a cidade conta com um grande *shopping center*, com 105 lojas. É o Iguatemi São Carlos, cujas lojas âncora são as Casas Pernambucanas, a C&A, o hipermercado Extra, o Ponto Frio, as Lojas Riachuelo, Lojas Renner, Paquetá Esportes, Lojas Marisa e Companhia Hering. Esse *shopping* completou 20 anos em setembro de 2017, e comemorou a data com diversos eventos. Ao longo de sua existência o empreendimento sempre procurou inovar e trazer bastante ineditismo aos carlopolitanos.

Esse é por exemplo o caso de ações como *Domingo é Dia de Teatro*, um evento cultural de inclusão, totalmente **gratuito** para os visitantes do *shopping*. Reynaldo Abreu Filho, gerente do Iguatemi São Carlos, explicou: "Temos aqui atualmente mais de 100 lojas, nos mais variados segmentos e o *shopping* tem recebido em média 260 mil visitantes por mês – pessoas que vivem aqui e em cidades da região. Nossa preocupação com o entorno é grande, assim, temos uma promoção voltada para o aniversário das cidades vizinhas, que consiste em oferecer um ingresso de cinema para os moradores das cidades aniversariantes!!! E as pessoas têm se aproveitado dessa ação, vindo caravanas de visitantes nos dias de aniversário de suas cidades, o que confirma o sucesso dessa ação.

As nossas promoções são bem intensas em diversas datas importantes, como no 'Dia das Mães', quando são distribuídos brindes inovadores e atraentes, como no 'Dia dos Pais', quando eles podem participar de um evento de degustação de vinho. Vários são os fatores que nos levam a inovar na forma de atrair os consumidores para o nosso centro comercial e para que essas ações sejam bem-sucedidas elas devem caracterizar-se por ineditismo, exclusividade e criatividade.

No início, o Iguatemi São Carlos foi basicamente um centro de compras, mas agora não se pode agir e pensar da mesma forma. É vital oferecer aos clientes diversos **serviços** de utilidade, **opções de gastronomia** – estão aqui o *Bar do Alemão* e o *Mousse Cake*, que estão entre os cinco melhores restaurantes da cidade – **entretenimento**, com a oferta de desfiles de moda ou então envolvendo os visitantes em alguma atividade física, e sem dúvida tendo diversas áreas de lazer, que convidem o consumidor a tomar uma bebida, comer um doce, enquanto folheia uma revista, jornal ou diverte-se com o que tem no seu *smartphone*. O Iguatemi São Carlos vai continuar com as suas inaugurações e melhorias, tanto na sua praça de alimentação como trazendo lojas com produtos que mais agradam aos consumidores."

A cidade tem também o Passeio São Carlos, um centro de compras que ocupa uma área de 13.000 m² e oferece 450 vagas de estacionamento. Ele está localizado próximo ao *campus* 1 da USP, na marginal Francisco Pereira Lopes, e concentra um grande fluxo de carros e pessoas em todos os horários do dia, ficando numa das melhores regiões da cidade na qual existem cerca de 18 mil domicílios com renda familiar superior a R$ 8 mil por mês. Esse centro comercial tem praça de alimentação, supermercado, uma grande loja da rede Telhanorte e mais de 40 lojas menores, comercializando vários tipos de produtos. E não se pode esquecer da Galeria Dubai, localizada na Vila Prado; do América *Shopping Mall*, no Santa Felícia; da Estação Damha *Mall* e dos investimentos que a *Best Center* Incorporadora tem feito na cidade.

No que se refere a **transporte**, a cidade tem um bom aeroporto doméstico, usado bastante pela TAM. A empresa aérea TAM, que hoje faz parte da Latam (que surgiu da fusão da LAN com a TAM) é a maior empresa aérea da América Latina. Encontra-se na cidade a TAM MRO, que é a unidade de manutenção da empresa, onde trabalham cerca de 1.300 funcionários, dos quais cerca de 100 são engenheiros e 1.000 são mecânicos.

Para esses serviços ela também recebe aeronaves de outras empresas aéreas com sede no Brasil. O aeroporto tem uma pista de 1.720 m podendo assim receber aviões de grande porte, como o Boeing *777*, que transporta até 300 passageiros.

Para atender a demanda de aeronaves de outros países que buscam esse centro de manutenção, o aeroporto Mario Pereira Lopes foi transformado em **internacional** por meio da portaria Nº 3998, do ministério dos Transportes, Portos e Aviação Civil. Essa autorização recebida é exclusiva para atender a demanda da Latam, pois as operações internacionais estão restritas, conforme a portaria, a "serviços aéreos privados destinados à entrada ou saída de aeronaves precedentes do exterior ou a ele destinados, para serem submetidos à prestação de serviços de manutenção e reparo."

O atual prefeito da cidade, Airton Garcia comemorou a internacionalização do aeroporto destacando: "Isso vai ser importante para atrair investimentos para a economia regional e devem ter agora um incremento de R$ 70 milhões por ano!!!"

Para se chegar à cidade, o transporte coletivo mais usado é o rodoviário, com os ônibus chegando (ou saindo) do terminal rodoviário da cidade. Aqueles que utilizam carros podem chegar à cidade por diversas estradas estaduais, como as rodovias Washington Luís (SP-310), Engenheiro Thales de Lorena Peixoto Junior (SP-318), Dr. Paulo Lauro (SP-215), José Augusto de Oliveira Salles (SP-147/215), Leôncio Zambel (SPA-136/215), Luís Augusto de Oliveira (SP-215).

Além disso, existem algumas dezenas de estradas municipais que permitem chegar à represa do Broa, a Itirapina e a Brotas, a diversas indústrias, ao centro de eventos do parque São Miguel, ao parque Ecológico, ao Matadouro Municipal, ao santuário de Nossa Senhora Aparecida da Babilônia, à fazenda Pinhal etc.

No que se refere ao **transporte municipal**, a cidade dispõe de cerca de 70 linhas regulares de ônibus, a maioria com percursos diametrais, 2 linhas são **circulares**, atendendo o centro da cidade, 4 linhas periféricas, ou seja, linhas interbairros que não passam pelo centro da cidade e passam por um *shopping center*, 3 linhas rurais, que ligam o centro a distritos e outras regiões fora do perímetro urbano do distrito-sede.

A cidade ainda tem cerca de 200 linhas especiais, sendo a maioria para bairros nos quais estão as escolas e as universidades que funcionam em horários matutinos e noturnos, ou seja, das 6 h até as 9 h da manhã e à noite, das 18 h 25 min até 23 h 40 min. Há também algumas linhas regulares para os distritos de Água Vermelha e Santa Eudóxia. Existem atualmente duas linhas que vão para o bairro CEAT.

A cidade não possui terminais urbanos integrados, mais somente dois terminais de transferência de ônibus, defronte à rodoviária, a chamada Estação Norte e na avenida Sallum, junto com a avenida Grécia, a Estação Sul. A principal rodovia para se chegar a São Carlos é a Washington Luís (SP-310), que liga a cidade a noroeste com Araraquara e São José do Rio Preto e a sudeste com a SP-348 ou SP-330, na região de Limeira, oferecendo acesso a Campinas e São Paulo.

Outras rodovias estaduais bastantes utilizadas são a Engenheiro Thales de Lorena Peixoto Junior (SP-318), que liga a cidade ao seu aeroporto, e a SP-255 para acesso a Ribeirão Preto; a Dr. Paulo Lauro (SP-215) e a Deputado Vicente Botta, que permite chegar a Descalvado e Porto Ferreira.

Em 2008, os são-carlenses elegeram como prefeito Oswaldo Baptista Duarte Filho, ou mais simplesmente, Oswaldo Barba, que se formou na primeira turma de Engenharia de Materiais da UFSCar, iniciada em 1970. Antes de se tornar prefeito de São Carlos, por dois mandatos, ele foi reitor da UFSCar e bem antes disso tornou-se mestre e doutor em engenharia química. No final de 2012, no decorrer de uma palestra, ele declarou: "São Carlos é uma cidade única no País, pois nela tem-se uma pessoa com título de **doutor** para cada **140 habitantes** (!!!), um índice invejável, pois a média brasileira é de um doutor para cada 5.700 habitantes!?!? No contexto internacional, ele só é atingido (ou superado) em algumas cidades dos EUA, onde, aliás, a cidade é a própria universidade!?!? O fato de termos uma quantidade tão grande de doutores e mestres na cidade e de formarmos tanta gente com perfil tecnológico, é que acabou dando a São Carlos um título praticamente oficial de 'capital nacional da tecnologia'.

Nosso Parque Eco Tecnológico Damha foi inclusive muito utilizado pelo Brasil para a divulgação de seus projetos na conferência Rio +20, que aconteceu em junho de 2012. Como a cidade tem esse perfil tecnológico, isso explica parcialmente também a minha trajetória como acadêmico e educador, e a minha escolha da **educação** como prioridade na minha gestão na prefeitura.

Apesar de em termos de obrigação caber à prefeitura a responsabilidade de só atender à faixa da educação infantil e ensino fundamental, optei por ampliar bastante o nosso campo de ação, trabalhando com grande ênfase no ensino profissional. As universidades formam nossos engenheiros e outros profissionais de nível superior, porém, na sociedade, pelo menos em São Carlos, ficou claro para mim, quando notei que muitas pessoas não tinham nem o curso técnico **por falta de formação**.

Aliás, são também muitos os jovens no Brasil que não estão nem trabalhando e nem estudando (é a lamentável '**geração nem nem**'). Não só para esses jovens, mas para todos, era vital criar oportunidades de emprego para que não se desviassem para atividades marginais, em diversos casos, ilegais...

Foi por isso que a prefeitura investiu tanto em criar muitos cursos profissionalizantes de curta duração para criar oportunidades de emprego para essas pessoas. Nossa Constituição impõe que um município deve investir **25%** de seu orçamento em educação (muitos municípios brasileiros têm dificuldades em cumprir essa norma...).

Em São Carlos, nos anos que estive à frente da prefeitura, nós investimentos **33%**, sendo provavelmente a nossa cidade uma daquelas que mais investiu em educação no Estado. Em São Carlos não temos hoje **nenhuma criança acima** de **4 anos fora da sala de aula**!!! Nós oferecemos vagas para todas e estamos trabalhando muito para atingir a universalização de **zero a três anos**.

O objetivo da prefeitura é que na cidade se tenha **creches para todos** que necessitam delas, sabendo que isso representa um alto custo, pois é necessário que os prédios sejam adaptados para receber essas crianças e além disso deve-se alimentá-las e vesti-las adequadamente (fraldas, calças plásticas etc.). Na nossa rede municipal de ensino em 2012, **não** tínhamos professores **temporários**, só **efetivos**, ou seja, estávamos empregando 1.235 docentes.

A prefeitura faz o transporte das crianças da zona rural para as escolas que estão na cidade. Assim, por dia, transportamos cerca de 2.500 crianças, o que demanda o uso de 56 ônibus que percorrem trajetos diferentes para buscar e levar essas crianças. Fornecemos alimentação três vezes por período, e com isso precisam ser preparadas cerca de 60 mil merendas escolares por dia.

Para realizar bem esse trabalho, montamos uma fábrica; na realidade uma indústria que processa ou faz o pré-processamento dos alimentos, 40% dos quais são comprados dos agricultores familiares, ajudando-os significativamente, pois eles têm dificuldades para vender o que colhem. Pagamos o preço de mercado, ou seja, aquele que o Ceasa (Central Estadual de Abastecimento S.A.) paga e, com isso, ajudamos no sustento de famílias que vivem e trabalham no campo. No começo, a prefeitura tinha cerca de **15** fornecedores. Em 2012 esse número já era de **240**.

SÃO CARLOS   **309**

No que se refere ao **esporte** e **lazer**, destinou-se especificamente para o esporte **3% do orçamento**, o que é um bom percentual. É no mínimo o **dobro** do que se investe na grande maioria dos municípios brasileiros. Aí a prefeitura fez diversas parcerias com as escolas que preparam as crianças para a prática de esportes, como basquete, vôlei, futebol de salão, handebol etc.

Trabalhamos também com a **terceira idade**, criando um setor especial para atender a essa faixa etária, bem como uma divisão para cadeirantes, que assim puderam formar equipes de basquete, vôlei etc. Em São Carlos está o segundo maior ginásio de esportes do Estado – o Milton Olaio Filho, com capacidade para 8.000 espectadores – ficando atrás apenas do ginásio do Ibirapuera em São Paulo. Isso permitiu que acontecessem na cidade importantes competições internacionais. Aliás, não se pode esquecer da contribuição são-carlense para o basquete nacional. Foi aqui que surgiu o Nenê Hilário, que hoje joga na NBA, o campeonato profissional dos EUA.

Estamos construindo um Centro Olímpico, com uma moderna pista de atletismo oficial para que nela possam treinar os nossos astros do atletismo. Vale recordar que o saltador medalhista olímpico Nelson Prudêncio é de São Carlos, da mesma forma como a campeã olímpica de salto em distância, Maurren Maggi.

No âmbito da cultura, também foi feito um grande trabalho de revitalização do centro da cidade, que tinha vários cinemas que foram fechados ou se transformaram em igrejas nas últimas duas décadas. A cidade só tinha cinema em *shopping centers*.

Dessa maneia, a prefeitura comprou um **cinema antigo**, o qual foi recuperado e hoje é uma grande atração no centro da cidade, e cujo ingresso é a metade daquele cobrado nos cinemas do *shopping*, mas no qual se apresentam os mesmos filmes, além de se exibir filmes de arte, pois temos a possibilidade de interferir na programação.

Outro projeto cultural muito bem recebido pela população foi o **Tenda Móvel**, que é uma grande lona, como se fosse de circo, porém ela cobre uma área que nos permite convidar um grande contingente de pessoas para assistir a peças de teatro."

Como se nota, sem dúvida o prefeito Oswaldo Barba fez algumas coisas incríveis durante sua gestão à frente da prefeitura de São Carlos. O mesmo ocorreu quando foi reitor da UFSCar, quando promoveu uma significativa expansão dos cursos de pós-graduação e criou cerca de 30 cursos novos de graduação, incluindo-se entre eles o de Medicina.

Cidades Paulistas Inspiradoras

Além disso, ele deu um grande apoio ao **empreendedorismo** na cidade, na qual as estatísticas demonstravam que, de cada três novos empregos gerados, dois surgiram em pequenas empresas. Ele promoveu um mutirão na prefeitura para a abertura de novos negócios, incluindo a informatização dos sistemas e o número de MEIs saltou de 500 em 2009, para cerca de 3.200 no final de 2012.

Paulo Roberto Altomani, engenheiro, ex-professor da USP e da UFSCar, empresário bem-sucedido foi eleito em 2012 prefeito de São Carlos, tendo concorrido pela quinta vez consecutiva numa aliança chamada Mudar para Melhorar. Ele substituiu Oswaldo Barba e, em 2013, numa palestra durante um evento realizado pela FAAP, na sua unidade de Ribeirão Preto, declarou: "Infelizmente encontrei a prefeitura da cidade de tanta história e tradição com grandes dívidas, e muitas obras inacabadas. Claro que ela continua sendo a '**cidade do doutor empreendedor**', sendo um importante *cluster* (aglomeração), ou seja, uma concentração geográfica na qual há uma intensa presença de talentos, desenvolvem-se muitas pesquisas e ocorre uma significativa produção de coisas novas, isto é , ela tem um importante ingrediente para ser considerada uma **cidade criativa**.

São Carlos é um *cluster* no qual se tem uma média de 14,5 patentes por 100 mil habitantes, enquanto a média brasileira é de 3,2 e a paulista de 7,6. Atualmente, são muitas as empresas que surgem das salas de aula de suas IESs. São as chamadas *spin-offs*, novas empresas que nascem a partir de um grupo de pesquisa dentro de uma companhia, universidade, ou de um centro de pesquisa pública ou privado, normalmente com o objetivo de explorar um novo produto ou serviço de alta tecnologia.

Em São Carlos temos hoje pesquisas voltadas para a estimulação da regeneração óssea, valendo-se da ativação ultrassônica. Existe um importante centro municipal de TI, com o apoio de empresas do porte da Intel, Microsoft, Furukawa, Cisco etc., e contando com o apoio do Centro Paulo Souza e do Senai, Sesi, Senac e Sebrae. Estamos estimulando o desenvolvimento sustentável, difundindo a agricultura orgânica. Entre as empresas *start-ups* (iniciantes), há inclusive uma que com a palha de cana-de-açúcar está conseguindo produzir um papel ecológico. Está em São Carlos a Embrapa Instrumentação, que desenvolveu a fossa séptica biogestora, que ganhou o prêmio Fundação Banco do Brasil de Tecnologia Social.

Na minha gestão, darei uma grande atenção à **mobilidade urbana**, ao monitoramento dos pontos onde ocorrem assaltos, contando nesse sentido com o eficiente trabalho da nossa Guarda Municipal.

Para que seja cada vez mais fácil abrir uma empresa em São Carlos, existe agora um setor específico para esta finalidade, ou seja, o Balcão do Empresário, onde o potencial empreendedor encontra servidores municipais que lhe dão as orientações necessárias e facilitam o processo de abertura do seu negócio.

Nesses quatro anos de gestão, vou procurar realizar duas importantes empreitadas: a **melhoria do nosso aeroporto**, para que aqui possam descer aeronaves de vários tamanhos e possam receber os serviços de revisão nas oficinas da TAM; e o **desenvolvimento da Cidade da Energia**, na qual serão incrementadas todas as pesquisas voltadas para as fontes de energia reciclável (solar, eólica etc.) bem como dispor de excelentes instalações para a realização de congressos, conferências e exposições.

Claro que não se esquecerá de promover as revitalizações necessárias em diversos prédios que existem na cidade – e como é o caso da antiga sede da Faber-Castell – de arrumar constantemente os nossos espaços públicos (ruas, avenidas, parques etc.), e para essa finalidade desenvolveremos uma usina de micropavimentação, utilizaremos as máquinas mais modernas para tapar buracos, fazer a varrição e a poda de árvores mecanicamente. Além disso, vamos transformar o nosso Hospital-Escola Municipal em uma referência, fazendo nele uma grande modernização e atualização."

O prefeito Paulo Roberto Altomani, numa entrevista para o jornal *Folha de S.Paulo* (22/11/2013), declarou-se um político centralizador e que simbolicamente tinha um "**machado em seu gabinete com a finalidade de cortar gastos sempre que possível**". Ele de fato procurou realizar as metas estabelecidas, mas isso foi bastante prejudicado pelos embates que teve de enfrentar com a Câmara dos Vereadores. Assim, ao concorrer à reeleição em 2016, ele ficou apenas em 4º lugar!?!? Na ocasião os são-carlenses optaram por Airton Garcia, que obteve 39,63% dos votos. O novo prefeito prometeu melhorar o atendimento médico dos munícipes, criar mais creches e diminuir o desemprego na cidade...

Apesar desses sonhos e dessas decepções dos últimos prefeitos de São Carlos, a cidade continua atraindo empreendedores tecnológicos como é o caso de Anderson "Criativo" Marques de Andrade, David Ruiz e Leandro Palmieri, que estavam em 2018 desenvolvendo a iniciativa ONOVOLAB, ou seja, transformando uma fábrica de tecidos abandonada (onde na década de 1950, na Companhia Fiação Tecidos São Carlos, a primeira fábrica na cidade, trabalhou muita gente...) num **centro de inovação colaborativo**, para o qual esperam atrair empreendedores de vários lugares do Estado, especialmente da capital.

Leandro Palmieri, um dos fundadores explicou: "São Carlos tem muita massa crítica, mas ela é mal explorada. Tem universidades, grandes empresas, *start-ups*, mas parece que elas não conversam entre si. Ficou claro para nós que se devia integrar melhor tudo isso. Acredito que nessa área de 21.000 m^2 possamos aumentar a interação entre as *start-ups* e as grandes empresas. Já temos confirmadas cerca de três dezenas de salas para *start-ups* que lidam com inteligência artificial, *games*, análise de DNA etc., ou seja, o *campus* já está sendo ocupado e em não mais que dois anos estará repleto."

Que bom que empreendedores voltados para a tecnologia continuem a investir em São Carlos, justificando-se assim cada vez mais o seu apelido de "**capital da tecnologia**"!!!

Uma espetacular visão de São José do Rio Preto, à noite.

São José do Rio Preto

PREÂMBULO

Um dos destaques de São José do Rio Preto é o seu aeroporto estadual Professor Eribelto Manoel Reino, que foi inaugurado em 1959. Ele opera em período integral, ficando a 3 km do cento da cidade.

Tem uma pista de asfalto, com extensão de 1.640 m, um terminal de passageiros que ocupa 600 m², um estacionamento com 300 vagas para carros e pode receber nos seus pátios até 12 aviões do tipo Boeing *737* ou Airbus *319*.

Ele é o segundo maior aeroporto em movimentação no Estado (ficando apenas atrás do de Ribeirão Preto), administrado pelo Daesp, e isso é muito importante no século XVI, em que se privilegia a velocidade, com o que a cidade pode transformar-se em **aerotrópole**...

Outro realce nesse caso esportivo, foi o América Futebol Clube, conhecido também como "Mecão", "Rubro" ou "Diabo", que é uma das equipes de futebol profissional mais tradicionais do Estado, sendo o time do interior que mais participou de forma seguida da primeira divisão do Campeonato Paulista, ou seja, em 44 vezes, até o ano de 2007, quando foi rebaixado para a segunda divisão.

Permaneceu na segunda divisão até 2012, quando caiu para a terceira divisão e em 2014, foi rebaixado para quarta divisão estadual, num incrível declínio. Daí em diante uma intensa crise se instalou no clube, que hoje luta para retornar aos seus tempos áureos. Aliás, a diretoria do clube entregou o seu departamento de futebol profissional a investidores na esperança de que com isso sejam saldadas pelos menos suas dívidas!!! Vamos torcer pela recuperação do "Mecão" pois isso ajudaria a aumentar a visitabilidade da cidade!!!

A HISTÓRIA DE SÃO JOSÉ DO RIO PRETO

São José do Rio Preto é uma cidade paulista que fica a 442 km da capital do Estado, cujo município ocupa 431,96 km², sendo 119,48 km² estão no perímetro urbano. A população estimada da cidade no final de 2017, era de 460 mil habitantes, estando entre as 60 cidades mais populosas do País.

Ela se emancipou de Jaboticabal na década de 1850, sendo que o seu nome surgiu de uma mistura entre o padroeiro, são José e o rio Preto, que banha o município. Até por volta de 1840, a área onde está situada a região do município de São José do Rio Preto não passava de mata virgem, mas nesse ano, o lugar começou a ser desbravado pelas pessoas vindas de Minas Gerais, que ali se fixaram e deram início à exploração agrícola e à criação de animais domésticos.

Foi em 1845 que chegou ao solo rio-pretense Luiz Antônio de Silveira, junto com o seu irmão Antônio Carvalho e Silva e o seu amigo Vicente Ferreira Netto, com um grande contingente de escravos que abriram veredas mata adentro, desde Bebedouro do Turvo até as proximidades do local onde hoje está a cidade de São José do Rio Preto.

Como nesse local existiam terras boas para o cultivo, sobra de água para o gado e um bom lugar para as moradias, a comitiva resolveu se fixar aí e com o passar do tempo uma pequena povoação começou a surgir.

Em 1852, Luiz Antônio da Silveira doou parte de suas terras ao seu santo protetor, são José, com a intenção de que esse patrimônio desse origem a uma cidade e **isso acabou acontecendo**!!!

Considera-se historicamente como fundador da cidade João Bernardino de Seixas Ribeiro, em 19 de março de 1852, que liderou os moradores das vizinhanças para a construção de uma capela.

O lugar recebeu a denominação de São José do Rio Preto, quando foi elevado a **distrito** de Jaboticabal em 21 de março de 1879. E emancipação veio a partir da lei estadual Nº 294, de 19 de julho de 1894.

Naquela época, a cidade possuía um território enorme, com mais de 26 mil km², sendo suas divisas os rios Grande, Turvo, Tietê e Paraná. Essa área mais tarde foi desmembrada, dando origem a diversos novos municípios.

Em 1904, pela lei Nº 903 foi criada a **comarca** de Rio Preto, e pela lei estadual Nº 1021, de 6 de novembro de 1906, o nome da **cidade** foi simplificado para Rio Preto, e como havia uma cidade com o mesmo nome no Estado de

316 Cidades Paulistas Inspiradoras

Minas Gerais, essa "confusão" foi eliminada através do decreto-lei estadual Nº 14334, de 30 de novembro de 1944, restabelecendo o antigo topônimo de São José do Rio Preto!!!

Desde a sua elevação à categoria de cidade até os tempos atuais, São José do Rio Preto sofreu diversas alterações em suas divisões distritais e agora restam apenas três distritos, sendo eles: Engenheiro Schmitt, Talhado e a sede.

Foi em 1912 com a chegada da EFA, que a **cidade** assumiu uma importante posição de polo comercial de concentração de mercadorias produzidas no então conhecido "sertão de Avanhandava" e de difusão de materiais e produtos vindos da capital paulista.

A expansão ferroviária na região, colaborou muito para que no início do século XX acontecessem diversos movimentos de desbravamento e povoamento de novas localidades, o que ficou conhecido como as frentes pioneiras, se iniciando em São Paulo.

Esse processo foi baseado na economia que girava em torno do cultivo de café, que precisava de mais lugares para sua lavoura.

O aumento das exportações, o esgotamento dos solos e a facilidade de empréstimos bancários foram as causas desse movimento que começou no Vale do Paraíba, passou pelas regiões das cidades de Campinas, Ribeirão Preto, até chegar a São José do Rio Preto e terminar nas cidades do Estado do Paraná. Esse desbravamento ficou conhecido como a "**marcha do café**".

O desenvolvimento urbano da cidade exigiu uma melhoria na infraestrutura de São José do Rio Preto, além do investimento na área da **cultura** e do **lazer**. Em maio de 1933, foi criada pelo bispo diocesano dom Lafayette Libânio, a basílica de Nossa Senhora Aparecida com o objetivo de agradecer a proteção da santa durante a Revolução Constitucionalista de 1932.

Em 19 de julho de 1943 foi criada a Biblioteca Pública Municipal Dr. Fernando Costa, que ocupa uma área de 536 m², contando com cerca de 50 mil volumes e atendendo a um público de aproximadamente 10 mil pessoas por mês.

É a secretaria municipal da Cultura a instituição responsável pelo estímulo e fomento às atividades culturais, artísticas e folclóricas do município, sendo também o órgão da prefeitura encarregado para cuidar das principais construções dedicadas às artes cênicas da cidade, como os Núcleos Municipais de Arte, a Casa de Cultura Dinorath do Valle, os museus de Arte Primitivista José Antônio da Silva (MAP), o primeiro museu primitivista do País e o de Arte *Naif* (MAN); o Arquivo Público Municipal, a Hemoroteca Pública Dário de Jesus, o complexo Swift de Educação e Cultura, os teatros Nelson Castro e Humberto Sinibaldi Neto (inaugurado em 1973) e do Comdephact (Conselho Municipal de Defesa do Patrimônio Histórico, Artístico, Cultural e Turístico).

O MAP foi inaugurado em 1980 e no local estão reunidas as obras do renomado artista plástico primitivista José Antônio da Silva, que morou na cidade durante boa parte de sua vida. O museu está instalado no prédio de uma antiga biblioteca municipal na qual Silva chegou a trabalhar como faxineiro.

O acervo compreende 67 telas e mais de 60 objetos históricos, fotografias e esculturas de todas as fases da obra de José Antônio da Silva, artista premiado nacional e internacionalmente, com trabalhos seus expostos nas grandes museus no exterior, como o conceituado Museu de Arte Moderna de Nova York (MoMA) e na bienal de Arte de Veneza. Aí estão também os quatro livros escritos pelo artista, disponíveis para consulta.

O MAN foi inaugurado em 2007 e possui um acervo composto por 15 painéis originais do artista primitivista José Antônio da Silva, além de diversas obras de arte *naif* de São José do Rio Preto e da região.

A secretaria de Cultura é também a responsável pelos eventos como o Festival Internacional do Teatro (FIT), a Bienal do Livro, o Carnaval popular, o Festival de Música Popular Vinícios Nucci Cucolicchio, o Festival Nacional de Música Sertaneja, entre outros eventos que incrementam a visitabilidade da cidade.

Está também na cidade o Museu Histórico Pedagógico Dom João VI, que foi criado em 1958 e possui um acervo com mais de 450 objetos do século XX, que fizeram parte do cotidiano da roça e a própria cidade, como utensílios domésticos, ferramentas, carros de boi, teares, aparelhos de TV, rádios, telefones, máquinas de escrever, fotográficas e registradoras e diversos outros objetos de antiquário.

E nesse mesmo prédio está também a Pinacoteca municipal que foi criada em 1989 e possui aproximadamente 500 obras em diversas técnicas e estilos, com destaques para telas do primitivista José Antônio da Silva, guaches do pernambucano Francisco Brennand, telas do pintor construtivista Willys de Castro e obras do artista plástico Claudio Malagoli, que retratam paisagens urbanas antigas de São José do Rio Preto.

Um outro local muito visitado é aquele formado pelo Centro Integrado de Ciência e Cultura (CICC), pelo Centro para o Desenvolvimento de Poten-

318   Cidades Paulistas Inspiradoras

cial e Talento (CEDET) e pelo Centro Integrado de Formação Continuada de Educadores (CEFOR). Nesse complexo o visitante é a todo momento convidado a "**fazer ciência**". A ideia é interagir com os monitores e os aparelhos para construir conhecimento com atividades nas áreas de física, química, matemática, biologia e artístico-cultural. Ele possui um anfiteatro com 168 lugares e dois observatórios espaciais, que são abertos para a observação astronômica pelo público nos dias favoráveis, transformando-se em um "planetário".

O artesanato também é uma das maneiras mais espontâneas da expressão cultural rio-pretense. Assim, em várias partes do município é possível encontrar uma **produção artesanal diferenciada**, feita com matérias-primas regionais e desenvolvida de acordo com a cultura e o modo de vida local. Essa diversidade torna o artesanato rio-pretense rico e criativo.

Aliás, existe uma Superintendência do Trabalho Artesanal nas Comunidades (SUTACO) que reúne vários artesãos da região, disponibilizando espaço para confecção, exposição e venda dos produtos artesanais. Têm sido produzidas principalmente colchas e caminhos de mesa de crochê, flores feitas em palha de milho seca, peças elaboradas em teares manuais, entre outras.

Normalmente, essas peças são vendidas em feiras, exposições, lojas de artesanato e sem dúvida no Mercado Municipal, também conhecido como "Mercadão", um tradicional entreposto comercial de atacado e varejo. Ele está localizado bem no centro da cidade e foi inaugurado em 19 de julho de 1944, tendo uma arquitetura *art déco*.

Nele estão cerca de 30 bancas e estandes que vendem uma grande variedade de produtos artesanais e também frutas, legumes, vegetais, grãos, flores, doces, ervas medicinais, raízes, pimentas, laticínios, bebidas alcoólicas, utilidades domésticas etc., e o pastel feito nas suas lanchonetes é uma atração à parte!!!

São José do Rio Preto não se descuida de suas **festas** e seus **eventos**, pois são eles que incrementam sua visitabilidade. É por isso que a sua prefeitura para promover o desenvolvimento socioeconômico local, juntamente ou não com empresas locais, investe bastante nesse segmento.

Claro que essas festas acabam atraindo bastante gente de outas cidades, o que também acaba estimulando a profissionalização especialmente do setor de restaurantes e hotéis, o que é benéfico não apenas para os turistas, mas também para os moradores da cidade. Veja a seguir um pouco desse calendário:

- **Janeiro Brasileiro da Comédia** – Este é um festival de espetáculos teatrais voltados para a comédia. O evento foi realizado a primeira vez em 2003, e atraiu mais de 4 mil espectadores para o Teatro Municipal Humberto Sinibaldi Neto. Sua duração é de oito dias, sempre no mês de janeiro!!!

- **Carnaval de rua** – Este é um evento de rua, aberto ao público e naturalmente realizados nos dias do ano em que cai o Carnaval reunindo escolas de samba – Tigre Dourado, Unidos da Boa Vista, Império do Sol, Pérola Negra etc. –, além de blocos de associações, entidades e clubes. Cabe a secretaria da Cultura eleger o Rei Momo e a rainha do Carnaval e a realização eventual de bailes populares. Em 2018 o Carnaval ocorreu na avenida Duque de Caxias com desfile de escolas de samba, ala *shows* e blocos carnavalescos.

- **Festival Internacional de Teatro (FIT)** – Esse evento é realizado pela prefeitura em parceria com o Sesc, contando com patrocínio de empresas como a Petrobrás e Caixa Econômica Federal, com a ajuda do governo do Estado de São Paulo, da Fundação Nacional de Artes (Funarte) e conta com a promoção da TV Globo. Ele dura dez dias, sendo o evento de maior visitabilidade da cidade e atraindo algo como 100 mil visitantes. Durante o FIT ocorrem muitas apresentações e espetáculos teatrais para todas as idades realizados em cerca de 25 espaços diferentes – de auditórios a praças públicas. É realizado comumente em julho e é considerado um dos cinco maiores festivais de teatro do País.

Uma clara indicação de ações desenvolvidas em São José do Rio Preto, mostrando a sua inclinação para ser uma **cidade criativa**, foi a realização de 6 até 15 de julho de 2017 da 17ª edição do FIT. Derivado do Festival Nacional do Teatro Amador, o FIT ganhou projeção principalmente depois da entrada do Sesc, que passou a coproduzir a mostra e participar de sua curadoria em 2007.

A 17ª edição foi bem mais robusta que as dos três anos anteriores, se bem que não teve ainda o tamanho que chegou a ter na década de 2000. O orçamento foi de R$ 1,5 milhão, recursos vindos da prefeitura e do Sesc, mas por exemplo em 2008 ele chegou a ser de R$ 2,4 milhões, tendo patrocinadores como a Petrobras. Mesmo assim, ao todo foram apresentadas 23 peças. O evento foi aberto com uma sessão de *Suassuna - O Auto do Reino do Sol*, uma homenagem do grupo Barca dos Corações Partidos ao escritor Ariano Suassuna. Das quatro montagens internacionais, houve uma coprodução entre Brasil e Polônia, ou seja, *As Criadas*, que é uma versão do diretor polonês Radoslaw Rychcik para a peça do francês Jean Genet e no elenco estavam as brasileiras Bete Coelho, Denise Assunção e Magali Biff. Nessa adaptação o encenador inverteu os papéis, e a madame – a patroa que explora as duas criadas –, é interpretada por Denise Assunção, que é negra.

Comentou Radoslaw Rychcik: "Assim foi possível observar melhor o discurso do dominador e do dominado e como ele se reflete na plateia."

Rychcik é pupilo do diretor Krystian Lupa, um dos principais nomes do teatro polonês e ele já trouxe essa linguagem experimental para o Brasil quando em 2016, encenou entre nós uma montagem de *Na Solidão dos Campos de Algodão*, de Bernard-Marie Koltès.

Porém, essa foi a primeira vez que dirigiu um elenco brasileiro. Como nos seus trabalhos anteriores, Rychcik repetiu a sua parceria com o grupo Natural Born Chillers, na criação da trilha sonora, com suas batidas eletrônicas e ao fundo do espaço cênico com vídeos ampliados das expressões das três atrizes.

Depois do FIT, *As Criadas* foi apresentada em várias sessões no Sesc Santana, em São Paulo.

- **Encontro de Bandeiras das Companhias de Folias de Reis** – Na realidade é o encontro de cerca de 20 companhias de Folias de Reis, organizado no pátio da paróquia Nossa Senhora dos Pobres, no bairro Jardim Caparroz.

Durante esse evento que ocorre em novembro, há apresentações de grupos de Santos Reis e distribuição de "oferendas" aos participantes. E não se pode esquecer o dia 19 de março, aniversário da cidade, quando todos os anos acontecem festividades na semana que inclui esse dia, destacando-se a feitura de um bolo oferecido gratuitamente à população, com o comprimento em metros igual à idade da cidade. **Em 2017 ele teve 165 m!!!**

A cidade de São José do Rio Preto é considerada uma das mais **bem arborizadas** do Brasil. De acordo com a prefeitura, ela possui algo próximo de 9 m^2 de projeção de área verde (árvore de calçada) por habitante.

A execução dos serviços de conservação e manutenção dos canteiros, das praças e dos parques da cidade, bem como o manejo da arborização pública (poda, remoção e destoca das árvores situadas em áreas públicas) é de responsabilidade da prefeitura que faz intervenções frequentes para que seja mantida a qualidade de vida urbana.

Essas árvores ajudam a absorver partículas poluentes, amenizam o clima e servem como barreira para ventos e abrigo à fauna, propiciando a existência de uma variedade maior de espécies na cidade.

Uma das principais áreas verdes da cidade é o parque da Represa Municipal, que possui um viveiro de mudas – cerca de 30 espécies de árvores frutíferas e umas 200 mudas de plantas ornamentais. Nele há uma "ilha central", onde diversos animais típicos da fauna costumam se refugiar. Mais de 100 espécies de árvores frutíferas também foram plantadas no local, além das plantas ornamentais já existentes na ilha.

Algumas espécies de animais silvestres, mamíferos e peixes, além de uma grande diversidade de algas e plantas compõem o ecossistema dessa represa da cidade. O parque possui uma infraestrutura para caminhadas e diversas atividades ao ar livre, ciclovia, equipamentos para alongamento e musculação, sanitários, anfiteatro ao ar livre e diversos quiosques que vendem alimentos.

O local é frequentado de dia e de noite, e no seu entorno estão localizados badalados bares e restaurantes da cidade.

Outra área verde relevante é o Bosque Municipal, que foi criado em 1973, no qual tem-se um zoológico com cerca de 500 animais de 130 espécies (leão, tigre, mico-leão-de-cara-dourada, hipopótamo, tamanduá-bandeira, marreco etc.) e uma reserva ecológica de mata nativa. Nele se tem uma ampla área de lazer com mesas e bancos para piqueniques. O local também abriga o Museu do Bosque, no qual estão expostos diversos animais empalhados.

Outro local no qual há também bastante verde é na Cidade da Criança, com os pais levando suas crianças para divertir-se em alguns dos cerca de 230 brinquedos ali instalados como o "Foguetão" e a "Ponte do Rio que Cai".

Não se pode deixar de citar o parque Ecológico Educativo Danilo Santos de Miranda, que dispõe de uma arrojada estrutura para atender especial-

Cidades Paulistas Inspiradoras

mente o público infantil. Tem-se aí diversos brinquedos construídos com madeira nobre certificada, divididos em cinco espaços com o objetivo de estimular a atividade motora e mental das crianças. Ele conta ainda com a lanchonete, sanitários e área de caminhada com mais de 100 espécies de plantas e umas 50 árvores plantadas.

Em termos de **religião**, a maioria dos moradores de São José do Rio Preto é católica apostólica romana (60%). Em seguida estão os evangélicos (24%) e os espíritas (7%). O restante é composto por testemunhas de Jeová, mórmons, budistas, judaístas, umbandistas etc.

Um religioso notável que viveu em São José do Rio Preto foi o padre Mariano de La Mata Aparício, que nasceu em Palencia, na Espanha, em 1905 e veio para o Brasil com 26 anos. Após ser vigário do colégio das irmãs agostinianas, missionárias na cidade paulista de Taquaritinga, ele foi designado para o distrito de Engenheiro Schmitt, onde exerceu sua profissão por mais de uma década, antes de ir para a paróquia Santo Agostinho, em São Paulo. Padre Mariano faleceu em 1983, vítima de um câncer no abdômen, mas seu legado de fé permaneceu.

O religioso foi beatificado em 2006, após o Vaticano aprovar o seu primeiro milagre. Em 1996, o menino João Paulo Polotto, então com cinco anos, foi atropelado em Barra Bonita e sofreu uma fratura no crânio com hemorragia cerebral. Amigos e familiares do garoto rezaram em nome do padre Mariano, e dez dias depois a criança estava recuperada!!!

O beato Mariano morou por 11 anos em Engenheiro Schmitt, onde celebrou muitas missas na paróquia Santa Apolônia. Interessante destacar que essa igreja, localizada na praça principal de Engenheiro Schmitt é a única construção religiosa da América Latina em homenagem a essa santa, padroeira dos cirurgiões-dentistas e protetora dos males da face. A construção da então pequena capela teve início em 1913, e, apesar da decoração singela, hoje essa igreja atrai cada vez mais fiéis e curiosos, após a beatificação do padre Mariano de La Mata.

E muita gente que vai até os cultos na paróquia Santa Apolônia não deixa de entrar na *Doces Noêmia* ou na *Doceria Schmitt*. A primeira é a pioneira no ramo de doces artesanais na cidade. Foi fundada em 1972 e desde então se destacou pela variedade e pela qualidade de seus produtos. A elegante loja atual é climatizada e nela o visitante (assim como os locais) encontram grande variedade de doces em calda, cristalizados com uvas passas, pastosos, pingados e em cubo, assim como polpa para sucos. Há também laticínios próprios, como queijos, requeijão e ricota. Essa loja ainda oferece outros produtos artesanais de alta qualidade produzidos na região. Na doceria o visitante é convidado a degustar os produtos da loja, deliciando-se com os seus sabores e naturalmente depois adquirindo vários deles...

Por seu turno, a *Doceria Schmitt*, fundada em 1974, oferece também cerca de 50 variedades de doces, entre compotas, doces em barras, doces em calda, bombas de chocolate, doces cristalizados, cachaças e licores, além de uma linha *diet*. O cliente na loja pode experimentar qualquer um dos seus produtos, sem o compromisso de comprar, mas isso acaba acontecendo, pois os doces são realmente incríveis. Atualmente a doceria já dispõe de uma loja *on-line* com entrega dos doces a domicílio.

Voltando ao tema religião, a diocese de São José do Rio Preto é formada por 97 paróquias distribuídas em 50 municípios do noroeste paulista e o seu atual bispo é dom Tomé Ferreira da Silva. A sede da diocese está localizada na catedral de São José do Rio Preto, considerada como parte do patrimônio histórico da cidade. Ela começou a ser construída em 1973, no mesmo local onde foi erguida a primeira capela rio-pretense, na data de fundação do município, em 19 de março de 1852. Isso fez com que a catedral fosse considerada como um **marco zero** da cidade.

Em seu interior destacam-se a presença de obras de arte, mais especificamente esculturas, painéis, quadro a óleo e vitrais e nela está a imagem de são José de Brotas, datada do início da formação do município. Seu padroeiro é o Coração Imaculado de Maria, enquanto o copadroeiro é são José.

Não se pode deixar de citar a basílica Menor de Nossa Senhora Imaculada Conceição Aparecida, pois de fato a edificação é um dos maiores "**tesouros**" da cidade e uma das principais obras arquitetônicas do interior paulista. Ela já foi eleita a **primeira** das sete maravilhas de São José do Rio Preto em votação popular.

A construção desse santuário começou em 1937 e só foi concluída em 1946. Em 1954, o Vaticano elevou o santuário à condição de basílica. A sua construção caracteriza-se pelo estilo *art déco*, com três naves internas e 13 altares em mármore. Sua torre alcança uma altura de 52 m e no seu interior está repleta de afrescos, obras sacras, lindos vitrais, fazendo realmente da basílica um dos mais belos templos católicos do Estado.

As outras seis maravilhas são a represa municipal, o bosque municipal, o palácio das Águas, o Riopreto *Shopping Center*, o Mercadão e o prédio da Swift.

324   Cidades Paulistas Inspiradoras

Na revista *Gerente de Cidade* (Nº 5 de 1998), que escrevi para a FAAP, homenageou-se a cidade de São José do Rio Preto, e mais especificamente seu prefeito, o médico José Liberato Ferreira Caboclo, pelo sucesso de seu **projeto de desfavelamento**. Ele desenvolveu diversos projetos e em pouco tempo – menos de três anos – foram construídas 5.250 residências, com o que conseguiu praticamente **zerar** o déficit de moradias dignas para os rio-pretenses, com poucos recursos. Essa foi uma das muitas ações que ele conseguiu implementar no sentido de a cidade ter uma **habitabilidade** cada vez melhor.

A atenção com as moradias dever ser contínua, pois a cidade que tem boa qualidade de vida rapidamente atrai pessoas de todas as outras partes do País, principalmente onde as condições de vida são precárias. Note-se que a publicidade de que **viver** em São José do Rio Preto é uma **excelente opção** já existe há muito tempo (e continua...).

Assim, um pouco tempo antes, mais precisamente em dezembro de 1996, na revista *Exame*, publicou-se uma interessante reportagem como título de *As 10 Melhores Cidades para Você Viver*, que depois voltou a ser notícia na revista *Veja*, de 11 de março de 1998. Nesse artigo São José do Rio Preto ganhou destaque pois nela a violência urbana tinha índices reduzidos, o custo de vida era relativamente baixo, a rotina era menos estressante e havia uma excelente assistência médica.

Na época, as razões apontadas pelas duas reportagens para destacar São José do Rio Preto, junto com outras cidades paulistas como Campinas e Ribeirão Preto, e a paranaense Maringá e a mineira Poços de Caldas, além das capitais estaduais: Belo Horizonte, Curitiba, Florianópolis, Goiânia, Porto Alegre, Rio de Janeiro e São Paulo, foi que nela havia as seguintes características ou fatos relevantes:

- **Programa habitacional permanente**, para controlar o problema do surgimento de favelas, erradicando-se barracos e minimizando os indesejáveis efeitos dessas moradias inadequadas.

- **Harmonia social**, provavelmente pelo fato de a cidade ser eminentemente comercial, não existindo nela grandes fortunas que concentrem em si o poder político e econômico.

- **Excelentes indicadores de saúde**, não se tratando apenas de baixos índices de mortalidade infantil e alta expectativa de vida, mas de fato ser a cidade uma referência na prestação de serviços de saúde sofisticados. Tinha-se um médico para cada 180 pessoas na cidade

SÃO JOSÉ DO RIO PRETO

e podia-se dizer que ela era um **grande centro de atração** de estudantes de medicina, médicos e pacientes do País.

- **Programa de industrialização**, que permitiu a implantação de vários minidistritos industriais, aos quais foram acopladas áreas com toda a infraestrutura urbana, o que gerou milhares de empregos novos.
- **Clara noção de cidadania**, bem mais enraizada que em outros municípios do País.
- **Custo de vida relativamente baixo**, em especial no que se refere a **educação** e **saúde**, sendo o Hospital de Base o segundo em movimento no Estado, atrás apenas do Hospital das Clínicas de São Paulo.
- **A temperatura média anual**, na cidade é de **22,4ºC**, com um verão prolongado, ficando a cidade numa excelente posição geográfica, bem próxima dos grandes rios, lagos e represas, o que a torna um dos locais mais procurados para os esportes aquáticos.

Em 1998, o prefeito de São José do Rio Preto, José Liberato Ferreira Caboclo, declarou: "Estamos priorizando os programas de cunho social para atender a uma faixa de moradores que durante anos foi alijada de seus direitos básicos de habitação, educação, saúde e, principalmente, privada de sua cidadania plena.

Vamos continuar dando nossa contribuição à economia local, reforçando junto aos empresários nosso empenho para a manutenção e geração de postos de trabalho. Estamos investindo na melhoria da qualidade de vida dos munícipes com a execução de obras de infraestrutura, em especial na área de água e esgoto.

Assim, já foram construídas novas unidades de tratamento de esgoto, perfurados alguns poços artesianos para o abastecimento da população com água e investimentos estão sendo realizados para solucionar o problema de enchentes através de construção de canais alternativos, diques nos rios e sistemas de drenagens em diversos pontos do município.

Aliás, para realizar todas essas tarefas, conto com um excelente grupo de colaboradores nas secretarias, e inclusive a cidade tem o arquiteto Milton Assis no cargo de **gerente de cidade**, atuando como um elemento facilitador da tramitação e operacionalização dos principais planos e projetos selecionados pela administração e executados segundo o interesse coletivo."

Em 1998, Aloysio Nunes Ferreira Filho era deputado federal, tendo sua base eleitoral em São José do Rio Preto, quando afirmou: "A cidade precisa ser um órgão de amor e a melhor ação de sua administração é o cuidado com os seus moradores, em especial com a sua cultura. Foi muito boa a decisão do prefeito Liberato Caboclo de nomear um **gerente de cidade**, pois este o ajudará muito a promover nela uma melhor qualidade de vida, defendendo sempre os interesses dos cidadãos e sua condição de sobrevivência, auxiliando a principal figura da prefeitura a tomar as melhores decisões para a vida dos munícipes."

Ressalte-se que Aloysio Nunes Ferreira Filho evoluiu muito na sua carreira política, sendo em 2018 senador e estava ocupando o cargo de ministro de Relações Exteriores.

São José do Rio Preto nesses últimos dez anos tem sempre figurado entre os 20 melhores municípios do Brasil para se construir uma carreira profissional e com uma elevada **empregabilidade**. Estima-se que o PIB da cidade em 2017 tenha chegado a R$ 11 bilhões e atualmente o seu setor econômico menos relevante é o **agrícola (setor primário)**, e na sua lavoura temporária se produz principalmente cana-de-açúcar, milho e tomate. O setor secundário, ou seja, a **indústria** contribuiu com cerca de 18% do PIB e grande parte dessa renda é oriunda do distrito industrial da cidade que é composto por micro, pequenas e médias empresas.

Estão instaladas na cidade algo como 800 empresas (micro e pequenas) que geram cerca de 4 mil empregos diretos e que se espalharam por 12 minidistritos industriais. Cabe ao setor **terciário** a principal participação do PIB municipal. Ou seja, o comércio e a prestação de serviços contribuem com cerca de 74% do PIB rio-pretense.

São José do Rio Preto tem mais de 20.000 empresas e estabelecimentos comerciais que empregam aproximadamente 160 mil pessoas, sendo que os principais empregadores da cidade são os cinco *shopping centers* da cidade – Iguatemi, Riopreto, Plaza Avenida, Cidade Norte e Praça. Só o Rio Preto *Shopping Center*, que foi inaugurado em 1989, recebe mensalmente cerca de 1,7 milhão de consumidores, vindos de uma região que abrange mais de 280 municípios com população que ultrapassa 3,3 milhões de habitantes, nos Estados de São Paulo, Goiás, Minas Gerais, Mato Grosso e até Paraná. **Isso que é visitabilidade, não é?**

No que se refere a **habitabilidade**, estima-se que houvesse em São José do Rio Preto em 2017 cerca de 125 mil domicílios entre apartamentos, casas e cômodos. Os moradores contam com água tratada, energia elétrica, esgoto, limpeza urbana e naturalmente telefonia fixa, que vem sendo substituída aceleradamente pela telefonia móvel.

No âmbito da **saúde**, um fato importante para os seus munícipes é que na cidade, em 2017, havia cerca de 190 estabelecimentos de saúde, sendo 43 públicos e 147 privados, havendo neles quase 1.800 leitos para internação.

A cidade possui também oito hospitais gerais, sendo um público, quatro privados e três filantrópicos. Entre os principais hospitais estão:

- **Hospital de Base** – Um dos maiores da região atendendo pacientes de quase 100 municípios próximos de São José de Rio Preto. Ele conta atualmente com cerca de 1.000 leitos com 120 reservados para os cuidados em UTIs. Seus quase cinco mil profissionais atendem em média 4.000 internações mensais e fazem 3.000 cirurgias por mês, sendo algumas de alta complexidade, como transplante de rim, fígado, medula óssea e córneas, cirurgia cardíaca, dentre outras.

  Possui ainda uma das maiores emergências do interior paulista, que foi inaugurada em 1997, pelo então prefeito, doutor Liberato Caboclo.

  O atendimento mensal chega a uma média de 14 mil pacientes, sendo que no seu ambulatório são realizados cerca de 90 mil consultas por mês em 44 especialidades médicas.

- **Hospital Beneficência Portuguesa** – Ele foi inaugurado em 1968 e o único na cidade com um heliponto para embarque e desembarque de pacientes. Também se destaca o seu centro de diagnósticos que foi recentemente reformado e o hospital está em contínua ampliação e passando por melhorias.

- **Hospital Austa Clínicas** – Ele foi inaugurado em 1980 por um grupo de médicos formandos da 1ª turma da Faculdade de Medicina de São José do Rio Preto (FAMERP), após cinco anos de obras. Desde 1996 tornou-se referência na área de cardiologia na cidade e na região, sendo que em 1998 passou a ser o primeiro hospital do País capaz de realizar a próton-espectroscopia cerebral por ressonância magnética.

  Em 2002 foi inaugurado aí o Hospital da Mulher, o primeiro exclusivo para elas, que tem sido ampliado e modernizado.

328   Cidades Paulistas Inspiradoras

Ter bons hospitais na cidade faz com que muita gente de outras cidades venha para São José do Rio Preto, para cuidar da saúde. Normalmente essas pessoas chegam acompanhadas, o que gera uma **visitabilidade** decorrente do "**turismo de cuidados médicos**".

A **educação** nas escolas municipais de São José do Rio Preto tinha um nível de qualidade um pouco inferior àquele das escolas públicas estaduais, porém, a prefeitura está desenvolvendo esforços para não só eliminar essa lacuna, mas inclusive alcançar resultados cada vez melhores no Ideb.

Pois bem, em 2018 havia cerca de 68 mil matrículas e algo como 200 escolas instaladas na cidade, nas redes pública e privada, nas quais trabalhavam aproximadamente 3.600 docentes. Há na cidade também muitas escolas para o ensino pré-escolar. Em relação à educação especial, São José do Rio Preto conta com unidades de atendimento da APAE (Associação de Pais e Amigos dos Excepcionais) e do Centro para o Desenvolvimento do Potencial e Talento.

Em março de 2018 ocorreu em Dubai o Global Education and Skill Forum, um encontro repleto de propostas para assegurar que o mundo consiga o ODS que preconiza que todos tenham acesso à educação primária e secundária de qualidade, possam concluí-la e se envolver numa jornada de aprendizagem ao longo da vida.

E no último dia do evento, aconteceu a cerimônia já conhecida como o Nobel da Educação quando foram reconhecidos os dez melhores professores do mundo e foi anunciado o vencedor do prêmio.

Pela segunda vez, um brasileiro esteve entre os dez finalistas, foi o diretor Diego Mahfouz Faria Lima de uma escola de São José do Rio Preto.

Ele mereceu esse destaque por **transformar** a sua escola, localizada em área de tráfico de drogas e violência e anteriormente considerada uma das piores do Estado em evasão, clima escolar e aprendizagem, em **referência** nacional e em seguida internacional.

Ao contrário do que parece, a escola não era ruim por falta de disciplina. Ocorria exatamente o oposto: havia uma ênfase punitiva forte que ele decidiu substituir por um processo de escuta e protagonismo dos jovens, adotando uma abordagem que pode ser **caracterizada como liderar pelo exemplo**. Num ambiente bastante degradado, Diego M. F. Lima, ele próprio decidiu pintar os muros da escola, o que mobilizou os pais dos alunos a fazerem o mesmo. Da mesma forma, adotou a rotina de visitar a família dos alunos que faltavam às aulas e conseguiu engajar todos seus professores em uma mudança comportamental.

Que belo exemplo esse de Diego F. M. Lima não é? Muito inspirador, que mostra que todos aqueles que quiserem avançar em uma educação pública de qualidade, podem chegar a ela, desde que consigam envolver nesse objetivo, não só os professores, mas toda a comunidade, especialmente os alunos e os seus pais!!!

Na realidade, São José do Rio Preto tem características de uma cidade universitária, por possuir várias IESs. No ensino público destaca-se o *campus* da Unesp, mais especificamente o Instituto de Biociências, Letras e Ciências Exatas (IBILCE), a FAMERP, e a Fatec Rio Preto.

No que se refere a IESs particulares, estão aí a Faculdade de Medicina Ceres (Faceres), o Centro Universitário de Rio Preto (Unirp), as Faculdades Integradas Dom Pedro II, o Centro Universitário da Norte Paulista (Unerp), a União das Faculdades dos Grandes Lagos (Unilago) e uma unidade de Unip.

Em 2018 instalou-se na cidade um polo de EAD da UniFAJ, que certamente é uma outra opção de educação superior par os rio-pretenses.

Com todas essas IESs, formam-se cada ano muitas pessoas talentosas, essenciais para se ter uma **cidade criativa**, apesar de que uma boa parte deles não serem da cidade e a deixam assim que concluem seus cursos. Porém, a compensação é que no ano seguinte vem um novo grande contingente de alunos de outras partes do Estado e do País, que se transformam em **visitantes duradouros**, ou seja, vivem na cidade pelo menos até se formarem, o que é muito bom, pois movimentam a economia local.

A cidade possui alguns jornais em circulação, como o *Diário da Região* e o *Bom Dia*, e além disso algumas rádios locais, como a Independência, a Líder e a Onda Nova, todas em FM, e a Metrópole, em AM. A Rede Vida de Televisão tem sua sede em São José do Rio Preto e as outras grandes redes de TV do Brasil também têm aí suas emissoras afiliadas.

No que se refere a transportes São José do Rio Preto é servida em seu território pela Ferrovia Bandeirantes S.A. (Ferroban), do grupo ALL, em um trecho que até 1998 pertencia à Ferrovia Paulista S.A.

Como já foi mencionado, o município conta com o aeroporto estadual Professor Eribelto Manoel Reino, um dos principais do Estado. Em 2017 ele registrou um movimento de cerca de 700 mil passageiros, e algo como 700 toneladas de carga.

Chega-se à cidade por duas grandes rodovias: a Washington Luís (SP-310) e a Transbrasiliana (BR-153). Existem ainda rodovias menores, como a Assis Chateaubriand (SP-425), Maurício Goulart (SP-355) e Décio Custódio da Silva (SP-427).

A frota municipal no final de 2017 superou 360 mil veículos, com destaque para os automóveis (cerca de 205 mil unidades) e as motocicletas (algo como 82 mil). Diversas avenidas de São José do Rio Preto foram duplicadas, muitas ruas pavimentadas, centenas de semáforos foram instalados para organizar melhor o trânsito, porém, o crescimento do número de veículos, em especial nesses últimos dez anos, provocou um tráfego cada vez mais lento, particularmente no centro da cidade. Além disso, tem se tornado difícil encontrar vagas para estacionar no centro comercial, o que obviamente gera prejuízos para os comerciantes.

No âmbito do **transporte público**, e mais especificamente o ônibus, a cidade é atendida pelas empresas Circular Santa Luzia e Expresso Itamarati, cujo serviço é administrado pela Empresa Municipal de Urbanismo.

As cidades que mais se aproveitam da pujança de São José do Rio Preto são os municípios limítrofes: Ipiguá, Onda Verde, Guapiaçu, Cedral, Bady Bassit e Mirassol, esse praticamente conurbado.

E note-se que São José do Rio Preto não deseja conviver de forma harmônica só com essas cidades, mas com muitas outras. Aliás, o Núcleo de Relações Internacionais que existe na prefeitura desenvolveu o processo de estabelecer cidades-irmãs, com o qual se busca a integração entre São José do Rio Preto e outros municípios nacionais e estrangeiros.

Essa integração pode, por exemplo, ser estabelecida por meio de convênios de cooperação, que têm como objetivo assegurar a manutenção da paz entre os povos, buscando-se a fraternidade, a felicidade, a amizade e o respeito recíprocos entre as nações.

Oficialmente, até agora, a única cidade-irmã de São José do Rio Preto é Nantong, na China, depois da assinatura de um acordo nesse sentido em 13 de abril de 2010.

Essa é uma boa ideia que todas as cidades paulistas, em especial as **inspiradoras** que fazem parte desse livro, deveriam incrementar para poder adquirir *know-how* (conhecimento) daquelas com as quais mantêm convênios de cooperação por meio do intercâmbio de bens culturais e da realização de atividades criativas!!!

No que se refere ao **esporte**, sem dúvida o mais popular na cidade é o futebol. E, como já foi mencionado, a equipe mais conhecida da cidade é o América Futebol Clube, fundado em 28 de janeiro de 1946. O time manda seus jogos no estádio Benedito Teixeira, o Teixeirão, que foi inaugurado em 10 de fevereiro de 1996, e conta hoje com capacidade para receber até 36.426 torcedores.

A primeira partida realizada ali foi contra o São Paulo Futebo Clube, que venceu o América por 3 x 2. Atualmente, o Teixeirão é o maior estádio do interior paulista, e o sexto maior estádio particular do Brasil.

Outra equipe conhecida é o Rio Preto Esporte Clube, também chamado de Verdão da Vila Universitária ou Glorioso, que foi fundado em 21 de abril de 1919 por um grupo de jovens. O time manda seus jogos no estádio Anísio Haddad, o Rio Pretão, inaugurado em 21 de abril de 1968 e que tem hoje capacidade para até 18.670 torcedores. A primeira partida realizada ali foi contra a Associação Atlética Ponte Preta, de Campinas, que na oportunidade venceu o Rio Preto por 4 x 1. O recorde de público nesse estádio foi no jogo entre Rio Preto e Grêmio Catanduvense de Futebol, em 12 de junho de 1971, na qual compareceram 17.845 torcedores, com vitória por 1 x 0 do time visitante.

A pergunta que se pode fazer aqui é: **"Para que dois estádios de futebol tão grandes, quando ambos ficam a maior parte do tempo sem uso?"** Não seria melhor ter só o Teixeirão, que teria um calendário mais recheado, e então usar o espaço do Rio Pretão para outras finalidades?

É verdade que a cidade tem se destacado no cenário nacional com o seu time de futebol feminino. O Campeonato Brasileiro de Futebol Feminino ou ainda o Brasileirão Feminino – Série A1, a liga brasileira de futebol feminino profissional entre clubes do Brasil –, que começou em 2013, sendo a principal competição futebolística do País, organizada pela CBF.

É através dela que é indicado o representante brasileiro para a Copa Libertadores da América. Em 2013, a CBF em parceria com a Caixa Econômica Federal, fez a primeira edição do Campeonato Brasileiro com a participação das 20 melhores equipes do *ranking*. A partir de 2017, a CBF alterou a fórmula da disputa da competição e criou a Série A2 para promover ascensão e descenso.

Constituiu-se na cidade a equipe feminina do Rio Preto, que participa do campeonato desde 2013, tendo sido campeã em 2015, quando em 14 jogos ela venceu sete, empatou cinco e perdeu apenas duas partidas. Em

2016 foi vice-campeã. Infelizmente no campeonato de 2017, na partida semifinal contra o Corinthians, apesar de ter vencido em casa no estádio Anísio Haddad por 2 x 1, a equipe perdeu na Arena Barueri por 1 x 0 e com isso ficou de fora da disputa do título.

Porém, se foi possível montar na cidade uma competitiva equipe feminina de futebol, isso significa que também se pode montar times em outras modalidades esportivas, inclusive para ampliar o calendário esportivo de São José do Rio Preto.

Ainda no quesito esporte, a cidade também tem força no futebol norte--americano, com a equipe Rio Preto Weilers, que compete desde 2012 em torneios oficiais. Estimularam-se na cidade alguns esportes em formas alternativas, como o basquete em cadeiras de rodas, graças à atuação dos integrantes do Clube dos Amigos dos Deficientes (CAD), que inclusive disputa o campeonato nacional.

O CAD também atua em outros esportes adaptados, como o atletismo e a natação, tendo como um dos patrocinadores a secretaria municipal de Esportes e Lazer (SMEL). A SMEL é o órgão da prefeitura responsável por desenvolver e difundir a prática dos esportes, da recreação e da prática da educação física dirigidas às camadas mais carentes da população rio-pretense.

Segundo estatísticas recentes da prefeitura, o município conta com 29 campos de futebol, 15 centros esportivos, 13 praças esportivas, sete campos de malha e bocha, seis ginásios municipais, quatro pistas de *skate* e esportes alternativos e três piscinas municipais.

Existem também programas de incentivo a prática de esportes, como a hidroginástica e a natação comunitária e além deles o programa Vôlei Adaptado e o programa Unidos no Esporte.

É indubitável que possuir equipes esportivas competitivas, além de gerar mais interesse dos próprios moradores da cidade em assistir as partidas ou competições, incrementa a visitabilidade, ou seja, atrai pessoas, particularmente das cidades do entorno.

Seria muito bom que São José do Rio Preto tivesse ao menos uma equipe (masculina ou feminina) que estivesse participando dos campeonatos nacionais de vôlei, basquete, futebol de salão ou handebol, bem como tivesse uma equipe profissional de futebol masculino na Série A1 do campeonato paulista.

Esse deveria ser o objetivo da SMEL, apoiada pela iniciativa privada. Isso sem dúvida elevaria a autoestima dos rio-pretenses, em especial nos momentos em que uma equipe da cidade se destacasse pelas suas vitórias!!!

O anel viário de São José dos Campos, que permitiu uma significativa melhoria na mobilidade urbana.

São José dos Campos

PREÂMBULO

Com 52% do seu território protegido por leis ambientais, São José dos Campos possui verdadeiros oásis verdes, sendo o lugar perfeito para quem deseja ficar em contato com a natureza. Além de um distrito localizado dentro de uma APA, na serra da Mantiqueira, a cidade possui nove parques urbanos e dois parques naturais. Entre todos esses locais destacam-se os parques Roberto Burle Marx e Santos Dumont, que certamente merecem ser visitados.

O primeiro é o maior da cidade e está localizado na avenida Olívio Gomes, próximo ao centro velho. Ele possui 960.000 m^2 e abriga lagos, trilhas, animais silvestres e árvores espetaculares. Também fica ali um **importante conjunto arquitetônico** – um exemplo disso é a residência projetada pelo arquiteto Rino Levi (1901-1965), considerada um dos grandes exemplos da arquitetura moderna no Brasil. O projeto de paisagismo foi desenvolvido pelo próprio Roberto Burle Marx (1909-1994) e reúne três painéis de cerâmica. Esse parque abriga ainda o Museu do Folclore, onde com frequência, ocorrem feiras, *shows* e exposições. O local, portanto, certamente vale uma visita.

O segundo parque incrível da cidade é o Santos Dumont, que está localizado na rua Engenheiro Prudente Meireles de Morais. Ele ocupa uma área de 46.500 m^2 e abriga um jardim japonês, uma rampa de *skate*, *playgrounds* etc., além de uma réplica em aço escovado do avião do avião *14 Bis*, construído por Alberto Santos Dumont. Também ficam ali maquetes de foguetes e, inclusive, um protótipo do *Bandeirante*, a primeira aeronave produzida pela Embraer.

Não se pode esquecer do parque Vicentina Aranha, cujo nome deriva de um antigo sanatório que funcionou no local. Após a desativação como sanatório e hospital geriátrico, em 2006, ele foi adquirido pelo município e inaugurado como parque. Em seus 84.500 m^2 é possível observar algumas árvores centenárias e raras – mogno, peroba rosa, jequitibá, jacarandá etc.

Pela sua importância histórica, o local é protegido como patrimônio histórico. Finalmente, se alguém quiser andar de *bike*, conhecer cachoeiras, visitar rios próprios para a canoagem, aventurar-se por belas trilhas e até alcançar o topo do pico do Selado – o ponto mais elevado da região, com 2.082 m de altura –, uma ótima pedida é ir ao distrito de São Francisco Xavier, localizado a 54,8 km do centro da cidade.

A HISTÓRIA DE SÃO JOSÉ DOS CAMPOS

São José dos Campos é o município paulista que funciona como sede da Região Metropolitana do Vale do Paraíba e Litoral Norte (RMVPLN), e está localizado a leste da capital do Estado, a apenas 94 km de São Paulo.

O município ocupa uma área de 1.100 km², dos quais 353,9 km² estão no perímetro urbano!!! De acordo com dados do IBGE, no final de 2017 a população da cidade ultrapassava os 720 mil habitantes, o que fazia dela a 5ª mais populosa do Estado.

Os padres da Companhia de Jesus administravam 11 aldeamentos que estavam ao redor da vila de São Paulo de Piratininga, e um deles estava localizado próximo do rio Comprido, a 10 km de onde hoje se situa o centro de São José dos Campos. Os padres jesuítas, vindos com um contingente de silvícolas, conseguiram entrar em entendimento com os índios guaianases e, assim, dar vida a esse aldeamento. Porém, por causa das desvantagens em termos de localização, os clérigos resolveram posteriormente buscar um ponto melhor. Então, em 1643, a aldeia de São José foi transferida para o local onde está hoje, sendo que a praça Padre João Guimarães marca o centro da cidade.

De 1643 a 1660, religiosos e vários povoadores obtiveram para os índios diversas léguas de terras na forma de sesmarias. Essa concessão foi feita em 1650 pelo capitão-mor da capitania de São Vicente, Dionísio da Costa, e as terras ocupavam a aprazível planície onde atualmente se localiza o centro da cidade. A partir de 1653, a aldeia de São José passou a pertencer à vila de Jacareí, que fora criada naquele ano pelo desmembramento da vila de Mogi das Cruzes. Essa região pertencia à capitania de São Vicente, mas a aldeia de São José dos Campos ficava justamente no limite com outra capitania: a de Itanhaém, que era dona do restante do Vale do Paraíba, incluindo parte do litoral paulista até Angra dos Reis e também parte do litoral sul.

Todavia, a partir do ano de 1692, toda a região do Vale do Paraíba sofreu um esvaziamento populacional por conta da descoberta de ouro nas Minas Gerais dos Goitacazes. Em 1710, as capitanias de Itanhaém e de São Vicente passaram a integrar a nova capitania de São Paulo e Minas de Ouro. Com isso, a aldeia de São José voltou a progredir. Em 27 de julho de 1767 ela se tornou uma vila e ganhou a denominação de Vila Nova de São José (graças aos esforços do ouvidor e corregedor Salvador Pereira da Silva).

336   Cidades Paulistas Inspiradoras

Nessa mesma época foram eleitos os três primeiros vereadores da nova vila, que, aliás, eram índios dando início a sua autonomia administrativa. Vale lembrar que a nova vila – que também recebeu os nomes de Vila de São José do Sul e Vila de São José do Paraíba – foi desmembrada do território de Jacareí e, embora tenha se tornado freguesia em 3 de novembro de 1768, somente foi instalada em 1769. Todavia, o crescimento de São José teve início de fato no século XIX. O mais interessante, entretanto, é que isso aconteceu apesar da "estrada real" – que ligava São Paulo ao Rio de Janeiro – passar fora de seus domínios.

Nessa época o plantio do algodão teve uma rápida evolução na região, quando a cidade começou a sentir um certo vigor econômico. O apogeu aconteceu em 22 de abril de 1864, quando a vila foi **elevada à categoria de cidade**. A lei provincial Nº 47, de 4 de abril de 1871, mudou a denominação de Vila de São José do Paraíba para São José dos Campos; já com a lei provincial Nº 46, de 6 de abril de 1872, foi criada a **comarca** de São José dos Campos. A partir de 1871, o município passou por duas fases distintas: o **desenvolvimento agrícola** – com forte preponderância e desenvolvimento da cultura cafeeira no Vale do Paraíba – e a criação da **estância climática**, uma consequência natural dos bons ares da região.

No que se refere à primeira fase, no ano de 1887 a cultura cafeeira foi ainda mais impulsionada com a entrada em funcionamento da Estrada de Ferro D. Pedro II (mais tarde chamada de Estrada de Ferro Central do Brasil), que conectava São Paulo ao Rio de Janeiro. A antiga estação de trem ficava próxima da confluência da rua Euclides Miragaia com a avenida João Guilhermino. Um dado histórico interessante é que em 15 de dezembro de 1909, a cidade parou para receber – e saudar – o então candidato à presidência da República, Ruy Barbosa, apoiado pelos paulistas na campanha civilista (ele não venceu o pleito).

Na década de 1910 foi erguida a primeira ponte sobre o rio Paraíba do Sul. Era uma estrutura metálica de 80 m de comprimento, que ligava o centro da cidade ao bairro de Santana, na zona norte do município. Isso facilitou o acesso para o Estado de Minas Gerais. Mas só foi na década de 1920 que surgiram na região de São José dos Campos as primeiras unidades industriais: Laticínios Vigor, Fábrica de Louças Santo Eugênio, a Cerâmica Paulo Becker, Tecelagem Parahyba e Cerâmica Weiss. Porém, o forte impulso econômico da região só aconteceria de fato com a inauguração em 1924 da primeira rodovia a atravessar o Vale do Paraíba: a estrada São Paulo-Rio, que conectava São Paulo a Bananal. Essa rodovia foi construída pelo então presidente do Estado de São Paulo, Washington Luís, que, mais tarde (em 1928, já como presidente da República) concluiria a rodovia até a cidade do Rio de Janeiro, cumprindo o que dizia seu *slogan*: "**Governar é abrir estradas!!!**" E essa estrada ainda existe, pelo menos no trecho paulista, embora com diversas denominações: SP-62, SP-64, SP-66 e SP-68. Ela é conhecida como "**estrada velha**".

Foi através de uma lei estadual de 1977 que São José dos Campos voltou a eleger seus prefeitos, sendo que a primeira eleição para o cargo se deu em 15 de novembro de 1978. No livro *Com a Palavra o Prefeito*, editado por Alberto V. Queiroz e patrocinado pela prefeitura de São José dos Campos, o jornalista Roberto Wagner de Almeida escreveu um interessante texto sobre o **primeiro prefeito eleito** para administrar São José dos Campos, o político Joaquim Bevilacqua.

Na obra o escritor destacou: "Joaquim Bevilacqua foi, sob vários aspectos, um político singular, com uma carreira rara. Disputou cinco eleições e ganhou todas, sempre com grande folga sobre os adversários. Com apenas dois anos de vida pública como vereador, conseguiu eleger-se deputado federal, numa ascensão fulminante. Ele teve um desempenho brilhante na Câmara dos Deputados, à qual retornaria tempos depois. Em seguida, foi eleito deputado da Assembleia Nacional Constituinte e novamente se destacou como parlamentar atuante, respeitado por todas as bancadas. Entre uma e outra passagem pelo Congresso, elegeu-se duas vezes prefeito de São José dos Campos. O problema é que em ambas as oportunidades ele acabou **renunciando** ao cargo para concorrer a outras vagas na política: em 1978, por exemplo, depois de 3 anos e 5 meses à frente da prefeitura, ele decidiu tentar eleger-se como senador. Depois mudou seus planos e se concentrou no cargo de deputado federal, mas, por fim, não se candidatou a nada.

Já em 1989, depois de reconquistar a confiança dos eleitores e ser reeleito prefeito da cidade pela segunda vez, Joaquim Bevilacqua permaneceu no cargo somente 15 meses. Na ocasião, mesmo elogiado pela população, ele se sentiu atraído pela possibilidade de eleger-se vice-governador do Estado, o que novamente não aconteceu!!!

O fato é que essas duas renúncias – totalmente desprovidas de sentido – se provariam ser os dois maiores erros de sua carreira, deixando seus eleitores estarrecidos. Mas o que mais surpreendeu nesses dois momentos de total falência de juízo foi o fato de tais atitudes terem sido tomadas por um político de marcante inteligência e de um nível intelectual bem acima da média dos homens públicos brasileiros. Parece que, nas duas ocasiões, a ambição (ou a vaidade) conseguiu se sobrepor ao tirocínio, à perspicácia e à sensatez que lhe eram tão característicos. Hoje, refletindo sobre as duas renúncias, ele não tem dúvida: suspira, lamenta ter agido como agiu, garantindo que se pudesse voltar no tempo completaria os seus mandatos e não faria o que fez!?!? Até hoje ele paga um alto preço por esses dois graves equívocos..."

Porém, é preciso ressaltar que principalmente em seu primeiro mandato, Joaquim Bevilacqua conseguiu governar quase quatro anos com intensa participação popular e em plena concordância com o seu *slogan* "**O povo é a razão**." Toda sexta-feira, desde a manhã até a noite, ele recebia em audiência no térreo do Paço Municipal um enorme número de munícipes que traziam consigo suas reivindicações. Ele conversava com um por um e escutava a todos... Depois fazia mutirões nos bairros, levando para lá secretários municipais, médicos, dentistas etc., para que esses profissionais apresentassem soluções para os problemas apontados!!! Ele criou a Companhia de Desenvolvimento Rural e Abastecimento (Codrab), que organizava feiras livres semanais nos bairros; instituiu um varejão de produtos hortifrutigranjeiros na Vila Industrial, onde os produtos eram comercializados praticamente ao preço de custo.

Em seu mandato, Joaquim Bevilacqua também inaugurou o Centro de Orientação Socioeducativa do Menor Trabalhador (Cosemt), que propiciou estudo e iniciação profissional aos menores de famílias pobres – uma iniciativa que inclusive recebeu um prêmio da ONU, por intermédio da Unicef (sigla em inglês para Fundo das Nações Unidas para a Infância). Entre outras obras importantes estão: a instalação de gabinetes odontológicos em todas as escolas municipais (e até mesmo em algumas estaduais); a inauguração da primeira creche da cidade, a Maroca Veneziani, no bairro do Alto da Ponte; o fornecimento de recursos para que o Éden Lar, mantido por evangélicos, criasse outra creche no Jardim Satélite; a promoção do desfavelamento de Vidoca, que permitiria o início da obra do anel viário; e a construção do primeiro trecho do que hoje é a imponente avenida Jorge Zarur. Vale destacar ainda que as três pontes que existem em São José dos Campos tiveram participação ativa da prefeitura, tanto com o aporte de recursos, como no trabalho de conseguir verbas do Estado ou da iniciativa privada para a sua construção.

Joaquim Bevilacqua também deu um incentivo incrível ao esporte, que viveu um período de grande destaque, especialmente no futebol, no basquete, no vôlei, no atletismo e na natação. Particularmente nessa época, o basquete do Tênis Clube foi campeão dos Jogos Abertos do Interior, bicampeão paulista, campeão brasileiro e vice-campeão sul-americano. Neste sentido, o ex-prefeito Joaquim Bevilacqua comentou: "Eu ligava para as empresas e conseguia com que elas pagassem dezenas de ônibus que levassem a nossa torcida para os jogos das nossas equipes em outras cidades. Eu acreditava que o esporte, principalmente o futebol e o basquete, estabeleceria um elo entre os moradores da cidade. São José dos Campos era uma cidade de forasteiros, de gente vinda de toda parte para trabalhar nas nossas indústrias. Essa gente acabava se aproximando e se conhecendo nas arquibancadas, onde aprendiam a torcer pelas nossas equipes, a se identificar com São José dos Campos, a gostar da cidade. Este era o principal retorno psicossocial do empenho com os esportes." De fato, Joaquim Bevilacqua fez muito mais por São José dos Campos, mas, no fim das contas, parece que se desiludiu com a política...

Em relação à segunda fase de desenvolvimento de São José dos Campos, vale ressaltar que a procura do município para o tratamento de tuberculose também teve início no século XX, quando milhares de pessoas se mudaram para a região na tentativa de sobreviver à doença (enquanto tantas outras optaram por Campos do Jordão). Conforme já explicado, isso ocorreu por conta das condições climáticas supostamente favoráveis da região. Entretanto, somente em 1935 – quando o município foi transformado em **estância climática** e, posteriormente, em **estância hidromineral** – a cidade passou a receber recursos oficiais que puderam ser aplicados na área sanatorial. Foi também nessa época que os prefeitos nomeados na cidade passaram a ser chamados de "**prefeitos sanitaristas**".

Foram sete os principais sanatórios criados em São José dos Campos. Em 1924, o então presidente de São Paulo, Washington Luís, inaugurou o sanatório Vicentina Aranha, pertencente à Santa Casa de São Paulo. Os demais sanatórios de destaque foram o de Vila Samaritana, da comunidade evangélica; o Ezra, que pertencia à comunidade judaica; o Maria Imaculada e o Antoninho da Rocha Marmo, ambos da igreja católica; o Ruy Dória, criado e pertencente ao médico Ruy Rodrigues Dória; e o sanatório Adhemar de Barros, criado pelo então governador Adhemar de Barros e dirigido e mantido pela Liga da Assistência Social. Também havia na rua Paraibuna, o sanatório São José, do doutor Jorge Zarur.

340 Cidades Paulistas Inspiradoras

Todos esses sanatórios surgiram um verdadeiro esforço coletivo de todas as comunhões religiosas, de idealistas privados e de governantes estadistas. Além dos já mencionados dr. Ruy Dória e dr. Jorge Zarur, destacaram-se em São José dos Campos vários outros médicos sanitaristas, como Orlando Campos, João Batista de Souza Soares, Ivan de Souza Lopes, Décio Lemos Campos, Amaury Louzada Velozo e Nelson Silveira D'Avila. Muitos doentes que não conseguiam vagas nos sanatórios se hospedavam em pensões, principalmente aquelas da rua Vilaça, próxima do sanatório do dr. Ruy Dória.

Para entender melhor o que significou a época em que São José dos Campos ficou povoada por pessoas atacadas por essa terrível moléstia – a **tuberculose** – convém ler o incrível livro *São José dos Micuins*, escrito pelo engenheiro Vitor Chuster, no qual ele apresenta diversas curiosidades históricas sobre São José dos Campos no período senatorial!!!

Na abertura de seu livro, ele ressaltou: "Dedico essa obra a todos aqueles que nos antecederam nessas terras, sejam eles protagonistas ou coadjuvantes, pois cada qual à sua maneira plantou aqui uma semente e ajudou a construir uma história de superação. Transformar uma cidade estigmatizada pela dor e pelo sofrimento impingido pela tuberculose numa das mais belas e importantes cidades do nosso País, não foi tarefa fácil. Mas podem ter certeza, foi gratificante. As sementes de outrora cresceram e hoje dão frutos."

Vitor Chuster em seguida explicou: "Para discorrermos sobre '**São José dos Micuins**' primeiramente é necessário compreendermos a sua origem e sua evolução territorial e administrativa ao longo da linha do tempo. Não menos importante é conhecermos, ainda que superficialmente, sob quais diplomas legais isso aconteceu.

Seguindo o Quadro de Desmembramento Territorial – Administrativo dos Municípios Paulistas de acordo com o que está no Instituto Geográfico e Cartográfico (IGC), até 1835 a subdivisão dos Estados em municípios se deu pela aplicação das leis imperiais do Brasil, das leis imperiais do Reino Unido e das leis imperiais extravagantes em diferentes períodos no Brasil colônia e no Reino Unido.

Com a instalação das Assembleias Legislativas provinciais, a legislação brasileira foi consolidada e sistematizada, passando a reunir e publicar, em volumes anuais, toda a legislação do período de 1835 a 1938. No bojo dessa coletânea legal são destacados assuntos como: criação de capela curada, freguesia, vila, distrito de paz, distrito policial, estação ferroviária, município, prefeitura sanitária e estação balneária; transferência de sede de freguesia e vila; extinção de freguesia e vila; elevação à categoria de cidade, alterações de denominação, revogações de derrogações.

Após a independência do País, nossas municipalidades passaram a ser reguladas pelas constituições. A primeira, em 1824 (Constituição imperial) e, posteriormente, pelas constituições republicanas de 1891, 1934, 1937, 1946 e 1967, e pela Emenda Constitucional de 1969. Atualmente, elas são regulamentadas pela Constituição federal de 1988. O processo contínuo de transformação dos povoados em freguesias, de freguesias em vilas e de vilas em cidades é talvez melhor forma de estudarmos e compreendermos a evolução de São José dos Campos.

Segundo o IGC, três são as categorias básicas que caracterizam – agora sob outra denominação – o processo pelo qual os núcleos urbanos usualmente passam:

- **Povoado** – Categoria inerente aos aglomerados que se encontram submetidos territorial e administrativamente a outros núcleos, não dispondo assim de autonomia e jurisdição própria.
- **Freguesia (atual distrito)** – Denominação da sede e da área correspondente a uma circunscrição que contém um núcleo urbano (anterior povoado), porém, dependente da administração municipal.
- **Vila (atual município)** – Categoria em que o núcleo urbano e o respectivo território, originalmente denominado 'termo', passam a ter autonomia territorial e administrativa, caracterizada pela existência de poder público representado pela prefeitura e pela Câmara de Vereadores.

Uma questão que não pode deixar de ser explicitada é que a alteração da denominação dos municípios paulistas até o final do século XIX era fato relativamente comum e, não raro, as denominações atuais diferem das iniciais. Isso, via de regra, aconteceu por três motivos: denominação que foi incorporada pelo uso e costume, pela incorporação do vocábulo 'vila' ao nome e pela atualização de nossa grafia.

Voltando ao povoado, devido à importância da Igreja Católica na sociedade de então, uma das primeiras preocupações dos que habitavam era exigir uma capela, geralmente sob a invocação de um santo, que passava a ser o seu padroeiro. O processo de urbanização e adensamento dessa localidade se dava a partir da edificação de habitações ao redor da capela.

342 Cidades Paulistas Inspiradoras

Quando a comunidade tinha condições de manter um pároco, ela recebia a denominação de **capela curada**, que equivale à paróquia. Para mantê-la, era cobrado um dízimo de seus fiéis. Havia um território específico para a cobrança desse 'tributo', que poderia chegar a centenas de quilômetros de distância da capela.

Com o tempo, o povoado se desenvolve, cresce e passa a buscar autonomia política e administrativa e se equipara a uma vila. Nessa nova condição, passa a edificar a Câmara – que terá funções legislativas e executivas –, a cadeia, a igreja e o pelourinho. Com autonomia e mais recursos, a vila passa a atrair novos moradores. O escambo e o comércio ganham força, ela se desenvolve e se valoriza e passa a funcionar como um polo de atração. Novos povoados passam a se formar no seu entorno, subordinados à vila, pois ainda não possuem os requisitos necessários para se equipararem a ela e ter sua própria autonomia política e administrativa.

O percurso **povoado-freguesia-vila** foi experimentado pela grande maioria dos municípios paulistas. Ao analisar e comparar essas informações podemos, ainda que superficialmente, dimensionar o papel e a importância de cada uma dessas localidades, o que nos possibilita entender melhor o seu processo de transformação, bem como compará-las a São José dos Campos."

Vitor Chuster contou da seguinte forma a evolução de São José dos Campos nos séculos XIX e XX: "Ao pesquisar e transcrever alguns documentos do século XIX, foi possível conhecer registros, anotações, impressões e comentários de ilustres viajantes que percorreram a nossa região. Numa análise objetiva, com base em seus relatos, é perfeitamente admissível dividir as cidades da região em dois grupos bem distintos.

No primeiro, daquelas consideradas **belas** e **importantes**, estariam seguramente Pindamonhangaba, Guaratinguetá, Taubaté e Mogi das Cruzes. No segundo grupo, daquelas consideradas **inexpressivas** e **sem nenhum tipo de atratividade** ou **importância**, e que quase passaram desapercebidas pelos viajantes, figurariam Caçapava, São José dos Campos e Guararema. Dessas três últimas, São José dos Campos seria a lanterninha, afinal, já mereceu o lacônico registro: '**não oferece nada de notável**'.

Talvez a primeira impressão favorável a São José dos Campos tenha sido emitida por Arthur Sauer em 1884, no seu *Almanach da Corte*, acrescida de uma pitada de adivinhação, ou predestinação, como alguns preferem salientar: 'São José já é um município importante, mas deve-se crer que venha a ser importantíssimo pela fertilidade de suas terras e bondade de seu clima.' Mas São José dos Campos caminhou a passos lentos, quase que se arrastando em direção ao início do século XX, como o primo pobre, sem importância e quase sempre esquecido, da família valeparaibana.

Assim, se apagaram melancolicamente as luzes do século XIX para os joseenses, sem muito o que festejar e do que se orgulhar, dada a sua condição secundária no cenário regional e, por conseguinte, nos planos do Estado e da Federação. Dessa maneira, com uma economia pobre, pouco diversificada, movimentada mais pelas trocas comerciais locais, São José dos Campos não tinha prestígio nem representação política de peso que pudesse mudar a situação.

O título da obra *São José dos Micuins* não tem nada de jocoso ou pejorativo. Atrevo-me a dizer que é um título instigante, que acaba sendo bem compreendido por todo aquele que se dedicar à leitura da mesma. Meu objetivo, ao longo de tantas páginas, foi o de reavivar o cotidiano, os fatos, as histórias, as curiosidades, as versões, as reminiscências e os protagonistas que durante décadas a fio conviveram com um personagem microscópico, o **bacilo de Koch**, responsável pela **tuberculose** pulmonar. Essa doença também ficou conhecida como '**peste branca**' em determinadas épocas do passado.

Por aqui, toda uma cidade (farmácias e farmacêuticos, repúblicas para doentes e seus hóspedes, pensões e seus inquilinos, sanatórios e médicos, igrejas e religiosos, órgãos públicos e autoridades políticas etc.) conviveu durante décadas com a tuberculose – ou com a "**marvada**", como preferiam se referir à doença. Os tuberculosos, por sua vez – que também eram chamados de **tísicos** – também adotaram um apelido até certo ponto carinhoso para o bacilo de Koch: '**micuim**', um carrapato que de tão diminuto também era conhecido como carrapato-pólvora. Na época era comum ouvir os doentes dizerem que os 'miquinhos' ou 'micuins' estavam comendo seus pulmões!!!

Portanto, numa cidade em que a tuberculose reinou por décadas, infectando desde o mais simples lavrador até o prefeito, passando pelos próprios médicos, sem se importar com classe ou condição socioeconômica, esse bichinho se tornou o centro de muitas discussões e decisões. Por muito tempo, os 'campos' outrora verdejantes deram lugar simbólico aos micuins, que transformaram a cidade em '**São José dos Micuins**'.

Para que o leitor pudesse compreender melhor sobre o nosso **micuim**, fiz questão de escrever sobre a tuberculose, enfocando questões como: a saga da doença; o clima (a climoterapia); a evolução do tratamento; a condição física e espiritual dos doentes; os mitos; e as histórias daquela época."

344   Cidades Paulistas Inspiradoras

No final do século XIX, mais precisamente em 1884, Arthur Sauer publicou um artigo no *Almanach da Corte*, relatando a amenidade do clima e a topografia favorável de São José dos Campos.

Não por acaso, o brasão da cidade criado em 1926 por Afonso de Taunay, traz a frase "*Aura Terraque Generosa*", que significa "**Generosos são meus ares e minha terra**". O brasão pintado por Wash Rodrigues foi oficializado em 23 de setembro de 1926, com a sanção da lei Nº 180.

Foi exatamente esse clima que inseriu a cidade na história da tuberculose no Brasil. Foi essa a razão, pelo menos inicialmente, que fez de São José dos Campos um dos mais importantes centros para a o tratamento dessa doença, ao lado de algumas outras localidades como a vizinha Campos do Jordão. Aliás, em Campos do Jordão os doentes eram conhecidos como "**fracos do pulmão**" e em São José dos Campos eram chamados de "**tísicos**".

Em São José dos Campos, a partir de 1924, a "fase senatorial" viveu intensamente por quatro décadas. A tuberculose é uma doença infecto-contagiosa causada pelo *mycobacterium tuberculosis*, também conhecido como **bacilo de Koch**. Além dos médicos que haviam contraído a doença, a cidade recebia poetas, escritores, padres, freiras, pobres e indigentes; todos eles com a liberdade da vida social e familiar muito abalada pela grave enfermidade. No decorrer dessa fase senatorial, uma "grande indústria" que gravitava em torno dos tuberculosos se instalou e se desenvolveu na cidade, movimentando a sua economia.

Os setores de alimentação (cozimento, produção, distribuição e entrega de marmitas), vestuário e calçados (comércio, pequenos concertos e serviços de lavagem de roupas pessoais, de banho e cama), farmácias (comércio, manipulação e serviços de entrega), transporte, serviços de infraestrutura, construção civil, locação de imóveis, serviços de saúde e de enfermagem, foram alguns dos que floresceram nessa fase, fazendo girar e alavancar a até então estagnada economia de São José dos Campos.

Se por um lado havia a desvantagem de existir na cidade um grande número de enfermos, isso acabou ajudando muito a sua economia. As cidades vizinhas vangloriavam-se de não possuir uma grande concentração de tísicos e se referiam a São José dos Campos pejorativamente como a "**cidade dos doentes**". Os viajantes, quando passavam em trânsito por São José dos Campos, levavam o lenço à frente da boca e do nariz, com medo de contágio. Esses municípios vizinhos não perceberam, entretanto, que isso acabaria trazendo uma vantagem econômica decisiva para o desenvolvimento daquela cidade no século XX.

Dessa maneira, o que aparentemente foi considerado uma "**desgraça**" tornou-se um fator decisivo para São José dos Campos poder chegar ao que é hoje. As outras localidades continuaram sonolentamente deitadas em berço esplendido, vivendo da rica e gloriosa memória do passado, e não souberam tirar proveito das vantagens econômicas, administrativas e políticas que até então possuíam. Diariamente na cidade, no final da década de 1940, desembarcavam dos trens muitas pessoas atacadas pelo mal, mocinhas pálidas de olhos muito brilhantes, magras e tristes; rapazes esquálidos e tão fracos que precisavam ser carregados. Em contrapartida, todos os dias os coches fúnebres trabalhavam no transporte dos que haviam perdido a batalha pela vida.

Os enfermos, infectados e infestados pelos "micuins", chegavam em grandes quantidades à cidade para alcançar a tão almejada cura. Com receio de contágio, a sociedade discriminava e segregava os tísicos. Sempre que podiam, as famílias dos "fracos de pulmão" evitavam o emprego das palavras "tuberculose" ou "tísico", para não abater ainda mais o ente querido, mas também para esconder o fato da sociedade e dos amigos.

A descoberta de um caso de tuberculose numa família fazia com que esta passasse a ser discriminada e, às vezes, até preterida do convívio social. A segregação por causa da tuberculose foi naturalmente instituída. Por razões estratégicas e legais, os sanatórios foram construídos com seus edifícios cercados por altos muros, geralmente circundados por vias públicas e em locais afastados do centro da cidade.

Para se entender o fator "clima" no cenário construído pela tuberculose em São José dos Campos, é preciso buscar as explicações necessárias na história do tratamento e cura dessa enfermidade. Essa história foi recheada de dor e sofrimento, de desencontros, de desentendimentos, de charlatanismo, de engodos e enganos, mas também de **vitórias**.

A vida e a morte, a alegria e a tristeza, andavam lado a lado, separadas levemente por uma linha imaginária, ou pelo fio da navalha, como alguns preferiam dizer. A fase senatorial, experimentada ao longo de quatro décadas, marcou especial e socialmente a cidade de "**São José dos Micuins**".

Suas cicatrizes estão curadas graças à introdução de novas medidas higiênicas e profiláticas, à implementação de infraestrutura e aos meios empregados no tratamento dos tuberculosos, porém suas consequências até hoje rendem frutos!!!

Bem, o livro *São José dos Micuins* é uma fantástica obra que deveria ser conhecida não apenas por gestores públicos de São José dos Campos, mas por

346 Cidades Paulistas Inspiradoras

todos os seus moradores, em especial pelos professores que se dedicam ao ensino de História e Geografia. Estes deveriam incluir em suas aulas alguns ensinamentos sobre como essa cidade evoluiu, particularmente nos séculos XIX, XX e XXI, emergindo de uma situação catastrófica e lamentável – de **cidade sanatório** –, para se tornar a mais importante da região, além de uma das mais pujantes do Estado de São Paulo!!!

Na realidade, o processo de **industrialização** do município passou por um forte impulso a partir da instalação do Instituto Tecnológico de Aeronáutica (ITA) e do Centro Técnico Aeroespacial (CTA), em 1950, e, posteriormente, do Instituto Nacional de Pesquisas Espaciais (INPE), bem como da inauguração da rodovia Presidente Dutra em 1951, o que possibilitou uma ligação rápida entre o Rio de Janeiro e São Paulo, pela primeira vez, por meio de uma entrada asfaltada e passando pela parte urbana da cidade.

Nessa mesma época, foram doados terrenos às margens da nova rodovia, onde foram se instalando várias fábricas, iniciando-se a **real industrialização da cidade**.

E um novo impulso foi dado com a duplicação da rodovia Presidente Dutra, uma obra que começou em 1964 e foi concluída só em 1967.

Em 1970, a criação da Embraer (Empresa Brasileira de Aeronáutica), originada em um setor de desenvolvimento de aeronaves do CTA, colocou a cidade em uma nova era tecnológica, gerando muitos empregos que necessitavam de mão de obra especializada, sendo atualmente a maior empregadora da cidade e dando-lhe o apelido de a "**capital do avião**". Claro que foi importante para a evolução da Embraer a mão de obra especializada formada pelo ITA.

No seu livro *Basta Estar? Entre no Século XXI*, o engenheiro, economista e professor Ciro Bondesan dos Santos, que fez parte do time de 33 engenheiros do PAR/CTA, responsável por desenvolver e construir os protótipos do avião *Bandeirante*, técnicos estes que constituíram o grupo de fundadores da Embraer, escreveu: "O surgimento da Embraer é sem dúvida o **maior ato de empreendedorismo do hemisfério sul**.

Pode até ter tido um empreendimento de maior valor, com maior faturamento, mas em **tecnologia não existe nenhum igual ou superior** no hemisfério setentrional. No fim da década de 1950 e início da década de 1960, surgiram em virtude da situação geopolítica do País, problemas sérios, pois tínhamos uma boa conexão aérea no Brasil, mas nossa frota, oriunda da 2ª Guerra Mundial, estava envelhecida. Era necessário substitui-la.

Para resolver o problema de manter nossas fronteiras controladas, além de continuar as conexões aéreas o Estado Maior da Aeronáutica (EMAER) lançou os requisitos para se produzir uma **aeronave nacional**!!! Para realizar esta missão foi designado o coronel Paulo Victor da Silva, oficial da Aeronáutica e comandante do CTA, que era um idealista com grande visão futurística.

Ele recorreu à ajuda do então capitão Ozires Silva, que tinha qualidades como piloto, além de ser engenheiro, e ao assessoramento do brilhante profissional Ozílio Carlos da Silva, que contaram ainda com a genialidade aeronáutica de Guido Fontegalant Pessotti e do diretor técnico do Instituto de Pesquisa e Desenvolvimento (IPD), Antônio Garcia da Silveira.

Em 1965 já estavam prontos três protótipos. Como a aviação é confiabilidade e naquele tempo os aviões levavam em sua sigla a inicial de um projeto. **Quem iria confiar em um avião feito por três Silva (Paulo Victor, Ozires e Ozílio)?** Foi esse o motivo para trazer o francês Max Holste para chefiar o projeto, que como todo gênio era irascível e, após o voo dos protótipos, **foi embora**!!! Ele discordava do fato de o protótipo ter data certa para voar (e voou no dia), mas ajudou a fazer várias modificações (surgindo praticamente um novo avião), com nova motorização mais potente, modificação nas janelas, melhor aerodinâmica do para-brisa que era um diedro, recolhimento total do trem de pouso e outras modificações menores para os aviões de série.

Assim, após 110.000 h de trabalho, com 300 pessoas envolvidas e um tempo recorde de desenvolvimento, –3,5 anos –, anos, fazendo com que mais de 250 empresas trabalhassem no projeto, utilizando material aeronáutico, dos parques aeronáuticos que faziam as manutenções dos aviões da FAB.

Foi tudo isso que levou ao surgimento da Embraer. Quem acreditou nesse avião e nessa empresa foi o então presidente Costa e Silva, junto com o ministro Delfim Netto que autorizaram sua abertura no dia 2 de janeiro de 1970. Daí para a frente em todos os lugares em que a empresa se instalou o número colocado na rua foi 2.170 (data do seu início)!!!

Muita gente disse que tentar fabricar um avião com um grupo de engenheiros tão jovens [Ozires tinha 34 anos e os outros **33 engenheiros** do PAR (um departamento de aeronaves) tinham idades que variavam entre 24 e 34 anos] seria uma **ideia maluca** (!?!?), pois no exterior, o normal eram equipes de 45 anos em diante. Os céticos, entretanto, se esqueceram de que

348   Cidades Paulistas Inspiradoras

o número de engenheiros envolvidos na tarefa era igual à idade de Jesus Cristo. **E assim o milagre aconteceu e tudo deu certo!!!**

Prevaleceu a garra e acima de tudo para uma eventual inexperiência, acabou sobressaindo a **vontade de ferro**. Contra o desconhecimento e a falta de *know-how*, venceu o **sonho!!! Foi essa a maior vitória da engenharia brasileira!!!"**

Em 1980, aconteceu a inauguração da refinaria do Vale do Paraíba (REVAP), que trouxe mais empregos e tecnologia à cidade. Sua construção foi iniciada em 19 de fevereiro de 1974, mas ela só entrou em operação em 24 de março de 1980, com uma capacidade nominal de processamento de 30.000 m³/dia (189.000 barris/dia) de petróleo.

Ao longo do tempo ela foi passando por vários processos de adequação nos anos 1988, 1992 e 2002, e por uma grande modernização realizada entre os anos de 2005 e 2012. Ao todo, nove unidades foram construídas nessa modernização. Essa obra visou adequar a produção de derivados de petróleo às futuras normas de qualidade brasileiras e internacionais, além, é claro, de contribuir para a redução da poluição atmosférica por emissões veiculares

Ela está bem próxima da rodovia Presidente Dutra e ocupa uma área de 10,3 km². Seus produtos são asfalto diluído, cimento asfáltico, coque, enxofre, gás carbônico, gasolina, GLP (gás liquefeito de petróleo), hidrocarboneto leve de refinaria (HLR), nafta, óleo combustível, óleo diesel, propano, querosene de aviação (QAV-1) e solvente médio. Ela é a terceira maior refinaria do País, com capacidade agora para processar 46.000 m³/dia (252.000 barris/dia). Com os impostos pagos, a REVAP, a General Motors (GM) e a Embraer constituem a **trinca** de empresas que contribui muito para a receita da prefeitura!!!

Em 1994 foi inaugurado um outro acesso muito importante da cidade de São Paulo à região de São José dos Campos, a rodovia Carvalho Pinto, um prolongamento da rodovia Ayrton Senna que foi inaugurada em 1982. A conjunção desses fatores permitiu que o município alcançasse o potencial científico-tecnológico que desfruta hoje, o que dá a cidade uma das condições para ser considerada **criativa**.

Em janeiro de 2012, por meio da Lei Complementar Nº 1.166, de 9 de janeiro de 2012 criou-se a RMVPLN e o decreto Nº 59.229, de 24 de maio de 2013 instituiu o Fundo de Desenvolvimento da RMVPLN (FUNDUVALE) o que deu mais um impulso para o desenvolvimento à região. A população do município é atualmente formada por pessoas que vierem de diversas partes do País, ou seja, do sul de Minas Gerais – de cidades como Caxambu, Itanhandu, Camanducaia etc. – e várias outras regiões, sendo também um polo de atração **intrarregional**, dentro do Vale do Paraíba e do Estado, atraindo pessoas das cidades vizinhas e de outras regiões administrativos como as RMC e RMSP.

As pessoas vieram para São José dos Campos porque enxergaram as muitas **oportunidades** que a cidade oferecia – **empregabilidade** – e foram se estabelecendo nela. Nessa 2ª década do século XXI, São José dos Campos virou um centro de referência no Vale do Paraíba, sul de Minas Gerais, sul fluminense e das cidades do litoral paulista, bem como da RMSP e de todo o País, nas áreas de estudos, manufatura e diversos serviços.

Em São José dos Campos está instalado atualmente um magnífico parque tecnológico estadual – graças aos esforços do ex-prefeito Eduardo Cury – no qual estão instaladas empresas importantes, instituições de ciência e tecnologia, várias IESs e entidades de pesquisa na área de tecnologia atuando nas áreas de aeronáutica, espacial, energia, saúde, recursos hídricos e saneamento.

São José dos Campos limita-se com Camanducaia e Sapucaí-Mirim, que ficam no Estado de Minas Gerais e com os municípios paulistas de Jacareí, Jambeiro, Monteiro Lobato, Caçapava, Igaratá, Joanópolis e Piracaia.

Atualmente está ocorrendo em intenso processo de **conurbação**, criando realmente uma grande metrópole cujo centro está em São José dos Campos, atingindo diversos munícipios como Taubaté, Aparecida, Guaratinguetá, Campos de Jordão e Jacareí, algumas das principais cidades da RMVPLN, constituída por 39 municípios com uma população estimada no fim de 2017 de cerca de 2,65 milhões de habitantes.

A vegetação original e predominante no município é a mata atlântica, sendo que a vegetação nativa remanescente está mais presente nas encostas da serra da Mantiqueira, principalmente no distrito São Francisco Xavier, e às margens do rio Paraíba do Sul e dos seus principais afluentes, nas denominadas matas ciliares.

Aliás o distrito de São Francisco Xavier, situa-se numa APA ficando a uns 54,8 km do centro da cidade e possui cachoeiras com mais de 80 m de altura, rampas para voo livre, pontos elevados com altitude apropriada para a prática de *paraglider*, rios, córregos a caráter para a prática de esportes aquáticos com *acqua ride*, *cascading duck* e tirolesa.

350   Cidades Paulistas Inspiradoras

Além disso há aí um grande número de trilhas, ideais para caminhadas e passeios de *mountain bike.*

Os munícipes têm muitos parques nos quais podem passar momentos de lazer. Destaca-se o parque municipal Roberto Burle Marx, conhecido como parque da Cidade, que ocupa uma área de 516.000 m², com jardins planejados por Burle Marx, conectado com dois lagos e alguns animais nativos da região, como a capivara. Aí está a antiga residência de Olivo Gomes, com projeto arquitetônico de Rino Levi.

Dentro do parque da Cidade Roberto Burle Marx está o Borboletário Municipal que é um espaço para pesquisa e educação ambiental, onde crianças e adultos podem conhecer as fases da vida das borboletas, desvendando os mistérios da metamorfose.

As borboletas, além de serem indicadores da qualidade ambiental, auxiliam na polinização das plantas, contribuindo sobremaneira para o equilíbrio do ecossistema.

O parque Santos Dumont, inaugurado em 23 de outubro de 1921, está na região do centro da cidade e ocupa mais de 46.000 m², sendo uma das principais áreas verdes do perímetro urbano e na qual se pode praticar esportes. Há a reserva ecológica Augusto Ruschi, com 2,5 milhões de m², fora do perímetro urbano, sendo uma APA de espécies nativas. Não se pode esquecer que em frente ao centro da cidade, tem-se o Banhado, uma outra APA de quase 4,32 milhões de m², na qual a atividade agrícola vem diminuindo e a favela localizada no local está "congelada".

Tal qual a variedade cultural verificável em São José dos Campos, são diversas as manifestações religiosas presentes na cidade. A maioria dos joseenses é **católica** (68%), mas é possível encontrar atualmente na cidade dezenas de denominações protestantes (23%) diferentes, assim como a prática do budismo, do islamismo, espiritismo, entre outras, tudo isso evidenciando uma grande **tolerância** no que se refere a religião, inclusive cerca de **4,6%** dos seus habitantes dizem que não seguem **nenhuma**!!!

Para os católicos um local incrível é a igreja São Benedito, que começou a ser construída por volta de 1869 com recursos das festas e quermesses em louvor ao santo preto.

Foram concluídas somente a mesa de comunhão e o altar, até que João Ribeiro – um lavrador do Jaguari – ao iniciar as escavações de reforma de um velho casarão, descobriu um panelão enterrado, cheio de ouro!!! Em agradecimento a Deus, concedeu à igreja a verba necessária para os demais serviços, sendo inaugurada em 1881.

Quando a igreja matriz foi demolida, nos anos de 1930, ela serviu como sede da paróquia.

A igreja São Benedito foi tombada pelo patrimônio histórico e passou por um processo de restauração que lhe devolveu as cores originais.

Atualmente abriga a Galeria e Espaço de Artes Helena Calil.

Um local especial na cidade é a praça Riugi Kojima, também conhecida como a praça do Torii, que tem caracteristicamente um estilo japonês.

Ela foi feita para a comemoração do centenário da chegada dos primeiros japoneses no Brasil.

No local existe um portal que indica a entrada ao mundo espiritual, marcando a passagem para o infinito (Torii) com 17m de altura e 21m de largura, considerado um dos maiores do Brasil. Há também um jardim japonês que chama a atenção pela arquitetura, sendo ótima paisagem para fotografar.

Na cidade estabeleceram-se imigrantes vindos de outros países, como os portugueses, italianos, alemães e japoneses. Todos colaboraram muito para o crescimento das lavouras, principalmente durante a época do café. O PIB de São José dos Campos em 2017 alcançou R$ 30 bilhões, oriundo dos setores primário, secundário e terciário.

Apesar de a prefeitura ter procurado incentivar a atividade agropecuária, com a criação inclusive do Conselho Municipal de Desenvolvimento Rural, o setor menos relevante para sua economia, é a **agricultura** (setor **primário**). Naturalmente a indústria – setor **secundário** – é bem relevante, contribuindo com cerca de 37% do PIB municipal, empregando, apesar da crise econômica que se viveu nos anos 2015, 2016 e 2017, aproximadamente 55 mil pessoas em 760 indústrias.

São José dos Campos é um importante tecnopolo de material bélico, metalúrgico e sede do maior complexo aeroespacial da América Latina. A cidade possui grande participação no comércio exterior, sendo o 2º município exportador de produtos industrializados do Brasil, atrás apenas da capital paulista, e à frente de São Bernardo do Campo, de acordo com os dados do ministério do Desenvolvimento, Indústria e Comércio Exterior.

As principais exportadoras são a Embraer e a GM e dentre os produtos exportados incluem-se aviões, veículos, automotivos, aparelhos de telefonia celular, peças de aviões, helicópteros, autopeças e produtos médicos, principalmente para a Argentina, os EUA, a China e países da Europa.

São José dos Campos sentiu sem dúvida um forte impulso no setor industrial quando a montadora GM resolveu no início da década de 1950 procurar um terreno junto à EFCB, e próxima da rodovia Presidente Dutra, para inicialmente construir aí uma fábrica de motores para caminhões, uma demanda que já despontava no País naquela época.

Desde a compra do terreno, em 1953, passaram seis anos até a inauguração da fábrica em 10 de março de 1959, pelo então presidente da República, Juscelino Kubitschek de Oliveira, quando saiu o primeiro motor Chevrolet fabricado no Brasil.

Nos seus 2.700.000 m² de área total, e 500.000 m² de área construída, surgiu ao longo dos anos um vasto complexo industrial com várias fábricas (motores, transmissão, estamparia, injeção e pintura de linhas plásticas etc.), o que fez a GM contratar muitos milhares de empregados – apesar de que atualmente com a automatização e robotização esses postos de trabalho foram reduzidos significativamente.

De qualquer forma, destaque-se que até o início de 2018, desde a sua fundação, a GM de São José dos Campos produziu cerca de 6,3 milhões de veículos, o que evidentemente mudou muito o modo como os brasileiros passaram a se deslocar de um lugar para o outro!!!

Claro que foi o setor **terciário**, ou seja, o de serviços que mais contribuiu para o PIB municipal (cerca de 56%), visto que a cidade é um centro regional de compras com os seus *shopping centers*: Center Vale, Vale Sul, Colinas, Centro, Faro, Esplanada e Espaço Andrômeda, além deles, com os centros de compras Aquarius Center e JK Centro Comercial.

Tanto os joseenses como os moradores do entorno de São José dos Campos frequentam muito esses centros comerciais não deixando também de ir ao Mercado Municipal, que foi inaugurado em 1923 e continua sendo um dos locais mais simpáticos da cidade. É de fato uma ótima opção para quem deseja fazer um bom passeio e aproveitar a variedade de produtos comercializados no local, como frutas, flores, produtos naturais, entre outros itens. Isso sem falar nas barracas de gêneros alimentícios que atraem os visitantes com produtos deliciosos, inclusive da culinária local.

Estão também na cidade filiais das grandes redes nacionais de lojas como Pão de Açúcar, Carrefour, Magazine Luiza, Casas Bahia, Lojas Americanas etc. Em 2017, o município possuía cerca de **340 estabelecimentos de saúde**, entre hospitais, prontos-socorros, postos de saúde, serviços odontológicos etc., sendo que 80% deles privados e os restantes públicos. A rede municipal de serviço de saúde de São José dos Campos em 2017 era composta de três hospitais, seis UPAs e 43 UBSs, 16 unidades especializadas em saúde, além de outras unidades e outros hospitais contratados e conveniados.

As UPAs e os hospitais têm atendimento 24 h por dia e estruturas de complexidade intermediária, que atendem às urgências hospitalares. Nas UBSs é que estão organizados os programas de prevenção de várias doenças e de planejamento e acompanhamento familiar, além de atender à população com serviços básicos. Nas unidades especializadas estão os especialistas que dão atendimento prioritário a setores específicos da saúde (dependendo da necessidade do paciente).

Por seu turno, o Resgate Saúde é um serviço que tem a função de atender às emergências a vítimas de acidentes, tendo sido criado pela secretária da Saúde em conjunto com o Corpo de Bombeiros do Estado, na qual trabalham muitas dezenas de profissionais que utilizam modernas unidades móveis de resgate.

A Unimed, inaugurou em 2009, o seu Santos Dumont Hospital que tem um total de 89 leitos, UTI adulto para 10 pacientes, UTI coronária (10 pacientes) e desde 1993 tem aí o Hospital Dia.

No que se refere às **escolas públicas** de São José dos Campos o seu desempenho no Ideb tem sido de regular para bom, ficando acima da média nacional. O IDH da educação já obteve o valor 0,933 (classificação bem elevada), bem acima da média brasileira.

Atualmente, entre as IEs públicas e particulares que atendem aos ensinos pré-escolar, fundamental e médio, havia no final de 2017 cerca de 530 delas e o índice de alfabetização de sua população de 15 ou mais anos de idade era de 98,7%.

Em São José dos Campos existe uma IE espetacular, que se devia ter em pelo menos todas as cidades de mais de 300 mil habitantes, mantida por alguma grande empresa. Trata-se do Colégio Engenheiro Juarez de Siqueira Britto Wanderley, atualmente denominado Colégio Embraer – Juarez Wanderley, para o **ensino médio**, mantido pelo Instituto Embraer de Educação e Pesquisa, tendo sido fundado em 2002.

Todo ano a IE abre 200 vagas para que sejam preenchidas por alunos que estudem nas escolas públicas da cidade e também de Caçapava, Jacareí e Taubaté.

354 **Cidades Paulistas Inspiradoras**

Aqueles que conseguem a classificação estudam aí em tempo integral – cerca de 50 h por semana – recebendo alimentação, transporte até as suas casas e, obviamente, o ensino. **Tudo de forma gratuita**!!!

A metodologia adotada no processo de ensino e aprendizado nesse colégio está embasada em uma visão holística da educação, que contempla os aspectos sociais, ambientais, culturais, acadêmicos e profissionais. Com um plano de ensino voltado especialmente para a aprovação nos principais processos seletivos do País – incluindo-se aí o do ITA –, seus alunos têm alcançado índices notáveis na aprovação nesses concursos de ingresso.

Já em 2008, o Colégio Embraer – Juarez Wanderley, obteve uma visibilidade nacional, quando obteve o melhor resultado no Enem. Em 2015, ficou em 12º lugar entre centenas de colégios do Estado.

Em São José dos Campos, como já foi dito, está o ITA, uma **IES pública da FAB**, vinculada ao Departamento de Ciência e Tecnologia Aeroespacial (DCTA).

Num País onde o investimento em educação é escasso, a história do ITA mostra claramente o **alto retorno** que o investimento em educação pode gerar. Ao longo de sua história o ITA colheu os mais proveitosos frutos em diversas áreas, tudo isso proveniente do projeto visionário do marechal-do-ar Casimiro Montenegro Filho, que, na década de 1940 sonhou em impulsionar a indústria aeronáutica brasileira.

Em 1938, no posto de major aviador, ele decidiu matricular-se na primeira turma do curso de engenharia aeronáutica, recém-criado por determinação do ministério da Guerra, na estão Escola Técnica do Exército (atual Instituto Militar de Engenharia – IME).

Esse curso era destinado a candidatos civis com formação superior em Ciências Exatas e a oficiais aviadores, caso de Montenegro. Ao viajar para os EUA, em uma missão de trazer um lote de aviões de fabricação norte-americana, Casimiro Montenegro resolveu estender a sua visita até o Massachusetts Institute of Technology (MIT), que fica em Boston, para cujo chefe do departamento de Engenharia Aeronáutica, professor Richard Harbert Smith, encaminharia posteriormente seus planos e de quem viria a obter um apoio fundamental para montar o "**MIT brasileiro**" em São José dos Campos.

Em 1945, já com o professor R.H. Smith no Brasil, Montenegro lhe mostrou o local plano onde queria montar o Centro Técnico da cidade, que ficava ao lado de uma importante rodovia ainda em construção (via Presidente Dutra) e onde havia energia disponível. Surgiu assim a partir desse centro, o embrião para o nascimento do ITA (portaria Nº 88, de 24 de abril de 1950) – que se tornou uma das IESs de mais alto nível do País, tendo desde o início professores, com muita experiência, muitos trazidos do exterior, e que formou sua primeira turma em 1954.

Na realidade o ITA surgiu depois do decreto 27.695/50, que transferiu da Escola Técnica do Exército para ele os cursos de preparação e formação de engenheiros de aeronáutica, selecionando-se inclusive diversos professores e técnicos daquela escola para trabalharem na nova IES em São José dos Campos. O vestibular do ITA, que é aplicado em diversos pontos do Brasil, tornou-se reconhecido como um dos mais difíceis do País, e dos milhares de inscritos apenas uns poucos – os **mais estudiosos** – conseguem ingressar nessa IES. Atualmente o número de vagas é de 170. Em 2017, havia cerca de 820 alunos nos cursos de graduação e aproximadamente 1.300 nos cursos de pós-graduação, trabalhando na IES um total de 180 docentes.

O ITA foi pioneiro na abertura dos cursos de pós-graduação *stricto sensu* em engenharia no Brasil e o primeiro deles foi oferecido em 1961 sendo que formou o primeiro mestre na área de engenharia do País, em 10 de janeiro de 1963 na área de Física e na área de engenharia eletrônica em 22 de janeiro de 1963. Já o primeiro doutor surgiu apenas em 1970.

Na graduação, a matrícula do candidato aprovado e classificado no concurso de admissão implica compulsoriamente na sua matrícula no Centro de Preparação de Oficiais da Reserva da Aeronáutica (CPORAER ou simplesmente CPOR). Ao fim do curso no CPOR, que dura um ano, os alunos se tornam **aspirantes a oficial da reserva da Aeronáutica**. Como em outros cursos militares, existem métodos para seleção dos candidatos.

No início do primeiro ano do curso profissional (terceiro ano), os alunos que no ato da inscrição para o vestibular tenham optado pela carreira militar são reconvocados já com o posto de aspirante a oficial. Esses alunos passam a assistir as aulas fardados e recebem também instruções militares quinzenalmente.

Após a formatura, esses militares são promovidos ao posto de 1º tenente--engenheiro e então passam a perceber uma remuneração correspondente, ficando obrigatoriamente engajados na FAB pelo menos 5 anos, de modo que o investimento do dinheiro público em sua formação técnico-militar possa ser compensado pela prestação obrigatória do serviço militar.

As aulas no ITA são ministradas de segunda-feira à sexta-feira na parte da manhã (normalmente das 8 h às 12 h) e no período da tarde, frequentemente são realizados as outras atividades como práticas de laboratório e a execução dos trabalhos exigidos pelas diversas matérias, além de um tempo para estudar.

As provas são marcadas pelos próprios alunos para serem realizadas à noite. O aluno do ITA é submetido a um rigoroso sistema de avaliação nas provas e se tiver notas inadequadas, de acordo com o regimento, acaba sendo desligado do curso. As notas são lançadas na forma de conceitos: L (louvor – de 9,5 a 10); MB (muito bom – de 8,5 a 9,4); B (bom – de 7,5 a 8,4); R (regular – de 6,5 a 7,4); I (insuficiente – de 5 a 6,4) e D (deficiente – de zero a 4,9).

Desde a formação da primeira turma em 1954 até os que concluíram o curso em 2017, não ultrapassou ainda uma centena o número de alunos que se formaram com menções honrosas excepcionais: *summa cum laude* – média geral L; *magna cum laude* – média geral MB, com o mínimo de 50% das notas das matérias com o conceito L; e *cum laude* – média geral MB e nenhuma nota inferior a MB. Como se nota, mesmo entrando no ITA só alunos muito estudiosos, formar-se com muita distinção – só pouquíssimos conseguiram isso até agora...

A comunidade "iteana" possui um código de honra e de ética que desde os primeiros anos de existência do ITA ficou conhecido como **disciplina consciente**. É um conceito de difícil definição por causa de seus aspectos subjetivos, mas consiste na prática de ações dentro das normas estabelecidas, **sem a necessidade de fiscalização**. Uma forma de explicar o sentido geral é dizer que a disciplina consciente **consiste em fazer o que é certo por ser certo** (!!!), não porque alguém está fiscalizando. Por exemplo, os alunos do ITA não colam em provas e que muitas delas são aplicadas sem fiscais. Assim, a cola é vista como um ato de falta de disciplina consciente!!!

Você caro (a) leitor (a), acha possível aplicar uma prova sem fiscalização na IES em que se formou?

Bem, deixando essa provocação de lado, deve-se salientar que o ITA disponibiliza a todos os alunos um alojamento – que aliás foi projetado por Oscar Niemeyer – por uma taxa mensal de R$ 70,00 (2017), estando incluído nela o consumo de água e energia elétrica. Assim, mesmo os alunos que moram em São José dos Campos – são poucos – costumam optar por residir nesse alojamento, que conta com um amplo espaço para a prática de

SÃO JOSÉ DOS CAMPOS

esportes (quadras de basquete, vôlei, futebol de salão, vôlei de praia, piscina), churrasqueira, academia para musculação, salão de jogos com mesa de brilhar, salas para estudos, sala de música e vídeo, lanchonete e biblioteca própria. Os alunos têm alimentação gratuita, com quatro refeições diárias, com cada um podendo servir-se à vontade, mas alguns deles criticam a comida oferecida e recorrem a cantinas e restaurantes pagos no próprio DCTA.

Além da vida acadêmica no ITA, boa parte dos alunos se dedica também às suas próprias "**iniciativas**", ou seja, atividades extracurriculares, muitas realizadas no próprio alojamento. Assim, os estudantes do ITA participam de atividades esportivas, promovem eventos artístico-culturais, escrevem no jornal do ITA, tocam na bateria universitária, fazem parte de Empresa Júnior (que oferece soluções de engenharia a pequenas, médias e grandes empresas), juntam recursos financeiros para pagar por viagens técnico-culturais) para o exterior, fazem parte de equipes voltadas ao desenvolvimento de jogos e aplicativos em geral, inscrevem-se em competições de aeromodelos, constituem equipes para construção de robôs etc.

Muitos dos formados no ITA, tornaram-se personalidades no cenário nacional, como foi o caso de Tércio Pacitti, formado em 1º lugar da turma de 1952 e depois reitor do ITA em 1982, autor de vários livros de informática; Ozires Silva, fundador da Embraer, Urbano Ernesto Stumpf, tido como "pai" do motor a álcool; Marcos César Pontes (da turma de 1993), o primeiro astronauta brasileiro, Cássio Taniguchi, prefeito de Curitiba de 1997 a 2004, Emanuel Fernandes, prefeito de São José dos Campos entre 1997 e 2004, depois deputado federal (eleito em 2006) e secretário estadual etc.

Além do ITA, que tem renome internacional e com o seu concorrido concurso vestibular consegue trazer estudantes de todas as partes do País, geralmente pessoas muito estudiosas, que depois de concluírem seus cursos são intensamente disputados pelas empresas, não se pode deixar de citar a obra educacional da Universidade do Vale do Paraíba (Univap), que teve o seu início oficial em 1º de abril de 1992.

É verdade que suas raízes remontam a 1954, por ocasião da criação e instalação da Faculdade de Direito, pioneira de uma série de outras faculdades isoladas que surgiram depois, interligadas e mantidas pela Fundação Valeparaibana de Ensino (FVE).

Amilton Maciel Monteiro, escreveu o interessante livro *Elementos Históricas da Univap e de seu Berço*, no qual descreveu principalmente o grande esforço desenvolvido pelo prof. dr. Baptista Gargione Filho – por sinal quando bem jovem, ele foi meu professor de Física, no então Colégio Roosevelt do bairro do Ipiranga, em São Paulo, onde estudei no final da década de 1950 – que tornou-se seu reitor.

Desde sua solene instalação, a Univap estabeleceu como sua **missão**:

- Promover o ensino em todos os níveis, desenvolver a pesquisa e a extensão, pelo cultivo do saber, das letras, das artes e das técnicas.
- Constituir-se num agente de capacitação humana, capaz de contribuir para a elevação do capital intelectual.
- Desenvolver ações permanentes de forma que um contingente cada vez maior da comunidade possa usufruir dos benefícios das atividades desenvolvidas na Univap.
- Participar das atividades educativas e culturais, e prestar serviços de assistência técnica na solução de problemas da comunidade.
- Ser uma entidade catalisadora das potencialidades da RMVPLN.
- Perseguir permanentemente a busca da qualidade no processo educacional, incluindo-se a formação de uma consciência ética.
- Colaborar no esforço de desenvolvimento do País, articulando-se com a iniciativa privada e com os poderes públicos, para o estudo de problemas em nível regional e nacional.

Pois bem, o reitor Baptista Gargione Filho, após algumas décadas de profícuo trabalho fez a Univap destacar-se pela sua qualidade de ensino, inclusive nos cursos de pós-graduação *stricto sensu* e *lato sensu*, naturalmente muito ajudado pelo seu corpo docente, pelos funcionários administrativos, especialmente pelos seus quatro pró-reitores, particularmente do prof. Jair Cândido de Melo, engenheiro formado no ITA, que foi pró-reitor de extensão em 1992 e que é o atual reitor da Univap.

Com o trabalho do reitor Jair Cândido de Melo, e sua equipe, a Univap nessa 2ª década do século XXI continua se modernizando e acompanhando intimamente o que o mercado de trabalho necessita, e com esse objetivo:

a) Desenvolveu diversas atividades de pesquisas, com ênfase naquelas de interesse direto na RMVPLN.

b) Tem funcionado como agente de inovação científica-tecnológica na implantação de incubadoras e parques tecnológicos de empresas brasileiras na RMVPLN.

c) Ofereceu cursos de educação continuada para os profissionais da RMVPLN.

d) Criou novos cursos de todos os graus no âmbito da RMVPLN.

e) Implantou uma sistemática que possibilitou e estimulou o aperfeiçoamento contínuo de seu corpo docente e técnico.

Bem, pode-se dizer que com os seus *campi* em São José dos Campos e Jacareí, a Univap já formou muita gente **talentosa** que de certa forma é a justificativa do porquê a RMVPLN é tão pujante.

Aliás, na Univap, no seu *campus* Urbanova está localizado o Centro de Estudos da Natureza e o Observatório Astronômico.

O primeiro conta com borboletário, serpentário e salas temáticas para uma visita monitorada e instrutiva sobre as espécies da região. O Observatório é aberto ao público e oferece, além da oportunidade de contemplação celeste, palestras e cursos explicativos. Aliás nesse *campus* tem-se uma grandiosa igreja, muito frequentada pelos joseenses.

A partir de 2018, os joseenses têm agora a sua disposição o EAD, pois foi instalado na cidade um polo do UniFAJ.

Sendo um polo de indústrias aeroespaciais, de telecomunicações e automotivas, a cidade tem atraído **um grande contingente de visitantes** com interesse voltado para a tecnologia que se desenvolve não apenas no INPE, mas também no Instituto de Pesquisa & Desenvolvimento (IPDM), no Departamento de Ciência e Tecnologia Aeroespacial (DCTA) pois é dentro dele que estão o ITA, o Instituto de Estudos Avançados (IEAV), o Instituto de Aeronáutica e Espaço (IAE), o Instituto de Fomento Industrial (IFI) e o Centro de Computação da Aeronáutica de São José dos Campos (CCAST).

A cidade conta com parques tecnológicos, onde concentram-se várias instâncias oficiais que também se dedicam ao fomento do setor da tecnologia e da ciência. Assim, o Parque Tecnológico Univap conta com parcerias de empresas nas áreas de aeronáutica, espaço, saúde, biotecnologia, produtos médico--hospitalares, desenvolvimento de *softwares*, sensoriamento remoto e radar.

Por sua vez, o Parque Tecnológico de São José dos Campos possui centros de desenvolvimento tecnológicos nas áreas de energia, saúde, aeronáutica, recursos hídricos e saneamento ambiental e tem um centro empresarial com empresas que atuam em TIC, instrumentação eletrônica, geoprocessamento etc.

Cidades Paulistas Inspiradoras

O prefeito Eduardo Pedrosa Cury, que governou a cidade de 2005 a 2012 explicou: "São as micro e pequenas empreses as responsáveis por cerca de dois terços dos empregos gerados no município e, justamente por isso, que elas receberam atenção especial no planejamento de ações da administração municipal. Desenvolvemos dessa forma diversos programas e projetos de incentivo ao empreendedor e às micro e pequenas empresas, entre eles quatro incubadoras de pequenos negócios industriais, comerciais e de serviços. E no ambiente do Parque Tecnológico que funciona um centro empresarial para pequenas e médias empresas."

A estimativa é que em 2017 havia em São José dos Campos cerca de 210 mil domicílios particulares permanentes (casas, apartamentos etc.) sendo que cerca de 80% deles eram imóveis dos próprios residentes, a maioria já quitados.

O abastecimento de água na cidade está a cargo da Sabesp, que atende cerca de 98% dos domicílios, praticamente todos possuíam coleta de lixo e 95% das residências possuíam esgotamento sanitário.

A responsável pelo abastecimento de energia elétrica em São José dos Campos é a Empresa Bandeirante de Energia (EDP), alcançando cerca de 99,95% dos domicílios do município. Os principais canais de TV do Brasil têm as respectivas afiliadas na cidade, que tem alguns importantes jornais em circulação – *Agora Vale*, o *Vale*, o *ADC News* – e algumas rádios em AM e FM.

Existe na cidade um excelente aeroporto chamado Professor Urbano Ernesto Stumpf, que atualmente só é utilizado pela Embraer e pelo setor militar, pois infelizmente os voos comerciais civis foram cancelados.

A ferrovia atualmente só atende ao transporte de carga. Houve alguns anos atrás a discussão sobre a construção do trem de alta velocidade (TAV) entre São Paulo e o Rio de Janeiro, com parada em São José dos Campos, mas esse projeto caiu no esquecimento...

O que se "sonha" em São José dos Campos é com a construção de um metrô de superfície, que ligue a cidade de Jacareí, porém, isso também ainda está **no campo da imaginação**!?!?

Por causa da geografia do município e do seu padrão de expansão urbana, dividido por APAs, as rodovias Presidente Dutra e Tamoios, o rio Paraíba do Sul e o CTA, tornou-se necessário dispor de uma extensa malha de vias intraurbanas, o que praticamente se viabilizou no decorrer dos dois mandatos do prefeito Emanuel Fernandes (de 1997 a 2004). Entre esses projetos pode-se citar o anel viário, a via Leste (que interliga a zona oeste à zona central) e a via Norte (ligando o centro da cidade com a zona norte).

As seguintes rodovias passam pelo município:

- Rodovia Presidente Dutra (BR-116), que divide a cidade ao meio.
- A rodovia Monteiro Lobato (SP-50), que liga São José dos Campos a Campos do Jordão.
- A rodovia dos Tamoios (SP-99), que começa em São José dos Campos e termina em Caraguatatuba, no litoral norte, que foi ampliada e está sendo terminada a sua duplicação na serra.
- A rodovia Carvalho Pinto (SP-70) que liga a rodovia Ayrton Senna até a cidade de Taubaté.
- A rodovia Dom Pedro I (SP-65), que liga Jacareí e outras cidades do Vale do Paraíba à RMC. Apesar de iniciar-se no município limítrofe de Jacareí, seu acesso a partir de São José dos Campos é rápido e fácil, podendo ser feito a partir da via Dutra ou então da Carvalho Pinto.
- A rodovia Geraldo Scavone (SP-66), que é o trecho remanescente de antiga estrada Rio de Janeiro-São Paulo, que faz a ligação com o município de Jacareí.
- A rodovia Prefeito Edmir Vianna Moura, que é também outro trecho remanescente da antiga estrada velha Rio de Janeiro-São Paulo, e que faz a ligação do distrito de São José dos Campos com o distrito de Eugênio de Melo e com o município de Caçapava.

Estima-se que no final de 2017 circulavam em São José dos Campos cerca de 380 mil veículos, sendo que cerca de 270 mil eram automóveis e o restante motocicletas, ônibus caminhões, caminhonetes etc.

As avenidas duplicadas e pavimentadas e os muitos semáforos instalados têm facilitado e controlado o trânsito da cidade, entretanto o crescimento no número de veículos nos últimos anos já está gerando um tráfego cada vez mais lento. Além disso, tem se tornado difícil encontrar vagas para estacionar no centro comercial da cidade, o que tem provocado certo prejuízo para o comércio.

A cidade conta com muitas linhas de ônibus urbanos e interurbanos, que ligam São José dos Campos às cidades vizinhas, como Taubaté, Jacareí, Caçapava, Monteiro Lobato, Jambeiro, Paraibuna, Guararema, Santa Isabel e até Mogi das Cruzes.

362 **Cidades Paulistas Inspiradoras**

Três empresas operam o sistema de ônibus urbano e em 2011 foi implantada a integração total das linhas, disponível através da utilização do cartão eletrônico.

A principal entidade cultural em São José dos Campos é a Fundação Cultural Cassiano Ricardo (FCCR), criada oficialmente em março de 1986, que tem como objetivo planejar e executar e política cultural do município através da elaboração de programas, projetos e atividades que visam ao desenvolvimento cultural. É verdade que a secretaria de Esportes e Lazer também é responsável por outras áreas mais específicas da cultura joseense, tais como as atividades de lazer e práticas desportivas.

Aliás, convém ressaltar que Cassiano Ricardo Leite, nasceu em São José dos Campos em 26 de julho de 1894 e depois formou-se em direito no Rio de Janeiro, onde faleceu em 14 de janeiro de 1974. Ele foi jornalista, poeta e ensaísta, autor de dezenas de obras. Na realidade, sua obra passou por diversos momentos. Inicialmente apresentou-se vinculada ao parnasianismo e ao simbolismo.

Já na fase modernista, ele voltou-se para muitos temas nacionalistas e depois restringiu-se mais, quando buscou louvar a epopeia bandeirante, detendo-se, em seguida, em temas sociais intimistas, cotidianos, ou mais próximos da realidade observável. Em 1937 foi eleito para a Academia Brasileira de Letras, sendo o segundo modernista aceito na instituição (o primeiro havia sido Guilherme de Almeida, que foi escolhido para saudá-lo).

Sem dúvida, foi muito justo atribuir ao órgão que cuida da cultura e da arte em São José dos Campos o nome de Cassiano Ricardo.

A cidade possui vários espaços dedicados à realização de eventos culturais das áreas teatral e musical. O Teatro Municipal, por exemplo, foi inaugurado em 1978, então como um cinema (!?!?), sendo transformado de fato em teatro em 31 de julho de 1989 e reinaugurado em 2001.

Com capacidade para receber cerca de 500 pessoas, possui infraestrutura para eventos diversificados, como apresentações de dança, música, teatro e palestras!!! Por seu turno, o cine Santana, que foi inaugurado em 12 de outubro de 1952, com capacidade para 800 espectadores, com o crescimento da televisão e o surgimento de salas de cinema nos *shopping centers*, a possibilidade de alugar filmes em videolocadoras, foi perdendo o seu público e acabou fechado no fim da década de 1980.

Em 1994, o prédio foi relocado para FCCR e atualmente é usado como teatro para artes cênicas e dança. A FCCR criou ainda 12 "espaços culturais" espalhados em diversos bairros da cidade e neles são realizados cursos e oficinas gratuitas para a população, com atividades relacionadas ao artesanato, música, dança e culinária.

Também existe o estúdio Nosso Som, um projeto criado em 1999, no qual músicos emergentes gravam seus *compact discs* (CDs), para demonstração, utilizando para isso a adequada estrutura tecnológica que existe nele. A FCCR tem promovido diversos festivais e concursos, destacando-se em âmbito regional e nacional o *Festidança* e o *Festivale*, ambos realizados anualmente.

O *Festidança* ocorre sempre no mês de **junho**, promovendo apresentações concorrentes e trazendo convidados nas modalidades de balé clássico de repertório, bale clássico de criação, dança contemporânea, *jazz*, dança de rua, dança de salão, sapateado, danças folclóricas e étnicas e estilos livres, além de palestras, debates, bem como a realização da Mostra Nacional de Dança.

Já o *Festivale* é organizado em **setembro**, sendo o principal festival de teatro da região, no qual são apresentados espetáculos de rua e palco, teatro com bonecos e peças infanto-juvenis.

Há outros eventos com destaque regional e inclusive estadual, tais como o Festival da Mantiqueira, como foco na área da leitura, o Festival de Bandas e Fanfarras, o projeto Teatro no Parque e a Festa do Mineiro, na qual tem-se uma exposição de artesanato e a oferta de excelentes comidas típicas de Minas Gerais.

A FCCR apoiava muitos outros grupos culturais joseenses, como a Companhia Jovens de Dança, que criou a partir de 2005 núcleos de dança, seja amador ou profissional, compostos por jovens já iniciados na formação em dança e a Orquestra Sinfônica de São José dos Campos (OSJC), que foi criada em 2002.

Infelizmente, tanto essa orquestra de cunho erudito como o Coro Jovem foram extintos no final de 2016 e início de 2017!?!?

O FCCR tem a responsabilidade de administrar todos os espaços públicos culturais da cidade, dentre eles os seus museus. Entre eles está o Museu de Arte Sacra que foi inaugurado em 17 de dezembro de 2007 e possui um acervo religioso com mais de 50 peças, dentre imagens, objetos litúrgicos, oratórios, livros religiosos, bandeiras de procissões etc., e o Museu do Folclore, que reúne acervos do folclore da RMVPLN e promove exposições sobre o tema.

Outro museu da cidade é o Memorial Aeroespacial Brasileiro, que foi criado através de uma parceria com a Associação Brasileira de Cultura Aeroespacial e o ITA. O local conta com aviões e foguetes em exposição na área externa. Próximo a um lago, um monumento foi erguido em homenagem aos pesquisadores mortos no acidente ocorrido no Centro de Lançamento de Alcântara, na sua maioria funcionários do CTA.

Há, ainda, um galpão no qual está exposta a história da instalação do ITA. Esse local também é usado para que as empresas, tanto as pequenas como as médias e de grande porte, bem como as instituições produtoras de tecnologia possam divulgar seus trabalhos, disponibilizando-se aí espaço para reuniões, convenções e eventos de caráter tecnológico.

Não se pode esquecer do Espaço Cultural Mario Covas, que está instalado num prédio que foi construído em 1926 para ser a Câmara Municipal e o Paço Municipal. Nele atualmente está também o Centro de Informações Turísticas, a Superintendência do Trabalho Artesanal (Sutaco), o Museu do Esporte e é usado para as exposições da FCCR.

O Museu do Esporte foi inaugurado em 1999 e expões fotos, vídeos de competições, troféus, medalhas, acessórios e roupas usadas pelos atletas, retratando a história do esporte joseense nas mais variadas modalidades.

Já se falou um pouco disso, mas a cidade tem vários clubes esportivos, dentre eles o Clube Luso-Brasileiro, criado em 20 de abril de 1950, o Tênis Clube de São José dos Campos – que já obteve tanto sucesso no basquete – a Associação Esportiva São José (entidade desportiva de ponta em natação e que inclusive oferece cursos de golfe em seu clube de campo, o Santa Rita) e o Thermas do Vale (que tem um dos maiores parques aquáticos da região, além de haver nele espaço para a prática de vários outros esportes).

O principal estádio de futebol da cidade é o Martins Pereira, que tem capacidade para receber 16.500 espectadores. Ele foi construído pela metade, uma vez que o anel superior, previsto no projeto original, nunca foi feito. De qualquer modo, o estádio é palco dos jogos dos times profissionais da cidade – o São José Esporte Clube e o São José dos Campos Futebol Clube – além de abrigar alguns torneios amadores.

Os times de basquete e vôlei, que já existiram na cidade, usaram o ginásio do Tênis Clube ou o ginásio Lineu de Moura da Associação Esportiva São José. O time de futebol de salão tem jogado no ginásio do Tênis Clube e o São José Rugby Clube se apresenta no campo Toca do Leão ou no Martins Pereira. Por fim, o Futebol Clube Primeira Camisa joga no estádio ADC Parahyba.

Além dessas instalações dos clubes privados, o município possui diversos espaços públicos para a prática de esportes, que são de uso aberto. A prefeitura finalmente concluiu a construção de um ginásio multiuso na via Oeste, no entroncamento das ruas Campos Elísios e Winston Churchill, no Jardim das Indústrias. Esse ginásio passou a ser chamado de Arena Municipal de Esportes de São José dos Campos e tem capacidade para 4.400 pessoas!!!

Bem, São José dos Campos teve ao longo de sua história, bons prefeitos, como foi explicado por Alberto V. Queiroz no seu livro *Com a Palavra, o Prefeito*.

Esse livro termina com a entrevista daquele que talvez tenha sido o mais **ousado** e **realizador**, ou seja, o engenheiro Emanuel Fernandes, formado no ITA, que antes de ser prefeito foi gerente do INPE. Ele ficou conhecido pela frase: "**Não quero me vender à população, quero ser comprado**", que se tornaria um princípio orientador do seu trabalho público, para fazer a melhor pelos munícipes, sem fazer exceções, concessões ou favores indevidos.

Foi Emanuel Fernandes que enfatizou para os habitantes de São José dos Campos que sem contar com a colaboração deles não poderia acabar na cidade com o **subdesenvolvimento sustentável**. Ele explicava que o mesmo se desenvolve da seguinte forma na cabeça de uma pessoa:

1ª **Etapa** – Existe alguém que é responsável pelo meu insucesso, ou seja, pela minha desgraça. E este alguém ou alguns podem ser os burgueses, os neoliberais, os norte-americanos ou certos **integrantes do governo**.

2ª **Etapa** – Existem recursos para melhorar as coisas na nossa cidade, porém, falta **vontade política** aos gestores municipais. E com isso as pessoas não compreendem que os recursos que dispõe a prefeitura são finitos e escassos!!!

3ª **Etapa** – Alguém, em certo momento, virá me **salvar**!!! Isso significa que se os eleitores acertassem na escolha de um bom governante, os seus problemas seriam solucionados!!!

Pois é, foi com esse tipo de raciocínio que consolidou-se o nosso subdesenvolvimento sustentável, se bem que um fato é **indiscutível**: um bom prefeito como foi o caso de Emanuel Fernandes, pode melhorar bastante uma cidade e, como consequência, a vida de seus munícipes, viu?

Em São Luiz do Paraitinga, as tradicionais marchinhas entoadas pelas ruas da cidade atraem turistas.

São Luiz do Paraitinga

PREÂMBULO

Para aqueles que adoram natureza, trilhas, centros históricos etc., um município recomendado para se visitar é São Luiz do Paraitinga, que, atualmente, possui excelentes locais para relaxar depois de todos esses passeios.

Aliás, um dos locais de entretenimento e lazer é a Aldeia da Aventura, localizada a 8 km do centro da cidade. O lugar dispõe de piscina ao ar livre o ano todo, churrasqueira e um estacionamento privativo e gratuito.

Na região há pelo menos sete **pousadas** que, além do repouso, oferecem excelentes instalações para lazer. Veja a seguir algumas ótimas opções:

- **Villa Parahytinga** – Localizada a 2,8 km do centro, ela disponibiliza estacionamento e *Wi-Fi* gratuitos.
- **Apice** – Fica a 3 km do centro. Além de um belíssimo terraço, conta com uma boa piscina e um amplo jardim.
- **Asa do Vento** – Está a 2,1 km do centro. Dispõe de terraço ao ar livre e banheira de água termal.
- **Araucária** – Localizada num belo parque a 600 m do centro da cidade, ela oferece café da manhã, piscina e bar.
- **Primavera** – Fica a 800 m do centro e disponibiliza *Wi-Fi* gratuito e piscina ao ar livre.
- **Caravela** – Está do outro lado do rio Paraitinga, a 2,5 km do centro, e oferece bufê de café da manhã e geladeira compartilhada.
- **Fazenda São Luiz** – Localizada a 5 km do centro. Oferece piscina ao ar livre e *Wi-Fi* gratuito.

SÃO LUIZ DO PARAITINGA

Localizada a 171 km da capital paulista, a pequena cidade de São Luiz do Paraitinga é um importante destino turístico da região do Vale do Paraíba. Isso acontece não apenas por suas tradições caipiras, como **a Folia do Divino** e o **Carnaval de Marchinhas**, mas também pelo fato de o seu centro histórico ser considerado um **patrimônio cultural brasileiro**, tombado pelo IPHAN, em dezembro de 2010.

Segundo estimativas de 2018, o número de moradores do município era de 13 mil, espalhados por uma área total de 617,15 km². O nome da cidade vem do rio Paraitinga, cuja origem, por sua vez, é o tupi antigo, onde *para* quer dizer "rio grande"; *aib*, "ruim" e *tiag*, "branco". Assim, Paraitinga pode ser traduzido como "**rio ruim e claro**".

A cidade foi fundada em 1769 por bandeirantes oriundos de Taubaté, Mogi das Cruzes e Guaratinguetá, e o dia adotado para a comemoração de seu aniversário é 8 de maio. Ela foi elevada a **vila** e sede de conselho em 1773, tornando-se **cidade** apenas em 1857. Em 1873 São Luiz do Paraitinga recebeu do imperador dom Pedro II o título de **cidade imperial**.

Em 2002 a cidade foi declarada **estância turística**, sendo assim um dos 29 municípios paulistas com tal designação, por cumprirem determinados pré-requisitos definidos por lei estadual. Tal *status* garante a esses municípios uma verba maior por parte do Estado para a promoção do turismo regional.

Dentre os atrativos da cidade destaca-se, na área urbana, o seu conjunto arquitetônico, composto por mais de 450 imóveis antigos (alguns deles ainda mais que os outros...), que ocupam uma área superior a 6,5 milhões de m², e, como já mencionado, são considerados **patrimônio cultural brasileiro**.

Nos primeiros dias de 2010 a cidade sofreu muito com a forte enchente do rio Paraitinga, que destruiu oito de seus edifícios históricos, incluindo a igreja matriz do município, construída no século XVIII. Era o principal símbolo da cidade e desabou sobre si mesma depois de intensa chuva. Aliás, essa destruição foi registrada por um cinegrafista amador e essas imagens foram exibidas em vários telejornais do País, provocando forte comoção.

Após as enchentes, para a reconstrução da cidade foram recebidos cerca de R$ 15 milhões do ministério da Integração Nacional para a contenção de encostas e para a reconstrução de pontes e estradas, e aproximadamente R$ 100 milhões do governo do Estado para a reconstrução de prédios públicos, recuperação de estradas, reforma de escolas e construção de uma nova biblioteca.

Graças a essas verbas, ocorreu a reconstrução de diversas construções históricas, incluindo a igreja matriz São Luiz de Tolosa, que foi reaberta em 2014. Deve-se recordar que o sanitarista mais famoso do Brasil, Oswaldo Gonçalves Cruz, foi batizado ali em 5 de fevereiro de 1873.

Entre os filhos ilustres da cidade não se pode esquecer do compositor Elpídio dos Santos (1909-1970), cuja casa se tornou a sede do Instituto Elpídio dos Santos, fundado pela família dele em 2001. O objetivo dessa instituição, que se tornou uma referência para os luizenses (ou luisenses) – que, aliás, se identificam muito com essas obras – e os visitantes, é abrigar e preservar a obra do autor.

Outro filho importante da cidade é Aziz Nacib Ab'Saber (1924-2012), um grande especialista em geografia, que se concentrou nas consequências da atividade humana sobre a paisagem e elaborou em 1968 a **teoria dos refúgios**, que considera a biodiversidade da Amazônia como um resultado da interação de diferentes ecossistemas. De cima do mirante da Torre, um dos pontos mais altos da cidade e que permite observar bem o centro histórico com as suas ruas projetadas, ele disse: "É daí, entre um mar de morros, que se nota toda a beleza da minha cidade."

E é justamente num desses morros que está localizada a cruz que serviu como marcação inicial do caminho para Ubatuba, utilizado pelos jesuítas em 1881, que o batizaram com o seu nome atual: Alto do Cruzeiro!!!

Para o **turismo ecológico** e de **aventura**, destacam-se no município várias trilhas, como a da Pirapitinga, do Corcovado, do Poço, do Pito, do Ipiranga e do Rio Grande. Para a prática do *rafting* (uma modalidade de esporte aquático que consiste em descer corredeiras em botes infláveis, desviando-se e rodopiando a toda velocidade entre rochas e galhos), tem-se o Núcleo Santa Virgínia e o Brazadão, ambos no rio Paraibuna. Diversas corredeiras locais são de **nível quatro** – as mais difíceis que um amador tem permissão de descer, numa escala que vai até seis –, mas há trechos em que os instrutores obrigam os "tripulantes" a descer do bote para contornar as cachoeiras mais perigosas a pé.

Entre as importantes festas promovidas em São Luiz do Paraitinga, uma que atrai milhares de visitantes é a **Festa do Divino Espírito Santo** – a **Folia do Divino**. Em 2017, essa celebração aconteceu num período de 10 dias, entre 26 de maio e 4 de junho, quando tapetes coloridos feitos de serragem decoram as ruas da cidade. Entre as atrações musicais, estiveram presentes Sérgio Reis, Renato Teixeira, as irmãs Galvão etc. Durante o evento, os participantes puderam se deliciar com o tradicional prato da festa: o **afogado**.

A mobilização dos moradores para essa festa demonstra a importância do catolicismo para a cidade. Aliás, isso se comprova pelo cuidado e entusiasmo com os quais a administração municipal e todos os luizenses se envolveram na restauração de suas três igrejas: a matriz São Luiz de Tolosa; a do Rosário, construída no século XIX, e transformada em templo neogótico nos anos 1920; e a capela das Mercês.

Vale ressaltar que antes desse evento acontecer, um grupo de pessoas tem o importante papel de visitar todos os bairros rurais da cidade e parte dos municípios vizinhos, em especial os limítrofes (Logoinha, Cunha, Ubatuba, Natividade da Serra, Redenção da Serra e Taubaté), para arrecadar as prendas (ou doações) que servirão para financiar a festa.

No momento da visita, os moradores são convidados a participar do evento, e acontece uma espécie de ritual: a dona da casa recebe a bandeira, oferece as fitas que pendem do mastro para que todos os membros da família as beijem e, então, enquanto os foliões cantam, o dono da casa oferece sua prenda. É comum que a proprietária leve a bandeira a todos os cômodos da residência para que sejam abençoados.

Deve-se ressaltar que a bandeira do Divino é o centro das devoções da zona rural. Nela se colocam retratos de parentes, como testemunhas de alguma graça alcançada. Durante a permanência numa casa, a bandeira (feita em tecido vermelho e ostentando uma pomba prateada na ponta do mastro) fica sempre em um lugar de honra.

A Folia do Divino é formada por quatro foliões, sendo dois tocadores de viola (mestre e contramestre), um de caixa de percussão (contralto) e outro de triângulo (tipí). Eles são antecedidos pelo alferes, que é quem conduz a bandeira e é geralmente o próprio festeiro responsável pela parte administrativa da festa. Também faz parte da folia o cargueiro, cuja incumbência é recolher as prendas. A Folia do Divino incorpora um ritual que procura reforçar a crença no sagrado.

Em todo o município e, de forma mais acentuada nos bairros encostados na serra do Mar, observa-se que a bandeira é recebida com muito respeito e reverência, acreditando-se inclusive que o Divino Espírito Santo leva através da sua bênção, proteção contra pragas das plantações e de todo mal que posso existir.

372   Cidades Paulistas Inspiradoras

Vale a pena citar algumas outras manifestações populares que ocorrem em São Luiz do Paraitinga e atraem muitos visitantes:

➜ **Congada** – Esta é uma manifestação cultural e religiosa de influência africana, celebrada em algumas regiões do Brasil. Seu enredo inclui basicamente três temas: a vida de são Benedito, o encontro de Nossa Senhora do Rosário submergida nas águas, e a representação da luta de Carlos Magno contra as invasões mouras. O congada é um bailado popular dramático em que se representa a coroação do rei do Congo, por meio de danças e cantos, e com elementos musicais originários da África e da península ibérica. Os instrumentos utilizados são caixas, pandeiros, reco-reco, cuícas, triângulos, apitos, sanfonas etc. Atualmente em São Luiz do Paraitinga existem dois grupos de Congada: o do **Alto do Cruzeiro** e o **Congada de Todos os Santos**.

➜ **Moçambique** – Essa era a dança favorita dos escravos africanos, praticada nos dias em que os senhores lhes concediam folga do trabalho. Embora bastante modificada em relação à original, ela ainda acontece nos dias de hoje. Com guizos nos tornozelos – chamados "paiás" –, os participantes formam uma grande roda e, ao som de tambores e pandeiros, executam um sapateado ritmado e monótono, trocando no ar golpes de bastão e cantando estrofes que louvam são Benedito e Nossa Senhora do Rosário, santos de devoção dos escravos. Em seguida, todos se alinham como um batalhão, numa espécie de alusão às batalhas de Carlos Magno entre os exércitos cristão e o mouro, na época das Cruzadas. Tudo isso é representado na roupa da maioria dos grupos pelas cores vermelho e azul, e pelas faixas cruzadas sobre o dorso das dançarinas. Nas décadas de 1950 e 1960, São Luiz do Paraitinga chegou a ter 18 grupos de moçambique, sendo classificada pelo estudioso, pesquisador e folclorista Alceu Maynard Araújo como a "**capital da zona moçambiqueira paulista**". Atualmente a cidade possui a Cia de São Benedito, moçambique do bairro dos Alvarengas, liderado pelo mestre Raul Pires.

➜ **João Paulino e Maria Angu** – Há mais de um século que a apresentação do Casal de Gigantes ("Bonecões"), João Paulino e Maria Angu, vem se repetindo nas festas religiosas e profanas da cidade. Os bonecos representam a autenticidade do folclore local, sendo indispensáveis nas festas, principalmente na do Divino. Conta-se que o casal de bonecões teria sido feito pela primeira vez em meados do século XX, que veio morar na cidade e o seu nome era João Paulino. Ele percebeu que nas festas do Divino, já grandiosa naquela época, faltava uma diversão para as crianças. A ideia dos bonecos surgiu na sua cabeça por influência das tradições europeias, especificamente as ibéricas. João Paulino era casado com Maria, que vendia pastéis de angú (muito comuns na cidade) e foi dessa forma que apareceram os nomes dos bonecos que sobreviveriam ao seu criador e se tornariam uma grande tradição nas festas.

➤ **Cavalhada** – As cavalhadas recriam os torneios medievais e as batalhas entre cristãos e mouros, algumas vezes com enredo baseado no livro *Carlos Magno e os Doze Pares da França*, uma coletânea de histórias fantásticas sobre esse rei. No Brasil, elas acontecem desde o século XVII, principalmente durante as festas do Divino, nas regiões sul, sudeste e centro-oeste do País. Nesse teatro equestre participam um total de 24 cavaleiros divididos em dois grupos e vestindo uniformes adornados com fitas. Durante o evento, enquanto os cristãos (de azul) e os mouros (de vermelho) combatem a cavalo, realizando evoluções no campo, diversos meninos e rapazes – denominados "espiões" ou "palhaços" – brincam com o público nas arquibancadas, desenvolvendo uma espécie de "combate" paralelo. Atualmente, a Cavalhada de São Luiz do Paraitinga é comandada por Renô Martins e Lauro de Castro Faria.

➤ **Dança de Fitas** – Vestindo trajes multicoloridos, um grupo de meninas da cidade executa evoluções ao redor de um mastro de 2 m de altura, de onde pendem seis fitas vermelhas e seis azuis. Tudo acontece ao som de marchinhas e polcas. Os primeiros passos lembram um pouco a quadrilha das festas juninas, mas, graças ao entrelaçamento das fitas coloridas, logo o mastro fica todo quadriculado em azul e vermelho. Por muitos anos a dança de fitas da cidade foi liderada e organizada pela senhora Didi Andrade, contudo, nos últimos anos é a sobrinha dela, Rosa Antunes, quem cuida do grupo, dando continuidade a essa importante manifestação cultural local.

➤ **Jongo** – Trata-se de uma espécie de samba de roda, comum nos Estados da região sudoeste do País. O jongo costuma acontecer próximo de uma fogueira. A participação é livre e não há necessidade de indumentária especial. O canto tem um papel importante nessa festa. Ao desafio apresentado se dá o nome de "ponto" e o cantador seguinte precisa "desatar o ponto" nos versos que improvisar. A coreografia é simples, ou seja, uma dança de roda que se movimenta no sentido lunar.

A culinária é uma marca registrada na cultura de todos os povos. Por meio dos pratos de uma região é possível conhecer seus hábitos alimentares, sua cultura agrícola e até mesmo a hospitalidade local. Em São Luiz do Paraitinga a situação não é diferente. Como já mencionado, por ocasião da Folia do Divino são recolhidas prendas na comunidade. Parte dos itens doados são cabeças de gado, cuja carne é usada na preparação do **afogado**, um cozido de carne com batata acompanhado de macarrão e preparado em grandes tachos de cobre. O prato é servido gratuitamente e já se tornou marca registrada da Festa do Divino de São Luiz do Paraitinga.

Seria impossível para qualquer pessoa acabar com essa tradição. Ela teria de enfrentar uma enorme resistência da população local, visto que se defrontará com um argumento considerado absolutamente verdadeiro: "**O povo oferece ao Divino sua prenda, e recebe do Divino o afogado da festa.**" Segundo as crenças dos devotos, é o afogado da festa que transmite força para o organismo.

O Carnaval da cidade vem sendo reinventado ao longo dos anos, e atualmente está mais vivo e forte do que nunca. O evento – que na cidade é conhecido como **Carnaval de Marchinhas** – tem recebido mais e mais turistas a cada ano e já é destaque na imprensa nacional e internacional. Durante todos os dias do período carnavalesco, blocos se apresentam vestidos com fantasias e cantando suas marchinhas. Os mais conhecidos são o bloco Juca Teles e o Bloco do Barbosa.

Deva-se ressaltar que o Carnaval de São Luiz do Paraitinga tem características próprias. A prefeitura exerce um rígido controle e estabelece regras de comportamento que devem ser seguidas por todos, em especial pelos **visitantes**. A preocupação da administração municipal e dos moradores não é apenas com o comportamento dos turistas no sentido de não danificar o patrimônio histórico, mas de preservar o "**conforto acústico**" do local. Assim, é proibido ligar aparelhos de som em locais públicos. Também é proibido tocar axé, músicas sertanejas e outras melodias e ritmos nos dias de Carnaval. Na ocasião, só é permitido tocar ou cantar as marchinhas e, mesmo assim, somente aquelas compostas na cidade!!!

SÃO LUIZ DO PARAITINGA

Para garantir que todas as regras sejam seguidas, na medida em que vão chegando, todos os foliões de fora de São Luiz do Paraitinga recebem folhetos com as diretrizes do evento, nas quais se **destacam ainda a proibição** do uso de *sprays*, garrafas e copos de vidro. Pede-se ainda que não se urine nas fachadas das casas e, para garantir isso, mais de 100 banheiros provisórios são instalados em diversos pontos da cidade. Também não é permitido montar churrasqueiras nas calçadas, pois elas serão rapidamente apreendidas por um dos 150 policiais responsáveis pela segurança.

A atual prefeita, Ana Lúcia Bilard Sicherle, tem se empenhado para que o controle e a obediência das regras nos dias de Carnaval sejam cumpridos e, assim, com suas marchinhas e um jeito de festa à moda antiga, o Carnaval de São Luiz do Paraitinga seja de fato uma garantia de diversão para todos que gostam da **folia autêntica** (!?!?) e bem-comportada.

Em 2012, após se recuperar parcialmente da enchente de 2010 – ano em que o Carnaval foi suspenso –, a festa atraiu cerca de 150 mil turistas que, de fato, passaram dias muito agradáveis no local. Nesses últimos três anos, devido à recessão econômica, o Carnaval de São Luiz do Paraitinga sofreu bastante, pois a prefeitura não tinha recursos disponíveis para apoiá-lo adequadamente. Mesmo assim, ele continuou sendo um grande chamariz para visitantes. Em relação à festa, um obstinado folião de São Luiz do Paraitinga, comentou: "Há vinte anos eu passo o Carnaval na cidade, que é um encanto com o seu povo extremamente acolhedor. Esse Carnaval luizense não pode parar, sem muvuca, bem familiar e tradicional!!!"

Em 2017 a prefeitura teve de cancelar o seu apoio ao Carnaval. Mesmo assim, ele foi fomentado pela espontaneidade local. Assim, mesmo que para um público bem menor que nos anos anteriores – cerca de 20 mil pessoas –, o tradicional bloco do Juca Teles abriu as celebrações em 25 de fevereiro. Vale lembrar que os visitantes dessa edição tiveram de se adaptar às novas regras impostas na cidade. Por exemplo, por causa da proibição do uso de caixas de som e trios elétricos, os foliões usaram seus próprios instrumentos musicais e entoaram as marchinhas em um trajeto que percorreu as ruas do centro histórico, até terminar o cortejo na praça do Coreto.

Felizmente, o parque hoteleiro voltou a ter mais de 1.000 leitos disponíveis em 2018 e, além disso, novas pousadas foram abertas nas zonas rural e urbana para atender aos turistas. Outras opções para os visitantes incluem o aluguel de casas de temporada ou até mesmo montar uma barraca nas proximidades da igreja matriz. O Carnaval é de fato muito importante para a cidade, pois representa um grande faturamento para os setores de comércio, hospedagem e alimentação!!!

Em fevereiro de 2018 o Carnaval luizense felizmente voltou a existir em caráter oficial, e mais uma vez atraiu dezenas de milhares de foliões. Estes por sua vez voltaram a ouvir e a entoar marchinhas do tipo: "Juca Teles, amor em flor, boca do povo, são palavras de amor...".

Dessa vez, entretanto, a prefeita Ana Lúcia Bilard Sicherle introduziu mais algumas restrições nessa festa, como: a multa de R$ 1.028,00 para quem tocasse qualquer estilo musical que não fosse marchinha nas áreas delimitadas para o evento, incluindo o centro histórico; a obrigatoriedade de fechamento de todos os bares durante a passagem dos blocos e das bandas, entre as 20 h e a meia-noite; a cobrança de taxas salgadas para quem estacionasse na chamada zona azul, e de multas para quem fizesse xixi na rua.

No que diz respeito à exclusividade das marchinhas, o secretário de Cultura de São Luiz do Paraitinga, Netto Campos, explicou: "Não faz sentido abrir mão de algo tradicional!!!" E de fato, o Carnaval luizense de 2018 comprovou que o risco de as marchinhas perderem seu protagonismo é praticamente nulo. Quem comprovou isso foi o enorme contingente de pessoas que seguiram atrás do boneco do Juca Teles...

Em São Roque o Centro Educacional, Cultural e Turístico Brasital.

São Roque

PREÂMBULO

A Góes é a maior e mais bem-estruturada entre as vinícolas são--roquenses. Nela os visitantes – boa parte deles paulistanos, fazendo um bate-volta de 2 h (ida e volta) – têm a opção de participar de um passeio guiado de trenzinho pela vinícola. Este inclui uma **visita às plantações**, onde todos podem viver a experiência da colheita (se a visita acontecer na época certa...) guardando as uvas *niagara* numa cesta, e ir ao **setor de produção**, onde recebem de um enólogo as explicações sobre todo o processo de fabricação do vinho. Para o final da visita fica o melhor, é claro: a **pisa da uva** ao som de músicas típicas e a **degustação do vinho**. Claro que quem vai a São Roque planeja almoçar (ou jantar) na cidade. Nesse caso, uma opção excelente é o restaurante *Quinta do Olivardo*, cuja especialidade é o seu incrível bacalhau à moda.

Para os turistas que forem a São Roque pela Castello Branco, vale a pena conhecer os dois *outlets* existentes à margem dessa rodovia, onde são comercializados os mais variados produtos a preços bem atraentes. Um deles, o *Liquitudo*, que é especializado em eletroeletrônicos; o outro, *Catarina Fashion Outlet*, se concentra na venda de roupas, acessórios e artigos de decoração, e conta com cerca de 105 lojas, como Carolina Herrera, Adidas, Forever 21, Gap, Cecília Dale etc.

Para os que quiserem passar alguns dias em São Roque aí vão cinco sugestões de hotéis: Alpino, Villa Rossa, Stefano, Villa Maior e Cordielle e cinco opções de pousadas: Abaeté, Green Valley, Juriti Eco, Solar do Vinhedo e Ventos de Outono.

A HISTÓRIA DE SÃO ROQUE

Localizado a apenas 60 km da capital paulista, o município de São Roque ocupa uma área de 308 km². Segundo estimativas, no início de 2018 viviam na cidade cerca de 89 mil habitantes, sendo que 50,5% da população são mulheres... A cidade é servida por duas grandes rodovias, a Raposo Tavares (SP-270) e a Castello Branco (SP-280), e oferece muitas opções de lazer e bastante tranquilidade aos visitantes.

O clima serrano da região é ótimo. A temperatura média anual é de 20ºC, as paisagens são belíssimas e nele vivem pessoas muito hospitaleiros. Além disso, a cidade de São Roque dispõe de uma excelente infraestrutura hoteleira, de bons restaurantes, de um amplo comércio e dos mais saborosos vinhos da região.

A cidade foi fundada em 16 de agosto de 1657 pelo capitão paulista Pedro Vaz de Barros, também conhecido como Vaz Guaçu, o Grande. Na época, atraído pelos encantos da região, ele se estabeleceu junto com a família e com cerca de 1.200 indígenas às margens dos ribeirões Carambei e Aracai, onde deu início ao cultivo do trigo e da uva. O nome da cidade tem origem na devoção do seu fundador pelo santo do mesmo nome.

Em 1681, Fernão Paes de Barros, irmão do fundador, construiu a Casa Grande e a capela de Santo Antônio, em taipa de pilão. O local se tornou um ponto de parada e pousada para as bandeiras que desciam o rio Tietê em busca de esmeraldas!?!?

Mais tarde, especialmente a partir do século XIX, começaram a chegar na região muitos imigrantes portugueses e italianos. Essas pessoas plantaram seus vinhedos nas encostas dos morros e instalaram ali suas adegas, o que fez com que São Roque se transformasse na "**terra do vinho**".

Em 1832 São Roque foi elevado à categoria de **vila** e, em 1864, tornou-se **município**. Então, em 1990, por conta do seu grande potencial histórico, artístico, ecológico e cultural, a cidade ganhou o título de **estância turística**.

Há quem diga que atualmente a maior atração de São Roque seja o *Ski Mountain Park*, o maior centro de lazer de montanha do País, localizado a 1.000 m de altitude. São 320 mil m² de área, onde os visitantes têm a oportunidade de curtir a natureza e respirar um ar bem puro. O parque conta com uma pista de esqui (!!!), teleférico, tobogã, *playground*, *mountain bike*, churrasqueira, casa de chá, vinhataria, lanchonete etc. Aliás, em janeiro de

380 **Cidades Paulistas Inspiradoras**

2018, foi realizada no *Ski Mountain* a 1ª etapa do Campeonato Open Paulista de *Downhill*, com a participação de mais de 150 competidores em 12 categorias. O *downhill* é uma forma de ciclismo de montanha que consiste em descer o mais rápido possível um dado percurso.

Quem chega a São Roque pode realizar diversos passeios interessantes, como é o caso do **Roteiro do Vinho**, que inclui quase duas dezenas de vinícolas localizadas nas proximidades da área urbana. Entre essas casas especializadas destacam-se: Vinhos Canguera, Góes (Quinta do Jabair), Vinícola XV de Novembro (Quinta dos Moraes), Vinhos Quinta do Olivardo, Vinhos Sabbatini, Vinhos Sorocamirim, Vinícola Palmeiras, entre outras. Porém, quem não quiser fazer o percurso das vinícolas, pode adquirir as bebidas diretamente na *Vinholândia* ou na *Casa do Vinho*.

As empresas são como as pessoas, ou seja, traçam planos, compartilham momentos, superam crises, escrevem sua história e evoluem com o tempo. E isso não poderia deixar de acontecer com a Vinícola Góes, que em 2018 completou 80 anos de história e da qual já se falou um pouco no preâmbulo.

Para festejar o octogésimo aniversário, a Vinícola Góes preparou em 2018 diversos momentos de comemoração, em especial para agradecer a todos que permitiram a sua evolução. O primeiro desses momentos foi a XII Edição da Vindima Góes (que aconteceu de 20 de janeiro a 4 de fevereiro), aguardada pelos são-roquenses e pelos turistas oriundos de todas as partes do Estado.

A **festa da colheita da uva** e as **vendas** na realidade começaram em dezembro de 2017. Desde 1938, de geração em geração, a família de Gumercindo Góes, um dos pioneiros produtores de vinho do Brasil, mantém a dedicação e a unidade na produção das uvas e na elaboração de seus vinhos para agradar ao paladar brasileiro.

Nesse encontro contou-se a trajetória da Vinícola Góes por membros da família e depois o visitante foi levado em um charmoso trenzinho até o vinhedo. Durante esse trajeto, foi possível desconectar-se totalmente das tensões (em especial se o turista fosse paulistano...) e aproveitar o clima da região, envolvendo-se num papo descontraído durante o qual foram apresentadas as curiosidades do plantio e da colheita da uva, reforçando a importância da cultura vitivinícola para a economia de São Roque.

Chegando aos vinhedos, os visitantes colheram uvas diretamente das videiras e puderam ouvir uma detalhada explicação do enólogo Fábio Góes, que lhes revelou os segredos de produção, obtidos de boas safras. Posteriormente, já no interior da vinícola, os turistas puderam acompanhar um dos marcos de todo o evento – a **tradicional pisa da uva**. Na ocasião, também foi possível reviver a história da produção do vinho de maneira nostálgica e encantadora, observando-se as pessoas pisarem as uvas ao som de músicas típicas.

Após o passeio, todos foram convidados a fazer um brinde de celebração para a farta colheita e desfrutar, em meio ao ambiente das videiras, de um almoço típico português, acompanhado de toda a linha de produtos da Vinícola Góes. Cada visitante adulto pagou por esse evento algo como R$ 220,00, e foram muitos os que participaram dele...

Por seu turno, a tradicional Festa da Pisa da Uva do lagar Olivardo (7ª Edição) começou no dia 6 de janeiro. Na ocasião foi eleita a rainha, ou seja, a mulher que melhor representa a cultura da pisa da uva portuguesa, quando se levou em conta o seu carisma, a sua simpatia e os trajes típicos usados. Vale lembrar que em 2018, a rainha da festa foi Gabriela Rozzini, de 18 anos, a idade mínima para participar do concurso.

Sem dúvida o grande anfitrião desse evento foi Olivardo Saqui, que, com o seu restaurante *Quinta do Olivardo*, transformou-se numa referência nacional, tendo entre seus clientes grandes estrelas da TV e da música nacional, que comparecem ao mesmo para saborear suas delícias e encantar-se com as noitadas dedicadas ao fado. Realmente, quem vier a São Roque não pode deixar de ir à estrada do Vinho e fazer uma refeição no *Quinta do Olivardo*.

De qualquer modo, existem atualmente na cidade cerca de 50 endereços recomendados no que se refere a restaurantes, *pizzarias*, churrascarias e lanchonetes. E quem quiser passar alguns dias no município tem pelo menos umas duas dezenas de boas opções para hospedagem. Há locais para acampamentos e também sítios e chácaras que podem ser reservados para eventos festivos ou encontros empresariais. Tudo isso significa que São Roque está bem preparada para receber muitos visitantes.

Outro passeio bastante interessante é o **Roteiro da Raposo**, que começa no km 46 e vai até o km 60 da rodovia. Durante o percurso há várias atrações turísticas e de lazer, como pesqueiros (há quase uma dezena no município), sítios *day-use* (para passar o dia), restaurantes (são cerca de 50 na região, servindo especialmente comida italiana e portuguesa), pousadas e hotéis (mais de 20), centros hípicos, o casarão histórico, localizado no bairro do Carmo; as lojas de artesanato e produtos típicos.

E não se pode esquecer o **Roteiro do Centro**, na região central da cidade, que oferece diversas opções em termos de restaurantes, lanchonetes, bares, cafeterias, além de um amplo comércio; a igreja de São Benedito, construída pelos escravos em 1855, cujo estilo tosco à base de taipa de pilão é típico da época e a matriz, que revela linhas arquitetônicas modernas e, além dos belos vitrais em estilo mosaico, que abriga em seu teto e em suas paredes pinturas que são consideradas verdadeiras obras de arte, feitas pelos irmãos Gentilli.

Tem-se ainda a **Rota Taxaquara** – na serra de mesmo nome –, um roteiro histórico e ambiental que oferece atrativos culturais, ecológicos e gastronômicos, e onde também é possível encontrar hospedagem. Além de tudo isso, há outros locais bastante apreciados pelos visitantes, como:

- **Museu de Cera Alpino** – Localizado no hotel Alpino, o museu abriga estátuas de diversos personagens da história do Brasil, como Pedro Álvares Cabral, José Anchieta, dom Pedro I, além de bandeirantes, cangaceiros etc.

- **Centro Educacional, Cultural e Turístico Brasital**– Localizado num prédio construído em 1890 pelo comendador Enrico Dell'Acqua, que abrigou anteriormente uma das primeiras indústrias têxteis do Estado. São 10 mil m² de área construída num terreno de 10 alqueires, onde o visitante pode desfrutar de uma trilha ecológica de 1.100 m, recortada pelo ribeirão Aracaí, onde há uma cachoeira.

- **Estação ferroviária** – O prédio foi construído na década de 1930 e hoje, totalmente revitalizado, abriga a Guarda Municipal da cidade.

- **Mata da Câmara** – Trata-se da maior reserva ecológica da região, com 54 alqueires de mata atlântica, repleta de mananciais e habitada por esquilos, lontras, veados e muitas aves. Vale ressaltar que essa área já foi reconhecida pela Unesco como **patrimônio da humanidade**.

- **Morro do Cruzeiro** – Ele abriga uma cruz e a imagem do padroeiro da cidade: são Roque. No mês de julho, realiza-se nesse local uma importante novena que atrai alguns milhares de fiéis.

- **Morro do Saboó** – Local acessado por uma trilha de nível médio de dificuldade, de onde se tem uma vista privilegiada da região. Dali, em dias claros, é possível observar a cidade de Sorocaba, localizada a 40 km de distância.

- **Recanto Cascata** – O local, que abriga um lindo jardim natural e uma bela cascata formada pelas águas do ribeirão Carambei, é adequado para passeios, caminhadas e até mesmo para a realização de eventos.

- **Largo dos Mendes** – Localizado no centro da cidade, é um local

SÃO ROQUE **383**

para lazer e oferece academia ao ar livre e *playground*.

➜ **Praça da República** – No local há um coreto e uma fonte. Aos sábados, domingos e feriados, acontece ali uma Feira de Artesanato bastante movimentada.

Em São Roque são promovidos diversos eventos que aumentam a **visitabilidade** à cidade, atraindo gente de municípios como Cotia, Ibiúna, Vargem Paulista etc.

Esse foi o caso do 1º Festival Enogastronômico, do qual fizeram parte sete conhecidos restaurantes da cidade, como: *Sabor Du Chef, Cantina da Tia Lina, Bene Frutos do Mar, Bolinhas, Villa Don Patto, Deodoro* e a *Parrilla de La Montaña*, que durante todo o mês de outubro de 2017 ofereceram diversos pratos acompanhados de vinho ao preço único de R$ 50. É claro que muita gente aproveitou para conhecer as especialidades desses restaurantes, que, por sua vez, se mantiveram abertos todos os dias e ampliaram bastante sua clientela!!!

Como já foi mencionado, São Roque possui várias pousadas e muitos hotéis, onde os hospedes têm a oportunidade de degustar os bons vinhos da região. Esses estabelecimentos também são bastantes utilizados por empresas que reúnem ali seus funcionários para oferecer-lhes treinamentos e dar-lhes a possibilidade de meditar sobre os planos estratégicos dessas organizações.

A prefeitura de São Roque preocupa-se bastante com o calendário de festividades, pois sabe que isso é muito importante para a economia da cidade. Afinal, ela é a terra do vinho, da gastronomia e... é **bonita por natureza**...

Assim, em janeiro acontece nela a tradicional **Festa de São Benedito** e a mostra **Verão de Orquídeas**. Já em fevereiro (geralmente) ocorrem os desfiles das escolas de samba e dos blocos de Carnaval de rua.

Nos meses de março e abril, a cidade celebra a **Páscoa** com apresentações teatrais e a Corrida de Aleluia. Em maio os destaques são o **encontro dos proprietários de automóveis antigos** e a **romaria dos Cavaleiros**.

O mês de junho é repleto de festas, como a **das Nações**, da **Cultura Italiana**, do **Peão de Boiadeiro**. Nesse mês também se celebra o **Dia Municipal do Vinho**. Em julho as celebrações continuam, com uma série de festivais, como o de **Orquídeas e Plantas Ornamentais**, de **Cerejeiras Bunkyo – Sakura Matsuri** e o **Festival de Inverno**.

Cidades Paulistas Inspiradoras

Já em agosto tem-se o baile do aniversário da cidade, a Entrada dos Carros de Lenha e muitas outras festas tradicionais. Em setembro celebra-se a Semana da Pátria.

Em outubro, além do **Festival Estudantil de Música**, acontece a grande **Expo São Roque** (cuja 25ª edição aconteceu em 2017), entre 6 de outubro e 5 de novembro, aberta de sexta a domingo e também nos feriados (em especial nos dias 12 de outubro e 2 de novembro). Durante o evento os apreciadores de uma boa mesa podem participar de oficinas culinárias, onde *chefs* apresentam suas técnicas, receitas e dicas para o preparo de **alcachofras**. O visitante também é convidado a participar da tradicional **pisa da uva**, assim como de oficinas básicas sobre "enologia" e receber explicações de especialistas qualificados, dando assim um primeiro passo no sofisticado mundo dos "entendidos" em vinhos. É óbvio que nessa ocasião as vinícolas da cidade apresentam o que têm de melhor em termos de vinhos e sucos e, é claro, os visitantes nunca voltam para casa sem adquirir algumas garrafas de bebida e pelo menos uma dúzia de alcachofras.

Durante a Expo São Roque também acontecem muitas apresentações de música e dança, tanto no palco como nas ruas do espaço em que o evento está montado no Recanto da Cascata. Às sextas-feiras os visitantes podem dançar no Baile da Saudade e recordar-se dos tempos e dos ritmos desde a década de 1950 até o início dos anos 1990, ou até participar de um bingo.

No mês de novembro acontece o importante Festival de Teatro no Centro de Eventos Vasco Barioni, quando se comemora o Dia do Bandeirante e o Dia da Consciência Negra. Finalmente, em dezembro, os destaques são a **Semana Evangélica** e o **Natal Iluminado**.

Bem, esse é apenas o calendário básico da cidade. A verdade é que acontecem muitos outros eventos específicos no município ao longo do ano todo. Para os que apreciam cavalos, por exemplo, há atividades esportivas nas hípicas da cidade, além de outras competições esportivas nos centros e clubes são-roquenses e visitações a várias fazendas e ranchos da região.

Aliás, um destaque esportivo em 2017 foi a equipe Rugby São Roque (RSR), que disputou o Campeonato Paulista de Rugby Desenvolvimento, um dos torneios que pode ser considerado dos mais acirrados, uma vez que participaram dele equipes tradicionais tanto do interior paulista, quanto da capital. Embora tenha sido a primeira vez que o RSR participou dessa competição, conseguiu a conquista da quarta colocação, o que se transformou em um grande estímulo para os próximos campeonatos. Também em 2017, outras duas realizações foram a reformulação da equipe feminina e a criação do projeto RSR *Kids*, fazendo-se a difusão do rúgbi em escolas municipais. Com isso surgiram atletas entre 12 e 17 anos.

Em 9 de dezembro de 2017, ocorreu a 1ª Copa CCT São Roque Rugby *Seven a side*. Nesse evento houve a participação de 130 atletas distribuídos em cinco equipes masculinas e seis femininas, sendo um marco na história do RSR. Primeiro, porque a qualidade das equipes participantes possibilitou grandes confrontos e os espectadores tiveram o prazer de assistir a excelentes partidas. Em segundo lugar, porque isso auxiliou em uma das principais missões do RSR: a divulgação do rúgbi em São Roque e na região. E, em terceiro, porque foi um exemplo vitorioso de articulação e cooperação de todos os atletas do RSR envolvidos, com os seus patrocinadores e o poder público, este representado pelos departamentos de Esporte e de Saúde da prefeitura da estância turística de São Roque.

Deve-se salientar que o atual prefeito de São Roque, Claudio Goes, herdou uma prefeitura sem dinheiro, com dívidas para pagar e muita coisa urgente para ser consertada e/ou reorganizada, o que realmente dificultou um pouco (ou pelo menos adiou) a execução de muitos dos planos e projetos que ele imaginara para a cidade.

Muitas pessoas que votaram nele acreditaram que ele poderia administrar São Roque com o mesmo sucesso que se tem na Vinícola Góes, ou seja, a cidade sendo cuidada com o mesmo esmero do empreendimento da família do prefeito. Seria natural e lógico esperar que o prefeito pudesse trazer para a gestão municipal o mesmo **dinamismo** e a mesma **eficiência** que demonstrou na iniciativa privada. Infelizmente, entretanto, não é nada fácil implementar na administração pública municipal os mesmos procedimentos utilizados no setor privado. Isso porque na gestão municipal deve-se vencer muitos obstáculos que vão desde a pouca autonomia que possuem seus gestores até a burocracia que paralisa muitas atividades da prefeitura. Dessa maneira, por maior que seja a competência do prefeito, seu espírito empreendedor, na gestão municipal parece que existe uma rédea a segurá-lo ou pelo menos contê-lo em boa parte das ações que quer executar.

Mesmo assim, o prefeito Cláudio Góes conseguiu através da divisão de Trânsito da cidade instalar radares em diversas vias, em especial na avenida Bandeirantes, com o objetivo de evitar acidentes graves e fatais, pois em 2017 eles cresceram 400% em relação ao número registrado em 2016. A prefeitura também procurou investir na Santa Casa de Misericórdia para melhorar os atendimentos num hospital que carece de recursos. Aliás, no final de 2017, o deputado federal Vítor Lippi (que já foi prefeito de Sorocaba) confirmou para o prefeito Cláudio Góes que a Santa Casa receberá alguns investimentos do ministério da Saúde.

E o que é fundamental, o prefeito está procurando dar uma melhor **qualidade de vida** aos são-roquenses. Assim, contando com a colaboração da associação comercial da cidade, organizou-se em dezembro de 2017 uma grande programação de Natal na praça da igreja matriz, que abrigou diversos eventos musicais e recreativos voltados para as crianças.

Ele também organizou melhor o Carnaval de 2018, estabelecendo na avenida Bandeirantes o trajeto a ser percorrido pelas escolas de samba. Com isso um grande número de pessoas pode acompanhar as suas evoluções. Também foi importante a criação da Universidade Aberta da Terceira Idade (UNATI), com o apoio da Fatec, na qual são ministradas aulas gratuitas de **turismo**, uma atividade vital para o município. O principal objetivo da UNATI – que não tem a pretensão de ser um curso superior, mas sim uma **extensão cultural** – é a **educação associada ao envelhecimento**, voltada para pessoas que desejam viver com mais prazer e desenvolver algumas de suas potencialidades e habilidades, que por qualquer motivo tenham ficado em segundo plano ou esquecidas no passado.

Tudo indica que aos poucos o prefeito Cláudio Góes irá conseguir atrair para a cidade de São Roque cada vez mais visitantes interessados em curtir seu clima ameno, suas belíssimas paisagens e seu povo hospitaleiro. O município já possui uma excelente infraestrutura hoteleira, bons restaurantes, um amplo comércio e os mais saborosos vinhos da região. São Roque faz assim jus ao seu *slogan*: "**Terra do vinho, da gastronomia e bonita por natureza**."

Valendo-se dessa citação sobre a qualidade de vida em São Roque, convém dizer que em 31 de março de 2018 ocorreu a 71ª edição da Corrida de Aleluia, na qual estavam inscritos 2.000 atletas (boa parte deles de outras cidades) com destaque para 117 representantes da Unimed São Roque que utilizaram uma camiseta institucional com o destaque para o conceito Viver Bem, que está associado à visão holística sobre saúde, ou seja, que deve-se ter com ela um cuidado integrado e não fragmentado.

Nesse sentido participar de corridas ou caminhadas com certa frequência é uma das práticas para ter melhor qualidade de vida!!!

Vista de Serra Negra, a partir do Cristo Redentor.

Serra Negra

PREÂMBULO

Com lindos parques e jardins, belas praças, clima de montanha ricamente oxigenado e temperatura média de 20ºC, a cidade de Serra Negra é uma excelente escolha para se passar as férias ou curtir atividades de lazer.

Suas ecléticas programações culturais e artísticas de inverno e verão são atraentes para todas as idades. Além disso, eventos são programados para todas as semanas que incluem feriados prolongados, como é o caso das encenações da Paixão de Cristo e do Auto de Natal.

Contando com cerca de 80 hotéis fazenda, pousadas e centros gastronômicos de alta qualidade, Serra Negra se notabiliza também como um centro comercial de artigos de malha e couro.

Seus pontos turísticos são variados, destacando-se: suas fontes minerais, famosas pelas propriedades terapêuticas; seus roteiros rurais, seu teleférico, que leva até o Cristo Redentor etc. Todavia, o que mais agrada é o **ar puro**, a **tranquilidade** e a **segurança** que o visitante desfruta durante sua estada na cidade.

Serra Negra é conhecida também como "**a princesa da serra**" e quem vier conhecê-la pode aproveitar para conhecer algumas cidades que fazem limite com ela que são: Itapira, Lindoia, Monte Alegre do Sul, Socorro e Amparo.

A HISTÓRIA DE SERRA NEGRA

Embora esteja localizada a apenas 157 km da capital paulista, durante muito tempo o acesso a Serra Negra foi bem difícil. Isso por conta de suas montanhas, chamadas de **negras** por causa da vegetação escura que as cobria. Segundo estimativas, viviam no município de 203 km^2 de área, no final de 2017, cerca de 30 mil pessoas.

O nome mais importante na história dessa cidade é sem dúvida o de Lourenço Franco de Oliveira, considerado o verdadeiro fundador de Serra Negra. Ele nasceu em 1775 na cidade de Bragança Paulista e se casou com Manoela Bueno. Devido ao seu espírito aventureiro, ele decidiu viajar pelos sertões, levando consigo sua família e uma caravana de escravos. Ele seguiu até chegar a Mogi Mirim, que na época era uma espécie de posto avançado entre a sede da capitania de São Paulo e terras desconhecidas!!!

Depois de explorar diversas áreas, ele acabou fixando residência no local hoje ocupado pelo bairro das Três Barras. Ali ele formou uma fazenda de criação de gado e passou a cultivar cereais. Ele então propôs aos poucos moradores da região que se fundasse uma pequena capela. Esta foi erigida em nome de Nossa Senhora do Rosário do Rio do Peixe.

Segundo a tradição, conta-se que a imagem da santa teria sido encontrada perto de um velho tronco de árvore. A crença popular destaca que a santa desejava não sair da companhia do velho tronco (!?!?), por isso, a capela foi erguida no próprio local, num terreno do próprio Lourenço Franco de Oliveira. Em 1828, Lourenço pediu ao bispo da diocese de São Paulo, dom Joaquim Gonçalves de Andrade, a concessão do título de **capela curada** a Serra Negra, e, a partir daí, foi designado um padre para "conduzir as ovelhas" do local. É por esse motivo que se comemora a fundação da cidade em 23 de setembro de 1828.

Muito tempo depois, em 1841, uma lei elevou o povoamento de Serra Negra à categoria de **freguesia**, que nada mais é que um povoado onde vive um conjunto de paroquianos (isso sob um aspecto eclesiástico). Na medida em que o povoado foi prosperando, seus moradores mais influentes trabalharam ativamente no sentido de conseguir uma nova elevação para Serra Negra, dessa vez à categoria de **vila** (um patamar entre aldeia e cidade) e, posteriormente, até a criação de um **município** (uma circunscrição administrativa em que se exerce a jurisdição de uma vereança) em 24 de março de 1859. Somente em 21 de abril de 1885 foi que Serra Negra chegou à categoria de **cidade**.

Serra Negra é um dos 11 municípios paulistas considerados **estâncias hidrominerais** do Estado, pelo fato de atenderem aos pré-requisitos definidos por lei. Como já foi mencionado, tal *status* garante a essas cidades não apenas uma verba maior por parte do Estado para a promoção do turismo regional, mas também o direito de a cidade agregar ao seu nome o título em questão, que passa a designá-la nos âmbitos municipal, estadual e federal.

Com isso os serra-negrenses (ou simplesmente serranos) conseguem difundir melhor a imagem da cidade, acrescentando a isso o que diz o seu lema: *Virtute Pavlistarum Florvi* (cujo significado em latim é "Floresço graças ao valor dos paulistas").

A principal atividade econômica de Serra Negra é o **turismo**, e para isso a cidade conta com uma extensa rede hoteleira. Apesar de ser relativamente pequena, Serra Negra possui mais de cinco dezenas de confortáveis hotéis e pousadas, podendo receber todos os dias, e com tranquilidade, alguns milhares de visitantes.

A **agricultura** e a **extração de água mineral** são outras atividades que contribuem significativamente para a economia da cidade. Aliás, no que se refere a água, há na cidade onze empresas atuando nesse setor, o que transforma Serra Negra numa das maiores produtoras de água engarrafada do Estado.

Atualmente a cidade surpreende aos visitantes pela grande variedade em termos de opções de **lazer** e **entretenimento**. Ela se tornou famosa pelo seu tradicional comércio de rua. Assim, ao longo das ruas Coronel Pedro Penteado e Sete de Setembro, as principais vias do centro, e duas ruas transversais, há muitas lojas especializadas e acessórios e moda em couro, além de malhas, artesanatos, doces e presentes diversos. Isso transforma o centro da cidade num verdadeiro *shopping* a céu aberto.

O município de Serra Negra possui diversas fazendas e vários sítios na zona rural abertos à visitação. Eles fazem parte de uma "**rota de queijos e vinhos**" da cidade. Esse é o caso da fazenda Chapadão, uma propriedade especializada na produção de queijos artesanais. Entre as variedades de queijos finos, destacam-se o *gouda*, o *saint-paulin*, o *boursin*, o reino, o bola amanteigado, o minas, o parmesão, o cobocó e o *caccio cavallo*. Aliás, além dos queijos, também podem ser adquiridos nessa fazenda outros laticínios, como iogurtes, doces de leite, coalhada etc.

Também é muito visitada a fazenda da família Sillotto e o seu Museu do Vinho e da Cachaça, que mantém a tradição italiana na fabricação de bebidas artesanais, como vinhos e cachaças. Nela são vendidos produtos como cachaça azul, *grappa*, vinhos artesanais e produtos coloniais. O museu que funciona no local está instalado em um gigantesco alambique de 60 mil litros, e dentro dele estão objetos que contam a história do vinho, da cachaça e da cidade.

A cachaça também é destaque no sítio Bom Retiro, da família Carra, onde as bebidas já receberam muitos prêmios nacionais e internacionais. Uma das cachaças premiadas é a *Adamada*, que é destilada com flor de maracujá e descansada em barril de cerejeira francesa, sendo exportada para a França. Outra atração desse local é o *Kachimello*, um bidestilado alcoólico de cana-de-açúcar e açúcar mascavo, elaborado com pó de guaraná!!! Nesse sítio há também vinhos bastantes saborosos.

Já no sítio Rio das Pedras o visitante poderá deliciar-se com um almoço caipira preparado no fogão à lenha e servido em panelas de barro. Por sua vez, no café da tarde o turista tem a oportunidade de participar de um verdadeiro banquete de quitutes caseiros, com diversas geleias, compotas e uma grande variedade de produtos coloniais. Nesse sítio também é possível aproveitar a ampla área verde de suas matas para fazer atividades físicas ou caminhar por suas trilhas ecológicas. Seus lagos são perfeitos para a prática de pesca esportiva.

Também não se pode esquecer do sitio Santo Antônio, com a sua vinícola Casa di Pietra, uma propriedade localizada no meio de belíssimas paisagens. A especialidade do local é o café de terreiro, premiado em diversos concursos no Estado. Nela é possível adquirir vários vinhos secos e suaves, como o *cabernet sauvignon*, o *merlot* e santa Isabel, além do mel silvestre e alguns outros produtos do campo.

Em Serra Negra, quem prefere ficar no centro da cidade, ou mais especificamente na praça Sesquicentenário, pode desfrutar de uma ampla área verde para fazer caminhadas ou até desenvolver outras atividades, como por exemplo andar numa das maiores pistas de *skate* do interior paulista. Nessa praça, acontece nos fins de semana uma interessante feira de artesanato. Além disso, ela é o ponto de partida do teleférico da cidade, com 1.500 m de comprimento, que transporta os viajantes em cadeiras individuais do centro até o mirante do Cristo Redentor, um monumento inaugurado em 1952 no alto do pico do Fonseca, com 1.080 m de altura. Vale ressaltar que essa estátua do Cristo mede 18 m (6 m só de pedestal), e é considerada uma das maiores do País.

No centro de Serra Negra há outra atração: a Disneylândia dos Robôs, que foi criada em 1989 por Pedrinho Tomé, um autodidata em robótica e eletrônica. No local são apresentados muitos robôs mecanizados e interativos, feitos com mais de 8 toneladas de sucata. O ambiente é impressionante e repleto de sons.

Para quem gosta de altura, uma ótima alternativa é visitar o mirante Alto da Serra, o ponto mais alto da região, com 1.310 m de altura, de onde é possível avistar cerca de 10 cidades da região. O passeio de trenzinho até lá é bastante requisitado, sendo que o trajeto começa na praça Sesquicentenário, cruza a cidade e sobe por entre os extensos cafezais da região.

Outro local imperdível para o visitante é o lago dos Macaquinhos, localizado a 6 km do centro da cidade. Trata-se de uma ampla área verde de lazer onde há um lago e, dentro dele, uma ilha repleta com esses animais. Utilizando um pedalinho é possível chegar bem perto deles. Nesse local também se pode cavalgar, praticar arborismo (infantil), fazer escalada e até tirolesa. Também há ali um bom restaurante e chalés para hospedagem.

Por fim, é preciso citar o parque Represa Doutor Jovino Silveira, onde há uma estação de tratamento de água em forma de barragem, com dois milhões de litros de água. No local há uma ampla área verde, quiosques, viveiros de pássaros, lanchonete, pista para jogar bocha, *playground* e a fonte Nossa Senhora de Lourdes.

E por falar em fontes, vale lembrar o **poder terapêutico** das fontes locais, o que inclusive fez com que Serra Negra se tornasse conhecida como "**cidade saúde**". O apelido foi oficializado pelo presidente brasileiro Washington Luís, e há décadas isso vem atraindo muita gente para a cidade.

Com tantas atrações e facilidades para acomodar visitantes, a cidade também se preparou para receber os mais variados congressos, feiras e eventos culturais, construindo um grande centro de convenções, um dos maiores do Estado, com 15 mil m^2 de área construída, três auditórios, salas de apoio e cinema, além de um estacionamento para 500 automóveis.

Aliás, ter um bom centro de convenções é um dos requisitos que toda cidade média ou pequena deve cumprir se quiser atrair com certa frequência milhares de visitantes para ela. Assim, por todas essas atrações, Serra Negra deveria ser um exemplo para as cidades que querem se tornar **inspiradoras** e inclusive por outros eventos, como a realização desde 2006 do Festival Ars Viva de Música, com apresentações de música erudita em vários pontos da cidade, como a praça Prefeito João Zelante, no auditório Mário Covas Júnior, nas igrejas São Benedito e Nossa Senhora do Rosário etc.

Talvez Serra Negra tenha "copiado" esse evento cultural de Campos do Jordão, mas o fato é que ele atrai não só os seus moradores, mas também muitos visitantes para a cidade, viu?

Sorocaba, a cidade educadora e saudável, excelente lugar para se viver!!!

Sorocaba

PREÂMBULO

Muitos urbanistas argumentam que uma das soluções mais sustentáveis para a **mobilidade urbana** seja a utilização da **bicicleta**. Neste sentido, uma ótima **inspiração** para muitos prefeitos seria uma simples visita a Sorocaba, onde muitos trabalhadores voltam para casa no fim do dia pedalando suas "magrelas". E para possibilitar esse tráfego, vias exclusivas e sinalizadas cortam a cidade e conectam as mais diversas regiões, sem distinção entre bairros ricos e pobres. Ao terminar seu mandato em 2012, o então prefeito Vitor Lippi deixou a cidade com cerca de 126 km de ciclovias, o que fez com que ela fosse apontada como a que mais investiu no transporte por *bikes* no Brasil – com exceção das capitais estaduais.

Mas não é somente a mobilidade que atrai as pessoas para Sorocaba. A cidade também chama atenção por outros motivos: um deles é o fato de nela existirem atualmente muitas opções para a compra de bons apartamentos, e a preços menores que os praticados em São Paulo. Isso permite que os moradores vivam próximos de seus empregos, em bairros com parques, academias, restaurantes, o que, por si só, os inspira a usar suas bicicletas até mesmo nos dias de descanso.

E, por falar em dias de descanso, vale ressaltar que os sorocabanos têm boas opções no que se refere à apreciação de artes. Nas salas da galeria Villa Luperca, por exemplo, localizada no centro da cidade, foram expostas durante quase três semanas em 2017 obras de Picasso, Salvador Dali, Victor Vasarely e do brasileiro Roberto Ferraz Sampaio, o Dagô, autor de espetaculares esculturas em pedra-sabão.

Pois é, isso é um pouco do que atrai tanta gente para **viver, trabalhar** e se **sentir feliz** em Sorocaba.

A HISTÓRIA DE SOROCABA

Além de ser uma importante cidade paulista, Sorocaba é líder de uma região metropolitana (RMS) composta por 26 municípios, e cuja população total em 2017 era estimada em 2,2 milhões de habitantes. Com cerca de 660 mil habitantes, Sorocaba é a **oitava cidade mais populosa** do interior do Estado, sendo precedida apenas por Guarulhos, Campinas, São José dos Campos, São Bernardo do Campo, Santo André, Osasco e Ribeirão Preto, e a 32ª maior no Brasil. Os seus municípios limítrofes são: Porto Feliz, Votorantim, Mairinque, Itu, Araçoiaba da Serra, Salto de Pirapora, Iperó e Alumínio.

A cidade está localizada a 87 km de distância da capital paulista e as principais rodovias que dão acesso a ela são a Castello Branco (SP-280) e Raposo Tavares (SP-270). A cidade é atravessada pelo rio Sorocaba, que percorre 227 km até desembocar no município de Laranjal Paulista, mais especificamente no rio Tietê, sendo o seu principal afluente na margem esquerda. Vale lembrar também que o rio Sorocaba é formado pelos rios Sorocabuçu e Sorocamirim, que percorrem municípios de Ibiúna, Cotia, Vargem Grande Paulista e São Roque.

Um fato muito interessante a respeito do município de Sorocaba é que por ele – mais especificamente nos bairros de Aparecidinha e Parque São Bento – passa o trópico de Capricórnio, na latitude 23º26'16". Aliás, quem chega à cidade de carro, pode vislumbrar o marco que sinaliza essa passagem. Ele fica no entroncamento da rodovia José Ermírio de Morais (SP-75, denominada Castelinho) com a interligação da rodovia Raposo Tavares, na chamada rodovia Dr. Celso Charuri (SP-91/270).

O município de Sorocaba ocupa uma área de 450,38 km², porém, desde 1997 ele conta com um projeto de expansão iniciado pelo governo municipal. Também foram desenvolvidos diversos projetos de urbanização e, além disso, a cidade recebeu investimentos que a tornaram uma das mais importantes do País em termos econômicos. Sorocaba é um grande polo industrial, cuja produção alcança cerca de 120 países do mundo. Seu PIB em 2017 foi de R$ 35 bilhões, o que a posiciona entre as 20 mais ricas cidades brasileiras.

No que se refere à história, foram os **bandeirantes** os primeiros a passarem pela região onde está atualmente Sorocaba. Isso aconteceu quando se deslocavam para Minas Gerais e Mato Grosso à procura de ouro e prata. Em 1589, o português Afonso Sardinha esteve no morro de Araçoiaba à procura de ouro, porém, lá encontrou somente minério de ferro!!! Foi ele quem construiu a **primeira casa da região**, que daria origem mais tarde à

Cidades Paulistas Inspiradoras

fundação da vila de Nossa Senhora da Ponte do Monte Serrat. Por ordem do então governador-geral do Brasil, dom Francisco de Sousa (no período de 1591 a 1602), foi inaugurado nessa vila, em 1599, o **pelourinho** – um símbolo do poder real.

O capitão Baltasar Fernandes, instalou-se na região com sua família em 1654, nas terras que recebeu do rei de Portugal. Na ocasião ele também trouxe consigo muitos escravos indígenas vindos de Santana de Parnaíba. Então, em **15 de agosto de 1654**, fundou um povoado com o nome de Sorocaba, cujo nome é formado por duas palavras do tupi: *sorok* ("rasgar") e *aba* (lugar de ou da), que juntas querem dizer "**lugar da rasgadura**".

Baltasar Fernandes doou algumas terras aos beneditinos de Santana de Parnaíba, para que eles construíssem no local um convento e uma escola. O conjunto recebeu o nome de "**mosteiro de São Bento**", e foi inaugurado em 1660. Em seguida, em 3 de março de 1661, o povoado foi elevado a **vila** e passou a se chamar Nossa Senhora da Ponte de Sorocaba.

O bandeirismo foi o primeiro ciclo a marcar a vida de Sorocaba. Ele aconteceu quando os **sorocabanos** se aprofundaram além das linhas demarcadas no tratado de Tordesilhas e montaram entrepostos comerciais e de mineração. Os bandeirantes sorocabanos Paschoal Moreira Cabral e Miguel Sutil foram os fundadores da cidade de Cuiabá. Na época, eles aprisionaram índios para que estes fossem usados como escravos nas próprias fazendas paulistas e, particularmente, em Sorocaba.

O historiador Sergio Buarque de Holanda relatou que nos séculos XVII e XVIII, Sorocaba tinha uma importante produção agrícola. A partir do século XVIII, o bandeirantismo de predação foi gradativamente substituído pelo comércio de mulas. Foi o coronel Cristóvão Pereira de Abreu, um dos fundadores do Estado do Rio Grande do Sul, que conduziu pelas ruas do povoado a primeira tropa de muares em 1733, inaugurando assim o **ciclo do tropeirismo**.

Assim Sorocaba tornou-se um marco obrigatório para os tropeiros devido a sua posição estratégica, ou seja, sendo um eixo econômico entre as diversas regiões do País. Com esse fluxo de tropeiros, o povoado ganhou uma feira onde os brasileiros de todos os Estados, reuniam-se para comercializar animais, isto é, na **feira de Sorocaba**!!!

Este fluxo intenso de pessoas e riquezas promoveu em Sorocaba o desenvolvimento do comércio e das indústrias caseiras, baseadas na confecção de facas, facões, redes de pesca, doces e objetos de couro para montaria. No século XIX, mais especificamente em 1852, começaram a surgir as primeiras instalações fabris em Sorocaba, se bem que nessa época o comércio de algodão cru era responsável pelos maiores lucros dos sorocabanos.

E a cultura do algodão se desenvolveu tanto que fez com que Luís Mateus Maylasky, o maior comprador de algodão da região, construísse a EFS, inaugurada em 1875. A ferrovia se tornou um dos principais fatores para o desenvolvimento industrial de Sorocaba. Tanto que na cidade foi inaugurada a primeira metalúrgica em escala industrial da América Latina, a Real Fábrica de Ferro São João do Ipanema.

Todavia, a partir da queda na exportação do algodão, os sorocabanos passaram a industrializar a fibra na própria cidade. Dessa maneira, Manoel José da Fonseca inaugurou em 1882 a fábrica de tecidos Nossa Senhora da Ponte. Logo depois, em 1890, surgiram as fábricas Santa Rosália e Votorantim. Com isso, começou a evoluir o parque industrial de Sorocaba, juntamente com as indústrias têxteis de origem inglesa que se instalaram na cidade. Assim a cidade passou a ser conhecida como "**Manchester paulista**", uma alusão à cidade inglesa que já tinha muito destaque no setor têxtil da Europa.

Com o declínio da indústria têxtil a cidade buscou novos caminhos e, a partir da década de 1970, diversificou muito a seu parque industrial. E o que ajudou nisso foi a sua excelente infraestrutura rodoviária e de transportes públicos, assim como sua rede de energia elétrica, seus sistemas de telecomunicações, deposição de lixo e resíduos industriais, e o suprimento de água e tratamento de esgoto.

Atualmente, entre as principais atividades da cidade encontram-se empresas voltadas para os mais diversos campos de atuação: as automotivas (com destaque para a presença da Toyota) e de autopeças; as de equipamentos agrícolas; as empresas químicas, petroquímicas e farmacêuticas; as companhias de papel e celulose; as especializadas em mecânica, siderurgia e metalurgia; as especializadas em produção de cimento, de máquinas e ferramentas; as de eletrônica e energia eólica; as de telecomunicações. Trata-se de fato de um amplo portfólio, que permitiu a Sorocaba alcançar uma boa situação econômica e se revelar uma cidade dinâmica e repleta de talentos, nos mais variados setores industriais.

Especificamente, sobre a Toyota, que representa muito para a economia da cidade, após ter tido um aumento de vendas de 5% em 2017, em relação a 2016, (abaixo entretanto dos 9,4% verificado para o mercado dos automóveis e comerciais leves no Brasil), a empresa decidiu ampliar a sua produção, acreditando que o seu desempenho foi prejudicado em parte pela falta de condições de atender bem à demanda, pois as suas fábricas operaram no limite da sua capacidade!!!. Assim a solução em 2018 foi introduzir o **terceiro turno** de trabalho inicialmente em duas fábricas, a de automóveis em Sorocaba, que produz o compacto *Etios*, e a de motores de Porto Feliz. Essa será a primeira vez que isso acontece em 60 anos da presença da empresa no Brasil.

Essa medida foi adotada no 2º semestre de 2017, após o início da produção, em junho, do *Yaris*, um sedã que vai disputar o mercado com os concorrentes. Aliás espera-se que em 2019 a Toyota lance no País o *Príus Hybridflex,* com tecnologia que concilia gasolina, etanol e eletricidade que foi desenvolvida por engenheiros brasileiros.

Na cidade de Sorocaba estão instaladas cerca de 23 mil empresas, sendo que mais de **duas mil** delas são **indústrias**!!! Aliás, pode-se afirmar que as novas áreas industriais de Sorocaba (e também de Campinas e Jundiaí) foram as maiores responsáveis pela descentralização industrial da região metropolitana de São Paulo (RMSP), em especial na primeira década do século XXI, o que foi comprovado pela Fundação Sistema Estadual de Análise de Dados (Seade).

Naturalmente o **setor terciário** é um grande empregador em Sorocaba também, especialmente os seus sete grandes centros comerciais, ou seja, os *shoppings*: Cidade, Iguatemi Esplanada, Olga, Panorâmico, Pátio Cianê, Plaza *Shopping* Itavuvu e Sorocaba e os mercados: o Municipal, o Distrital o Ceagesp e o Campolim.

Em 2012 a cidade foi considerada o quinto maior mercado consumidor do interior no País, e o segundo do Estado de São Paulo (atrás somente de Campinas). Em 2015 Sorocaba foi eleita a 12ª melhor cidade da Nação para se **investir**; em 2016, ela se tornou a 8ª melhor do Brasil para se **empreender**. Finalmente, em 2017, a cidade foi eleita a 10ª melhor **para se viver** no País. Não há dúvida de que tudo isso demonstra quão **sedutora**, **qualificada** e **atraente** seja Sorocaba, não é mesmo?

Um feito que agrada muito aos empreendedores é a existência ali do Parque Tecnológico de Sorocaba (PTS), ou seja, um ambiente criado para **atrair** e **acomodar** empresas intensivas em tecnologia, além de IESs, institutos de pesquisa. Também existem na cidade empresas de consultoria e organizações, públicas e/privadas, capazes de oferecer serviços de apoio técnico e mercadológico. Dessa forma, o PTS tem oferecido às partes interessadas (e ao mercado como um todo) acesso ao conhecimento. E isso ocorre tanto pela aproximação com os possíveis desenvolvimentos e as exequíveis inovações tecnológicas, como pelas oportunidades comerciais que se apresentam em nível nacional e internacional.

Com cerca de 1.000.000 m², o PTS se diferencia dos demais existentes no País por não abrigar dentro de si o setor produtivo, mas sim os seus laboratórios de pesquisa e desenvolvimento (P&D). E diferentemente da maioria dos empreendimentos do mesmo gênero, ele reúne em um mesmo ambiente mais de uma dezena de diferentes IESs, além de escritórios de entidades certificadoras e de registro de marcas e patentes.

Em sua fase inicial, investiu-se no PTS cerca de R$ 70 milhões, um montante no qual estão incluídos recursos da prefeitura e do Estado. Trata-se sem dúvida de uma iniciativa inédita no País, com a qual se pretende também alavancar um pouco mais o nosso setor de ciência, tecnologia e inovação (CT&I) – um dos elementos que integram a EC –, influenciando como isso a geração de novos empregos e, em especial, o aumento do PIB de Sorocaba.

Um fato é inquestionável: para se tornar uma **cidade criativa** é preciso contar com **talentos** e, neste quesito, Sorocaba conta com **cinco universidades**: Unesp Sorocaba e UFSCar, ambas públicas; a Universidade de Sorocaba (UNISO) e a Faculdade de Ciências Médicas e da Saúde da Pontifícia Universidade Católica de São Paulo (PUC-SP), ambas instituições comunitárias; e a Unip, de caráter privado.

Estão ainda instalados na cidade outras sete IESs, mais especificamente a Faculdade de Engenharia de Sorocaba (Facens), a Faculdade Ipanema, a Fatec de Sorocaba, a Escola Superior de Administração, *Marketing* e Comunicação (ESAMC), a Faculdade de Educação Física da Associação Cristã de Moços de Sorocaba (FEFISO), a Anhanguera Educacional e a Uniesp.

Recentemente os alunos da Facens, mais especificamente do curso de Engenharia da Computação e Jogos Digitais, ganharam notoriedade nacional pois divulgou-se que estão contribuindo com a NASA, no desenvolvimento de protótipos de uma colônia humana na Lua.

O grupo brasileiro é o único da América Latina a participar dessa missão, que reúne outras 13 equipes de universidades do mundo.

E o próximo trabalho desse grupo de alunos envolve a ida a Marte!!!

Uma outra boa notícia para Sorocaba foi a instalação na cidade em 2018 de um polo da EAD da UniFAJ

Cidades Paulistas Inspiradoras

Na cidade estão cerca de 400 escolas públicas, municipais, estaduais e privadas, que oferecem desde o ensino fundamental até o médio, além de diversas escolas com cursos profissionalizantes.

Entre as IEs voltadas para cursos técnicos, é possível encontrar em Sorocaba o Senai, o Senac, a Etec Rubens de Faria Sousa, a Etec Fernando Prestes, a Escola Técnica de Sorocaba e o Colégio Politécnico de Sorocaba (instituição filantrópica que abriga um colégio modelo), e a Escola Dr. Júlio Prestes de Albuquerque, também conhecida como "Estadão".

No que se refere à **saúde**, Sorocaba possui uma boa infraestrutura, com diversos hospitais. Entre eles está o Hospital Santa Lucinda, o Conjunto Hospitalar de Sorocaba, a Santa Casa de Misericórdia (fundada há mais de 200 anos), o Hospital Evangélico, o Hospital Samaritano, o Hospital Dr. Miguel Villa Nova Soeiro da Unimed e o Hospital Regional de Sorocaba. Possui também alguns pronto atendimentos, um deles inclusive funcionando 24h por dia.

Deve-se destacar ainda o Hospital Oftalmológico de Sorocaba, no qual são realizados cerca de 2.400 transplantes de córnea por ano, sendo este **o hospital que mais realiza transplantes e captação de córneas do País**. Ele já foi homenageado no I Prêmio Destaque em Doação de Órgãos da secretaria estadual de Saúde, uma vez que conseguiu eliminar a fila de espera para transplantados, e não apenas na região de Sorocaba, mas também em São Paulo!?!? E também no campo do transplante renal, o Hospital Santa Lucinda é referência na cidade, já tendo realizado centenas de cirurgias desse tipo. Nele têm sido feitos investimentos continuamente, possuindo agora dezenas de salas com equipamentos de alta tecnologia para tratamentos médicos.

Muitas pessoas vão ao município de Sorocaba para cuidar de sua saúde, nos seus *spas* (estabelecimentos hoteleiros em que pessoas, por exemplo, com obesidade, se internam para tratamento intensivo e adequado; nos quais as pessoas saudáveis buscam alternativas para manter a forma física, além de participarem de sessões de acupuntura, aulas de hipismo, de golfe, programas para deixar de fumar etc.).

Aí vão três sugestões de *spas*: o Sorocaba (alguns dizem que é o melhor do Brasil), Med (talvez o mais completo do País), São Pedro entre outros.

Quando o assunto é **locomoção**, lamentavelmente a frota circulando em Sorocaba (especialmente de automóveis e motocicletas) tem crescido de maneira incrível. De fato, estima-se que ela já tenha superado 450 mil veículos, apresentando uma relação de quase 1,46 veículo para cada dois habitantes (o que posiciona Sorocaba entre as 10 cidades do País com maior relação). Nessas condições, a **mobilidade** é algo bastante complicado em Sorocaba, seja qual for o horário. Assim, apesar de o tráfego de caminhões estar restrito na área urbana em quase todos os horários do dia, os motoristas sempre enfrentam grandes congestionamentos.

Atualmente, o sistema de transporte coletivo de Sorocaba é constituído por mais de uma centena de linhas de ônibus. Cerca de 90 delas são radiais (que ligam os bairros aos terminais centrais), quatro são centrais, seis interbairros (que ligam bairros periféricos sem passar pelos terminais centrais), três alimentadoras locais (duas no bairro de Brigadeiro Tobias e uma na zona norte) e quatro especiais (fazem o transporte dos funcionários do Paço Municipal).

Algumas linhas radiais possuem até sete itinerários diferentes, elaborados para atender bairros distintos de uma mesma região. Sorocaba possui dois terminais urbanos de ônibus: São Paulo e Santo Antônio, ambos localizados no centro da cidade. Neles, é possível fazer a baldeação de linhas sem precisar pagar nova tarifa. Aliás, na cidade existem cinco áreas de transferência (pontos terminais das linhas interbairros, integradas à rede de transporte) em bairros periféricos: Brigadeiro Tobias, Eden, Itavuvu, Ipanema (zona norte), Ipiranga e Nogueira Padilha.

Diariamente o sistema de transporte urbano de Sorocaba transporta cerca de 180 mil passageiros. O sistema de bilhetagem consiste no uso de cartões em PVC (cartão social), que liberam a catraca quando validados dentro do coletivo. Desde 1992 Sorocaba não possui cobradores a bordo do ônibus (!!!), e os motoristas **não estão autorizados** a **receber o dinheiro da tarifa**!!! Atualmente encontra-se em discussão a instalação de uma rede de *bus rapid transport* (*BRT*, ou seja, ônibus de trânsito rápido), com dois corredores: Campolim-Polo Tecnológico (com ramal para o parque São Bento) e Brigadeiro Tobias – Jardim São Paulo.

De qualquer modo, para melhorar a situação e agilizar o fluxo de ônibus, a empresa municipal de trânsito de Sorocaba (Urbes) implantou faixas exclusivas nas ruas Comendador Oetterer e Hermelino Matarazzo, na região do bairro de Além-Linha. Também há previsão para expansão e para a construção de outros importantes corredores viários da cidade, nas avenidas General Carneiro e São Paulo.

Um fato notável é que Sorocaba possui hoje cerca de 126 km de ciclovias, o que não ocorre em qualquer outra cidade brasileira como menos de

Cidades Paulistas Inspiradoras

700 mil habitantes. Essas vias cortam a cidade de leste a oeste e de norte a sul, com predominância na zona norte da cidade. Do total, 118 km são de ciclovias, 5 km de ciclofaixas e 3 km de faixa compartilhada com ônibus. O município também possui cerca de 65 paraciclos (estacionamentos de bicicletas), sendo um deles no terminal Santo Antônio (com capacidade para 60 bicicletas). Os equipamentos estão instalados em locais estratégicos para facilitar a integração entre as ciclovias e os demais sistemas de transporte.

O programa *IntegraBike* (empréstimo gratuito de bicicletas) teve início em maio de 2012 e, desde então, disponibiliza as "magrelas" para pessoas com mais de 18 anos que possuam pelo menos um dos cartões de transporte coletivo da cidade, o que permite a integração dos modais. Nas 20 estações espalhadas pela região central da cidade e também na zona norte, o sistema oferece à população quase 200 bicicletas. Para utilizar uma delas, basta cadastrar-se nos postos de atendimento das Casas do Cidadão ou na Central de Atendimento do terminal São Paulo, tendo em mãos um cartão válido do sistema de transporte coletivo e um documento com foto. O tempo máximo de uso **gratuito** da bicicleta é de 1 h nos dias de semana e 2 h nos fins de semana e feriados.

O grande responsável por essa criação e ampliação das ciclovias foi o prefeito Vítor Lippi (governou a cidade em dois mandatos consecutivos de 2005 a 2012).

Ele fez muitas outras coisas fantásticas para a cidade inclusive com ela conquistanto o Prêmio Prefeito Empreendedor do Sebrae/SP de 2012-2011.

Feliz por ter ganho esse prêmio, Vítor Lippi comentou: "Desde o primeiro dia que assumi a prefeitura adotei a **cultura do empreendedorismo** para consolidar uma cidade orientada por bons exemplos internacionais de desenvolvimento urbano. Um desses modelos foi o de **cidades saudáveis**, que valorizam a qualidade de vida e têm o apoio da OMS. O outro modelo internacional foi o das cidades **educadoras**, que tem o apoio da Unesco.

Nos modelos internacionais de cidadaes saudáveis e cidades educadoras, o empreendedorismo tem papel fundamental, uma vez que auxilia a manter a ênfase no desenvolvimento, na competitividade e na sustentabilidade econômica.

Para se adaptar ao conceito de cidade saudável foi necessário priorizar a **mobilidade urbana**, criando uma ampla malha cicloviária e além disso foram plantadas centenas de milhares de árvores em nossos parques. Facilitou-se bastante a abertura de novas empresas e a formalização de negócios que estavam na marginalidade. Só em 2011, foram formalizadas 3.850 novas unidades, incluindo MEIs, micro e pequenas empresas. O município passou a ganhar em média 500 novas empresas por mês, a maioria micro e pequenas empresas."

Ainda no campo do transporte, Sorocaba é **uma das poucas cidades** que não possui serviço autorizado de mototáxi. Além disso, o transporte alternativo por meio de *vans* também está **banido** da cidade.

No que se refere a **aviação**, o aeroporto de Sorocaba é um dos mais movimentados do Estado (em pousos e decolagens). Infelizmente, não existe nos dias de hoje nenhum voo comercial operando no aeródromo, que é usado apenas por aviões de pequeno porte. Esse fato, entretanto, deveria ser revertido uma vez que estamos justamente na **era da velocidade**, em que as pessoas se utilizam cada vez mais do transporte aéreo. Vale lembrar que o número total de passageiros do transporte aéreo no mundo já ultrapassa os **dois bilhões por ano**.

É verdade que Sorocaba está bem próxima do aeroporto de Viracopos (Campinas), que, por sinal, tem evoluído cada vez mais. Isso significa que é bastante viável para a cidade conectar-se com locais bem longínquos. Aliás, em breve isso também será possível em relação a todas mais importantes cidades do mundo, uma vez que Campinas se tornará uma **aerotrópole**.

Voltando ao aeroporto de Sorocaba, entre os serviços ali prestados estão a manutenção de aeronaves, a hangaragem e a operação de base fixa. Recentemente ele passou por obras de melhoria que permitiram aumentar a pista de pouso em 150 m, passando de 1.482 m para 1.632 m. O pátio de aeronaves também foi ampliado de 6.000 m^2 para 14.800 m^2.

O governo estadual recentemente liberou uma verba de R$ 13,8 milhões para a instalação de uma torre de controle melhor, no aeroporto.

Também foram ampliadas a pista de taxiamento e as vias de acesso para os hangares, com a construção de vias de serviço. A Embraer possui nesse aeroporto um Centro de Serviços para jatos executivos, com 20.000 m^2. Nessa área existem hangares, salas VIP (sigla em inglês para *very important person*, ou seja, pessoa muito importante), salas de reunião para clientes e de descanso para a tripulação, além de escritórios administrativos. A empresa investiu cerca de US$ 25 milhões para a construção desse centro.

Na época, o prefeito de Sorocaba, Antonio Carlos Pannunzio (governou a cidade de 2013 a 2016), disse: "Hoje as cinco maiores fabricantes de jatos do mundo: Embraer, Global Aviation, Gulfstream, Aero Store Aviation e

404   Cidades Paulistas Inspiradoras

Dassault, têm aqui o seu hangar para fazer a manutenção de suas aeronaves que estão alocadas na América Latina."

No tocante à **cultura** é importante ressaltar que existe na cidade a Fundação de Desenvolvimento Cultural (FUNDEC), uma entidade civil de direito privado, sem fins lucrativos, constituída em 1992. Ela é responsável por boa parte da agenda cultural de Sorocaba e administra várias instituições, dentre as quais estão: a Orquestra Sinfônica da cidade; o Instituto Municipal de Música; os Núcleos de Informação, Corais, Danças e Artes Cênicas; o Cineclube Municipal; os grupos de música popular brasileiro (MPB) e *jazz*, choro e cordas; a Banda Sinfônica; o Espaço de Exposição e a Usina Cultural, cuja sede fica no antigo Teatro São Rafael, que foi construído em 1844 em pleno centro da cidade. Aliás, esse espaço já serviu de abrigo não apenas para a prefeitura de Sorocaba (de 1935 a 1980), mas também para a Câmara Municipal (de 1982 a 1999).

Os teatros mais importantes da cidade são o Teatro Municipal Teotônio Vilela, o Teatro Armando Pannunzio (Sesi), o Teatro América e o Teatro Sesc. Já entre os museus e centros culturais estão localizados em Sorocaba: a Casa da Espanha, o Centro de Tradições Gaúchas (CTG), o Gabinete de Leitura Sorocabano, o Céu das Artes, o Centro Cultural Quilombinhos, o Museu Histórico Sorocabano, o Museu da Estrada de Ferro Sorocabana, o Museu Arquidiocesano de Arte Sacra, o Museu do Tropeirismo, o Museu de Arte Contemporânea, o Museu da Imagem e do Som, o Museu de História Militar e a Casa de Aluísio de Almeida.

Sorocaba tem até o momento quatro cidades-irmãs, a saber: Sha'ar Hanegev, em Israel; Anyang, na Coreia do Sul; Wuxi e Nanchang, ambas na República Popular da China.

No que se refere a monumentos, destacam-se aqueles com os quais se homenagearam personalidades, como: Baltazar Fernandes, Luiz Mateus Maylasky, João de Camargo e Rafael Tobias de Aguiar. Além desses, há outros bastante imponentes na cidade, como: os Canhões da praça Dr. Arthur Fajardo, o Pelourinho, o Marco da Revolução Liberal, o monumento do Tropeiro, o dos Bandeirantes, o do Algodão, a da Cruz de Ferro, o Obelisco aos Pracinhas da Força Expedicionária Brasileira e o da Mãe Preta, entre muitos outros.

O que não falta em Sorocaba são áreas verdes, que os sorocabanos e o visitantes podem aproveitar para os seus momentos de lazer. Entre esses parques destacam-se o João Câncio Pereira, o da Biquinha, o ecológico

Ouro Fino, o natural Chico Mendes (próprio para a prática de esportes), o da Biodiversidade, o do Paço Municipal, o dos Espanhóis, o linear Ives Yoshiaki Ota, o das Águas, o Carlos Alberto de Sousa (Campolim), o Kasato Maru (que tem *Torii*), o Porto da Águas, o Miguel Gregório de Oliveira, o Amadeu Franciulli, o Maestro Nilson Lombardi.

Além disso tem-se em Sorocaba um lindo Jardim Botânico Irmãos Villa-Bôas e também a floresta nacional de Ipanema, uma unidade de conservação brasileira, pois além de seu patrimônio natural, abriga construções e resquícios da Real Fábrica de Ferro São João do Ipanema.

Em Sorocaba existem diversos outros locais que atraem os visitantes, como: o Mercado Municipal; a casa de Aluísio de Almeida; o casarão do brigadeiro Rafael Tobias de Aguiar; o Espaço Cultural Municipal; a Usina Cultural Ettore Marangoni, que já foi a antiga sede da estação de energia elétrica da tecelagem Cianê; as capelas de João de Camargo, do Divino, de Nossa Senhora Imaculada Conceição; as igrejas de Aparecidinha e Sant'Ana os santuários de São Judas Tadeu e Santa Filomena, o mosteiro de São Bento e a catedral metropolitana de Sorocaba, Nossa Senhora da Ponte.

Mas sem dúvida um local incrível em Sorocaba é o Parque Zoológico Municipal Quinzinho de Barros, considerado pelo Ibama na **categoria A** entre os zoológicos brasileiros.

Ele tornou-se referência em toda a América Latina, símbolo da cidade, tendo mais de 1.500 animais de aproximadamente 300 espécimes, onde 70% corresponde a fauna nacional e são o ponto forte do zoológico, com especial destaque para os ameaçados de extinção. Os seus recintos incorporam as mais modernas técnicas de exibição, com fossas para primatas, um aviário onde os pássaros podem voar em volta dos visitantes, grandes painéis de vidro que possibilitam perfeita visualização das ariranhas, ursos e aproximadamente 300 répteis, no serpentário e uma rua exclusiva para os psitacídeos. O zoológico ocupa uma área de $136.000\,m^2$ tendo largas alamedas, lago, quiosques, lanchonetes e fragmento da mata atlântica.

Eu levei muitas vezes os meus filhos a esse zoológico!!!

Quando o assunto é **esporte**, e mais especificamente o futebol, as maiores atrações esportivas da cidade, são as equipes do Esporte Clube São Bento – uma centenária agremiação esportiva que disputa a primeira divisão do campeonato paulista – e o Clube Atlético Sorocaba, time fundado em 21 de fevereiro de 1991 – e que disputou a série A3 do Campeonato Paulista de Futebol. Tem-se

406   Cidades Paulistas Inspiradoras

ainda na cidade o Clube Atlético Barcelona, cuja equipe é amadora!?!? Já no futebol norte-americano, a cidade conta com o Sorocaba Vipers.

No futebol de salão, encontra-se em Sorocaba uma grande equipe chamada Magnus Futsal. Nessa equipe atuou o jogador Falcão, que já foi eleito quatro vezes como melhor do mundo no esporte e, em 2017, recebeu da FIFA o prêmio pela carreira e trajetória no futsal. No basquete, Sorocaba é representada pela Liga Sorocabana de Basquete. Aliás, vale ressaltar que há algumas décadas, Sorocaba teve muita tradição no basquete feminino, com o Clube Atlético Minercal, quando a equipe contou com a famosa jogadora Hortência.

A cidade tem bons estádios e ginásios. O de maior capacidade é o estádio municipal Walter Ribeiro, com capacidade para 14 mil espectadores, mas há ainda o Dr. Rui Costa Rodrigues, o Eusébio Moreno, e o Humberto Reale. Em termos de ginásio o destaque vai para o ginásio municipal de esportes Dr. Gualberto Moreira.

E não se pode esquecer do Centro Esportivo André Matiello que possui uma excelente pista de *bicicross*.

Estátua de 13 m de altura do Cristo Redentor
símbolo da religiosidade de Taubaté.

Taubaté

PREÂMBULO

Para aumentar sua **visitabilidade**, Taubaté deveria recorrer a alguns personagens icônicos que nasceram, viveram e se desenvolveram na cidade. Sem dúvida, uma dessas pessoas foi Hebe Maria Monteiro de Camargo (1929-2012), filha de Esther Magalhães Camargo e Sigesfredo Monteiro Camargo. Sendo a caçula entre 7 irmãos, ela teve uma infância humilde: estudou até a quarta série do ensino primário e costumava acompanhar seu pai – violonista e cantor – em apresentações em festas, casamentos e recitais. Aliás, seu pai, que era mais conhecido como Fêgo Camargo, mudou-se para São Paulo em 1943 para reger a orquestra da Rádio Difusora. Isso permitiu que Hebe Camargo, na tenra idade de 15 anos, cantasse no programa *Clube Papai Noel,* da extinta Rádio Tupi. Todavia, Hebe não permaneceria muito tempo na carreira musical; ela logo se dedicaria ao rádio e especialmente à televisão, onde conquistaria o título de "**rainha da televisão brasileira**."

Em 2016, Artur Xexéo lançou o livro *Hebe: a Biografia*, no qual destacou: "O programa semanal na televisão da Hebe Camargo era aguardado ansiosamente por famílias de todas as classes sociais. Ninguém tinha prestígio suficiente no País se não sentasse em seu sofá para ser entrevistado."

Em outubro de 2017 foi lançado no Teatro Procópio Ferreira *Hebe, o Musical,* cujo enredo foi parcialmente baseado no livro e obteve bastante sucesso. O próximo passo é uma exposição com todo o acervo da apresentadora. Tudo isso têm como objetivo aproveitar ao máximo a história dessa filha ilustre de Taubaté.

Outra figura incrível da cidade foi (e continua sendo) Celly Campello. Descendente de imigrantes portugueses, Célia Benelli Campello (1942-2002) nasceu na capital paulista, mas foi criada em Taubaté. Ela começou sua carreira precocemente, tendo dançado *Tito-Tico no Fubá* aos 5 anos, durante uma apresentação infantil.

Ela estudou piano, violão e balé durante a infância, e teve uma brilhante carreira junto com o seu irmão, Tony Campello (nome artístico de Sérgio Campello), outro personagem importantíssimo na história do *rock* nacional. A carreira de Celly Campello explodiu em 1959, com a versão brasileira de *Estúpido Cupido* (*Stupid Cupid*, lançada originalmente pelo cantor Neil Sedaka).

E tudo indica que Taubaté planeja investir mais nessas atrações, e para receber os visitantes já tem inclusive o hotel fazenda Mazzaropi, que já foi eleito oito vezes pela revista *Viagem & Turismo* como o "**melhor hotel fazenda do Brasil**", e abriga o acervo do cineasta Amácio Mazzaropi.

A HISTÓRIA DE TAUBATÉ

Taubaté é um município paulista que faz parte da região metropolitana do Vale do Paraíba (RMVPLN). No início de 2018, sua população era estimada em 325 mil habitantes e seu PIB em 2017 foi de cerca de R$ 16,5 bilhões. Localizada a 130 km de São Paulo, a cidade é conhecida como "**capital nacional da literatura infantil**" e também como "**capital universitária do Vale**", tendo desempenhado um papel bem importante na evolução histórica e econômica do País.

No ciclo do ouro, por exemplo, ela foi o núcleo irradiador do **bandeirismo**, na época em que se descobriu ouro em Minas Gerais. Na época, isso levou à fundação de diversas cidades. No **segundo reinado**, durante o *boom* cafeeiro do Vale do Paraíba, Taubaté se destacou como o município com maior produção na zona paulista.

De fato, a cidade se destacou sucessivamente como **pioneira** em sua região, uma vez que foi sua primeira **vila oficial** (o que equivaleria nos dias de hoje a um município), isso em 1645; ela também se tornou cabeça de **comarca**, em 1832; **cidade imperial**, em 1842; **centro industrial**, em 1891; e diocese, em 1906.

O nome Taubaté corresponde a uma variação do vocábulo *taba-ybaté*, que na língua tupi significa "**aldeia que fica no alto**". Trata-se de uma referência à aldeia guaioná, que na época da fundação do povoado localizava-se no alto de uma colina. Ali encontra-se atualmente uma estátua do Cristo Redentor, no bairro denominado Alto do Cristo.

No século XVII, a região do Vale do Paraíba pertencia à capitania de Itanhaém, mas havia a necessidade de demarcação de posses daqueles sertões por sua donatária, a condessa de Vimieiro, neta e herdeira de Martim Afonso de Sousa. Por causa disso, o bandeirante Jacques Felix recebeu, em 1628, concessões oficiais de terras e foi enviado para o local. Em 20 de janeiro de 1636, pela deliberação de Francisco da Rocha, capitão-mor da capitania de Itanhaém, Jacques Felix teve permissão para avançar pelos "**sertões do Paraíba**". Todavia, somente em 13 de outubro de 1639 o então capitão-mor Vasco da Mota deu início à construção da igreja matriz, de uma casa para o conselho e de uma cadeia pública. Na época ele mandou que ruas fossem demarcadas e que um engenho de cana-de-açúcar fosse erguido para produzir farinha de milho. Além disso, ele também concedeu terras às famílias trazidas pelo fundador.

Cidades Paulistas Inspiradoras

Então, em 5 de dezembro de 1645, por ordem do capitão-mor Antônio Barbosa de Aguiar, esse povoado transformou-se em vila e recebeu o nome de São Francisco das Chagas de Taubaté – santo que foi oficialmente escolhido como seu padroeiro. Foi durante o principal período das bandeiras, entre 1690 e 1715, que a vila de Taubaté alcançou relativa prosperidade e se tornou um "**centro irradiador de bandeirismo**". Isso por conta do abastecimento das bandeiras oriundas da vila de São Paulo de Piratininga e também das que partiram da própria vila.

Os nascidos em Taubaté acabaram realizando grandes feitos, entre eles a fundação de muitas localidades importantes, como, por exemplo a cidade de Campinas. Também ficou a cargo da capitania de Itanhaém a colonização da maioria das cidades históricas de Minas Gerais, que na época era um enorme território desconhecido e inexplorado. Nesse caso, os destaques foram Mariana – a primeira vila, e núcleo colonial e capital mineira –, Ouro Preto, São João del Rei e Tiradentes.

O descobrimento de ouro em Minhas Gerais deveu-se ao bandeirante Antônio Rodrigues Arzão, em 1693, o que proporcionou a Taubaté o direito à instalação (casa) da **fundição de ouro**. Porém, passada essa época Taubaté voltou à **agropecuária de subsistência**, que predominaria por aproximadamente um século. Já a cafeicultura teve início do município na metade do século XVIII, trazida do Rio de Janeiro. No século XIX, mais precisamente em 1842, por causa do seu tamanho e de sua importância na região, Taubaté recebeu do barão de Monte Alegre o título de **cidade**. Vale ressaltar que em 1836 a então vila já contava com 11.833 habitantes, sendo nessa época o maior núcleo populacional do interior da província.

E em 1900, a cidade alcançaria a maior produção cafeeira do Vale do Paraíba e, em 26 de fevereiro de 1906, na gestão do presidente Rodrigues Alves, foi assinado o Convênio de Taubaté pelos governadores dos Estados (na época denominados "presidentes") de São Paulo, Jorge Tibiriçá Piratininga; do Rio de Janeiro, Nilo Peçanha; e de Minas Gerais, Francisco Antônio de Sales. Esse convênio tinha como objetivo incentivar a produção de café. Isso aconteceria por meio do controle das plantações e do estabelecimento dos preços do produto, tanto para as exportações como para o consumo interno.

Em 1920, a cafeicultura entrou em declínio, num processo que aliás, já vinha acorrendo desde os anos 1880. Assim, aproveitando-se das terras próximas ao rio Paraíba do Sul, a rizicultura foi na época uma das alternativas escolhidas para se manter uma agricultura ativa.

Em seguida, como havia uma mão de obra barata em Taubaté e graças a um acesso relativamente fácil a cidades como Rio de Janeiro e São Paulo, a cidade começou a se industrializar. Passavam por ali a Estrada de Ferro Dom Pedro II (Central do Brasil) e a rodovia Presidente Dutra. Especialmente com o término da 2ª Guerra Mundial, em 1945, houve um aumento na demanda por produtos feitos no País, o que alavancaria a produção industrial do município.

Aliás, foi em 1891 que Taubaté inaugurou uma de suas primeiras indústrias, a Companhia Taubaté Industrial (CTI), onde se fabricavam "morins" (tecidos brancos e finos de algodão) que seriam vendidos para quase todas as cidades do Brasil. Até os dias atuais, alguns dos prédios que abrigavam a indústria se mantêm preservados na praça Félix Guisard (conhecida como praça da CTI), próxima ao centro da cidade.

Quanto aos seus símbolos, o **hino** da cidade foi escolhido pelos membros da Academia Paulista de Letras (APL), em concurso realizado em 1975. A letra é de composição de Péricles Nogueira Santos; a música, de autoria de José Bráulio de Sousa, e cuja partitura foi aprovada pela Comissão Municipal de Música em 1985.

A **bandeira** de Taubaté foi instituída por meio da lei municipal Nº 1358, de 14 de julho de 1972, sendo de autoria de Emilio Amadei Beringhs. Ela é composta por um retângulo de azul cobalto e um losango branco, cujas proporções obedecem fielmente àquelas da bandeira nacional. No centro do losango está o **brasão** de armas de Taubaté, que traz a frase em latim *Per Aspera pro Brasilia* ("Todo sacrifício pelo Brasil"), e foi criado pela lei municipal Nº 2, de 21 de março de 1950. No campo azul, no alto e à esquerda, há uma estrela branca que representa o distrito de Quiririm.

Com objetivo de criar **mecanismos protocolares** e **relações culturais**, em 1974 Taubaté estabeleceu um tratado de cooperação com a cidade de Yonezawa, do Japão, transformando-se em sua cidade-irmã. Todavia, esse projeto não decolou, o que é uma pena. Numa era marcada pela globalização, a internacionalização seria algo vital para que Taubaté se tornasse uma cidade cada vez mais criativa.

No que se refere a **religião**, a maioria dos taubateanos é adepta do **catolicismo** (67% da população). Os evangélicos são cerca de 22%, os que se dizem sem religião são 5%; os espíritas representam 2,8%, sendo que o restante da população se divide entre o budismo, o judaísmo, a fé muçulmana etc.

412 Cidades Paulistas Inspiradoras

Em termos de **objetivos futuros**, nesses últimos dez anos a cidade de Taubaté tem se destacado como bastante promissora para os que ali se instalam. De acordo com uma matéria publicada pela revista *Veja*, em 30 de agosto de 2010, Taubaté é um dos 20 municípios brasileiros de **porte médio** – cujo número de habitantes está entre 100 mil e 500 mil – capazes de se transformar em "**metrópoles do futuro**". No texto destacou-se o seguinte: "Taubaté é uma prova concreta de que é possível **não haver perdedores** no conflito entre industrialização e boa qualidade de vida. A cidade possui uma economia que vem se expandindo de maneira acelerada, particularmente, nos últimos cinco anos. Ela conta com um comércio que cresceu muito e com um setor de serviços que não para de evoluir. Seus centros comerciais estão se ampliando. Suas IESs disponibilizam bons cursos, e a cidade conta ainda com diversas escolas técnicas públicas e particulares de boa qualidade."

No tocante à **economia**, Taubaté foi uma das primeiras cidades do País a se industrializar. Além da já mencionada CTI – que se transformaria numa das principais indústrias **do ramo de tecelagem no mundo**, atingindo seu ápice na década de 1950 –, no ano de 1927, instalou-se no município a Companhia Fabril de Juta, que em pouco tempo passou a ocupar a segunda posição na geração de empregos na cidade.

Todavia, foi somente a partir da década de 1970 que a cidade passou a atrair um grande número de indústrias, com destaque para o ramo automobilístico. Marcas como Volkswagen e Ford instalaram ali suas unidades de produção, assim como vários fornecedores de autopeças.

Com isso Taubaté se tornou o 2ª maior **polo industrial** da RMVPLN, atrás apenas de São José dos Campos. Nela estavam empresas do porte da Alstom, Cooper, Cameron do Brasil, Usiminas, Autocom, Mubea do Brasil, Embraer, Daruma, Villarta, LG Electronics, Caldsteel, Feeling Structures, Araya etc.

Taubaté é também o 2º maior **polo comercial** da RMVPLN, pois ali encontram-se instalados o Taubate *Shopping*, inaugurado em 1989, e atualmente com 150 lojas, 4 salas de cinema, um supermercado etc. Também fica na cidade o Via Vale *Garden Shopping*, inaugurado em 2012, localizado do lado da rodovia Presidente Dutra. Ele fica na confluência com a rodovia Carvalho Pinto, e conta com 211 lojas, 6 salas de cinema e um hipermercado. Há ainda diversos mini-*shoppings* e várias galerias como o *Shopping* Cristal *Center*, o *Shopping* Independência, o *Plaza Mall*, o *Podium Center*, o *Star Shop*, o *Boulevard* Rio Branco, o *Boulevard Flamboyant* etc. Trabalham nesses centros comerciais muitos milhares de pessoas.

Quando o assunto é **educação**, a rede educacional do município é composta por mais de uma centena de unidades pré-escolares, e cerca de 103 estabelecimentos de ensino fundamental, com 40 escolas de nível médio e sete IESs, com o que, estudam em todas elas cerca de 75 mil pessoas, recebendo ensinamentos de cerca de 6 mil docentes. No âmbito do ensino superior, Taubaté é chamada de "**capital universitária do Vale**". Isso se deve à excelência das IESs instaladas na cidade, nas quais todos os anos graduam--se milhares de alunos. Vale ressaltar que um bom percentual deles atinge posteriormente patamares cada vez mais altos, como mestres e doutores, com o que muitos especialistas já classificam a cidade como "**capital da pós-graduação**" na região. Esse título resulta do grande investimento feito na área de educação nos últimos anos, quando inclusive novos cursos foram abertos nas IESs e muitos alunos da RMVPLN e até mesmo de outros Estados vieram estudar em Taubaté.

Dentre as IESs localizadas em Taubaté, a mais tradicional e a que tem maior número de cursos e alunos é a Universidade de Taubaté (Unitau), uma IES pública na forma de autarquia municipal. A Unitau foi criada pela lei municipal Nº 1.498, de 6 de dezembro de 1974, e reconhecida pelo decreto federal Nº 78.924/76.

Mas a história dos cursos superiores de Taubaté teve início com o surgimento de várias faculdades. A primeira delas foi a de Filosofia, Ciências e Letras, criada em 20 de setembro de 1956. Em 2 de setembro de 1957 foram criadas as faculdades de Direito e de Ciências Contábeis. Já em 21 de novembro foi criada a Escola de Engenharia, e em 10 de maio de 1963 foi a vez da Faculdade de Serviço Social; em 22 de abril de 1967 surgiu a Faculdade de Medicina (que só em 1982 passou a fazer parte da Unitau); e em 7 de outubro de 1968, foi criada a Escola Superior de Educação Física e Desportos. Todas essas faculdades, tenham elas sido criadas como autarquias municipais ou como instituições particulares, funcionaram à época com estrutura, administração e ensino independentes.

Em 1969, um dos responsáveis pelo surgimento da Unitau, Alfredo José Balbi, fundou juntamente com outros professores, o Colégio Industrial de Taubaté – o primeiro do Vale do Paraíba a implantar a educação profissional no ensino médio –, uma unidade integrante da Escola de Engenharia. Posteriormente, com a consolidação da Unitau, essa escola passou a ser chamada Dr. Alfredo José Balbi. Em 3 de setembro de 1973 as antigas faculdades foram todas reunidas, constituindo assim a Federação das Faculdades de Taubaté

(FFT), que acabou evoluindo em 1974 para a Unitau, oficialmente instalada em 2 de janeiro de 1976, e cujo primeiro reitor foi o então presidente da FFT, José Alves (que também era professor da Faculdade de Direito). Que linda toda essa história da educação superior em Taubaté, que acabaria levando ao surgimento da Unitau, não é?

De fato, desde a sua criação e até os dias de hoje, já se formaram na Unitau cerca de 100 mil alunos – dentre eles o médico e mais longevo governador de São Paulo, Geraldo Alckmin e o jurista, ex-senador e governador do Mato Grosso, Pedro Taques. A Unitau é a maior universidade do cone leste paulista, tendo *campi* nas cidades paulistas de Ubatuba, São José dos Campos e Mogi Guaçu, além de um *campus* em Belém, no Estado do Pará.

Ela também é a primeira e maior universidade pública de caráter municipal da América Latina, oferecendo ao todo 47 cursos de graduação (incluindo os de formação tecnológica), além dos cursos de pós-graduação *strictu* e *latu sensu*, e dos cursos de extensão universitária. Ela conta com aproximadamente **20 mil alunos**. Estes assistem aulas ministradas por cerca de **950 professores** (78% deles mestres e/ou doutores), que, por sua vez, são apoiados por **1.240 funcionários**.

A Unitau também conta com uma excelente infraestrutura, disponibilizando mais de 100 laboratórios, um acervo bibliográfico com mais de 300 mil exemplares, mais de 50 núcleos de pesquisa cadastrados no CNPq nas áreas de Humanas, de Biociências e de Exatas, um hospital, uma clínica de psicologia, uma de fisioterapia e uma de odontologia. Além disso, ela mantém também uma rádio e uma emissora de televisão universitárias.

A **missão** da Unitau é: "Transcender a função educacional local, atingindo reconhecimento e credibilidade da comunidade científica e acadêmica nacional e internacional, como uma IES de excelência tecnológica e de conhecimento de ponta em ensino, pesquisa acadêmica e aplicada, extensão e formação da consciência social, ambiental e da cidadania." Já a sua **visão** é: "Ser um centro de referência internacional em ensino, pesquisa acadêmica e aplicada e extensão, caracterizado pelo compromisso social de instituição pública e pela gestão competitiva, perenizando sua existência independentemente do nível de concorrência do mercado."

E com o objetivo de colocar em prática tudo o que está englobado na missão e na visão da IES, que o reitor José Rui Camargo e o vice-reitor Isnard de Albuquerque Câmara Neto (e todo o restante da equipe gestora da Unitau) vem trabalhando duro, inclusive oferecendo a seus alunos diversos cursos na modalidade EAD, com o que a Unitau tem alcançado todas as partes do nosso País.

Infelizmente, no *Ranking* Universitário Folha (RUF), divulgado em setembro de 2017, a Unitau ocupou apenas a 124ª posição entre as 195 universidades públicas e privadas ali classificadas. Isso indica que ela precisa melhorar bastante em todos os quesitos, ou seja, nas áreas de pesquisa, ensino, mercado de trabalho, internacionalização e inovação.

Encontram-se também em Taubaté as seguintes IESs:

- Instituto Taubaté de Ensino Superior (ITES).
- Universidade Anhanguera.
- Centro de Tecnologia e Ciência, ou seja, Etep Faculdades.
- Faculdade Senai.
- Faculdades Dehoniana, uma IES mantida pela congregação do Sagrado Coração de Jesus da igreja católica.
- Fatec.

Existem também no município diversos polos de EAD de IESs como: Ulbra, Unimes, Unicid, Unicsul, Unopar e Uninter, e agora contando a partir de 2018 com o da UniFAJ.

No âmbito do ensino nas Forças Armadas, não se pode esquecer que está instalado desde 1988 no município o Comando de Aviação do Exército (CAvEx), uma unidade que treina pilotos de aeronaves do Exército brasileiro.

Quando o assunto é **saúde**, a cidade conta com vários hospitais em diversos pontos da cidade. Os destaques são o Hospital Regional (HR) do Vale do Paraíba e o Hospital Universitário. Taubaté tem uma baixa mortalidade infantil e se apresenta como uma das melhores cidades do País para se **viver**!!!

Em termos de abastecimento, Taubaté é servida por uma rede de gás natural proveniente do gasoduto Bolívia-Brasil, e será a primeira do Estado e a segunda do País a implantar o projeto de distribuição de gás natural comprimido (GNC), por meio de caminhões especiais. O objetivo é atender as indústrias instaladas em locais que ficam longe da atual rede de dutos. Vale lembrar que já há um bom tempo o município está conectado com a capital paulista por meio de uma rede de fibra ótica.

Taubaté está no trecho médio do rio Paraíba do Sul, mas passam ainda pelo município os rios Una (utilizado para o abastecimento de água dos moradores da cidade) e Itaim, bem como o ribeirão do Convento Velho. A cidade tem uma posição geográfica excepcional, estando no eixo de circulação entre os Estados de São Paulo, Minas Gerais e Rio de Janeiro, que concentram uma grande parcela da população brasileira e as empresas de grande importância e produtividade.

Ela também está diretamente ligada a Ubatuba e suas belas praias (rodovia Oswaldo Cruz (SP-125); com Campos do Jordão e suas famosas montanhas através da rodovia Floriano Rodrigues Pinheiro (SP-123); e com o sul do Estado de Minas Gerais, por meio de modernas estradas de rodagem. Além disso, pode-se chegar a Taubaté deslocando-se por rodovias espetaculares como a Presidente Dutra (SP-116), a Carvalho Pinto (SP-70) e a Washington Luis (SP-66).

A cidade possui diversas linhas de ônibus interurbanos que a ligam a cidades limítrofes – Monteiro Lobato, Tremembé, Pindamonhangaba, Roseira, Caçapava, Redenção da Serra, Lagoinha e São Luiz do Paraitinga. Elas também permitem o acesso a Campos do Jordão, São José dos Campos, Aparecida, Ubatuba e Caraguatatuba, além de interligar com os principais municípios do Brasil, especialmente aqueles dos Estados de Minas Gerais e Rio de Janeiro.

Taubaté possui duas rodoviárias, a chamada Nova e a outra Velha. A primeira oferece o transporte interurbano; a segunda é responsável pelo embarque e desembarque de ônibus destinados aos 178 bairros da cidade!!! Atualmente, a concessão do transporte público do município está nas mãos da empresa ABC Transportes, que faz a operação dos ônibus urbanos, levando os passageiros aos bairros do município e inclusive a algumas cidades vizinhas.

O município possui também o Transporte Complementar de Taubaté (TCTAU), que realiza os mesmo serviços da empresa ABC, porém com micro-ônibus e ônibus menores. A cidade conta ainda com uma rede de táxis, com mototáxis, veículos de fretamento e escolares, e já entrou na era digital com empresas como Uber, 99Taxis etc. Estima-se que em 2018 circulavam na cidade cerca de 205 mil veículos, sendo que a grande maioria constituída por carros e motocicletas, o que têm provocado grandes congestionamentos nas principais vias da cidade.

Taubaté possui um aeroporto com uma pista de 1.500 km, que fica a 3 km do centro da cidade. Há também um aeroclube que disponibiliza cursos de comissário de bordo, piloto de avião, helicóptero e ultraleve, além de oferecer passeios panorâmicos do tipo "**veja a cidade por cima**".

No que se refere a **arquitetura**, o **complexo ferroviário** com instalações de madeira foi construído em 1876, e incrementou-se muito com a cultura cafeeira. Todavia, em 1923 o antigo prédio deu lugar a uma nova estação, mantendo, entretanto, o estilo inglês. De fato, trata-se de um importante conjunto arquitetônico por suas características estruturais: mãos francesas em ferro fundido seguram o telhado frontal da estação e toda a caixilharia (juntas) ostenta o desenho marcante da época colonial. E como na época de sua construção ainda não havia no País a fabricação de peças de ferro para a construção civil, toda essa tecnologia de ponta teve de ser importada.

Mas essa estação ferroviária não servia apenas para carga e descarga de produtos, mercadorias e matérias-primas; ela também atendia ao transporte de passageiros. Ela foi de grande importância para a população taubateana, para o desenvolvimento da cidade e, ao mesmo tempo, do Estado e do País.

Após ter ficado 36 anos fechada ao público, a estação foi restaurada por iniciativa do Instituto I.S. de Desenvolvimento e Sustentabilidade Humana, uma organização social sem fins lucrativos, que atuou desde 2012 em parceria com o DNIT e com a MRS Logística S.A., para que o complexo fosse novamente aberto ao público.

Em 2015, com o deferimento da proposta pelo DNIT, e a cessão do ministério dos Transportes, a iniciativa foi validada e apoiada pela prefeitura de Taubaté, que submeteu um decreto de lei à Câmara dos Vereadores para que fosse feito um repasse de um aporte financeiro, visando o restauro, a preservação e a manutenção do complexo. A lei foi aprovada no dia 29 de fevereiro de 2016, dando assim início à nova fase na história desse patrimônio tombado pelo Condephaat, que se tornou uma **Estação do Conhecimento**, com foco na **educação**, **cultura** e no **turismo**.

E por falar em **cultura**, Taubaté é uma cidade referência nesse quesito em toda a região. Isso acontece pelo fato de durante muito tempo ela ter investido nesse setor e contar com uma considerável produção cultural. Afinal, ela é a terra natal do escritor Monteiro Lobato, e, inclusive, recebeu em 3 de março de 2011 o título de "**capital nacional da literatura infantil**", pela lei Nº 12.388 do Congresso Nacional.

Aliás, vale à pena descrever como se desenvolveu a carreira desse ícone da literatura brasileira. José Renato Monteiro Lobato nasceu em 18 de abril de 1882 em Taubaté, numa região que atualmente pertence ao município de Monteiro Lobato, onde viviam no início de 2018 cerca de 4.600 pessoas.

Ele se formou em advocacia por imposição de seu avô, o visconde de Tremembé, e atuou como promotor até se tornar fazendeiro, após receber a herança deixada por ele. Logo percebeu que sua vocação estava toda voltada para as **artes**: pintura, fotografia e o mundo das letras e, dessa maneira, passou a publicar seus primeiros contos em jornais e revistas, que posteriormente seriam reunidos e constituiriam o livro *Urupês* (1918) – que, para alguns críticos, certamente seria um dos "melhores produtos de sua fazenda"; sua obra-prima, na qual apareceu ninguém menos que o Jeca Tatu, um personagem papudo, feio, molenga e inerte, parasitado por um verdadeiro "jardim zoológico".

O fato é que, por intermédio do Jeca Tutu, Monteiro Lobato retratou (de uma forma bem negativa) o **caipira brasileiro**, destacando sua pobreza e ignorância, assim como sua incapacidade para se tornar um bom trabalhador na agricultura. Esse personagem se tornou um símbolo nacionalista que, inclusive, foi utilizado por Ruy Barbosa em sua campanha presidencial.

Vale ressaltar que na 4ª edição de *Urupês*, Lobato acabou pedindo desculpas ao homem do interior... Porém, é preciso lembrar que o escritor fora criado em um sítio e alfabetizado primeiramente por sua mãe Olímpia Augusta Lobato, e, depois, por um professor particular. Ele somente entraria na escola aos sete anos, mas, nessa idade, já tinha descoberto a imensa biblioteca de seu avô materno, e lido tudo o que havia nela para crianças em língua portuguesa.

Por conta dessa prática, ele logo nos seus primeiros anos como estudante começou a escrever contos para os jornais das escolas que frequentou. Aos 11 anos, em 1893, Monteiro Lobato foi transferido para o Colégio São João Evangelista. Então, ao receber de presente a bengala de seu pai – como uma herança antecipada – ele decidiu mudar seu nome do meio, deixando de se chamar José Renato e passando a responder como José Bento. O fato é que a tal bengala trazia gravada no cabo as iniciais J.B.M.L., e Monteiro Lobato queria muito utilizá-la!!!

Entre outros presentes que recebeu dos pais estava uma calça comprida (em 1894), que usou bastante envergonhado. Em 1897, tornou-se estudante interno do Instituto Ciências e Letras em São Paulo. Lamentavelmente, em 13 de junho de 1898, perdeu o seu pai José Bento Marcondes Lobato, vítima de congestão pulmonar, e em junho de 1899 perdeu sua mãe, vítima de depressão profunda.

Desde jovem Monteiro Lobato demonstrou muito talento para o desenho. Então, depois de representar no papel muita coisa da fazenda Buquira, ele se tornou **desenhista** e **caricaturista**. De fato, seu sonho era cursar a Escola de Belas Artes, mas, como já foi dito, acabou optando pelo direito. O fato é que seu avô precisava de um sucessor para administrar seus negócios. Assim, ele entrou na Faculdade de Direito do largo de São Francisco, em São Paulo, e paralelamente aos seus estudos fez diversas publicações na faculdade. Seus colegas o elogiavam bastante por considerá-lo um comentarista original, dono de um senso fino e sutil, de um "espírito à francesa" e de um "humor inglês" imbatível.

Em 1904, Monteiro Lobato diplomou-se bacharel em Direito e regressou a Taubaté, onde chegou a elaborar alguns planos para abrir uma fábrica de geleias em sociedade com um amigo. Porém, ele logo abandonou a ideia e passou a ocupar interinamente a promotoria de Taubaté. Foi nessa época que conheceu Maria Pureza da Natividade de Souza e Castro (a "Purezinha").

Em maio de 1907 Monteiro Lobato foi nomeado promotor público em Areias, e em 28 de março de 1908 casou-se com Purezinha. Exatamente um ano depois nasceria Marta, a primogênita do casal. Em 1910, época em que ele se associou a um negócio de estradas de ferro, nasceu o seu segundo filho, Edgar.

Lobato viveu no interior e em algumas cidades da região e enquanto exercia sua profissão continuava escrevendo para jornais e revistas, como *A Tribuna*, de Santos, a *Gazeta de Notícias* do Rio de Janeiro e a revista *Fon--Fon*, (sendo que para essa última também enviava desenhos e caricaturas). Nessa época ele também passou a traduzir artigos do *Weekly Times* para o jornal *O Estado de S.Paulo*, além de obras da literatura universal, e a enviar artigos para um jornal de Caçapava.

Apesar de tudo isso, era bastante perceptível sua insatisfação com a vida que levava e com os seus negócios que **não prosperavam**. Em 1911, Lobato recebeu a notícia do falecimento de seu avô, o que o tornou herdeiro da fazenda Buquira, para onde se mudaria com toda a família. A partir daí sua vida mudou radicalmente. De promotor ele se transformou em fazendeiro, e dedicou-se à modernização da lavoura e da criação. Com o lucro dos negócios, abriu um externato em Taubaté, e o confiou aos cuidados de um cunhado. Em 1912, nasceu Guilherme, seu terceiro filho.

Em 12 de novembro de 1912, o jornal *O Estado de S.Paulo*, na sua edição vespertina ("*O Estadinho*") publicou o seu primeiro artigo, *Velha Praga*. Aliás, na véspera de Natal o jornal também publicaria um de seus contos, que mais tarde faria parte do seu primeiro grande livro: *Urupês*.

420   Cidades Paulistas Inspiradoras

Ainda na vila de Buquira – hoje município de Monteiro Lobato –, nessa mesma época, envolveu-se com a política, mas logo a deixaria de lado!?!? Seu quarto e último filho, Bento, nasceu e fevereiro de 1916, justamente quando Lobato estava iniciando sua colaboração na recém fundada *Revista do Brasil*, uma publicação nacionalista bem ao gosto dele.

Somente em 1914, já como respeitado fazendeiro em Buquira, Lobato definiu de vez sua carreira literária. Isso aconteceu durante um inverno seco daquele ano, quando, cansado de enfrentar as constantes queimadas praticadas pelos caboclos, ele relatou sua "indignação" num texto intitulado *Velha Praga*, que acabou enviando para a seção Queixas e Reclamações do *O Estadinho*. Todavia, percebendo o valor daquela carta, o responsável pelo jornal decidiu publicá-la fora da seção destinada aos leitores. E ele acertou, pois, de fato, o texto provocou uma grande polêmica e fez com que Lobato escrevesse outros artigos, como por exemplo, o *Urupês*, em que deu vida a um de seus famosos personagens, o Jeca Tatu.

A partir daí, muitos fatos nefastos abalariam a vida de Lobato, a começar pelas geadas que acabaram provocando grandes prejuízos a ele como fazendeiro. Isso o levou não apenas a vender a fazenda Buquira em 1916, mas a partir com a família para São Paulo, com o objetivo de tornar-se um **"escritor-jornalista"**.

Hoje a fazenda Buquira é um centro de visitação, sendo que sua casa-sede se encontra em estado original. Ela fica à margem da rodovia chamada de "Estrada do Livro", que liga Caçapava à cidade de Monteiro Lobato.

Em 1918, Lobato percorreu o interior do Estado durante a grande geada e, impressionado que ficou com a destruição provocada por ela nos cafezais paulistas, escreveu uma importante crônica a respeito desse assunto.

Aliás, 1918 foi o ano dos 4Gs (**geada**, **greve**, **gripe espanhola** e fim da 1ª Guerra Mundial) e, durante esse período, ele costumava escrever para *O Estado de S.Paulo*. Um fato curioso é que, uma vez em que quase todos os seus editorialistas ficaram com a gripe, por um bom tempo **todos os editoriais** do jornal foram escritos unicamente por ele!!!

Lobato foi um severo crítico de uma exposição de pintura realizada por Anita Malfatti, que, aliás, serviria de estopim para a posterior criação da Semana de Arte Moderna de 1922. Muitos passaram a ver Lobato como um **reacionário**, inclusive os modernistas, porém, agora no século XXI é que se entendeu que as críticas de Lobato se referiam aos "**ismos**" provenientes da Europa – cubismo, futurismo, dadaísmo, surrealismo etc. –, que ele considerava como "**colonialismos**".

Em uma época em que os livros brasileiros eram editados em Paris ou Lisboa, Monteiro Lobato, em sociedade com Octalles Marcondes Ferreira, fundou a Companhia Gráfica – Editora Monteiro Lobato, lançando as bases do que seria a indústria editorial no Brasil. Assim, ele dominou por algum tempo o mercado livreiro no País, porém, com o racionamento de energia elétrica, essa **editora foi a falência**. Depois disso ele se mudou para o Rio de Janeiro e começou a publicar muitos livros voltados para as crianças, entre os quais, em 1921, *Narizinho Arrebitado*, que se tornou livro de leitura nas escolas, obtendo grande sucesso.

O estilo de escrita de Monteiro Lobato agradava seus leitores por valer-se de uma linguagem simples, na qual realidade e fantasia estavam lado a lado. Sem dúvida ele foi o **precursor da literatura infantil** no Brasil, que surgiu com o *Sítio do Pica-Pau Amarelo*. Entre seus personagens mais conhecidos estão: Emília, uma boneca de pano com sentimentos e ideias independentes; Pedrinho, personagem com o qual o autor se identificou quando criança; o Visconde de Sabugosa, uma sábia espiga de milho com atitudes de adulto; a Cuca, a vilã que aterrorizou a todos no sítio; o Saci Pererê e muitos outros personagens dessa magnífica obra.

Ao todo ele escreveu cerca de 39 livros infantis, dentre os quais: *O Saci, Fábulas do Marquês de Rabicó, Reinações de Narizinho, Viagem ao Céu, Caçadas de Pedrinho. Emília no País da Gramática, Memórias da Emília, Histórias de Tia Nastácia, Serões de Dona Benta, O Pica-Pau Amarelo* etc. Essas obras já venderam mais de 5 milhões de exemplares e foram traduzidos em diversos idiomas, como francês, italiano, inglês, alemão, espanhol, japonês e árabe.

De modo ostensivo, Lobato revelava em seus livros as influências que recebeu diretamente de outros autores de obras infantis, desde fabulistas clássicos, como Esopo e La Fontaine, até os personagens dos desenhos animados que na época surgiram nas telas de cinema, como Popeye e sua turma, o Gato Félix e outros. Dentre os clássicos explicitamente citados por Lobato, encontram-se Lewis Carroll, Carlo Collodi (criador do *Pinóquio*) e J.M. Barrie, além de outros, que, presume-se, o tenham influenciado diretamente, dadas as semelhanças com L. Frank Baum (de *O Mágico de Oz*) e Wilhelm Busch.

Os livros infantis de Monteiro Lobato foram transformados em diversas séries de televisão de muito sucesso a partir da década de 1950, sendo a

422   Cidades Paulistas Inspiradoras

última delas apresentada pela Rede Globo, entre 12 de outubro de 2001 e 2 de dezembro de 2007, chamada *Sítio do Pica-Pau Amarelo*.

Claro que Lobato escreveu diversos livros para adultos, inclusive com um conteúdo extremamente nacionalista e forte viés político. Ele também fez traduções magistrais de muitos livros clássicos de autores como Rudyard Kipling, Arthur Conan Doyle, Jack London etc. Ele chegou a concorrer a uma vaga na Academia Brasileira de Letras, mas as duas vezes em que isso aconteceu **acabou sendo derrotado**!!!

Em 1927 o presidente Washington Luís o enviou em missão diplomática para os EUA, como adido comercial. Ele residiu quatro anos naquele país e nesse período constatou a lentidão do desenvolvimento brasileiro em relação ao gigantesco progresso norte-americano. De regresso ao Brasil, em 1931, passou a defender que o "**tripé**" para o progresso de nosso País deveria ser o **ferro**, o **petróleo** e as **estradas**, para escoar os produtos.

Lobato fundou várias empresas para fazer a extração de petróleo, a maior de todas foi a Companhia Mato-grossense de Petróleo, que visava perfurar próximo da fronteira da Bolívia, país vizinho que já tinha encontrado essa *commodity*. Porém, com essa atitude Lobato prejudicou os interesses não apenas de gente muito importante na política brasileira, mas também de grandes empresas estrangeiras. Ele se embrenhou nessa jornada que acabaria por deixá-lo pobre, doente e desgostoso.

Nessa época ele escreveu dois livros contundentes: *Ferro* (em 1931) e *O Escândalo do Petróleo* (1936), sendo que neste último ele documentou os enfrentamentos em sua busca por desenvolver uma indústria petrolífera independente. Nessa obra, aliás, ele acusou o governo do presidente Getúlio Vargas de "**não perfurar e não deixar que se perfurasse**." Na época, Getúlio Vargas não apenas proibiu o livro, mas mandou recolher os exemplares que estivessem disponíveis!!!

O fato é que as desavenças entre Getúlio Vargas e Monteiro Lobato – já abalado pela morte de seu terceiro filho, Guilherme, em fevereiro de 1939 – continuaram. Isso acabaria culminado com a prisão do autor em 1941. Ele ficaria preso até junho daquele mesmo ano, no presídio Tiradentes, o que, aliás, o aproximou de indivíduos comunistas que também estavam ali. Mesmo em liberdade, Monteiro Lobato não teve mais tranquilidade. Em 1942, por exemplo, morreu seu filho mais velho, Edgar.

Em 1943 foi fundada a Editora Brasiliense por Caio Prado, que negociou com Lobato – que mais tarde se tornaria sócio no negócio – a publicação de todos os seus livros. Em 1945, o líder comunista Luís Carlos Prestes, durante um comício realizado no estádio do Pacaembu em São Paulo, leu uma nota de saudação de autoria de Lobato, que aceitou também ser diretor do Instituto Cultural Brasil-URSS (União das Repúblicas Socialistas Soviéticas).

Toda essa atividade política lhe causou problemas com o governo, assim, para fugir dessas represálias ele se mudou para Buenos Aires em 1946, tendo dito à imprensa: "Vou para a capital argentina atraído pelos seus belos e gordos bifes, pelos seu magnífico pão branco e fugindo da escassez que assola o Brasil." Ele voltaria ao País em 1947, por não ter se ambientado com o clima de Buenos Aires...

Diante da proibição das atividades do Partido Comunista em todo o País, determinada pelo então ministro da Justiça, ele escreveu a *Parábola do Rei Vesgo* para um comício de protesto, um texto que foi lido e aclamado pela multidão reunida no Vale do Anhangabaú na noite de 18 de junho de 1947. Esse texto refletia o desencanto de Lobato com a democracia restritiva do presidente brasileiro da época, o general Eurico Gaspar Dutra.

Em abril de 1948, Lobato sofreu o primeiro espasmo que afetaria sua motricidade. Um segundo espasmo cerebral aconteceria em 4 de julho, e o levou à morte aos 66 anos. Os herdeiros de Monteiro Lobato sugeriram à Editora Brasiliense, única detentora das obras, a reformulação dos seus livros e da coleção infantil, a fim de que tivessem um aspecto mais moderno com relação a ilustrações coloridas e nova paginação. A editora, entretanto, não aceitou essa interferência, alegando que tinha um contrato *ad infinitum* (para sempre).

Porém, em 2007, através de um acordo com os herdeiros, o Superior Tribunal de Justiça (STJ) estabeleceu a rescisão contratual definitiva e concedeu à Editora Globo os direitos exclusivos sobre toda a obra de Monteiro Lobato, até 2018 (que já chegou...), ano em que o legado do autor caiu em domínio público, depois de 70 anos de sua morte!!!

Tudo isso indica que muita coisa dele poderá ser reinterpretada sem nenhuma contestação. Também poderá ser reativada a visitação ao Museu Monteiro Lobato, localizado no Sítio do Pica-Pau Amarelo, no centro da cidade, e dedicado a preservar a memória e a obra desse ilustre taubateano.

E voltando a falar da cidade, Taubaté tem muitas das características necessárias para ser considerada **criativa**, e isso se evidencia pela presença de diversos museus, a maioria deles mantida pela prefeitura, mais especificamente pela sua divisão de Museus!!!

424 Cidades Paulistas Inspiradoras

Quem visitá-los acabará compreendendo bem melhor a cultura regional e brasileira. Inicialmente, deve-se ressaltar o Arquivo Histórico Municipal Dr. Félix Guisard Filho, localizado na própria divisão de Museus, assim como o Museu Histórico Prof. Paulo Camilher Florençano. Obviamente, um dos locais mais visitados é o já citado Museu Monteiro Lobato, que, nesse quesito, concorre com o Museu Mazzaropi.

Esse museu foi criado em 1992 por João Roman Júnior, como uma forma de homenagear seu velho amigo, o cineasta Amácio Mazzaropi. A amizade de longa data tinha como ponto de encontro as serestas noite adentro em São Luiz do Paraitinga, às quais não faltavam o compositor Elpídio dos Santos, criador das músicas para os filmes de Mazzaropi, e o maestro Fêgo Camargo, pai de Hebe Camargo.

Nessa saudosa época, ninguém imaginava que décadas depois da morte de Mazzaropi o local dos estúdios da PAM Filmes seria comprado por João Roman Júnior e usado para instalar ali o hotel fazenda Mazzaropi. Foram os filhos de João Roman Júnior que, acreditando na importância da preservação da memória desse grande personagem do cinema brasileiro, deram continuidade ao trabalho de resgate e divulgação da obra de Mazzaropi.

De fato, Mazzaropi é sem dúvida um grande ícone no cenário cultural de nosso País, por isso não poderia faltar um local onde se pudesse reunir e preservar toda a história de sua vida e de sua obra. No acervo desse museu há mais de 20 mil itens, entre fotos, filmes, documentos, objetos cênicos, móveis e equipamentos que contam um pouco da carreira desse notável artista. E para conseguir boa parte desse acervo foi necessário recuperar muito material que estava com os fãs e com pessoas que trabalharam com Mazzaropi.

Após a morte do artista e cineasta, em 1981, o patrimônio construído por ele durante uma bem-sucedida carreira, lamentavelmente não teve continuidade e quase tudo o que havia nos estúdios – câmeras, equipamentos, figurinos, cenários, fotos, carros equipados para gravações externas – foi leiloado, vendido ou extraviado.

Quem visita o Museu Mazzaropi tem a oportunidade de entender um pouco a grande colaboração que ele deu para o desenvolvimento do cinema nacional, que, aliás, ainda não alcançou o seu pleno potencial...

Amácio Mazzaropi nasceu em 12 de abril de 1912, no bairro de Santa Cecília, na região central de São Paulo. Assim, ele viveu seus primeiros anos em uma das mais urbanas cidades brasileiras. A facilidade de trabalhar com o linguajar e o modo de vida das pessoas humildes do interior surgiu do convívio com os seus avós, que nasceram em Taubaté.

Ainda adolescente, Mazzaropi trabalhou no circo. Depois, em 1946, atuou na Rádio Tupi, onde permaneceria por oito anos. Em setembro de 1950, com 38 anos, Mazzaropi estreou na TV Tupi (já extinta) de São Paulo o *Rancho Alegre*, o mesmo *show* com o qual já tinha alcançado algum sucesso no rádio.

Em janeiro de 1951, Mazzaropi foi convidado para a inauguração da TV Tupi do Rio de Janeiro. No alto do Pão de Açúcar, onde se achava instalada a torre transmissora, aconteceu a grande festa com a presença do presidente do País, o general Eurico Gaspar Dutra, sendo que a apresentação do *show* inaugural coube a Luís Jatobá, locutor pioneiro da Tupi carioca.

Mazzaropi também passou um tempo pela TV Excelsior (também já extinta), fazendo parte de um programa de sucesso na época, apresentado pela notável Bibi Ferreira, o *Brasil 63*. De fato, a carreira desse artista incluiu a sua presença em 32 filmes rodados entre 1952 e 1980, chegando a atrair em alguns deles cerca de oito milhões de espectadores, um número extraordinário para aquela época. Ele deu vida, por exemplo, ao carismático (e imortal) **estereótipo do homem do campo**. Seu personagem, caipira e ingênuo, mas com doses de malícia, conquistou a simpatia das massas populares, que garantiram as sessões lotadas em todos os seus filmes.

Ao encarnar a figura do "**caipira**", o comediante retratou um evento social: a migração do homem do campo para as zonas urbanas. Como muitos que assistiam seus filmes "se identificaram com isso", veio a simpatia pelos seus filmes, que além de comédia, tratavam de assuntos sérios, às vezes até sutis, abordando temas políticos e sociais. Sua estreia nas telas aconteceu com *Sai da Frente*, no papel de Isidoro, um motorista de caminhão que deixou o seu carro desgovernado em uma rua em plena cidade de São Paulo. A partir daí, seguiu caminhando em pequenas, médias e grandes apresentações, consolidando seu nome no cinema brasileiro, além de programas de TV e no teatro.

Em 1956, após realizar seu último filme pela Cinedistri, *Chico Fumaça*, Mazzaropi decidiu que estava na hora de investir em si mesmo. Isso porque, observando as grandes filas em frente aos cinemas em que eram exibidos seus filmes, ele notou que, geralmente, eram os donos das produtoras das películas que ganhavam muito dinheiro!!!

Assim, surgiu em sua mente a ideia para que ele próprio produzisse seus filmes. E para levar o seu projeto adiante Mazzaropi não hesitou em se desfazer dos seus bens: dois carros Chevrolet norte-americanos, terrenos, economias bancárias e até perguntou ao seu filho de criação, Péricles Moreira, se fosse necessário, se ele se importaria em trocar o colégio particular por um colégio estadual!?!? Na época, Mazzaropi ficou apenas com um terreno no bairro do Itaim Bibi, em São Paulo.

Dessa maneira, em 1958, ele conseguiu produzir seu primeiro filme, *Chofer de Praça*. Não foi nada fácil, pois no início teve que alugar os estúdios da Companhia Vera Cruz para as gravações internas e as filmagens externas foram rodadas na cidade de São Paulo, com equipamentos alugados da própria Vera Cruz. Estava dessa forma inaugurada a PAM Filmes (Produções Amácio Mazzaropi).

Com o passar do tempo, a PAM Filmes acabou evoluindo e passando a contar com modernos estúdios em Taubaté. A partir daí Mazzaropi realizou neles 23 de seus longas-metragens. Entre seus maiores sucessos estão: *Jeca Tatu* (1959) e *Casinha Pequenina* (1963), ambos contabilizando a venda de cerca de oito milhões de ingressos.

O nome de Mazzaropi ficou ligado à imagem de um homem desengonçado no jeito de andar e de se vestir, com a camisa xadrez sob um paletó que mais parecia ser emprestado de seu irmão mais novo (com tamanho menor) e a calça acima das canelas. Aliás, mesmo não dizendo nada, seu semblante já fazia rir. Porém, quando falava, as palavras eram ditas com um vocabulário típico do "caipira" do interior paulista, com tonificação das vogais da letra "R". Seu bigodinho lhe dava um ar sério em meio a uma expressão debochada, com uma pitada de "malandragem inocente". A figura inspirada no personagem Jeca Tatu, do livro *Urupês*, de Monteiro Lobato, foi uma das muitas criações que projetaram o artista para a fama. Seu último trabalho no cinema foi *O Jeca e a Égua Milagrosa*, em 1980. No ano seguinte ele faleceu aos 69 anos, vítima de um câncer na medula.

Embora a visita ao Museu Mazzaropi seja uma viagem fantástica ao passado, ela também sugere o futuro, uma vez que todos os avanços do cinema nacional nos dias de hoje se devem ao sucesso obtido por Mazzaropi e alguns outros, ao longo de suas carreiras.

De qualquer modo, além dos museus já citados, também merecem ser visitados o Museu da Imigração Italiana; o Museu da Imagem e do Som (MISTAU); o Museu da Arte Sacra; o Museu das Artes Plásticas Anderson Fabiano; o Museu do Transporte e da Tecnologia; o Museu de História Natural e o Centro de Documentação e Pesquisa Histórica (CDPH), mantido pela Unitau. Também não se pode esquecer da pinacoteca Anderson Fabiano, da hemeroteca Antônio Mello Junior e da Biblioteca Central do município.

De fato, Taubaté possui, tanto no seu centro histórico quanto no restante do seu território, uma quantidade significativa de prédios coloniais e neocoloniais, dos quais muitos encontram-se tombados. Inicialmente deve-se destacar os diversos templos, ou seja, as capelas de Nossa Senhora do Pilar (que remonta ao século XVIII, e é sede do Museu de Arte Sacra) e de Nossa Senhora Aparecida (no distrito de Quiririm, o único de Taubaté conhecido por ser colônia agrícola de imigração italiana); o convento de Santa Clara, edificado em 1673, pertencente à Ordem Terceira de São Francisco; o santuário de Santa Teresinha (no estilo neogótico); a igreja de Nossa Senhora do Rosário dos Homens Pretos; a catedral de São Francisco das Chagas.

Também existem em Taubaté muitos solares, dentre os quais é indispensável citar: o da viscondessa de Tremembé, construído em meados do século XIX e restaurado pela Unitau; o dos Oliveira Costa, construído em 1854; e o denominado Vila Santo Aleixo. São notáveis também o casarão da família Indiani, no distrito de Quiririm e o edifício *Félix Guisard*, o prédio do relógio da CTI.

Não se pode deixar de ressaltar a beleza arquitetônica das sedes das fazendas, como aquelas da Cataguá, Fortaleza, Bomfim, Nossa Senhora Conceição do Itaim, Barreiro, Santa Maria, Pasto Grande (erguida provavelmente no século XVIII por Pedro Pereira de Barros, que foi importante tanto no ciclo da cana-de-açúcar como no café, tombada pelo Condephaat) e Quilombo. Por fim, deve-se destacar a chácara do visconde de Tremembé, construída no século XIX, que foi local de nascimento e residência de Monteiro Lobato em sua infância e adolescência. Ela abriga hoje o Sítio do Pica-Pau Amarelo, tendo sido tombada pelo IPHAN e o Condephaat.

Em Taubaté existem diversas **agremiações esportivas** que disputam competições no âmbito estadual, nacional e internacional. Esse é o caso do Esporte Clube Taubaté, um clube de futebol fundado em 1914, que disputa o Campeonato Paulista de Futebol.

A cidade sempre participa da Copa São Paulo de Futebol Junior, a mais importante do País. Além disso, se desenvolve na cidade continuamente um Campeonato de Futebol Amador. E não se pode esquecer do ADC Ford Taubaté, clube que disputa as competições de futebol de salão, como a Liga Paulista de Futsal.

O Handebol Taubaté é um clube de handebol fundado em 2003. Sendo uma equipe extremamente competitiva, que tem disputado o Campeonato Paulista, a Liga Nacional, o Campeonato Pan-americano e o Campeonato Mundial de Handebol.

No que se refere ao voleibol, nesses últimos anos o Vôlei Taubaté tem se destacado bastante, ganhando o Campeonato Paulista e participando com destaque da Superliga, da Copa Brasil e do Campeonato Sul-Americano. Aliás, os taubateanos têm apoiado tremendamente o equipe de voleibol da cidade, com uma grande presença de expectadores em todos os jogos realizados na cidade.

O atual prefeito de Taubaté é José Bernardo Ortiz Monteiro Júnior, que foi reeleito em 2016 por conta de sua boa gestão no primeiro mandato. Ele, que, entre outras coisas é especialistas em gestão municipal, acredita que pode alavancar mais ainda o progresso na cidade, levando-a cada vez mais a enquadrar-se na classe de **cidade criativa**.

Ele comentou: "**Sustentabilidade** é um conceito já bastante difundido, e busca enfatizar a forma correta de se usar os recursos naturais para que não ocorra a **escassez**, permitindo que as futuras gerações também possam utilizá-los de forma equilibrada.

Tal conceito foi sendo transformado ao longo dos últimos 50 anos e passou-se a falar muito em **economia sustentável**; em **emprego sustentável**, ou seja, de sustentabilidade nos mais variados campos de atuação humana. O **conceito de gestão integrada**, representa, por exemplo, um avanço no conceito de desenvolvimento sustentável, pois além de contemplar a economia e a sociedade, abrange também a cultura e os aspectos socioeconômicos.

A grande contribuição do conceito da gestão integrada é que ele permite a **transversalidade**, ou seja, o diálogo permanente entre os atores dos diversos setores de uma prefeitura: cultural, econômico, social, ambiental etc., de modo a minimizar tensões!!!

Também estamos vivendo em uma época em que o próprio conceito da hierarquia não é mais o mesmo! Assim, por exemplo, se um prefeito delega funções a um organismo técnico da administração municipal, de certa forma está alterando o conceito de **hierarquia**, permitindo que a tomada de decisões seja feita em outro órgão ou secretaria, aplicando dessa maneira um conceito que se chama **heterarquia**, isto é, privilegia-se a **administração descentralizada**.

Por isso acredito também que a governança tradicional não sirva mais para se ter progresso em toda a RMVPLN, da qual Taubaté faz parte. Porém, por outro lado, uma eficaz governança territorial possibilita a formação de uma poderosa rede social empreendedora, o que traz para o diálogo líderes comunitários, a sociedade civil organizada, o terceiro setor e junta os governos federal, estadual e municipal.

A nossa RMVPLN tem muito potencial para ter uma grande evolução com uma eficaz gestão integrada. Claro que isso não basta!!! É vital que cada cidade descubra (ou estabeleça) qual é a sua **vocação**. Assim, não é suficiente imaginar ou simplesmente dizer que Taubaté é uma **cidade criativa**, ou ainda é irreal pensar que se tenha uma EC pujante na cidade, sem criar as condições para que isso aconteça!!!

É essencial, sem dúvida, antes de mais nada identificar as competências que existem na cidade, para sentir qual é a sua vocação. Em 2018, cerca de **28%** dos empregos de Taubaté ainda estão na indústria, mas essa proporção tende a diminuir ano a ano, e tudo indica que adotar políticas públicas para impedir esse declínio é como lutar contra as '**forças da natureza**', ou seja, ir contra o **inevitável!!!**

Nós temos em Taubaté também uma vocação comercial, com um comércio de rua pujante, que não está concentrado só em *shopping centers*. Além disso, temos uma grande demanda pelos produtos oferecidos no nosso tradicional Mercado Municipal.

Temos, também, uma forte vocação para certos **serviços** – em especial os de **educação** e **saúde** –, apesar de não ser esse o setor que colabora mais na formação do orçamento municipal. Mas, ainda assim, nós temos sim uma vocação importante, ou seja, para os **serviços de turismo cultural**.

Todo mundo sabe que embora não tenha nascido em Taubaté, aqui viveu e morreu o cineasta Amácio Mazzaropi. Sua PAM Filmes era aqui. Também tivemos na cidade o escritor Monteiro Lobato, que seja pela literatura adulta ou pela literatura infantil, continua lembrado e visto em programa exibido nas televisões: o *Sítio do Pica-Pau Amarelo*.

Além disso, são de Taubaté alguns expoentes da música e do entretenimento nacional, como Hebe Camargo, Renato Teixeira, Celly Campello etc. No meu modo de ver, Taubaté tem uma vocação fundamental para as artes, a música, a literatura e o cinema, e possui um componente importante que é o seu folclore tradicional, e o artesanato muito especial. Inclusive o símbolo do artesanato paulista é o nosso **pavão azul**.

430   Cidades Paulistas Inspiradoras

Há um desafio muito grande em Taubaté, que aliás é comum em quase todas as outras cidades do País: a falta de **vivência do imaginário**. Trata-se de um problema geracional, de mudança de geração, com o que as mais novas demonstram um significativo descolamento – para não dizer ignorância – em relação a esse imaginário. Como exemplo temos o efeito sobre todo o País da obra de Mazzaropi, na época em que ele realizou a sua grande produção cinematográfica na cidade. Amácio Mazzaropi tinha uma instrução geral pequena, porém, um espírito empreendedor que apenas aqueles que hoje tem mais de 50 anos puderam perceber e enaltecer.

Comemoramos em Taubaté o centenário de nascimento de Mazzaropi, e são organizados eventos continuamente, como a Semana Mazzaropi, para que especialmente as crianças – que são nativas digitais – tenham uma melhor percepção de sua obra. Observando hoje uma criança de, digamos, 8 anos, ela passa quase o tempo todo olhando para o seu *smartphone*, distraindo-se com *videogames* e vídeos, e recebendo notícias muitas vezes manipuladas. Ou seja, ela fica conectada a *Web*, vivendo dentro de uma certa **estética de superficialidade**. Não é muito comum ver um garoto lendo um livro durante várias horas, apreciando uma escultura num museu ou querendo ir a um teatro para assistir uma peça infantil.

Lamentavelmente, em especial os mais jovens da chamada geração Z (nascidos de 1995 em diante), exibem essa **estética da superficialidade**, que é colocada em uma cultura de videoclipe, de muitas imagens vistas em pouco tempo, algumas praticamente instantâneas, ou seja, exibidas em uns 5 s.

Até nos longas-metragens de hoje as cenas são cada vez mais rápidas, não sendo representativas. A dinâmica é completamente diferente, com diálogos muito mais curtos, que se concentram cada vez mais nas imagens.

No comando da administração municipal, tenho procurado tornar Taubaté uma **cidade criativa**, retroalimentando especialmente as crianças que estão no ensino fundamental e médio, sobre as grandes personagens que movimentaram a cultura da cidade, as suas artes, a sua música etc., para que esses jovens comecem a entender alguns dos setores que movimentam a EC.

É claro que isso deve chegar também a todos os munícipes, para que eles compreendam a importância do que tudo isso significa para poder atrair o visitante para participar desse grande movimento de **turismo cultural**.

E a nossa região tem muitas atrações como o parque estadual da Mantiqueira, o turismo religioso no circuito Aparecida, Guaratinguetá, Cachoeira Paulista, Canas (sede nacional da Renovação Carismática Católica). Portanto, um passo fundamental que está sendo dado para transformar Taubaté numa cidade criativa é **remodelar a compreensão do seu passado cultural**, mostrando que é possível ganhar dinheiro aproveitando esse potencial turístico da cidade, em função de suas grandes personagens.

Devemos aproveitar melhor o título que a cidade recebeu do Congresso Nacional, de '**capital nacional da literatura infantil**', organizando um evento literário de porte internacional, espelhando-se no que acontece na Festa Literária Internacional de Paraty (Flip).

O prefeito é um gestor público que fica um tempo relativamente curto – quatro anos e então mais quatro, como foi o meu caso com a reeleição – depois do qual ele cede o seu lugar a uma nova administração, que muito provavelmente virá com um planejamento estratégico diferente, com um conceito e uma concepção de governo distintos, mas quando já existe um acervo pronto, isso **normalmente é mantido**.

É por isso que estou buscando transformar Taubaté em uma **cidade baseada na EC**, criando condições para que no futuro ela possa viver, fundamentalmente, não só do seu arranjo produtivo industrial (seu *cluster* automotivo), de seu comércio e de outros serviços, mas de uma pujante EC, sendo um excelente polo de recepção de turistas.

E nesse sentido deve-se formar uma classe criativa, o que está começando nas nossas Escolas Municipais de Iniciação Artística (EMIAs), onde aos jovens são ensinadas artes cênicas, artes plásticas, música, dança e cinema. Dessa maneira, ainda no ensino fundamental eles podem optar por cinco variedades de manifestação artística, inclusive pelo conservatório.

É assim que se desperta nas crianças a vontade de se tornarem atores, roteiristas, compositores, cantores, dançarinos, escultores, produtores culturais etc."

25
Ideias
Interessantes

PARA AUMENTAR A VISITABILIDADE DE UMA CIDADE, E QUE JÁ DERAM CERTO EM OUTROS LUGARES...

Veja a seguir **outras 25 ideias** de eventos nas áreas de cultura, esporte, entretenimento, lazer etc., capazes de ajudar uma cidade a se tornar mais atrativa, tanto para os próprios moradores quanto para os turistas, aumentando assim sua **visitabilidade** e, consequentemente, incrementando a sua **economia**.

1 ª) **Festival do chocolate** ⇥ Contando com o apoio da prefeitura e da Associação Comercial e Industrial da cidade, convencer algum empreendedor ou grupo empresarial a abrir uma megaloja com foco na produção e venda de produtos cuja base seja o chocolate. Instalar ao lado, um pequeno parque de diversões que lembre o filme *A Fantástica Fábrica de Chocolate*, estrelado originalmente por Gene Wilder, em 1971, e refilmado com Johnny Depp em 2005. Note que isso já existe na cidade de Itapevi (próxima de São Paulo), onde a *Cacau Show* mantém uma megaloja de 2.000 m², onde existe carrossel e trenzinho, assim como a Academia do Chocolate, onde são ministrados cursos e oficinas. Muita gente vai ao local para, depois das compras, fazer um *tour* pela fábrica *show* ou simplesmente passar alguns momentos incríveis na cafeteria, deliciando-se com o saboroso *petit gâteau* ou o *gelato* vendidos ali.

2ª) Encontros de desaceleração → Incluir no calendário de eventos da cidade algo como um *Pause Festival*, ou seja, um evento no qual as pessoas (principalmente os munícipes) possam simplesmente **desacelerar**!!! Para que isso aconteça é preciso que constem da programação atividades dirigidas por instrutores de ioga (de *ashtanga ioga*, por exemplo), acompanhadas de música; de meditação com mestres budistas etc. Além disso, para finalizar o evento, uma boa ideia seria exibir no início da noite filmes ou documentários como *Eu Sou Amazônia*, por exemplo, para que os participantes possam ter uma amostra do quanto é bom viver em pleno contato com a natureza. Vale lembrar que **desacelerar** é mais do que essencial para o surgimento de grandes ideias que visem aumentar a visitabilidade de uma cidade. Portanto, se o objetivo é **transformar imaginação em ação**, comece pelo **Festival da Desaceleração!!!**

3ª) Parcerias com entidades que promovam grandes eventos culturais → Convencer, por exemplo, a direção do Banco do Brasil a incluir a sua cidade no novo calendário, para ter um evento como o que a instituição bancária organizou ao longo de 2017 em cinco capitais brasileiras – Rio de Janeiro, Curitiba, Brasília, Salvador e São Paulo. Nesses eventos, os participantes puderam assistir palestras sobre vários temas atuais, como: a importância do intercâmbio cultural; a era digital; uma sociedade menos hostil no que se refere a diferenças etc. Seria interessante ter a oportunidade de ouvir palestras bem curtas (de no máximo 10 min) proferidas por profissionais como: Miriam Goldenberg, Amyr Klink, Silvio Meira, Regina Casé, João Carlos Martins, Paulo Caffarelli (presidente do banco). Naturalmente, parte dos participantes cativos seriam os próprios funcionários do banco, mas o grupo maior seria formado por moradores da região, selecionados de acordo com alguns critérios pré-estabelecidos!!! Esse tipo de evento certamente traria como resultado o envolvimento posterior de muita gente para tornar a cidade cada vez mais **agradável**, **atraente** e **criativa**.

4ª) Festival do humor → Um evento em São Paulo que tem atraído muitos espectadores é o *Festival Risadaria*, que, aliás, chegou a sua 9ª edição em 2018. Nele, centenas de artistas e grupos humorísticos se revezam na realização de aproximadamente 480 apresentações ao vivo, espalhadas por vários locais da cidade (teatros, *shopping centers*, escolas etc.). O público tem comparecido em peso tanto aos *shows* de *stand-up*, improviso, esquetes, como também aos debates, às oficinas, exposições e atrações infantis. Que tal organizar um evento similar a esse na sua cidade? Ele poderia durar o mês todo, com muitas apresentações nos fins de semana, e contar com a presença de nomes famosos do humor brasileiro (como Fábio Porchat, Marco Luque, Victor Sarro, Hallorino Jr., Marcio Ballas, Rafael Cortez, Ben Ludmer, Marlei Cevada etc. Naturalmente alguns desses espetáculos seriam **gratuitos**, mas para a maioria poderia ser cobrado um preço módico pelo ingresso.

5ª) Avanços na arquitetura e no *design* ↠ É importante dar ênfase aos avanços que os arquitetos e os *designers* têm promovido nos mais variados espaços, apresentando soluções para uma vida mais simples e despojada, mesmo em face de tanta tecnologia. Neste sentido, todas as cidades com mais de 250 mil habitantes deveriam oferecer a moradores e visitantes a oportunidade de vislumbrar essas suas ideias oferecendo-lhe um evento semelhante ao CASACOR Rio de 2017. É claro que essas cidades não necessariamente contarão com edifícios como o *AQWA Corporation* no qual ocorreu o evento, que existe no Rio de Janeiro, e que foi projetado pelo famoso escritório Foster+Partners, do arquiteto britânico Norman Foster, mas seguramente haverá no município um local adequado onde se possa exibir os novos ambientes por um período de uma semana. Os maiores destaques poderiam ser para cozinhas planejadas, o melhor aproveitamento de sacadas e varandas, novidades em decoração de interiores, e assim por diante. Como todas as pessoas estão preocupadas com a **habitabilidade**, certamente um evento desse tipo atrairia dezenas de milhares de visitantes.

6ª) Restauração e modernização dos mercados municipais ↠ Sem dúvida, os *shopping centers* são atualmente fortes polos de atração de visitantes, não apenas pelas coisas que oferecem, mas pela variedade de produtos disponíveis e pela segurança que o público sente dentro deles. Mas que tal fazer uma grande reforma nos mercados municipais, devolvendo a eles as características originais do edifício? O fato é que quase todas as cidades paulistas possuem um mercado municipal, portanto, seria interessante que nesses locais se incrementasse o foco na gastronomia e na oferta de uma boa variedade de produtos naturais. Entre os exemplos internacionais com grande visitação temos o mercado de Montevidéu, no Uruguai; o de Santiago, no Chile, e o mercado de *La Boqueria*, em Barcelona, na Espanha!!!

436   Cidades Paulistas Inspiradoras

7ª) "Brinquedos" radicais ➵ Uma cidade que deseja ampliar sua visitabilidade deveria escolher um dos seus parques, balneários ou hotéis-fazendas, que já recebem um bom público, e oferecer algo novo e excêntrico dentro dele a cada quinzena. O fato é que é preciso criar continuamente nas pessoas o desejo de experimentar algo **novo**!!! Um exemplo inspirador vem do parque Villa-Lobos, em São Paulo, onde na semana do feriado de 15 de novembro foi instalado no local o "Bar nas Alturas". A atração, que contava basicamente com 10 banquinhos ao redor de um balcão central, foi içada por um guindaste a 42 m de altura (o equivalente a um prédio de 12 andares). Ao longo do dia, algumas centenas de "pessoas corajosas", devidamente protegidas, se dispuseram ao passeio. Contudo, a aventura dessas pessoas divertiu milhares de visitantes que estavam no parque, enquanto observavam a sua ascensão ao bar, num espaço tão inusitado!?!? Naturalmente é preciso que o local ofereça outros atrativos para os menos corajosos e/ para as crianças de um modo geral. Nesse caso, uma boa ideia seria instalar um *bungee* trampolim, em que o praticante fica amarrado a elásticos e salta em cima de uma cama elástica. Basta usar a criatividade que é possível ter pelo menos alguma opção atraente a cada quinzena no local escolhido, não é?

8ª) Elevadores panorâmicos ➵ Isso pode parecer um tanto excêntrico, mas as cidades paulistas, em especial aquelas com mais de 300 mil habitantes e onde existam algumas edificações de altura respeitável, deveriam instalar elevadores panorâmicos que permitissem aos visitantes ter uma vista privilegiada, realizando o percurso com uma certa velocidade. Naturalmente, se cobraria pelo acesso a esse elevador. Entre os exemplos mundiais significativos, tem-se os seis elevadores (!!!) que levam até a plataforma da *CN Tower*, em Toronto, no Canadá. Nesse caso, leva-se 58 s para o elevador subir os 114 andares do edifício, a uma velocidade média de 22 km/h. O outro caso é o do *Bailong Elevator* (cuja tradução literal é "**elevador dos cem dragões**"), localizado numa encosta na região de Wulingyuan, na China. Ele tem 326 m de altura e é considerado o elevador ao ar livre mais alto do mundo, segundo o livro de recordes *Guinness*. A subida leva 2 min!!!

9ª) Música experimental e estranha ➵ Todo mundo gosta de **música**, mas há aqueles que só se emocionam com instrumentos incomuns, distorções, efeitos sonoros e uma mistura de estilos. Para essas pessoas (e também para os curiosos...), uma opção seria organizar um festival musical voltado para a **diversidade**, no qual o objetivo seria desafiar as "concepções tradicionais", extrapolando os limites sonoros e estéticos popularmente conhecidos. Neste sentido, as cidades poderiam oferecer um grandioso evento que mesclasse a música experimental com a música estranha!?!? Note-se que em São Paulo já se realizam o Festival Internacional da Música Experimental e o Festival Música Estranha, que atraem milhares de pessoas. O produtor musical desse segundo evento, Thiago Cury, explicou: É um evento provocador, mas não delimitador. Nele cruzam-se experiências, tradições e públicos diferentes!!!"

10ª) *Shows* **de música sertaneja** ➔ Ninguém pode deixar de incluir no calendário de eventos de sua cidade os *shows* de cantores brasileiros que atuam no "som sertanejo". Dessa maneira, quem conseguir organizar um evento musical que tenha como atração principal Marília Mendonça – uma cantora que em cinco anos de carreira já alcançou aproximadamente 4 bilhões de visualizações no YouTube, desde o seu primeiro vídeo lançado em maio de 2013 – certamente atrairá dezenas de milhares de espectadores. Afinal, como dizem por aí: "Ela canta uma música brega, sertaneja, romântica e que fala a verdade!?!?" Mas algo parecido também acontecerá se forem convidadas cantoras como Maiara e Maraísa ou ainda Simone e Simaria, interpretes integrantes do **feminejo**, isto é, mulheres que cantam música sertaneja, cuja três temáticas são bem claras nas letras das canções: o **otimismo amoroso**, **apologia à festa** e a **defesa às relações amorosas**. É sobre isso que as pessoas querem que se cante e é por isso que comparecem em massa nos *shows* dessas e de muitas outras cantoras!?!?

11ª) **Salão Duas Rodas** ➔ Nas cidades paulistas, especialmente nas apresentadas nesse livro, aproximadamente 10% dos moradores têm motocicletas ou motonetas, que são usadas principalmente como meio de transporte. Essas pessoas estão ávidas pelas novidades que surgem nesse segmento, e "sonham" em ter uma máquina melhor. Neste sentido, contar com um evento similar ao Salão Duas Rodas (cuja 14ª edição aconteceu em 14 de novembro de 2017, no São Paulo Expo), assim como com algumas atrações que permitissem aos amantes de motos não apenas experimentar as novidades no campo das motos, mas também acompanhar competições organizadas por marcas como BMW, Yamaha, Royal Enfield, Suzuki Indian, Kawasaki, Honda, Dofra, Ducati, Harley-Davidson etc., certamente atrairia para a cidade dezenas de milhares de visitantes. Com certeza não faltariam exibições com manobras bem radicais!!!

438 Cidades Paulistas Inspiradoras

12ª) Museus exóticos → Quase todas as cidades possuem algum tipo de museu. Alguns deles se concentram na exibição de documentos sobre a história local; outros abrigam achados paleontológicos; um terceiro grupo se especializa em obras de artistas locais; e finalmente existem os de imagem e do som, que apresentam fotografias e equipamentos antigos. O fato é que, de modo geral, **esses locais** são pouco visitados no Brasil. Uma ideia seria atrair mais pessoas para essas instituições montando nas suas proximidades alguma atração mais impactante, como o que acontece no Museu do Futebol, em São Paulo. Nesse local, os visitantes participam de jogos de tabuleiro e de futebol de botão, se envolvem com o *videogame Fifa*, jogam partidas de *ping pong* e inclusive se inscrevem em várias oficinas. Pensando nisso, na frente desses museus poderiam haver instrutores que oferecessem aos visitantes a oportunidade de participar de algum jogo diferente, como o *beach tênis* (que já virou mania em algumas cidades litorâneas), disponibilizando as raquetes e as bolas. Outra ideia seria montar exposições paralelas no próprio museu, com temas mais atuais, como por exemplo: a história fotográfica do Carnaval carioca ou a descrição da elaboração do calendário da Pirelli. Em tempo, deve-se destacar que o Museu do Carnaval, inaugurado em Salvador em fevereiro de 2018, tem atraído um grande público!!!

13ª) Parque com diversões e a exibição dos avanços tecnológicos → Todas as cidades do Estado de São Paulo citadas nesse livro, além de muitas outras que não puderam ser incluídas, deveriam sonhar grande e planejar parques de diversões tecnológicos nos quais todos os anos, além das atrações fixas, pudessem ser apresentadas as 20 mais importantes inovações tecnológicas do ano anterior. Desse modo, os visitantes poderiam conhecê-las, senti-las e experimentá-las. Por exemplo, entre algumas de 2017, estariam presentes o reconhecimento facial, o uso do sistema Alexa, a casa inteligente, o jogo em telas múltiplas, os *smartphones* com carregadores sem fio etc. O parque obviamente teria muitas diversões, e poderia funcionar como o de Guiyang, capital de Guizhou, uma das províncias chinesas mais pobres do País. Ele ocupa 134 ha e conta com cerca de 35 atrações de realidade virtual, que incluem desde jogos de tiro até montanhas-russas virtuais, além de excursões com alienígenas. No Japão e nos EUA já existem muitas atrações baseadas em tecnologia de imersão, nos quais os visitantes precisam usar óculos de realidade virtual e podem operar simuladores de movimento.

14ª) **Palestras místicas** ➢ Convidar regularmente **indivíduos místicos** para que estes apresentassem seminários sobre suas crenças. Esses eventos poderiam acontecer em grandes espaços públicos e ser patrocinados pela prefeitura de cada cidade, com o apoio da iniciativa privada, é claro. Isso sem dúvida atrairia e agradaria não apenas aos munícipes, mas também muita gente de fora. Uma sugestão, aliás, seria convidar Janderson Fernandes, que se tornou Sri ("senhor") Prem ("amor") Baba ("divina santidade"). Ele vive numa fazenda em Alto Paraíso, na esotérica região da Chapada dos Veadeiros, em Goiás, e tem ajudado muito a incrementar o turismo na região. Afinal, muita gente vai até lá para aprender como se pode chegar o **autoconhecimento!!!** Então, ouvir uma palestra do Prem Baba não atrairia milhares de ouvintes? **Claro que sim!!!** E com certeza existem pelo menos algumas dezenas de pessoas no Brasil que seriam capazes de provocar essa mesma reação do público!!!

15ª) **Acampamentos de férias** ➢ Os municípios deveriam estimular empreendedores a abrir **acampamentos** para crianças de 4 a 17 anos. Nesses locais poderiam ser oferecidas atividades educacionais, como por exemplo uma macromaquete, cuja observação permitiria aos 'visitantes' aprender sobre sustentabilidade e energia; ou quem sabe poderia ser criada uma escola de magia, inspirada em livros e filmes. Uma outra possibilidade seria ofertar uma intensa programação com competições esportivas especiais (futebol na lama, *paintball*, parede de escalada, arco e flecha, gincanas etc.). Já existem no País muitos acampamentos infanto-juvenis bem-sucedidos, e para inspiração seria conveniente analisá-los e descobrir como funcionam. Alguns bons exemplos são: o Paiol Grande, em São Bento do Sapucaí; o Peraltas, em Brotas; o República Lago, em Leme; o *Jully Camp*, em Tatuí; ou o Aldeia, em São Roque.

16ª) **Construção de *resorts* incríveis** ➢ Comandadas por suas prefeituras e por associações comerciais e industriais da cidade, todos os municípios do País – em especial as estâncias turísticas e os MITs – deveriam concentrar-se em atrair para si investimentos em *resorts* de marcas mundiais, o que por si só já chamaria a atenção dos turistas. Um exemplo típico, do qual é possível tirar boas inspirações, é o da rede *Hard Rock*, que a partir de 2018 provavelmente irá inaugurar suas primeiras unidades na praia de Lagoinhas (a 80 km de Fortaleza), na ilha do Sol (localizada em uma represa próxima de Londrina) e em Caldas Novas, no Estado de Goiás.

440 Cidades Paulistas Inspiradoras

17ª) Corridas de rua ⇢ As administrações municipais e os empreendedores das cidades paulistas deveriam pensar mais em promover boas **corridas de rua**. Aliás, estima-se que em 2017 tenham acontecido cerca de 400 delas no Estado, o que não significa que o mercado esteja saturado!?!? Existem muitas alternativas que podem ser aperfeiçoadas, ou seja, modalidades de corrida como a feminina, a noturna, aquela em que todos os participantes correm fantasiados, a meia maratona, a maratona, a *Ironman* (uma competição mundial de triatletismo que fez 40 anos em 2018) etc. E por falar nessa última, o empresário Carlos Galvão, que detém os direitos da *Ironman* no País, explicou: "A prova que a minha empresa Unlimited Sports organiza em Florianópolis já é a **sexta maior do mundo**. Em 2017, o custo de organização dessa competição foi de R$ 5 milhões. Foram 2.500 inscritos, sendo que a grande maioria era de fora da cidade e cada um deles trouxe consigo entre quatro e seis acompanhantes. Estes, por sua vez, ficaram hospedados na cidade durante um período de cinco a sete dias. O impacto de tudo isso para a economia da cidade foi de quase R$ 40 milhões. Isso sem contar as 7.200 pessoas que trabalharam no evento." Sem dúvida, as corridas de rua incrementam a visitabilidade e aumentam as oportunidades de negócios nas áreas de tecnologia, saúde, logística, *marketing* e vestuário!!!

18ª) Treinamento para surfistas ⇢ Aí vai uma ideia provocadora e que deve forçar as pessoas a **pensar grande**!!! Por que não construir um incrível parque aquático no interior do Estado, que permita inclusive competições de *surf*? Mais que isso, que tal abrigar uma escola para treinar pessoas que possam destacar-se no *surf* competitivo, uma vez que o Brasil já conta inclusive com campeões mundiais, como Gabriel Medina. Note-se que isso já existe na pequena cidade de Lemoore, uma cidadezinha rural de 25 mil moradores no Estado da Califórnia, nos EUA. Ali, o supercampeão da modalidade Kelly Slater e uma equipe de pesquisadores, construiu uma gigantesca piscina de 700 m de comprimento e 75 m de largura, na qual desenvolveram uma onda **basicamente perfeita**, que se desenrola por quase um minuto sem uma gota fora do lugar. Ela corre em alta velocidade, puxada por um cabo de aço, uma estrutura metálica equipada com pás laterais (chamada *hydrofoil*), o que possibilita empurrar volumes de água pré-calculados. Com isso é possível formar ondas irretocáveis e de todos os tamanhos. Mas vale lembrar que a piscina de Lemoore já tem concorrentes, uma vez que há piscinas semelhantes construídas pela Wavegarden em várias partes do mundo... Você não acha que um parque aquático com esse tipo de diferencial atrairia muita gente para pegar uma "ondinha"?

25 IDEIAS INTERESSANTES

19ª) Corrida exótica ➤ Oferecer às pessoas uma oportunidade de se movimentar em corridas exóticas é uma excelente forma de atrai-las em grande número para uma cidade – e de divertir aqueles que acompanham os "corredores". Um exemplo disso é o sucesso da corrida *Beer-Rule*, realizada em São Roque. Durante o evento, os competidores bebem quatro cervejas de 350 ml a cada 400 m de corrida, ou seja, no decurso de cada etapa. É correr e beber!?!? Evidentemente, seria possível "inventar" muitas variantes dessa corrida, e assim criar a *Movido a Baco*, na qual o participante teria de tomar alguns copos de vinho; a *Impulsionada pela Cachaça*, quando em algumas paradas os participantes precisariam ingerir umas "caipirinhas" etc. E se a intenção fosse tornar essas corridas mais exuberantes, os participantes poderiam ser obrigados a competirem fantasiados. Valeria até ter a corrida das Mamães e Papais-Noéis, ou ainda uma edição com vestuário sumário, em que os participantes teriam de correr parcialmente nus... Aliás, uma boa ideia seria programar uma corrida desse tipo para cada estação do ano, não é mesmo?

20ª) Maraturismo ➤ Essa é uma modalidade que combina **corrida** e **turismo**, e vem atraindo cada vez mais adeptos no mundo todo. Ou seja, nesse tipo de corrida o que se quer é correr e se divertir (não necessariamente nessa ordem). Veja alguns exemplos. Uma bem famosa, localizada em Orlando, na Flórida (EUA), é a *Walt Disney World Marathon*, na qual os marmanjos – cerca de 100 mil, e oriundos de todas as partes do mundo – correm entre as montanhas-russas e os clássicos personagens dos filmes. Outra corrida interessante é a *Great Wall Marathon*, durante a qual é necessário subir cinco mil degraus, ao longo de um percurso de 45 km, com 8 h de duração. Trata-se de uma verdadeira imersão na história da civilização milenar chinesa. Outra corrida turística é a *Petra Maraton Desert*, cujo ponto alto é a passagem pela cidade de Petra – "**a cidade perdida**". Na ocasião o corredor percorre ruínas, cavernas e mosteiros e tem a oportunidade de ver de perto o cenário do filme *Indiana Jones e a Última Cruzada*. Vale lembrar que a cidade de Petra é uma das **sete maravilhas do mundo moderno**, além de representar o belíssimo cartão de visita da Jordânia. A dificuldade para os corredores é se acostumar com a areia e o cascalho do deserto, presentes durante todo o percurso... Mesmo sem tanta sofisticação, o fato é que muitos municípios paulistas poderiam organizar suas próprias corridas, inserindo no percurso trilhas e paradas para descanso (quem sabe com a degustação de uma caipirinha) perto de cachoeiras, não é mesmo?

442   Cidades Paulistas Inspiradoras

21ª) **Preparativos para o casamento** → Seria fantástico se as cidades promovessem grandes eventos anuais para todos os interessados e envolvidos em **casamentos**. Isso seria particularmente interessante se a cidade tivesse alguma "inclinação" para produzir objetos ou peças que as pessoas precisam para se casar. Seria algo do tipo que acontece no centro de exposições *Olympia*, em Londres – o *National Wedding Show*. Dele participam centenas de comerciantes, disponibilizando tudo o que é necessário para se promover um bom casamento. Aliás, junto com o evento, poderia haver uma programação com palestras que "confirmassem" que as pessoas casadas são mais **saudáveis**, mais **ricas** e mais **felizes** do que as não casadas!?!? Isso seria incrível, uma vez que em praticamente todas as partes do mundo o casamento vem se tornando menos "obrigatório", menos "coercitivo" e menos um "dever" do ser humano!!! Claro que já existem eventos similares no Brasil, nos quais é possível buscar inspiração, como é o caso da Expo Noivas, em São Paulo.

22ª) **Casamento comunitário** → Não é novidade para ninguém que muitos casais optam simplesmente pela vida em comum, sem a realização de uma cerimônia religiosa. Em geral o principal motivo é a falta de recursos. Porém, também não surpreende a existência de **casamentos comunitários** com o apoio das prefeituras das cidades, que patrocinam celebrações ecumênicas. Isso acontece, por exemplo, na cidade de Araçariguama, que disponibiliza 100 vagas para casais que residem no município, e então realiza o evento no mesmo dia em que celebra sua emancipação (20 de maio). Algumas crenças religiosas chegam a casar muitas centenas de casais, inclusive vindos de várias partes do Estado e até mesmo de outros países. Que tal a secretaria municipal da Cultura criar o evento **Casamento Comunitário** em sua cidade? Certamente, além dos noivos, ela receberia milhares de visitantes – entre parentes e amigos – para prestigiar a união, não é mesmo? Também seria possível promover algum tipo de comemoração especial para esses casais, o que movimentaria restaurantes, bufês e o comércio local.

23ª) **Encontro de amantes dos *videogames*** → Organizar num local adequado de sua cidade algo semelhante à *ComicCon Experience*, promovendo em algum parque, por exemplo, eventos *geek* (excêntricos), como: encontro de fãs da franquia de *games Zelda* ou a realização de um torneio de "quadribol" – o esporte praticado na série de livros *Harry Potter*. Claro que deverão participar do evento alguns quadrinistas, para que os visitantes possam vir ao evento com as roupas dos seus heróis preferidos. Também é vital que haja uma guerra entre soldados medievais e mortos-vivos, e não poderá faltar um local com centenas de jogos de tabuleiro (nacionais e importados). Para buscar inspiração, basta analisar o que ocorreu em São Paulo na edição *ComicCon Experience* de 2017, quando mais de 230 mil pessoas participaram do evento!!!

24ª) **Aniversário da cidade** ➤ A ideia aqui é transformar o **dia de comemoração** do aniversário da cidade em uma "**semana de celebração**", que permita que no decorrer de sete dias além de se exaltar todas as atrações já existentes no local, sejam criadas muitas festividades musicais, com a vinda de artistas bem populares. Nesse caso, seria crucial envolver os restaurantes da cidade para que estes oferecessem "festivais" gastronômicos, em que os pratos fossem comercializados por preços radicalmente menores que os normalmente cobrados. Outra possibilidade seria o desenvolvimento de muitas atividades esportivas em espaços públicos onde estiverem instalados *food trucks* com os melhores hambúrgueres, *hot dogs* e as mais deliciosas *pizzas* do Estado. É o caso de fazer um convite para a rede curitibana Madero, que na entrada das suas lanchonetes tem estampado a frase em inglês "*The best burguer of the world*" ("o melhor hambúrguer do mundo"), ou para o *Dog* do Betão, que desde 1997 afirma ter o "melhor cachorro-quente de São Paulo". No caso da *pizza*, a presença recomendada seria da *Mansão da Pizza* – que acredita servir "o melhor rodízio de *pizza* de São Paulo", com 52 molhos diferentes – uma atração indiscutível. Naturalmente essas são apenas três sugestões, mas nos locais de apresentações culturais, artísticas e esportivas, seria interessante ter vários estandes com as melhores *pizzas*, os melhores sanduíches e doces (incluindo sorvetes incríveis). Toda cidade deveria promover essa semana de entretenimento inolvidável, que fosse melhorando a cada ano, até que se transformasse no evento de maior visitabilidade para o município. **Isso é que é celebração, não é?**

25ª) *Reveillon* **espetacular** ➤ Para muita gente o final do ano é uma grande celebração; para muitos outros, representa um forte desejo de recomeçar, de esquecer o que não deu certo e promover mudanças em suas vidas. Em ambos os casos, todos precisam de **alegria** e **descontração**, assim como de momentos de **felicidade** e de uma **motivação** para continuarem batalhando pela vida. Naturalmente, é aí que entram as festas sofisticadas em hotéis fazenda, em grandes restaurantes, nas associações esportivas e principalmente nos espaços públicos, sempre contando com o apoio e a organização das prefeituras. Nesse quesito – o *Reveillon* dos Sonhos – provavelmente não somente as **inspiradoras cidades paulistas**, mas também muitas das **encantadoras cidades brasileiras** já se destacaram pela visitabilidade que criaram os mesmos. Porém, sempre é possível incrementar um pouco mais as atrações na comemoração da chegada do novo ano, e dessa maneira alegrar e divertir o grande público que comparece a esse evento!!!

Observação importante – Uma bom meio de saber o que está atraindo as pessoas para envolver-se com o **entretenimento**, apreciar a **gastronomia** ou curtir os **eventos culturais**, é acompanhar o que é publicado semanalmente no *Guia Folha*, do jornal *Folha de S.Paulo*, ou então no *Divirta-se*, do jornal *O Estado de S.Paulo*.

Se as atrações apresentadas nessas publicações são capazes de atrair não somente os paulistanos, mas um grande número de paulistas, principalmente os que vivem na RMSP, por que não daria certo em outras cidades do interior do Estado? Para isso, basta que as prefeituras locais, com o apoio do setor privado, tenham a ousadia e o planejamento adequado para criar eventos semelhantes aos que já acontecem na capital, **não é?**

ALGUMAS DAS SIGLAS USADAS NESSE LIVRO

A

ABAG – Associação Brasileira de Aviação Geral
Abav – Associação Brasileira de Agências de Viagens
ABL – Associação Brasileira de Letras
ABRUC – Associação Brasileira das Universidades Comunitárias
ACIF – Associação do Comércio e Indústria de Franca
ACL – Academia Campinense de Letras
ACLA – Academia Campinense de Letras e Artes
AFE – Associação Ferroviária de Esportes
ALL – América Latina Logística
AM – Transmissão de sinais eletromagnéticos em amplitude
     modulada com frequência que variam entre 550 a 1600 kHz
AME – Ambulatório Médico Especializado
ANA – Agência Nacional de Água
Anac – Agência Nacional de Aviação
Anvisa – Agência Nacional de Vigilância Sanitária
APA – Área de preservação ambiental
APL - Academia Paulista de Letras
APM – Associação Paulista de Municípios
APP – Área de preservação permanente
AU – Aglomeração urbana
AUJ – Aglomeração urbana de Jundiaí

B

BID – Banco Interamericano de Desenvolvimento
BNDES – Banco Nacional de Desenvolvimento Econômico e Social
BRT – *Bus rapid transit*, ou seja, ônibus de trânsito rápido

C

CADE – Conselho Administrativo de Defesa Econômica
Capes – Coordenação de Aperfeiçoamento de Pessoal de Nível Superior
CBF – Confederação Brasileira de Futebol
CDHU – Companhia de Desenvolvimento Habitacional
     e Urbano do Estado de São Paulo

Cidades Paulistas Inspiradoras

Ceagesp – Companhia de Entrepostos e Armazéns Gerais do Estado de São Paulo
CEETPS – Centro Estadual de Educação Tecnológica Paula Souza
CEFNB – Companhia de Estradas de Ferro Noroeste do Brasil
CICA – Companhia Industrial de Conservas Alimentícias
Ciesp – Centro das Indústrias do Estado de São Paulo
CMEF – Companhia Mogiana de Estradas de Ferro
CNPq – Conselho Nacional de Desenvolvimento Científico e Tecnológico
COI – Comitê Olímpico Internacional
Condepacc – Conselho de Defesa do Patrimônio Cultural de Campinas
Condephaat – Conselho de Defesa de Patrimônio Histórico, Artístico,
          Arqueológico e Turístico
CPEF – Companhia Paulista de Estrada de Ferro
CPFL – Companhia Paulista de Força e Luz
CPOR – Centro de Preparação de Oficiais da Reserva
CPTM – Companhia Paulista de Trens Metropolitanos
CRECISP – Conselho Regional de Fiscalização do Corretor de Imóveis
CTA – Centro Técnico Aeroespacial
CYEF – Companhia Ytuana de Estradas de Ferro

D

DADE – Departamento de Apoio ao Desenvolvimento de Estâncias Turísticas
DAE – Departamento de Água e Esgoto
Daesp – Departamento Aeroviário do Estado de São Paulo
DCTA – Departamento de Ciência e Tecnologia Aeroespacial
DER – Departamento de Estrada de Rodagem
DNIT – Departamento Nacional de Infraestrutura de Transportes

E

EAD – Educação à distância
EC – Economia criativa
EFA – Estrada de Ferro Araraquara
EFCB – Estrada de Ferro Central do Brasil
EFCJ – Estrada de Ferro Campos do Jordão
EFM – Estrada de Ferro Mogiana
EFNB – Estrada de Ferro Noroeste do Brasil
EFS – Estrada de Ferro Sorocabana
EFSJ – Estrada de Ferro Santos-Jundiaí
EJA – Educação de Jovens e Adultos
ELM – Escola Livre de Música
Embraer – Empresa Brasileira de Aeronáutica
Embrapa – Empresa Brasileira de Pesquisa Agropecuária
Embratur – Empresa Brasileira de Turismo

ALGUMAS DAS SIGLAS USADAS NESSE LIVRO

Emeb – Escola municipal de ensino básico
EMEF – Escola Municipal de Ensino Fundamental
EMTU – Empresa Metropolitana de Transportes Urbanos
Enem – Exame Nacional do Ensino Médio
EPTV – Emissoras Pioneiras de Televisão
ESALQ – Escola Superior de Agricultura Luiz de Queiroz
ESEF – Escola Superior de Educação Física
ESF – Estratégia de saúde da família
ETA – Estação de tratamento de água
ETE – Estação de tratamento de esgoto
Etec – Escola Técnica Estadual
EUA – Estados Unidos da América

F

FAAP – Fundação Armando Alvares Penteado
FAB – Força Aérea Brasileira
FACAMP – Faculdade de Campinas
Fapesp - Fundação de Amparo à Pesquisa do Estado de São Paulo
Fatec – Faculdade de Tecnologia
FCCR – Fundação Cultural Cassiano Ricardo
FEB – Força Espedicionária Brasileira
FEI – Faculdade de Engenharia Industrial ou Fundação Educacional Inaciana
Fepasa – Ferrovia Paulista S.A.
FESTA – Festival Santista de Teatro Amador
Fiabci – Federação Imobiliária Internacional
Fiesp – Federação das Indústrias do Estado de São Paulo
Firjan – Federação das Indústrias do Estado do Rio de Janeiro
FM – Frequência modulada
FMJ – Faculdade de Medicina de Jundiaí
FPF – Federação Paulista de Futebol

H

Ha – Hectare, ou seja 10.000 m^2

I

Ibama – Instituto Brasileiro do Meio Ambiente e dos Recursos Naturais Renováveis
IBGE – Instituto Brasileiro de Geografia e Estatística
Ideb – Índice de Desenvolvimento da Educação Básica
IDH – Índice de Desenvolvimento Humano
IDUL – Índice de Desenvolvimento Urbano e Longevidade
IE – Instituição de ensino

IES – Instituição de ensino superior
IFDH – Índice Firjan de Desenvolvimento Humano
IFDM – Índice Firjan de Desenvolvimento Municipal
IFSP – Instituto Federal de Educação, Ciência e Tecnologia de São Paulo
IMS – Instituto Metodista de Ensino
IMT – Instituto Mauá de Tecnologia
INPE – Instituto Nacional de Pesquisas Espaciais
INSS – Instituto Nacional de Seguro Social
Ipea – Instituto de Pesquisa Econômica Aplicada
IPHAN – Instituto do Patrimônio Histórico e Artístico Nacional
IPTU – Imposto sobre Propriedade Predial e Territorial Urbana
ISESC – Instituto de Educação Santa Cecília
ISS – Imposto sobre Serviços
ISSQN – Imposto sobre Serviços de Qualquer Natureza
ITA – Instituto Tecnológico de Aeronáutica
ITBI – Imposto sobre Transmissão de Bem Imóvel
ITE – Instituição Toledo de Ensino

L

LBF – Liga de Basquete Feminina

M

MBA – *Master of bussiness administration*, ou seja, mestre em gestão de negócios
MEI – Microempreendedor individual
MIT – Massachusetts Institute of Technology, ou então, Município de Interesse Turístico (analisar o sentido da frase)
MPA – *Master of public administration,* ou seja, mestre em gestão pública

N

NASA - *National Aeronautics and Space Administration*
NBB – Novo Basquete Brasil

O

ODS – Objetivo de Desenvolvimento Sustentável
OMS – Organização Mundial da Saúde

ALGUMAS DAS SIGLAS USADAS NESSE LIVRO

OMT – Organização Mundial de Turismo
ONG – Organização não governamental
ONU – Organização das Nações Unidas

P

PAM – Pronto atendimento municipal
P&D – Pesquisa e desenvolvimento
PEC – Programa esportivo comunitário
PIB – Produto Interno Bruto
P&P – Publicidade e propaganda
PPP – Parceria público-privada
PTS – Parque Tecnológico de Sorocaba
PUC – Pontifícia Universidade Católica

R

RCC – Rede de Cidades Criativas da Unesco
REVAP – Refinaria do Vale do Paraíba, ou seja, refinaria Henrique Laje
RMBS – Região Metropolitana da Baixada Santista
RMC – Região Metropolitana de Campinas
RMRP – Região Metropolitana de Ribeirão Preto
RMS – Região Metropolitana de Sorocaba
RMSP – Região Metropolitana de São Paulo
RMVPLN – Região Metropolitana do Vale do Paraíba e do Litoral Norte

S

Sabesp – Companhia de Saneamento Básico do Estado de São Paulo
SAMU – Serviço de Atendimento Móvel
Sanasa – Sociedade de Abastecimento de Água e Saneamento
Seade – Sistema Estadual de Análises de Dados
Sebrae – Serviço Brasileiro de Apoio às Micro e Pequenas Empresas
Senac – Serviço Nacional do Comércio
Senai – Serviço Nacional de Aprendizagem Industrial
Senar – Serviço Nacional de Aprendizagem Rural
Senat – Serviço Nacional de Aprendizagem do Transporte
Sesc – Serviço Social do Comércio

Sesi – Serviço Social da Indústria
SPR – São Paulo Railway
STJ – Superior Tribunal da Justiça
SUS – Sistema Único de Saúde

T

TAV – Trem de alta velocidade
TI – Tecnologia da informação
TIC – Tecnologia da informação e comunicação
TUSCA – Taça Universitária de São Carlos

U

UBDS – Unidade Básica e Distrital de Saúde
UBS – Unidade Básica de Saúde
UFABC – Universidade Federal do ABC
UFSCar – Universidade Federal de São Carlos
Umesp – Universidade Metodista de São Paulo
Unaerp – Universidade de Ribeirão Preto
UNE – União Nacional dos Estudantes
Unesco – Organização das Nações Unidas para a Educação e a Cultura
Unesp – Universidade Estadual Paulista Julio de Mesquita Filho
Unicamp – Universidade Estadual de Campinas
Uniesp – União das Instituições Educacionais de São Paulo
Unifesp – Universidade Federal de São Paulo
Unip – Universidade Paulista
Unisanta – Universidade Santa Cecília
Univap – Universidade do Vale do Paraíba
UPA – Unidade de Pronto Atendimento
USF – Unidade de Saúde da Família
USP – Universidade de São Paulo
UTI – Unidade de tratamento intensivo

V

VLT – Veículo leve sobre trilhos

Bibliografia

Cavazin, P.C. e outros
ACIL 80 Anos – Uma História de Trabalho e Sucesso
BB Editora – São Paulo – 2016

Chiachiri Filho, J.
Crônicas Escolhidas
Ribeirão Gráfica e Editora – Franca – 2016

Chuster, V.
São José dos Micuins
Editora Fundação Cultural Cassiano Ricardo – São José dos Campos

Dierberger Jr., J.
Dierberger – O Livro de Ouro
Unigráfica Indústria Gráfica Ltda. – Limeira – 2015

Elias Netto C.
Dicionário do Dialeto Caipiracicabano – Arco, Tarco, Verva...
Aprov Editora e Comunicações Ltda. – Piracicaba – 2007

Elias Netto, C.
Magic Paula – A Trajetória de uma Campeã
Editora Unimep – Piracicaba – 1955

Elias Netto, C.
Ousando na Educação – A Formação da Unimep
Editora Unimep – Piracicaba- 1994

Elias Netto, C.
Piracicaba – Um Rio que Passou em Nossa Vida
ICEN (Instituto Cecílio Elias Netto) – Piracicaba – 2016

Figueiredo, R. – Lamounier, B.
As Cidades que Dão Certo – Experiências Inovadoras na Administração Pública Brasileira
Editora MH Comunicação – Brasília – 1996

Harada, K.
O Nikkei no Brasil
Editora Atlas S. A. – São Paulo – 2008

Heflinger Júnior, J. E.
Um Pouco da História de Limeira
Unigráfica Indústria Gráfica Ltda – Limeira – 2017

Heimann, J. F.
História de Jundiaí – Antiga e Atual
Editora In House – Jundiai – 2008

Mirshawka, V.
A Implantação da Qualidade e da Produtividade pelo Método do Dr. Deming
McGraw Hill – São Paulo – 1990

Mirshawka, V. e Varga, C.
Supervisor é a Chave
Editora Harbra Ltda. – São Paulo – 1992

Paschoal, M. E. S. – Corrêa, P. L.
Pelas Trilhas do Jardim Botânico de Bauru
Editora da Universidade do Sagrado Coração – Bauru – 1996

Paulo Filho, P.
História de Campos do Jordão
Editora Santuário – Aparecida – 1986

Purini, R.
Aeroporto de Bauru – Uma Importante Conquista
MG Editora – Ibitinga – 1998

Santos, C. B. dos
Basta Estar? Entre no Século XXI
JAC Editora – São José dos Campos – 2017

Silva Filho, W da C. e
Jundiaí de Ontem, de Hoje e de Todos Nós
Editora Porto de Ideias Ltda. – São Paulo – 2008

Tonello, M.
Quem é Quem na História do Brasil
Editora Abril – São Paulo – 2000

Varga, E. J. – Heflinger Jr. J. E.
Memória da Varga
Unigráfica Indústria Gráfica Ltda. – Limeira - 2009

SUGESTÕES DE LEITURA:

CIDADES PAULISTAS
INSPIRADORAS
Volume I

ECONOMIA CRIATIVA:
FONTE DE NOVOS EMPREGOS
Volume I

ECONOMIA CRIATIVA:
FONTE DE NOVOS EMPREGOS
Volume II

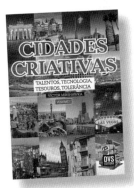

CIDADES CRIATIVAS:
TALENTOS, TECNOLOGIA,
TESOURO, TOLERÂNCIA
Volume I

CIDADES CRIATIVAS:
TALENTOS, TECNOLOGIA,
TESOURO, TOLERÂNCIA
Volume II

OUTROS LIVROS DO AUTOR:

HA! HA! HA!
O BOM, O RUIM E O
INTERESSSANTE DO HUMOR

A RODA DA MELHORIA
Como utilizar os 8Is e iniciar
o processo de melhoria contínua

A LUTA PELA QUALIDADE
NA ADMINISTRAÇÃO PÚBLICA
COM ÊNFASE NA GESTÃO MUNICIPAL

www.dvseditora.com.br